女性的世界史

世界史

理解性別意識
與歷史變遷
開啟性別史的新視野

三成美保、姬岡壽子、小濱正子——編著

臺灣版新序

小濱正子

本書作者

這次我們的《女性的世界史》（原名：歷史を読み替える－ジェンダーから見た世界史）出版中文版，非常高興。

本書與姊妹篇《歷史を読み替える－ジェンダーから見た日本史》一起發行。本書的編撰目的，是爲了將日本從二十世紀後半期以來，在性別史（包括女性史）方面的研究者積累之研究成果，傳達給廣大讀者並應用在歷史教育的現場。爲了能夠作爲高中歷史的延伸讀本使用，便按照教科書章節形式，每一項研究課題都以一個跨頁（2頁）的篇幅來介紹。在日本的國中、高中歷史教科書中，男性政治家占主導地位，女性、性少數派和非主流男性的影子非常模糊幾乎被掩蓋了。我們編寫本書，是因為我們相信學習僅靠這些學校發行的教科書，很難了解多種樣貌的人所生活的歷史背景。因此當本書出版後，我們可以從過往的歷史中獲得到更廣泛、更深層次的學習及教訓。而台灣版的書名雖然調整為「女性的世界史」，但是副標題「理解性別意識與歷史變遷，開啟性別史的新視野」充分傳達了我們的編撰目的。非常幸運的是，本書得到日本讀者的支持，至今已經印刷了六次，也被用在高中歷史教育課程中。

日本針對世界各國家與地區的歷史研

究有著深厚積累，不僅是歐美國家，還包含東亞、南亞、西亞、中亞各地區和南美、非洲等，世界歷史教科書將有助於日本社會在理解和尊重世界各地的歷史和文化基礎上，加深與世界的交流所奠定的基礎知識。近年來，各個國家地區的歷史研究在性別史領域裡，也持續的進步及發展。我們各成員都為了實現社會性別平等而努力，這也是彼此相互理解發展的核心。我們還出版了《從「人」探討性別世界史》共三部系列著作，分別是第一本《「人」是誰？——身體、性慾、暴力》、第二本《「社會」是如何形成的？——家庭、制度、文化》、以及第三本《如何質疑「世界」？——地區、紛爭、科學》。這些著作也是由同一研究團隊編輯策畫撰寫，近期內即將在日本發行。

我的專業是中國歷史，所以我和以日本為據點的中國史研究同事們一起編寫了《中國性別史研究入門》，此書的繁體中文版本為《被埋沒的足跡：中國性別史研究入門》（小濱正子、下倉涉、佐佐木愛、高嶋航、江上幸子著、國立臺灣大學出版中心，2020 年 11 月）該書已在臺灣發行，深受讀者好評，令我深感榮焉。此次，由八旗文化出版社將更廣泛的日本性別史研究成果介紹給臺灣等華語圈，對此我感到非常榮幸。本書能夠順利成書出版，都是因為各位的支持與幫助，我表示衷心的感謝。致力於此計劃的游鑑明教授，她是中國女性史研究者，同時她也是在國際上備受尊敬的先驅者。本書能夠在臺灣出版發行得益於鑑明教授對女性史研究的熱情才得以實現。

近年來，臺灣在東亞地區的性別平等和公正方面有著顯著的進展，臺灣已經實現了女總統執政和同性婚姻。如果本書對臺灣的讀者們有所幫助，我會非常高興，因為你們是這些發展的推動者，特別是即將領導下一代的諸位年輕人。同時，我希望這本書的出版能夠成為日本社會效仿臺灣、加速性別平等的腳步，作為更深入交流的契機。

在 2023 年　柔枝嫩葉之時　編輯代表
小濱正子

推薦序：
如何不再「瞎子摸象」？

游鑑明

中央研究院近代史研究所
兼任研究員

在 2019 年期間，為了讓小學、國中九年一貫的課程與高中課程銜接，教育部推出的「十二年國民基本教育課程綱要總綱」（俗稱「108 課綱」）正式上路，自 108 學年度依照不同教育階段（國民小學、國民中學及高級中等學校一年級起）逐年實施，其中高中選修歷史 I 教科用書，有「性別與歷史」主題，這是臺灣教育史上首見。「性別與歷史」主題的編寫工作是由民間出版社承攬，出版社邀請學有專精的學者根據「108 課綱」要點進行內容編寫，然後再由專家學者審查，經過初審、複審、再複審等多重審查，這四本選修歷史教科書才端上檯面，讓各公私立高中自由選擇其中一本，供師生使用。

「性別與歷史」主題呈現在高中選修歷史 I 教科用書的第三與第四章，章名分別是「女性與政治」、「性別與社會」，「女性與政治」的子目是「歷史中的女性領袖」、「國族主義下的女性」、「女性權利的提升」，「性別與社會」的子目則是「傳統社會中的性別角色」、「婚姻與家庭的變遷」、「歷史上的宗教與性別」、「性別平等運動的發展」，編寫的方法統一從國際視角出發，再聚焦臺灣。教科書的撰寫者是任教中國與臺灣婦女史的教授與高中歷史教師，雖然教學工作忙碌，他

們仍抱著「捨我其誰」的心境，參與需要有多元視野的編寫工作。同時，為清楚地引領高中師生，書寫內容必須言簡意賅、生動有趣，與他們擅長的論文撰寫大不相同，對這群編者來說，是一項深具挑戰性的工作。至於負責「傳道、授業、解惑」的高中老師，面對新的教材，究竟有多少人能接受性別議題的歷史？他們是否曾經上過性別史課程？更直白地說，他們長期講授的是沒有性別的歷史，性別是甚麼？性別與歷史怎麼扯上關係？對不少高中老師是一大考驗。

當我閱讀這四本教科書之後，我發現受篇幅限制，編寫者無法暢所欲言，於是我與編寫者之一的衣若蘭教授討論，是否由編寫者合寫教師手冊，讓高中教師容易掌握性別歷史，衣教授立刻推薦小濱正子等編寫的《歷史を読み替える：ジェンダーから見た世界史》，我粗閱該書後，立即對中譯本起心動念，於是詢問曾是我助理現在是八旗出版社編輯的涂育誠，八旗出版社可有翻譯該書的意願？在育誠積極的運作下，這本書的中譯本《女性的世界史：理解性別意識與歷史變遷，開啟性別史的新視野》（以下簡稱《女性的世界史》）終於問世。

我之所以把《女性的世界史》介紹給國人，特別是教導性別歷史的教師與研究性別史的學者，主要是這本書不僅可作為教師手冊，也有助於性別史研究者擴大視角，就如這本書的「前言」指出：「本書幾乎已涵蓋高中歷史教科書的全部範圍，是一本獨一無二的性別史概論書。我們期盼它不僅能活用於高中與大學的歷史教育現場，諸位喜愛歷史的朋友也能拿來當作休閒讀物」。

在《女性的世界史》的開頭，編者們開宗明義地告訴讀者：「歷史，應從性別的觀點來重新解讀。這是為了找出歷史學中的性別偏見，並嘗試重新書寫歷史學」，編者也反問：「歷史之中，女性究竟何在？性少數群體和非主流男性又究竟何在？難道她們跟他們什麼都沒做，也沒有產出任何東西嗎？」編者還表明，仔細檢驗過去歷史學家認為無意義而捨棄的歷史，其中不乏因女性與男性對抗或合作而推動的歷史，她們特別強調「從性別觀點來重新解讀歷史，並不代表在否定過去歷史學的成果，如果要讓這些成果發揚光大、藉以描繪出歷史的整體樣貌，性別觀點將是不可或缺的」。因此，從 2009 年 12 月到 2014 年間，這本書的編者們陸續舉辦了「歷史教育與性別」學術研討會、「比較性別史」研究會，《女性的世界史》是其中一部分

的研究成果。而編者們鍥而不捨地推動性別史研究、出版「歷史新讀」系列書籍，就是因為：「對於那些學習過往政治史中心歷史的人們而言，缺乏一個能夠簡單明瞭解說性別史成果的文本。」

《女性的世界史》的章節架構是參考日本一般高中歷史教科書所設計。第一章為「總論」，彙整性別史的重要論點，其他各章分別由「概說」、「分題討論」、「專題討論」三個小節組成，每個小節穿插史料、資料、圖片，甚至還有參考文獻和年表。臺灣歷史選修教科書中的性別章節架構與這本書十分相似。但《女性的世界史》無論敘述的年代或區域，涵蓋的範圍都非常廣泛，從古代到近現代、從中東、亞洲、非洲、美洲到歐洲，除前言、序論外，包括歷史與性別、近東與地中海世界、亞洲、非洲與美洲的古代文明、東亞世界的形成與發展、伊斯蘭世界的形成與發展、歐洲世界的形成與發展、亞洲諸文明的成熟期、近代歐洲的成立、歐洲主權國家體制的展開、近代歐美公民社會的形成、近代歐美民族國家的發展、帝國主義與亞洲、非洲的民族運動、兩次世界大戰、冷戰與第三世界、現代世界等，一共十五章。《女性的世界史》還架設了「比較性別史研究會」網站，補充書中未能收錄的史料、資料、圖片，且不時更新網站內容。

這本包羅萬象的性別史書，雖然是以概論方式呈現，但不能否認的，對初次接觸性別教科書的高中老師來說，他們不必以「瞎子摸象」或囫圇吞棗的方式去講授選修歷史的「女性與政治」與「性別與社會」這兩個章節。《女性的世界史》首先引領讀者如何從歷史觀點看性別研究？怎麼認識新女性史？該書特別強調「新女性史的首要目的就是要讓女性的歷史經驗得以被看見，接著導入女性的觀點，督促原本以男性為中心的歷史研究去轉換視野，就男女兩性的體驗來改寫整體歷史敘事」。因此，《女性的世界史》聚焦在不同地區、不同時代的各種性別權力關係，好比，透過家父長制的觀念，去分析家庭婚姻中的性別互動，從家事勞動、財產分配到財產繼承，除家庭婚姻之外，本書還經由宗教、戰爭、政治（善德女王）、學術、醫療、藝術、法律、思想文化、社會活動（慈善事業）等方面，翻轉過去被視為理所當然的性別秩序。

更重要的是，上述議題在加入性別觀點後，更能帶給讀者意想不到的新歷史觀。例如，本書第二章指出，過去認為人類歷史的演化過程是男性帶領，女性只是跟著男性順勢演化，但隨著 1970 與 1980

年代女性文化人類學者，重新思考雄性在早期人類的社會位置，學者認為早期人類食物與現在的靈長類相似，都是完全依賴雌性從大範圍區域採集的植物性食物，推測人類穩定的食物來源並非來自男性狩獵的肉類，而是女性採集的植物性食物。又如第七章指出，按照伊斯蘭法規定，鄂圖曼女性的行動規範限制要比男性嚴格，不過，女性還是受到一定的權利保障，結婚時妻子可從丈夫那邊得到聘金、離婚慰問金，且簽有契約。而妻子透過繼承等方式所獲得的財產或結婚資金，均屬於她自身所有。值得一提的是，在伊斯蘭法庭，女性因為結婚契約、親權、繼承等問題，向丈夫、前夫、兄弟及父親提起訴訟的情形並不算少見。此外，第九章則從大西洋奴隸貿易，呈現歐洲、非洲、南北美洲對性別認知的差異，歐洲的奴隸商人或者在加勒比海域、南北美洲栽種甘蔗、煙草、咖啡、棉花等作物的農園主人，他們需要的勞動力是男性，在這些地區女性奴隸數量遠不如男性；然而，非洲大陸內部、中東穆斯林社會裡，除了家務、育兒外，農務、汲水等大部分日常工作皆由女性負責，所以女性奴隸在這些地區具有更高的價值。

上面只是《女性的世界史》中的少數例證，其實全書在整體上呈現的性別論述，不僅能讓讀者耳目一新，更有助於教學與研究。然而，對同樣作為讀者的我來說，我對這本書有更多渴求。在性別身體這方面，本書提出不少觀察，可惜沒有述及體能運動如何影響男女身體，特別是這個議題還可銜接本書提及的民族主義。另外，有的議題需要進一步補充，例如在婦女政策上，1999 年 6 月，臺灣全面實行民事保護令制度，是亞洲第一個實行家暴法的國家；2014 年臺灣成為亞洲第一個同婚合法化的國家，同性婚姻的法律也在 2019 年 5 月 24 日生效。至於中國大陸的生育措施於 1979 年以後陸續變化，先是一胎化實施 12 年解禁、2011 年推動單獨二胎政策、2015 年改為全面二胎、2021 年則可三胎。

由於《女性的世界史》於 2014 年出版，性別權力關係也在這九年之間不時變動，新資料需要增補，自不待言。但無可厚非的，《女性的世界史》的重要性是不言而喻的。

游鑑明 謹誌於

中央研究院近代史研究所
2023 年 4 月 25 日

目次

●臺灣版新序／小濱正子　　　　　　　　　　　　　　　002

●推薦序：如何不再「瞎子摸象」？／游鑑明　　　　　004

●前言：「歷史新讀」系列叢書的出版主旨　　　　　　014

●序論：推進歷史學中的「性別主流化」　　　　　　　016

●第1章│總論：歷史與性別
　　1-1　概說①如何從歷史觀點看性別研究？　　　　　020
　　1-2　論點①家父長制與性別　　　　　　　　　　　022
　　1-3　論點②亞洲的家父長制　　　　　　　　　　　024
　　1-4　論點③人口變動與歷史　　　　　　　　　　　026
　　1-5　論點④如何理解「身體」概念？　　　　　　　028
　　1-6　論點⑤「男性氣質」的歷史　　　　　　　　　030
　　1-7　論點⑥從性別觀點來看科學史　　　　　　　　032
　　1-8　專題討論①國際社會的二十一世紀課題　　　　034

●第2章│近東與地中海世界
　　2-1　概說②古代地中海世界與性別　　　　　　　　038
　　2-2　古代近東社會的性別秩序　　　　　　　　　　040
　　2-3　城邦社會的「同性友愛」　　　　　　　　　　042
　　2-4　城邦社會與「家」──雅典與斯巴達　　　　　044
　　2-5　西方古代所認知的「東方世界」　　　　　　　046
　　2-6　古羅馬的共和政體與家父長制　　　　　　　　048
　　2-7　羅馬公民的生活與「家」　　　　　　　　　　050
　　2-8　專題討論②女性主義視角下的史前時代　　　　052

●第3章│亞洲、非洲與美洲的古代文明
　　3-1　概說③古代文明與性別　　　　　　　　　　　056
　　3-2　印度教社會與種姓秩序　　　　　　　　　　　058
　　3-3　古代中國──父系社會的形成　　　　　　　　060
　　3-4　東南亞社會性別秩序的多樣性　　　　　　　　062
　　3-5　南北美洲──從古代到近代的中美洲文明　　　064

3-6　專題討論③佛教中的女性　　066

●第 4 章│東亞世界的形成與發展
4-1　概說④東亞世界的性別秩序　　070
4-2　中國貴族制社會女性的活躍　　072
4-3　三國至高麗時代的朝鮮半島──農耕社會的強勢母權　　074
4-4　宋代社會──儒教性別規範的濫觴　　076
4-5　專題討論④外戚與宦官　　078

●第 5 章│伊斯蘭世界的形成與發展
5-1　概說⑤中世紀伊斯蘭社會的性別秩序　　082
5-2　中世紀伊斯蘭社會與家父長制　　084
5-3　「伊斯蘭化」的多元現象──非洲與東南亞　　086
5-4　專題討論⑤伊斯蘭教與伊斯蘭文化　　088

●第 6 章│歐洲世界的形成與發展
6-1　概說⑥基督教歐洲社會的成立與性別　　092
6-2　從日耳曼部落到法蘭克王國　　094
6-3　拜占庭帝國與性別　　096
6-4　天主教教會與教會婚姻法　　098
6-5　封建制度與貴族社會　　100
6-6　中世紀歐洲的農村與城市　　102
6-7　英法百年戰爭與聖女貞德　　104
6-8　中世紀歐洲的知識女性與大學　　106
6-9　中世紀歐洲的醫事學校與修道院　　108
6-10　東西交流網絡的形成　　110
6-11　專題討論⑥基督教與「性」　　112

●第 7 章│亞洲諸文明的成熟期
7-1　概說⑦亞洲諸文明的性別秩序　　116
7-2　蒙古帝國的皇后與成吉思汗家族的婚姻戰略　　118
7-3　明清中國的性別秩序　　120
7-4　帝制後期中國的文化　　122
7-5　朝鮮王朝時代的文化──朱子學與男女有別　　124

7-6 鄂圖曼帝國的性別秩序　　　　　　　　　　126

7-7 中世紀及近代早期的印度社會　　　　　　　128

7-8 專題討論⑦纏足與辮髮　　　　　　　　　　130

● 第 8 章 | 近代歐洲的成立

8-1 概說⑧歐洲的擴張、危機與性別　　　　　　134

8-2 大航海時代——橫渡海洋的男性與女性　　　　136

8-3 文藝復興藝術與女性——繪畫中的女性形象與女畫家　138

8-4 宗教改革與「性」管理的強化　　　　　　　140

8-5 迫害女巫與女巫審判　　　　　　　　　　　142

8-6 伊莉莎白女王的神話　　　　　　　　　　　144

8-7 絕對君主制的時代——宮廷社會與民眾文化　　146

8-8 專題討論⑧男女「身體」如何言說？——對性別差異的解釋　148

● 第 9 章 | 歐洲主權國家體制的展開

9-1 概說⑨「啟蒙的時代」與公私二元社會模型的形成　152

9-2 開明專制與啟蒙民眾　　　　　　　　　　　154

9-3 啟蒙思想與公共輿論的形成——性別規範的成立　156

9-4 凱薩琳大帝的統治時代——十八世紀的俄國　158

9-5 食物與藥物的傳播及影響——從美洲到歐洲　160

9-6 大西洋奴隸貿易中的性別　　　　　　　　　162

9-7 專題討論⑨科學革命與性別　　　　　　　　164

● 第 10 章 | 近代歐美公民社會的形成

10-1 概說⑩公民的時代與性別秩序　　　　　　　168

10-2 美國獨立革命與性別　　　　　　　　　　　170

10-3 法國人權宣言與「女權宣言」　　　　　　　172

10-4 近代民法的性別偏見　　　　　　　　　　　174

10-5 慈善與福利活動　　　　　　　　　　　　　176

10-6 1848 年革命與性別　　　　　　　　　　　178

10-7 工業化與勞動的性別化　　　　　　　　　　180

10-8 階級與性別——勞工大眾的生活與家族　　　182

10-9 社會主義及共產主義思想與女性解放　　　　184

10-10 「性」與近代　　　　　　　　　　　　　186

10-11　專題討論⑩近代家庭的形成　　　　　　　　　　　　188

●第 11 章｜**近代歐美民族國家的發展**
11-1　概說⑪近代民族國家與性別　　　　　　　　　　　　192
11-2　軍隊與性別　　　　　　　　　　　　　　　　　　194
11-3　教育制度與性別　　　　　　　　　　　　　　　　196
11-4　改革與反動的時代——十九世紀的俄國　　　　　　198
11-5　美國——邊疆的擴張　　　　　　　　　　　　　　200
11-6　美國南北戰爭與解放奴隸——對黑人女性的雙重歧視　202
11-7　維多利亞女王的時代　　　　　　　　　　　　　　204
11-8　走進社會的職業女性　　　　　　　　　　　　　　206
11-9　第一波女性主義　　　　　　　　　　　　　　　　208
11-10　女性參政權運動的時代　　　　　　　　　　　　210
11-11　挑戰科學上的男性優勢——女醫師的誕生　　　　212
11-12　專題討論⑪時尚與性別　　　　　　　　　　　　214

●第 12 章｜**帝國主義與亞洲、非洲的民族運動**
12-1　概說⑫亞洲及非洲的社會變動與女性地位　　　　　218
12-2　近代印度的社會改革與民族運動　　　　　　　　　220
12-3　鄂圖曼帝國的女性地位改革　　　　　　　　　　　222
12-4　清末社會的變化與女性解放思想的出現　　　　　　224
12-5　東南亞民族運動與性別　　　　　　　　　　　　　226
12-6　對抗殖民的非洲抵抗運動　　　　　　　　　　　　228
12-7　生在帝國主義時代的女性們　　　　　　　　　　　230
12-8　專題討論⑫作為傳統文化的「娑提」（寡婦殉死）　232

●第 13 章｜**兩次世界大戰**
13-1　概說⑬世界大戰的時代　　　　　　　　　　　　　236
13-2　總體戰與性別　　　　　　　　　　　　　　　　　238
13-3　蘇聯的女性與家庭　　　　　　　　　　　　　　　240
13-4　大眾政治化、「社會衝撞」與參政權的獲得　　　　242
13-5　節育運動的展開與優生學　　　　　　　　　　　　244
13-6　中國新文化運動與新社會秩序的探索　　　　　　　246
13-7　土耳其近代化改革與女性解放　　　　　　　　　　248

13-8　朝鮮的殖民地化──從「新女性」到「慰安婦」　　**250**

13-9　革命與戰爭中的中國女性　　**252**

13-10　納粹主義與性別　　**254**

13-11　戰爭、占領與性暴力　　**256**

13-12　專題討論⑬「新女性」、「摩登女郎」與消費文化　　**258**

● **第 14 章｜冷戰與第三世界**

14-1　概說⑭冷戰體制與性別　　**262**

14-2　印度獨立與女性　　**264**

14-3　社會主義中國的性別變革　　**266**

14-4　韓國性別政策的轉變──從軍事獨裁下的女性壓抑與兩性平等抗爭　　**268**

14-5　越南戰爭中的女性　　**270**

14-6　非洲獨立與性別　　**272**

14-7　聯合國的性別平等訴求　　**274**

14-8　第二波女性主義　　**276**

14-9　專題討論⑭電影與性別　　**278**

● **第 15 章｜現代世界**

15-1　概說⑮邁向性別主流化之路　　**282**

15-2　性自由與家庭的多樣化　　**284**

15-3　改革開放政策下的中國　　**286**

15-4　臺灣社會的性別秩序變遷　　**288**

15-5　蘇聯及東歐的社會主義體制的瓦解與性別　　**290**

15-6　德國統一的光與影　　**292**

15-7　促進非洲和平的活躍女性　　**294**

15-8　現代伊斯蘭社會與性別　　**296**

15-9　全球化與性別　　**298**

15-10　專題討論⑮現代科學與性別　　**300**

● **各章參考文獻**　　**302**

● **全書參考文獻**　　**310**

● **執筆者簡介**　　**317**

本書依照以下原則撰寫而成，敬請多加參考利用。

1. 整體結構

① 整體而言，本書章節架構乃參考一般高中歷史教科書所設計。

② 本書一共有 15 章，各章特色如下：

a) 基於容易閱讀、方便作為補充教材之考量，每小節皆以「跨頁 2 頁」為一個單位組成。

b) 第 1 章為「總論」，彙整性別史的重要論點。

c) 各章皆由「概說」、「分題討論」、「專題討論」3 種小節組成。

1)「概說」主要是貫穿該章節整體的概論，有時也會補充各節無法言及的問題。每一章的右頁皆附有相關年表。

2)「分題討論」的左頁為本文（解說），右頁為史料、資料、圖片，對應穿插在本文中的❶、❷、❸等。

3)「專題討論」探討超越時代、地區的主題。

③ 專題討論（本文＋史料、資料為跨頁 2 頁）原則上撰稿者均為 1 位，在本文末尾以（　）標記，惟多人撰寫時則在該處以（　）標記名字。

2. 記述方式

① 各章節標題

a) 日本教科書對應：可連結至日本中學世界史教科書的概念。

B) 本書相關章節：本書中與該小節高度關聯的 3 個小節。

② 引用歷史資料時以【史料】標記，視其需要加上【解說】。

③ 每個小節約列舉 3 筆「參考文獻」，而貫串本書整體的文獻將集中列在最後的「參考文獻一覽」。

④ 人名、地名等專有名詞之表記，原則上是參照高中世界史教科書，不過也可能為反映研究成果，基於撰稿者的判斷而使用教科書以外的表記方式。

⑤「年表」所列國家名稱相當明確時，僅以開頭的字簡稱之。

3. 比較性別史研究會的網站

「比較性別史研究會」的網站（日語：http://ch-gender.sakura.ne.jp/wp/）可視為本書的「補遺、補充版」，敬請配合本書善加利用。

前言｜「歷史新讀」系列叢書的出版主旨

◆為什麼要「重新解讀歷史」？

歷史，應從性別的觀點來重新解讀。這是為了找出歷史學中的性別偏見，並嘗試重新書寫歷史學。

歷史學並非基於性別中立而成立的學問。歷史學作為一門近代學科，和法學、經濟學相同，均確立於十九世紀的歐洲。當時的學問被視為男性的領域，歷史學的研究對象也都侷限在國內政治、國際關係、經濟活動等所謂的「公共領域」，因此以政治史（事件史）為中心的歷史學，幾乎只能見到男性政治人物的出場。而以哲學、文學和藝術等作為代表的文化史則更加偏向男性視角，僅選擇性地講述被認為是「高尚文化」的內容。同樣地，在其他地區所記載的歷史也反映出，那些擁有權力的人大多是男性，因此歷史敘述往往以主流男性的視角來描述男性的成就。所以歷史教科書和通史也受到這個影響，關於女性與非主流男性的記述都非常稀少。

歷史之中，女性究竟何在？性少數群體和非主流男性又究竟何在？難道她們跟他們什麼都沒做，也沒有產出任何東西嗎？當然不是！倘若我們仔細檢驗過去歷史學認為無意義而捨棄、或是覺得上不了檯面的事物，就會看到裡面一樣有豐富的歷史行為、文化，以及激烈的權力鬥爭，因女性男性之對抗、合作關係而推動歷史的情形亦不少見。

從性別觀點來重新解讀歷史，並不代表在否定過去歷史學的成果，如果要讓這些成果發揚光大、藉以描繪出歷史的整體樣貌，性別觀點將是不可或缺的。

◆「歷史新讀」的出版主旨

關於「歷史新讀」（歴史を読み替える）套書全二卷（《ジェンダーから見た世界史》、《ジェンダーから見た日本史》）的企劃，始於 2009 年 12 月舉辦的日本學術會議公開研討會「歷史教育與性別」。然而，儘管日本的性別史研究在這場研討會裡確實大有進展，卻顯然無法在高中跟大學的教育現場充分活用（長野博子、姬岡壽子編《歷史教育與性別——從教科書到次文化》，青弓社，2011）。在這個過程之中，我們深刻地感受到，對於那些學習過往政治史中心歷史的人們而言，缺乏一個能夠簡單明瞭解說性別史成果的文本。

因此，我們組成「比較性別史研究會」（科學研究費〔B〕：「歷史教育引用性別觀點之相關比較研究、教材收集與體系化」2012~2014 年度）進行共同研究，本書正是其中一部分的研究成果。

本書之發行，有賴諸多學者協助執筆，每一位都是在日本具有代表性、在性別史上有著深厚造詣的研究者，在此衷心感謝他們。本書刊載了史料、年表等資訊以便讀者使用，不過這樣也導致排版、校正需要花費超乎想像的時間和工夫，這一切多虧有大月書店編輯部的角田三佳女士執行。編輯的最終責任本來應該是我們所有編者一起擔負的，因為有她縝密的確認，本書才能順利完成，在此也向角田女士表達由衷的感謝。

此外，我們更配合本書的發行架設了「比較性別史研究會」網站（http://ch-gender.sakura.ne.jp/wp/），提供書中未能收錄的史料、資料、圖片，以及研究會的成果等等。網站將會不時更新，敬請配合本書善加利用。

　　本書可說是歷史教育實踐性別主流化的里程碑。原本的提案應是從性別觀點出發，包含重新去觀看歷史時代區分與地域區分，重新解讀歷史學的本身構想，只是很遺憾現階段還沒能達成。然而，本書幾乎已涵蓋高中歷史教科書的全部範圍，是一本獨一無二的性別史概論書。我們期盼它不僅能活用於高中和大學的歷史教育場所，諸位喜愛歷史的朋友也能拿來當作休閒讀物。

2014 年 5 月
全體編者
世界史：三成美保、姬岡壽子、小濱正子
日本史：久留島典子、長野博子、長志珠繪

序論｜推進歷史學中的「性別主流化」

◆社會性別

原本作為文法術語、表示名詞屬性的「gender」（性別）一詞，在 1960 年代獲得了新的涵義。「gender」開始被用來指涉「文化的、社會的性別差異」，與指涉「自然的、身體的性別差異（生物學上的性別差異）」的「sex」相對應。然而，gender 和 sex 並非完全二元對立的概念。根據現今國際定義所示，「性別」是指將生物學上的性別差異賦予社會意義❶。因此，可以說「性別」作為一種知識構建，在現實社會生活中得到再生產，並對法律政策和社會規範產生重大影響；這樣的影響隨著歷史變遷而建構為「性別偏見」（gender bias）。

◆人類形象的轉換

對「性別」的研究從根本翻轉了人類的形象：過去社會科學的前提是「自律、理性的個人」，但所謂「自律的個人」，其實不過是「異性戀成家、有能力養育妻小、身為白種人中產階級的健康青壯年男性」。不止女性被排除在外，非白種人男性、勞動階級男性、男同性戀、兒童、老人、身心障礙者或病人等，都不能算是「自律的個人」典型。因此以性別意識重新解讀歷史，就是要為女性、非白種人、非異性戀者、老人、身心障礙者等取回歷史的主體性，並且重新探究以往不被看見的各種問題——生活、家庭、性、生殖、老化等，這也正是「歷史學上的性別主流化」嘗試。

◆性別主流化

「性別主流化」（gender mainstreaming）的最終目標，即是達成「性別平等」（gender equality）❷。要讓所有人都能不分性別、對等地取得資源或與決策過程，實現「性別正義」（gender justice），將是二十一世紀國際社會至關重要的政策課題。雖然 LGBTI（所謂的性別少數派）之權利保障已有所開展，但還是不斷有女性、兒童在武裝衝突或家庭中遭受暴力對待。儘管日本已經訂立「性別平等法」和有正式英譯的「男女共同參與社會基本法」（Basic Act for Gender Equal Society，1999），性別平等之達成仍窒礙難行。我們不僅要在「經濟成長戰略」方面「活用女性」❸，更要與國際社會協調，同步在政治、經濟、教育、生活全方位推進性別主流化，這將是今後的緊要課題。（三成）

❶【史料】國際社會對「社會性別」的定義

「社會性別的定義，是對生物學性別差異所賦予的社會意義。社會性別雖是思想、文化下的產物，但同時也於物質性的實行領域再生，並且反過來影響實行的結果，亦即影響著家族內部與公共活動的資源、財富、工作、決策、政治權力等，以及享受權利、資格之分配。性別固然會隨著文化及時間而產生變化，不過一般最明顯的特徵便是男女之間的權力不對等。因此，可以說性別製造出社會階級，而在這層意義上，人種、階級階層、民族、性

（sexuality）、年齡等其他階層之基準類似，有助於理解性別認同的社會建構、與兩性關係中存在的不平等權力結構。（聯合國《發展與女性角色相關之世界調查報告書》（1999 World Survey on the Role of Women in Development，1999）。

❷【史料】性別主流化與性別平等

（1）聯合國經濟社會理事會（1997）：「所謂性別觀點之主流化，乃是在各種領域、階層評估包含法律、政策或計劃等所有活動對男性和女性的影響。本策略之目的，係於政治、經濟、社會等各種領域的政策與計劃設計、執行、監督、評估之中，整合加入女性的關注和經驗，男性亦同，以讓男性女性同等受益，終止不平等待遇。主流化之最終目標即為達到性別平等。」（山下、植野：468 頁以下，部份變更）

（2）《世界高峰會成果報告書》（2005）：「第 59 點，我們應認知性別主流化作為實現性別平等工具之重要性，為了達到這個目標，我們承諾於政治、經濟、社會等各種領域的政策與計劃設計、執行、監督、評估之中，積極推進社會性別觀點

之主流化，並更進一步承諾強化聯合國體系在社會性別領域的應對能力。」（http://www.mofa.go.jp/mofaj/gaiko/unsokai/pdfs/050916_seika.pdf）

【解說】「性別主流化」首度明確載示於第四次世界婦女大會的《北京宣言》（Beijing Declaration，1995）；翌年歐盟（EU）通過性別主流化相關宣言；2010 年，歐盟執委會（European commission）通過《婦女憲章》（Women's Charter），在歐盟各國致力推動五大優先領域：就業、工資、決策、消除暴力、促進國際性別平等，其中特別傾向強制實行國會議員、企業管理職須保障女性一定比例的配額制（積極行動）。

❸【史料】女性活用之於國家成長戰略（2013 年 6 月內閣會議定案《日本復興戰略》）

「特別是如果我們要在少子、高齡化導致勞動力人口減少的擔憂之下，確保仍有支撐新型成長領域之人才，那麼勢必要將我國最大的潛在力量——至今為止未能充分發揮的『女性力量』——發揮至上限。」（http://www.kantei.go.jp/jp/headline/seicho_senryaku2013.html）

「性別二元結構」與 LGBTI

只要人類還是依靠有性生殖存續於世，「雌／雄」之「性別二元結構」（生物學上的性別差異）就不會消失。然而，追求生物學性別差異的發生機制也使人類的身體更為多樣化。近年來國際文件上對於非屬「典型男女」的人們總稱為「LGBT/LGBTI」，對他們的權利保障亦形成一個課題。關於先天有性染色體（XX、XY）、生殖腺（生殖激素）、解剖學上的性（內生殖器＝卵巢、睪丸／外生殖器）功能運作為「非典型」之狀態，在醫學上稱為「性發展障礙」（disorders of sex development，DSD），有不少案例必須接受治療，或是也有因認同而稱為雙性人（Intersex，I）的情形；「性取向」方面則有異性戀、同性戀（男同性戀 gay，G／女同性戀 lesbian，L）、雙性戀（bisexuality，B），或是沒有固定性取向，一輩子都在變化的狀況；而生理性別與自我性別認同不一致的案例（即醫學上的「性別不安」）稱為「跨性別」（transgender，T），跨性別的形式相當多元，包含需要進行性別重建手術的案例（即所謂「性別認同疾患，GID」）、變裝（易裝癖 transvestite）、或只要求變更名稱的狀況等。

總論：歷史與性別

◆新女性史之出現

人們觀看歷史的方式，往往依其觀點而各自相異。1970 年以前的歷史敘述以當政者、權力鬥爭或社會結構為重心，女性出場只占了一小部分。後來女性主義（feminism）的興起改變了以往狀況，想要瞭解女性過去的女性主義者們，開始從女性的觀點來考察歷史。而於同時期崛起、主張自下而上聚焦於普通人的社會史，也對女性主義歷史研究者產生了很大的影響，「新女性史」研究遂於 1970 年代中期誕生。

新女性史屏除了過去女性在歷史上為既定被動方、或是身為歷史被害者的觀點，改成關心一般女性的日常生活，為她們找回牽動歷史的主體性。新女性史的首要目的就是要讓女性的歷史經驗得以被看見，接著導入女性的觀點，督促原本以男性為中心的歷史研究去轉換視野，就男女兩性的體驗來改寫整體歷史敘事。

為了讓女性能被看見，就必須關注女性的所在場域，並探究其歷史意義與功能。於是歷史研究對象從過去的以公領域為中心擴大到私領域，且關心女性在公領域的活動及其與私領域的關連：比如奠基於私領域的女性運動、福利活動發展等在女性公領域之進出關係。而重新觀看女性就業勞動和家庭、家族之關連，讓家庭勞動等以往在研究視野中被遺漏的諸多勞動行為得以被看見，凸顯從前的勞動概念是如何以男性為中心。儘管我們對近代促進女性解放、女性就業是給予肯定的，不過也有人指出近代出現了壓抑女性的新性別規範或角色扮演，顯示出否定的另一面。在此同時，像家事、育兒等被當成「女性天職」的事務，顯然也是在近代才出現的歷史性產物，倘若不用女性的觀點，想必無法釐清箇中詳情。

◆從女性史到性別史

1980 年代為女性史研究的黃金時期，女性站上歷史舞台幕前，累積了龐大的研究成果。這些成果固然讓女性的歷史經驗得以明朗化，揭示出和以往不同的歷史樣貌，但針對女性史的整體歷史敘述仍未真正改寫。女性史乃是從一般歷史獨立出來，成為一個「特殊、個別的女性史內部結構問題」。史考特（Joan Wallach Scott）於 1989 年出版的著作《性別與歷史學》（*Gender and the Politics of History*），便意圖改變這種狀況，促成了女性史轉換為性別史的契機。她將「性別」（gender）簡潔定義為「對身體性別差異的認知」，主張性別是一個有用的歷史分析範疇。性別概念最重要的核心訊息即「性別差異是被創造出來的」，所以性別史的本質也並非性別差異，運用有權定義「真理」的「認知」，來為身體上的性別差異賦予各種意義，讓女／男在歷史上有所區別，這才是性別史的出發點。以此想法建構出的性別，在政治、經濟、社會、文化等所有領域中成為建立秩序、區分差異、排定序列的基礎，它可形成規範、價值觀、身分認同，可制定行動方式、活動空間，且納入法律、制度

克利歐（Clio）是希臘神話中 9 位繆斯女神之一，司掌歷史。
此圖為文藝復興時代義大利女畫家阿特米西亞・真蒂萊希
（詳見本書 8-3）於 1632 年創作

之內，是為一種創立結構的力量。因此，性別史即是掌握女／男分化的過程，闡明性別所創造出的結構，更去解讀這些在歷史中有何作用、導致怎樣的歷史結果。

◆歷史研究與性別

即便女性能夠被看見了，依舊難以動搖一般歷史以男性為中心的傾向，其中一個原因就是：一般歷史所述說的人類、市民、勞動者等等雖以男性為中心，卻不是把他們認知為男性，而是當成一種跟性別無關的中性存在，或者兼含男女雙方來做研究。結果變成只有女性才是特殊的存在，

過去被當成歷史研究對象的男性還是繼續被當成一般普遍的人類。另一方面，在性別史之中，當我們把男性同樣當成一個從歷史建構出的性別存在、探究男性特質在歷史上的角色扮時演，亦等同是在重新質問「普遍」或「一般」的含義。隨著性別觀點的引入，人們也開始檢討，像軍隊這類女性缺席的領域、或者民族主義、文化、階級等通常被認為與性別無關的範圍，歷史是怎麼依據性別（男性特質／女性特質）而形成的。如今在非以性別史為題的研究中，縱然為數不多，確實也逐漸出現一些引入性別觀點思考的案例。（姬岡）

1-2 論點① 家父長制與性別

本書相關章節
1-3、2-6、10-11

◆「家父長制」概念

「家父長制」概念建立於十七世紀以降的歐美，就概念分析來說主要可分兩種：（1）表示特定掌權型態或家族型態的「家父長統治」（patriarchalism），（2）表示權力歸屬於男性（家父長）的「家父長制／父權制」（patriarchy）❶。二次大戰後日本社會科學的「家」制度就分析概念來看是引用（1），1970年代以後的性別論則是引用（2），但這樣也造成了概念的混亂。（1）係出自十七世紀羅伯特‧費馬（Robert Filmer，約 1588~1653）為將君權神授說合理化的政治學用語❷。二十世紀初期，馬克斯‧韋伯（Max Weber，1864~1920），把（1）的家父長制視為純粹「傳統支配」的類型❸；（2）則主要拿來用在十九世紀文化人類學的親族理論。「patriarchy」的反義詞為「matriarchy」（母權制），時至今日，母系制（財產、地位從母系繼承）已在各地獲得確認，只是約翰‧雅各‧巴霍芬（Johann Jakob Bachofen，1815~1887）在《母權論》（1861）中所假設的原始母權制❹尚未得到證實。

◆性別研究與「家父長制」概念的重新檢討

隨著女性主義的第二波浪潮到來，「家父長制」成為 1970 至 1980 年代中期性別理論的核心主題。此時開啟先河的是凱特‧米列（Kate Millett）《性政治》（*Sexual Politics*，1970）、與舒拉米思‧費爾史東（Shulamith Firestone）《性的辯證法》（*The Dialectic of Sex*，1970）二項著作。米列將「家父長制」重新定義為代表普遍性、非歷史性的「性支配」概念（所有領域發生的男性女性）；費爾史東則援用弗里德里希‧恩格斯（Friedrich Engels）著作《家庭、私有制與國家的起源》（*The Origin of the Family, Private Property and the State*），將「再生產」（生殖）視作社會組成的基礎。費爾史東認為家父長制來自生物學的性（生殖關係）不平等，主張女性應該要握有生殖掌控權、並且消滅家庭。

◆從「家父長制」到性別

在 1980 年代中期過後，由於受到後結構主義（post-structualism）「構築知識」想法之影響，性別理論也開始從根本改變了對「家父長制」的看法，亦即①家父長制概念的「歷史化」（開始考察歷史性、個別性），②家父長制概念的「複合化」（家父長制規定要素之擴大、多樣化、流動化），以及從③的結構「轉往文化」。①乃基於家父長制狀況及在其下被壓抑的女性經驗，依時代、文化而異。②所意味的是，出現了以多重、關連性角度去分析性別、人種、性（sexuality）、階級等差異原因的方法。③則視家父長制、資本主義為社會結構之先決條件，將據此訂定的文化和觀念，做一相對比較。而「性別概念是對身體性別差異的認知，更是社會組成的原則」（史考特），「所有社會關係都將被性別化」（瓊‧阿克［Joan Acker]）等思考，都對後來的性別理論產生了重大影響。

◆今後的課題

只要我們著眼於「家父長制」的歷史結構性，便可讓比較史更加豐富。這時就必須再詳加瞭解家父長制的多樣性：權力資源之分配、決策過程之參與、財產繼承規則、身分制度與階級階層之關係、委任女性的權限等，均因應時代、文化而有所差異。因此我們需要對性別秩序進行歷史性的考察，讓家父長制的概念更加細緻。

❶家父長制、父權制（Patriarchy）

「Patriarch」（家父長）一詞可追溯至古希臘，原意的「patriarches」，是由「pater」（父）與「arché/archon」（支配、權力）組合而來的語詞，意指「父輩們的首席、各部族之父」。目前使用該詞最早的例子乃是希伯來文聖經中「族長」的希臘文翻譯，之後又轉為「長老」之意，天主教會亦以「Patriarchat」作為高級神職人員的名譽稱號。而在歐洲，以該詞指稱以色列族長、長老、高級神職人員的用法，則從中世紀延續到近代早期。

❷【史料】羅伯特・費馬《父權論》（1680）

「國王的絕對統治權威，來自人類始祖亞當對其孩子的父權。」

【解說】費馬率先把「家父長制」一詞放進國家理論，可是他引證自舊約聖經、古希臘哲學的家父長制國家論，被同時代的洛克（John Locke）、及後來的孟德斯鳩（Charles-Louis de Montesquieu）痛批其時代錯誤。然而洛克雖以「社會契約論」之立場否定家父長制國家，卻又擁護家庭內的家父長制（父＝丈夫對妻與子的支配）。

❸【史料】馬克斯・韋伯的支配類型論

「傳統型支配奠基於自古以來的秩序、支配權力、以及對神聖性的信仰。最純粹之形式即為家父長制型的支配。」（《世界名著61：韋伯》，中央公論新社，1979）

【解說】韋伯將支配分成「法制型、魅力型、傳統型」三種類型。古羅馬即為家父長制（patriarchalismus）的典型。此外，韋伯又將「家產制」（patrimonialism）視為家父長制的一個變種。家產制概念源於十九世紀初期德國卡爾・路德維希・哈勒（Karl Ludwig von Haller）提倡的「家產制國家」（patrimonial state），用於擁護和絕對專制王權、公民社會相對的封建制領邦國家。所以在歷史學上討論封建國家時，時常使用家產制的概念。

❹【史料】約翰・雅各・巴霍芬的母權制理論

「相對於父性是限制性的原則，母性則為普遍性的原則……對全人類同等兼愛的想法，來自孕育孩子的母性。不過該觀念跟認知並未隨著父權制的確立而消失。基於父權制所形成的家族乃個人之群體，相反地，基於母權制所形成的家族則為具有典型、普遍性格的群體。這種普遍性存在於所有的人類發展開端，與其說它是一種源自精神的生活，其實更像是物質性生活的特徵。」（巴霍芬《母權論》，吉原譯，2002：167~168頁）

◆皇帝、國王的權力與家父長制

在近代由國民掌握主權的共和政體成立以前，絕大多數國家皆採用由皇帝、國王統治的王朝世襲政治體制。在統治者地位乃特定家族世襲的家產制國家裡，國家的統治機能與家產管理機能融合為一體，而國家的型態也大幅受限於該社會的家族型態。因此，若想瞭解該社會的家族結構，就也必須瞭解前近代國家的政治體制和權力結構。一個擁有眾多世襲王朝的社會，既是由年長男性支配的家父長制（partriarchalism）家族型態，也是男性握有權力的家父長制（partriarchy），亦即具有雙重意義的家父長制社會。

◆多元的家族類型

家族型態依各地文明而有各種不同的模式。血統觀念有分父系社會、母系社會、雙系社會等諸多類型，結婚型態也有一夫一妻、一夫多妻、一妻多夫等，而具體形式則有妻問婚、嫁娶婚、招贅婚等，相當豐富多元。家長權力有像古羅馬那樣強大到對家族成員握有生殺大權的，也有如日本江戶時代這般受到國家或共同體規範、干涉的。許多社會缺乏早期的史料，只留下了王家相關的傳統，遇到這類情形就要反過來從王權去類推當時的社會與家族型態。

每個地區的家族型態都有各自長久維持的「類型」，然就長期來看還是有變化。歷史上亦不乏因為政治方面集權化、或其他先進文明的影響，導致父系、父權因子越趨強化的例子。

◆日本的家族歷史變化

我們生在其中的現代日本社會家族與性別結構，乃是在各種因素影響下所形成的歷史產物。日本原始社會的家庭結構為母系、雙系，而古代國家成形之際，又向中國法律取經來建立制度，在中世紀（十二至十六世紀鎌倉、室町時代）形成父系的家父長制，又於近代早期（十六至十九世紀的安土桃山、江戶時代）時創造日本獨特的「家」結構。明治維新以後，「家」制度以大日本帝國的基層結構之姿重新編組強化，至第二次世界大戰過後，便以近代性別秩序為基礎，轉換成新的體系。亦即日本家族結構在前近代時為中國的儒教式家族，明治時代以降則受到西方近代家族的理念影響而產生變化。

◆傳統中國的家族理念與現實的家族樣貌

至於影響日本深遠的中國家族結構，又是什麼樣子呢？在中國的漢族社會，自宋代至清代大約一千年之間，均以基於朱子學性別秩序而建立的家族為正統。傳統中國社會的家族理念富有高度穩定性，更是濃厚的父系血統主義。有共同父系祖先的人們即可視為同姓同宗，姓氏所代表的是父系血統這個個人身分之核心，而姓氏終身不變，女性在結婚後仍以父姓稱之（不同於日本人的姓氏代表其歸屬於哪一個「家」，且依結婚或收養關係等有所變動。）

婚姻制度為一夫一妻多妾制的嫁娶婚。以父系血統為基準實行外婚制，奉行「同姓不婚」的原則，同家族的人不可結婚。惟母系不被視為同族，故不排斥來自母方的表親婚姻、父方這邊也可和姑姑的孩子結婚，而且還頗為常見。婚姻均由父母決定，即從「門當戶對」品級相當之家族迎娶妻子，妾為地位低於妻子的準家族成員，基本上採妻妾同居。禮制上會迴避丈夫過世後、妻子再嫁給兄弟的「收繼婚」，但丈夫再娶亡妻姊妹的「妻姊妹婚」卻時有所聞。

　　家庭內部的秩序，則依循子從父、妻從夫、尊敬長者、尊卑有序的原則。但在這種男尊女卑、夫為妻之天的儒教式思考以外，也存在著將男性看作「陽氣」、女性看作為「陰氣」，因此將妻子視為世界的兩個根源之一、與丈夫相對平等的道教觀念。特別是丈夫死亡或不在的時候，妻子即可變通擁有丈夫的權限，是以寡婦在家中往往握有強大的權力。兒子不論生母是妻還妾，皆可均分繼承父親的財產，女兒僅有在出嫁時由娘家自由給予嫁妝。假如家中沒有兒子，基於「異姓不養」的原則，婿養子亦不能成為正統（實際上在庶民階層倒是頗為常見。）

　　以上就是傳統中國社會中，以男性支配階層為主軸的共通理想家族型態。現實中的中國家庭樣貌，會依時代、地域、階層各有差異，也和漢人以外周邊民族的多元家族型態互相影響，不過在日本流傳的只有記載於書卷中、以朱子學為本的中國家族理念。倘若我們能瞭解各地區家族型態的理念與現況、以及其中的變化狀況，就能和現代社會的家族型態相互對照吧！（小濱）

呈現男女陰陽調和觀念的伏羲女媧圖，
約八世紀唐代中期作品，出土於吐魯番墓葬

◆**家族復原與人口動態**

在歐洲引入國家統計之前的時代，教會透過受洗（出生）、婚姻、喪葬掌握教區居民的動向。利用教會的教區登記簿可以對家庭進行重建的歷史人口學，超越了傳統人口學統計數據的限制，可從按年齡區分的婚姻生育人數、生育間隔、每對夫婦的生育數、初婚年齡等，顯示出該家庭相關連的人口活動❶。西北歐（單純家庭體系）一般在結婚後由夫婦一同管理家庭，東南歐則一般為聯合家庭，兩者之間的人口活動狀況明顯不同：前者晚婚（男二十六歲以上、女二十三歲以上）、終身未婚率高（10% 以上）、時常可見家僕在家庭間移動；後者早婚（男未滿二十六歲、女未滿二十一歲）、未婚率低（不到 5%）、家僕比例低。至於家庭的平均規模方面，可知在十六世紀中葉至十九世紀末的英國，穩定保持為平均值 4.75 人的核心家庭，可說打破我們「工業化時代之前的家庭都是大家庭」的既定印象。

◆**人口增長的轉變（從高出生高死亡邁向低出生低死亡）**

在近代以前，每一位女性將會生下七至八個孩子，只是每四個孩子有一人會在出生後一年內死亡，加上戰爭、瘟疫、飢荒等影響，以致死亡率很高，人口成長是被抑制的（高出生高死亡）。人口成長曲線在 1750 年左右急速上升❷，其原因固然是工業化造成土地繼承和婚姻沒有連動性、婚姻年齡降低，或女性生產死亡率降低等，然而決定性的因素還是在於農業革命提高了農業生產力，農作物收穫量增加，另外營養、衛生狀況之改善亦降低了死亡率（多出生中死亡）。另外人口增加也促使人們向海外遷移，至 1914 年為止的一百年之間，有超過五千萬人遷往美國和澳洲。十九世紀末時出生率又急速下降，人們為了給孩子更好的教育，首先是中產階級減少生育，至二十世紀初期時勞動階級跟進，就連要確保勞動力而相對多產的農民，也開始限制孩子的數量。如此一來，人口增長率便從中出生少死亡轉為低出生低死亡。（姬岡）

❶【**史料**】**教區登記簿**

教區登記簿會記錄受洗人與雙親、婚姻當事人雙方、埋葬者的名字連同事件之年月日，故可能藉此復原該家族。

近代以前的出生率抑制

在十九世紀初期以前，女性在結婚後，只要有生育能力，大概每二年平均會生七至八個孩子。儘管如此，在這死亡率很高的時代，只有半數的孩子能夠長大成人。女性透過哺育母乳來調整生育的間隔，延長母乳哺育期以避免懷孕，而晚婚與或未婚的比率提高，也有助於抑制出生率。

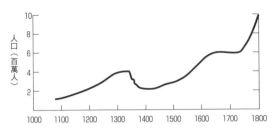

教區登記簿（德瑞克·芬尼根（Drake Finnegan）
《研究家庭與社區歷史》（Studying Family and
Community History），劍橋大學出版，1994：73頁）

復原的家族（愛德華·安東尼·里格利（E. A.
Wrigley）《歷史與人口》（Population and History），
速見融譯，1982：94頁）

❷人口變動

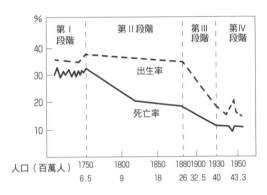

1750 年開始人口急遽增加（河野：8 頁）

從高出生高死亡轉向低出生低死亡（河野：13 頁）

中國的人口變動

　　根據中國最早的戶籍資料，可知西元 2 年西漢時期的全國人口有五九五九萬人、一二二三萬戶，平均一個家族約有五人。西漢末年由於動亂導致人口減少，至西元 57 年東漢初年時人口減為二一〇萬人。雖然後來在西元 157 年一度回復到五六四九萬人，但東漢末年的黃巾之亂又造成人口大量降低，三國時代的魏蜀吳三國人口合計不超過一千萬人。中國人口總是隨著社會的安定或混亂而週期性的大幅變動，很長的時間都不超過六千萬人，直到十一世紀的宋代人口始突破一億。宋代後的人口又反覆增減，直到十七世紀，在清朝的穩定統治下出現前所未見的成長幅度，十八世紀初為一億五千萬人，但在十八世紀末已增至三億人，1850 年時更增為四億三千萬人，推動大量人口成為移出海外的華僑。

　　清代的中國人口基於父系家族觀念影響，男性人口多於女性。女性大約在二十歲以前都會結婚，算是早婚的社會，只是也有不少底層男性結不了婚。這些男性被稱作「光棍」，是可能擾亂社會秩序、需要防範的存在。一般的已婚女性終生僅生育五至六個孩子（並非全數都能長大成人），比西方社會來得少。而且他們會利用避孕、墮胎、殺嬰等各種方法，來調整孩子的數量及男女之別。直到二十世紀前半，中國富裕家庭孩子數量多於貧困家庭，跟西方富裕階層限制孩子數量的情形有所不同。（小濱）

◆**身體有歷史嗎？**

我們每個人都以各自的身體生存於世，無論古今中外，沒有任何一個人是不具備身體的。那麼，我們的身體有歷史嗎？一般來說，因為身體不管在哪個時代都同樣是自然的產物，故而人們傾向將其歸類在醫學或生物學等科學領域。其實傳統歷史上也沒有身體的存在，重要人物皆以名字、功績、或者充其量用他們的肖像畫現身。至於民眾，不過就是「農民」、「賤民」之類混為一談的概念罷了。法國中世紀史學家勒高夫（Jacques Le Goff）將此種狀況形容為「肉體被剝奪」，主張歷史應該把身體歸還給他們。

這也就是說，身體是有歷史的。或許我們通常多用有頭部、軀幹、手足等抽象基準來看待人類的身體，然正如人類學者牟斯（Marcel Mauss）所述，我們如何運用身體走路、進食、做愛、生小孩等——這些大家認為最具生理性的「自然」身體技能，都會根據文化、時代出現各種變化。就像現代的我們已經知道男女性別差異最自然、最準確的根據就是性器官，但人們也曾有相信男女性器官本質相同，女性只是「不完整男性」的時代。所以，我們如何使用身體活下去，如何理解身體、賦予身體意義，便有如學習語言一般，都是在不同的社會中，人們不知不覺加諸於自身的一種「文化」。如要瞭解身體在歷史扮演的角色，除了要釐清歷史上的各種身體樣貌、以及身體在各個社會之中的意義，同時也要考察它們是何時、如何變化的，這些變化又跟政治、經濟等社會整體變化有什麼相互關係。

◆**身體與性的政治**

人類的身體依年齡、種族、有無傷殘等各種指標有所差異，其中最基本的就是性別（男／女的區別）了。性別對社會的重要意義在於「生殖」，意即與世代再生連結。縱使生殖是由男女兩性共同參與而發動的，可是受孕、懷孕、生產等一連串過程卻只能單方面的由女性身體直接承受。這個情形在整個歷史上，都被用作區分女性生活方式、角色分配與男性不同的基礎：比如在傳統的家父長制社會中，就像「女人的肚子是借用的」這一句話，只把女性看做是生殖工具、是孕育男性種子的田地，還從而衍生出嚴格監視女性的「性」習俗。許多社會要求女兒在結婚前得是處女，結婚後妻子也要保持貞節，均是為了要確保生出的孩子能繼承父系血統。因此二十世紀以來爭取避孕、墮胎之自由權利就成為女性主義的重要目標，而這種女性要有性自主權的主張，正是來自女性因身體差異在歷史上被壓抑的反思。

此外，當國家開始關心人口質、量之時，國民的身體就會被當成管理人口質量的媒介，變成國家權力介入的對象。例如第二次世界大戰時日本「多生多養」的政策要求女性應於二十一歲之前結婚、每對夫妻生五個小孩；納粹德國禁止「亞利安人」與猶太人通婚，又將身障兒或精神病處以「安樂死」；或者像現代中國對違背

「雙靈者」是一個泛北美洲原住民的概括性詞彙，被一些北美原住民用來描述社區中滿足傳統第三性別（或其他性別變體）的原住民人在他們的文化中的社會角色。上圖為美國藝術家喬治‧卡特林（George Catlin）於 1872 年的繪畫作品，描述一群大平原上的原住民戰士向身著女裝的男性雙靈者獻舞。

國家一胎化政策、生育第二胎者課以高額罰金，或要求其墮胎等等，各種案例不勝枚舉。也就是說，身體不只是個人的所有物，從家族、共同體到國家、宗教以至國際社會，對於身體該是什麼樣子，都有從個別立場出發的想法跟利害衝突，讓身體成為一個非常政治的場域。

◆性別與欲望

　　除了生殖以外，性（sexuality）對身體的歷史來說也同等重要。即便同性戀者的存在已經漸漸受到認同，當今社會依舊視男女異性間的戀愛、欲望才算「自然」、「正常」。然而，將人類分成「異性戀者」與「同性戀者」的觀念其實並非近代的產物，同性之間的欲望跟性關係，早就以各種各樣的形式存在於過去的社會。比如古希臘或近代以前的日本，都有將男性之間的性關係與「男子氣概」相連結、且給予高度評價的文化。至於男女之別方面，性別文化也不會只能遷就身體而一成不變，像我們能在美洲原住民部族看到的「雙靈者」（berdache）習俗，就呈現了一個身體可以直接跨越性別的寬容社會。對於上述身體的多元樣貌與變化、以及它們所代表的意義，只要我們放棄現代人的「常識」和成見，就能夠找回身體的歷史。（荻野）

1-6 論點⑤「男性氣質」的歷史

◆男性史的意義

「男性氣質」（masculinity）的定義，乃決定性別秩序「霸權」（hegemony）的關鍵，是以至關重要。話雖如此，「男子氣概」往往理所當然地被視為男性的自然特性。在此將分析「男子氣概」的積極意義，其實「男性史／男性氣質的歷史」就是以歷史角度探討「男性／男性氣質」的建構過程。男性史與「男性學」緊密相關，男性學的成果如「等級排序」、「連結」等相關新理論，對男性史分析也頗有助益。

◆霸權／從屬男性氣質

關於「等級排序」的代表性理論，當屬瑞文·康奈爾（Raewyn Connell）的「霸權／從屬男性氣質」論。多數社會皆由男性掌握政治、文化的支配權力（父權制），但不是所有男性都能行使支配權力，而是依照種族、身分、階級、階層、宗教或各種資源（能力、財產等）的標準，對男性們進行篩選與等級排序，以此建構權力、資源集中於少數菁英男性的體系，康奈爾稱之為「霸權男性氣質」❶。不符合「霸權男性氣質」的男性們，通常會被說「不像男人」，在社會決策體系裡被邊緣化（從屬男性氣質）。「霸權／從屬男性氣質」規範對包含女性在內的多數人來說，是一套共有的建構秩序原理。

◆同性戀／同性社交／同性情慾

關於男性之間的「連結」，則屬伊芙·可索夫斯基·賽菊寇（Eve Kosofsky Sedgwick）的理論最為知名。她把「同性戀」（homosexual）關係和「同性社交」（homosocial，又稱同袍情誼或兄弟情誼）關係區分開來❷，對於未達性行為之同性戀（homosexuality，又稱潛在同性戀者）與同性社交關係的共存情形，稱之為「同性情慾」（homoerotic）。人類與性（sexuality）相關的連結蘊含了什麼意義，會根據文化有所差異嗎？其中有男女之別嗎？又跟性別角色分擔的規範有什麼關連呢？這些問題顯示了探討性別秩序的必要性。尤其公民社會中的同性社交意向、主從關係間容易出現的同性戀、家臣團隊及軍隊的同性情慾關係等，對「男性氣質歷史」都是非常重要的主題。（三成）

❶【史料】瑞文·康奈爾的「霸權男性氣質」與「從屬男性氣質」

（1）「在既有的文化或組織中，通常存在著一種支配式或『霸權式』的男性氣質，這正是性別歧視的權力中心。在近代資本主義社會之中，我們可以在看到它出現在最有力的組織內，如大企業、國家（政府）的上層階級、大型媒體、媒體所簽約的體育運動等等。」（康奈爾〈男性氣質、性別及暴力問題〉，收錄於伊藤公雄、富士谷敦子監修之《給學習性別學的人》，世界思想社，2000：67~68 頁）

（2）「大多數的男性與少年之間，存在的是與霸權式男性氣質不同的緊張或對立關係……然而，明確的替代方案在文化上往往不被信任且受到鄙視。實行這個方案

的男性，就很容易被辱罵成膽小鬼、懦夫、同性戀者等等。」（同上：70頁）

———

【解說】根據康奈爾的理論，建立在男性氣質上的霸權式支配是「透過整體動態過程所行使的影響力」，它是運用語言而非物理暴力來改變人們認知的一種「文化性支配」。即「霸權男性氣質」這種「文化性支配」，並非以暴力去抹煞其他的男性氣質，而是使之從屬，從屬者就稱為「從屬男性氣質」（同性戀男性等）。霸權男性氣質也不會強制凹求女性接受或從屬，或者更可以說，它被當成一種取得女性們「自主同意」的策略。例如多數女性都會對「家中經濟支柱」予以肯定，女性作為母親、作為妻子時，也複製了男性氣質的規範。

❷【史料】伊芙・可索夫斯基・賽菊寇的「同性社交」

（1）「『同性社交』一詞有時會用於歷史學或社會科學領域，指同性之間在社會上的緊密關係。這個用語顯然是與「同性戀」相類似、卻又企圖跟它做出區別的新創詞彙。」（賽菊寇：1~2頁）

（2）「男性與女性的同性社交性在歷史上之差異，顯示出男女間長期的權力不平等及其運作機制」（同上：7頁）。

———

【解說】根據賽菊寇的理論，在近代西方社會中，「同性社交」、「同性戀」一直存在於女性之間，沒有什麼衝突，在男性之間則被徹底切割。這是因為把「同性社交」和「恐同症」（homophobia）連結在一起的緣故。一般來說，父權制是由「強制的異性戀」組成，容易帶有對同性戀的厭惡，實際上倒不是必然，也有像古希臘「少年愛」形式這類不排斥「同性戀」的情形。

歐美男性學、男性氣質研究的開展

歐美的「男性學」、「男性、男性氣質研究」，整體來說均與爭取「性取向自由」的權利運動密切相關，其發展大約可分以下五個階段：

第一階段（十九世紀後半）：建立將「同性戀」視為性取向的概念（1869），同時相對確立了「異性戀＝正常／同性戀＝異常（疾病、犯罪）」的公式。十九世紀末至二十世紀初曾發起一些同性戀者的解放運動，只是對象大多侷限於男同性戀者。

第二階段（二十世紀前半）：佛洛伊德（Sigmund Freud）提出「精神分析學」之後，開啟了運用精神分析學的同性戀研究。此時同性戀被視為一種個人的病理現象。

第三階段（1970~1980年代）：隨著性別研究的興起，「男性學」也逐步成立。加上「石牆事件」（Stonewall riots, 1969）促成同志解放運動的興盛，「男同性戀、女同性戀研究」遂隨之登場。在此同時也誕生了「恐同症」、「強制異性戀主義」等觀念，研究模式發生了翻轉，從視同性戀為個人病理現象，轉變成把排斥、壓抑同性戀者的社會視為研究課題。

第四階段（1980年代）：在「社會建構主義」的影響下，出現「批判性的男性學」。其關注男性氣質的歷史、社會建構過程，亦揭示了「同性社交」的觀念。

第五階段（1990年代以降）：「酷兒研究」（queer studies）出現。「酷兒」（queer）原本是意指「奇異」（strange）的貶抑稱呼，同志們試圖將這個語詞「轉換含義」，發展至今則具有「挑戰既有規範」的意思。

1-7 論點⑥
從性別觀點來看科學史

我們所熟知的科學家大多都是男性，為什麼在科學技術領域活躍的女性這麼少呢？想必是兼顧家庭、研究兩者非常辛苦，在各個時代活躍的女性都會面對這個難題。

◆被高等教育拒之門外的女性

女性要想活躍於科學領域，就勢必得接受高等教育，然而在十九世紀中葉以前，幾乎沒有為女子設立的公共高等教育。英國 1870 年代初期在女性主義者的努力下，於兩所大學分別開設了兩處女子學院：劍橋大學的格頓學院（Girton College）❶、紐納姆學院（Newnham College）；牛津大學的瑪格麗特女領主學堂（Lady Margaret Hall）❷與薩默維爾學院（Somerville College）❸。美國則以荷尤克山學院（Mount Holyoke College，1837 年創立）、以及 1865 年的華薩女子學院（Vassar College）作為開端，相繼設立其他女子學院，至十九世紀末已有七所，合稱為「七姊妹學院（Seven Sisters）。

◆被學會拒之門外的女性研究者

如果想要持續進行科學研究，參加一個學會、不斷吸收最新知識是必要的。只是創設於 1660 年的英國皇家學會（Royal Society）一直到 1945 年才誕生第一位女性正式成員，1666 年創設的法國科學院（Academy of Sciences）則至 1979 年才出現。瑪里・居禮曾於 1911 年被推薦為科學院院士，當時以些微差距落選，不過接下來她馬上得到了第二座諾貝爾獎。

◆諾貝爾獎與女性科學家

長期被大學、學會等拒之門外的女性們，終於在二十世紀獲得公立機關的認可，開始在科學第一線活躍了起來。二十世紀共有十位女性榮獲諾貝爾獎，前三位均以和丈夫共同的研究成果獲獎，只有瑪里・居禮例外——她獨自獲得了第二座諾貝爾獎❹。在她之後雖有三位女性都是獨立獲獎、非與丈夫共享，但她們這些第二世代的得獎者、和第一世代的三人全部都有結婚、也有小孩，亦即她們在作為一個女性研究者之前，也必須強烈意識到自己妻子跟母親的角色，這種雙重標準在當時是理所當然的。而進入 1980 年代後、又受到 1960 年代的女性主義影響，接下來第三世代的三位女性得獎者皆為單身，第十位得獎者還是出自女子高等教育發展頗晚的德國。（小川）

❶格頓學院（1869 年設立）

即使格頓學院地處劍橋郊區，學生算是被迫處於孤立的狀態，仍培育出許多女性科學家，尤其是那些具有卓越數學才能的女性。例如菲莉帕・費塞特（Philippa Fawcett）——十九世紀末積極投入女性參政權運動的米利琴特・加勒特・費塞特（Dame Millicent Garrett Fawcett）之女，就曾榮獲劍橋大學的數學優秀獎項；格蕾絲・奇斯霍姆・楊（Grace Chisholm Young）更前往德國哥廷根大學（University of

阿爾弗列特 瓦特豪斯（Alfred Waterhouse），
《格頓學院水彩畫》
（*Watercolour of Girton College*），1887

Göttingen）留學，取得英國女性的第一個
數學博士學位。也就是說，要讓女性能長
久活躍於科學領域，教育機構的功能發揮
相當重要。

❷瑪格麗特女領主學堂（1878 年設立）

牛津最早的女子學院，以學術提倡者瑪
格麗特·波佛（Margaret Beaufort）之名命
名。

❸瑪麗·費爾法克斯·薩默維爾（Mary Fairfax Somerville，1780~1872）

瑪麗·費爾法克斯·薩默維爾（右圖）
是十九世紀英國代表性的科學普及者，擅
長數學，撰有天文學、自然地理學領域的
著作。她先以解說拉普拉斯（Pierre-Simon
Laplace）著作《天體力學》（*Treatise of
Celestial Mechanics*）的《天界的機制》
（*Mechanisms of the Heavens*）一書獲得
成功，又於 1834 年出版了代表作《論物
質科學的關聯》（*On the Connection of the
Physical Sciences*）。薩默維爾在十九世
紀女性代表性研究者的大型網絡中位居中
心，她激勵了詩人拜倫（George Gordon
Byron）之女、即以世界首位程式設計師身

分聞名的愛達·勒芙蕾絲（Ada Lovelace），
並且與作品《化學對話》（*Conversations on
Chemistry*）在英美大熱銷的作者珍·瑪西
特（Jane Marcet）、十九世紀美國的代表性
天文學家瑪莉亞·米契爾（Maria Mitchell）
等都有深厚交情。

❹瑪里·居禮（Marie Curie，1867~1934）

瑪里·居禮是女性科學家中最知名的物
理學者，她於 1903 年與丈夫皮耶共同獲頒
諾貝爾物理獎，1911 年又獨自榮獲諾貝爾
化學獎。瑪里長年以來以「居禮夫人」之名
為人所熟知，不過就近年許多的研究成果
來看，她並非從屬於丈夫皮耶的「夫人」，
而是一位獨當一面的優秀女性研究者，是
以改記其名為瑪里·居禮。

此外，瑪里的長女伊蕾娜也於 1935 年和
丈夫共同獲得諾貝爾化學獎，繼母親之後
成為第二位女性得獎者。

❸    ❹

瑪里獲頒之諾
貝爾化學獎獎
狀（1911）

◆「千禧年發展目標」

2000 年 9 月，在全部一百八十九個聯合國會員國中，共一百四十七國參加聯合國大會並通過二十一世紀國際社會的共同目標，即「千禧年發展目標」（Millennium Development Goals，縮寫 MDGs），共有八大目標、二十一項具體指標，欲於 2015 年以前解決貧困、嬰幼兒死亡、愛滋病與瘧疾之蔓延、顯著的性別不平等問題❶。在 2010 年的中期總結中，雖然評估已在「減少貧困人口、提升就學率、改善健康狀態方面有顯著進展」，卻也被指出尚有「母子保健領域遲緩、飢餓情形擴大」等未達標的部分，而未解決問題較多之地區則是撒哈拉沙漠以南的非洲各國。

◆「永續發展」

「千禧年發展目標」的第七項「永續發展」（sustainable development），意指「能滿足當代的需求，又不損及後代子孫滿足其本身需求的發展」。這是聯合國「世界環境與發展委員會」（World Commission on Environment and Development，縮寫 WCED）《我們共同的未來》（*Our Common Future*）報告的核心理念，現已廣為流傳❷。其實這也是對於近代以來工業化帶來經濟發展後，致使地球資源枯竭、環境破壞，威脅到我們的生活等，所產生的深刻反省與強烈警告。

◆「積極行動」（positive action）

「積極行動」意指在政治或勞雇、教育方面達到性別平等的手段❸。1990 年代以來，非洲因快速進入全球化及接連不斷的內戰，導致許多女性、兒童、老人、身心障礙者處於飢餓跟貧困之中。今日為了將

❶「千禧年發展目標」（2000）的八大目標與二十一項具體指標

8 大目標（21 項具體指標）※ 數值目標之設定乃基於 1990 年狀況與 2015 年目標之對比。	
1	消除極端貧窮與饑餓（①每日收入低於 1 美元的人口減半／②使婦女、青年能適當就業／③饑餓人口的減半）
2	普及基礎教育（①完全達成初等教育）
3	促進性別平等並提升女性地位（①在教育中消除男女性別差距）
4	降低兒童死亡率（①未滿五歲兒童死亡率降低為 1/3）
5	改善孕產婦健康（①孕產婦死亡率降低為 1/4／②生育健康服務之完全普及）
6	對抗愛滋病、瘧疾與其他疾病（①遏止愛滋病蔓延／②愛滋病治療之普及（2010 年前）／③遏止瘧疾和其他主要疾病之發生）
7	確保環境永續發展（①：將永續發展原則納入國家政策及計畫／②降低生物多樣性喪失率／③確保安全飲用水及衛生設施／④改善 1 億貧窟居民之生活〔2020 年前〕）
8	建立全球發展夥伴關係（①建立可預測、無歧視的貿易與金融體系／②滿足低度開發國家的特殊需求／③滿足內陸開發中國家、小島嶼開發中國家的特殊需求／④全面處理開發中國家的債務問題／⑤提供低價的基本必需藥品／⑥資訊、通信技術之獲益）

他們的聲音反映到國政上，遏止內戰、屠殺不再發生，許多非洲國家遂發起積極行動。其成果就是在全球國會議員的女性比例排行榜上，非洲諸國能與中南美、北歐比肩居於前段班。其中特別值得注意的就是曾淪為慘烈內戰、屠殺戰場的盧安達。盧安達自 2008 年起，眾議院議員選舉的女性比例達到世界第一（2013 年為 63.8%），他們還規定中央、地方政府的所有決策機關女性成員須占 30% 以上，未成年者、身心障礙者亦有眾議院席次的保障額度。而在歐盟各國，政治、經濟決策過程的「多樣性」（diversity）實踐也被視為重要課題，並且同時活用積極行動。期許性別、人種、世代多樣性能成為克服政治經濟風險的方法。（三成）

❷ 布倫特蘭報告《我們共同的未來》（1987）

聯合國「世界環境與發展委員會」由挪威首任女性總理格羅‧哈萊姆‧布倫特蘭（Gro Harlem Brundtland, 1939~）擔任主席，所以也稱為「布倫特蘭委員會」。該會發表的《我們共同的未來》報告（布倫特蘭報告），將貧困造成的環境資源消耗視為發生紛爭的重要原因，並指出「環境難民」的存在以及他們對安全保障之威脅。其認為應將安全保障擴大到人類遷移與環境領域的提議，對於 1990 年代的提高環境安全保障、以及「人類安全保障」概念之形成均有重大影響。

❸「積極行動」（積極的性別歧視改正措施）

積極行動分三種類型：①配額制（分配制），②限期達標方式（設定一定期限內要達成的目標數值），③女性支援策略，其中最為嚴格、效果最好的是①。近年來除了北歐、歐盟以外，非洲、中南美、亞洲各國也越來越多國家規定議員席次、議員候選人、董事等須有一定數量（比例）的女性配額，不過日本的措施還停留在②跟③。

挪威

眾所皆知，挪威是全世界性別最平等的國家之一，該國歷年來在性別統計上也都名列前茅，不過以前可不是如此——儘管他們在 1913 年就認可了女性參政權，但自十九世紀以來的性別角色分擔意識依然根深蒂固。第二次世界大戰後，挪威走上福利國家的道路，當時僅有二成的女性人口有工作，在經濟發展的背景下邁向「全職主婦時代」。然而，隨著 1969 年挪威發現石油、天然氣，需要女性大量參與勞動，後來第二波女性主義又傳至挪威，於是他們接著通過男女平等法（1978），選出首位女性總理布倫特蘭並組成內閣（1981），接著在第二次布倫特蘭內閣則是十八位閣員中有八位女性（1986），開始施行女性配額制（1988）、父親育嬰假制度（父親配額制）（1993）、國營事業董事會之女性配額制（2004）、民間公司、縣議會、地方自制政府之女性配額制（2005）。如上所列，挪威的法律政策特徵是在①的決策過程中推進性別平等，②實踐男性的家庭責任。①更跨出政治領域（議員）擴及企業董事會，②來自瑞典，即「父親月」制度，日本的育兒照護休假法亦向此取經。只是日本的父親請育嬰假比率為 1.89%（2012），相對於挪威超過 90%，可說反映出兩國制度上與國民意識的差異。而挪威也因擔憂降低國內已達成之性別平等或福利水準，並未加入歐盟。

近東與地中海世界

2-1 概說② 古代地中海世界與性別

◆公民共同體國家

地中海世界係由受近東文明影響的希臘人、羅馬人所建構，是一個具有獨特特質的歷史世界，而對後代有重大影響的希臘、羅馬文明亦於此處開花結果，這兩者可合稱為古典文明。在這個歷史世界之中，形成了獨特的城市國家。比如古希臘各城邦與古羅馬均是由經濟獨立、地位相對平等的公民所構成的共同體國家。只是這些國家僅限男性公民才有參政權，女性不但不能參與政治，也被其他大多公共活動排除在外。可從事政治的公民們，也身負發生戰爭時得武裝起來保家衛國的義務，而無法參與戰爭的女性們，就被要求產下能夠成為軍士的男子、以及能夠生育未來軍士的女子，加以嚴格的行動規範。在城邦裡，公民從事政治、軍事活動，另有一群代替他們勞動的男女奴隸等非自由人民，不過這些人不能算是公民共同體的成員。附帶一提，在希臘和羅馬初期，共同體內的貴族和平民之間頗有貧富差距，後來這個差距在許多希臘城邦中逐漸消弭，

建立每一位公民都能平等參加政治的民主政體；而羅馬保持了貴族與平民之間的壁壘，最終於西元前一世紀建立帝制。

◆城邦的內部管理與羅馬的外向性格

希臘、羅馬的家族型態均採家父長制，女性從屬於家長，不可參加政治、也被社會活動、宗教領域排除在外。公民在家中可對妻子、女兒行使家長的強權。然在家長權限方面，比起羅馬的家父長對家中所屬成員握有生殺予奪大權，希臘的家父長權利倒是受到某種程度的制約，亦即希臘國家對家庭的介入程度比羅馬來得高。羅馬征服鄰近的共同體之後，會賦予該處上層階級人民同享羅馬公民權，將之納入共同體，故而才能開疆闢土、建立一個巨大帝國；希臘則是各城邦之間彼此維持獨立，很少把公民權賦予他人。希臘城邦不像羅馬那樣對外開放，反倒是對內部進行嚴格統治，要求

親吻少年的男性

古代地中海世界的少年愛

一般來說，古代社會的性關係不限於異性，即便同性關係也不會被另眼相待。尤其希臘更是喜愛成年男性與少年之間的關係，還對此予以讚賞。少年接受年長者愛的指導、教育，便可獲得有效的進步，兩者關係可能是精神上的，也可能有肉體存在其中。後者關係並不受到鼓勵，像西元前四世紀的古雅典，不論是照顧祭典少年合唱團的工作人員、還是督導年輕人進行軍事訓練的官員，都規定要選四十歲以上的公民擔任（亞里斯多德《雅典政制》〔Athenaion Politeia〕42.2、56.3）。該年齡條件可視為要減少成年男性受到少年誘惑的風險（K. J. Dover《古希臘的同性戀 新版》，中務哲郎、下田立行譯，青土社，2007）。

市民的團結。

◆居住在城邦的非公民

雖說城邦並未對外開放，卻仍有相當數量的外國人居住其中。雅典人稱這些外國人為「metoikoi」（意為「跨界者」，雖居住於雅典但沒有公民權），他們主要從事

商業、手工業等經濟活動，而奴隸則是擔任生產勞動力不可或缺的存在。羅馬的大地主眾多，許多公民擁有大量奴隸，且讓他們在大型農場工作；而肥沃農地稀少的希臘則多半是小地主，由公民親自進行農耕作業，其奴隸數量很少，僅有一至數人。
（櫻井）

古代地中海世界（西元前 3500~500）

西元前約 3500 年	美索不達米亞南部的蘇美（Sumer）發展出城市文明
西元前約 3000 年	埃及王朝統一
西元前 2334 年	阿卡德王朝（Akkad dynasty）建立
西元前約 2000 年	克里特島（Crete）宮殿文化開始
西元前 1894 年	巴比倫第一王朝（~ 前 1595）
西元前 1700~ 前 1500 年	邁諾斯文明（Minoan civilization）鼎盛期
西元前約 1650 年	邁錫尼文明（Mycenaean civilization）建立
西元前十二世紀初	邁錫尼文明毀滅
西元前八世紀前半	城邦出現，希臘文字創制
西元前 776 年	希臘：第一次奧林匹克運動會
西元前 753 年	羅馬建國
西元前八世紀前半	斯巴達城邦建立
西元前八世紀末	雅典城邦建立
西元前約 600 年	希臘抒情詩人莎芙（Sappho）活躍時期
西元前 550 年	阿契美尼德王朝（Achaemenid dynasty）之波斯帝國建立
西元前 525 年	波斯征服希臘
西元前 509 年	羅馬共和政體開始
西元前 508、507 年	雅典的克里斯提尼（Cleisthenes）改革
西元前 490 年	波斯第一次攻打希臘本土
西元前 480~479 年	波斯第二次攻打希臘本土
西元前 450 年	羅馬：制訂《十二表法》
西元前 447~ 前 432 年	帕德嫩神廟建造工程
西元前 431 年	伯羅奔尼撒戰爭（Peloponnesian War）（~ 前 404）
西元前 340 年	羅馬與拉丁（Latin）同盟之間發生拉丁戰爭（~ 前 338）
西元前 338 年	希臘聯軍於喀羅尼亞戰爭（Battle of Chaeronea）敗給馬其頓
西元前 323 年	亞歷山大大帝（在位期間西元前 336~ 前 323）逝世
西元前 227 年	希臘化（Hellenism）三王國成立
西元前 227 年	西西里島成為羅馬第一個行省
西元前 146 年	三次布匿克戰爭（Punic Wars）結束馬其頓成為羅馬行省
西元前 128 年	羅馬建立亞細亞行省
西元前 30 年	埃及：托勒密（Ptolemaic）王朝滅亡
西元前 27 年	羅馬建立阿開亞（Achaia）行省屋大維（奧古斯都）就任羅馬首位皇帝
西元前 27~ 後 180 年	「羅馬和平」（Pax Romana）時期
西元前 18 年	羅馬：制訂儒略法（Lex Julia）
西元 30 年	耶穌基督被處死
西元約 260~270 年	帕米拉（Palmyra）芝諾比亞女王（Zenobia）活躍時期
西元 284 年	羅馬：戴克里先即位，開始邁向專制君主政體
西元 313 年	米蘭敕令頒布，羅馬帝國正式承認基督教
西元約 370 年	身兼數學家、哲學家、天文學家的希帕蒂亞（Hypatia）出生
西元 380 年	基督教成為羅馬帝國國教
西元約 389 年	西哥德王妃、西羅馬帝國皇后加拉 普拉契狄亞（Aelia Galla Placidia）出生（~450）
西元 395 年	羅馬帝國分裂為東西羅馬帝國
西元 476 年	西羅馬帝國滅亡

◆城市國家及其記錄體系

城市的誕生，始於農耕發源地的蘇美（Sumer）。西元前 3200 年左右，當地人發明了用蘇美語表記的圖畫文字，不久後轉換成楔形文字，開啟了用這種文字刻在黏土板上的記錄制度。其記錄文書大多跟行政、經濟相關，由專門的書記人員負責記錄，從這點可知他們已建立有官僚制度的中央集權國家雛形。在這樣的美索不達米亞（Mesopotamia）也跟諸多古代世界一樣，男女角色被明確區分開來：男性負責大部分的生產勞動、政治、軍事等，女性則在家中擔起家事、育兒、紡織等工作。女性可從事的職業僅限於烹飪、紡織、保母、賣淫等。

◆帝國成立與中央集權

蘇美長期處在城市國家分立的狀態，各城市為了爭奪霸權，不斷發起貿易、領土相關之抗爭。戰爭由君王指揮，軍隊使用君王提供的武器戰鬥。我們可在這裡看到其與希臘城市國家的不同性質——即君王位於頂點，由官僚、軍隊支持的中央集權國家。薩爾貢（Sargon）國王（在位期間約為西元前 2334~ 前 2279）統一了蘇美與阿卡德（Akkad），在美索不達米亞建立了阿卡德帝國（西元前 2334~ 前 2154）。君王讓自己的女兒擔任月神南納（Nanna）女神官，成為帝國統治機構的一部份。這可視為身分制社會中上層身分的女性可成為統治者的一個案例❶❷，希臘的狀況就有所不同，比起性別差異，身分差異更能決定女性的社會地位。在後來成立的新亞述帝國（Neo-Assyrian Empire，西元前九世紀~前 609）、甚至波斯帝國皆同樣如此。

◆埃及

埃及自從西元前約 3000 年形成統一國家以來，以地形之故少有外來異族入侵，大致上都一直維持統一型態的王國。王國內的王族權威很大，國王之妻（王妃）有時亦握有攝政實權❸。根據埃及得有的傳統及風習，有時王妃會是國王的姊妹，這意味他們希望國家主神阿蒙（Amun）化身之王與王妃除了誕下男子繼承下一任新王，也希望新王妻子是一樣繼承阿蒙神血脈的姊妹。埃及的性別角色固然區別分明，其家父長權限卻不像鄰近各地區那樣強大，男女在法律上皆擁有同等權利，只是從他們社會習慣或共同體內部的共識來看，女性能夠行使多大權利還是一個問號。（櫻井）

---

❶【史料】蘇美舒爾吉國王（Shulgi，西元前 2094~ 前 2047）妻子的搖籃曲

「在我歌唱之時，願這小男孩茁壯／在我歌唱之時，願這小男孩長大／願小男孩有如樹根一般基礎堅實／願小男孩有如夏基爾樹一般開枝散葉……」（參照小林登志子翻譯之日文版）

【解説】其實不只蘇美，整個古代世界的識字率都不高，不過王族之中仍有綻放文采的女性。這首搖籃曲作者的丈夫，也是一位能讀能寫的國王。

❷【史料】贈禮紀錄（西元前二十四世紀前半，拉格什（Lagash）「王妃之家」出土）

「成年母驢十頭、黃楊木腳架平台一個、小黃楊木針一根、小象牙……針一根，阿達卜（Adab）君侯（ensi）之妻恩雅格麗格蒂，二度贈禮予拉格什市君侯之妻帕爾娜達拉。

她的使者阿妮達努梅亞與馬爾加斯同行，並攜帶禮物前來。贈與馬爾加斯一件埃巴安風格的上好服裝。〈治世〉第3年」（小林登志子譯）

【解說】這份蘇美拉格什市王妃帕爾娜達拉為加強與阿達卜市之友好、往返贈送禮物的紀錄，即為王妃所管理組織「埃米」（意為「王妃之家」）之行政經濟文書，該史料呈現王妃輔佐國王，負責一部分外交、通商工作的情形。

❸哈謝普蘇（Hatshepsut）女王的和平外交

哈謝普蘇為圖特摩斯一世（Thutmose I）之嫡女、圖特摩斯二世（Thutmose II，圖特摩斯一世之庶子）之妻，她在丈夫庶子圖特摩斯三世（Thutmose III）年幼即位之際，即已攝政掌握實權，可是她並不以此

滿足，又強行自稱為「王」進行加冕，成為往後二十二年間掌權的共同統治者（在位期間約為西元前 1490~ 前 1468），是頭一位能與男性君王冠上相同稱號的女性。哈謝蘇普治理期間尚稱和平，除了增建葬祭殿建築與卡納克（Karnak）的阿蒙神殿，更派遣遠征隊前往非洲東岸的朋特（Punt）尋求乳香、沒藥，進行貿易等，以推動和平外交來充實國力。

路克索（Luxor）的哈謝普特女王葬祭殿

相傳哈謝普特在公開場合均穿著男裝，下巴還裝有鬍子

埃及的女性

「女性在法律、經濟上皆與男性平等。在埃及第十三王朝（約西元前 1750），一位名叫賽妮普提希的女性持有紡織工廠之不動產；在第二十王朝（約西元前 1200），一位名叫紐托納克特的女性，有權決定指定兒女繼承財產。儘管如此，女性的社會地位還是無法跟男性相提並論。其中最明顯的就是王權加冕之傳統：只有男性能當君王……這種傳統非常根深蒂固，所以實際統治過埃及的女王們也冠以男性君王名號，而非稱為女王。其王權必然不會交付於女性，行政機關或神殿神職人員的位階也全由男性所獨占……如果把這些對女性不利的狀況考慮進去，古埃及女性竟然能在法律享有平等，妻子也同樣可對丈夫提出離婚，實在讓人感到意外呢！然而到了王朝時代的末期，一般認為可能是受到希臘影響，妻子逐漸喪失針對丈夫的法律權利，比如離婚時妻子可分配到的財產額度就變少了。」（A·傑佛瑞·史賓塞《大英博物館圖說古代埃及史》，近藤二郎監譯，原書房，2009：19、21 頁。）

◆城邦的公民

希臘城邦的特質就是公民共同體，他們若想在沒有常備軍隊和官僚制度的狀況下存續，就必得好好維繫公民之間的團結。因此，公民之間應有消除差別、彼此平等的共識，如斯巴達公民稱為「homoioi」（意指「平等者」）意義即在於此。他們絕非在經濟上同等，中間其實存有貧富差距，但運用相當於鎖國的方式封鎖經濟活動來降低貧富差距，又透過每天一次的共同用餐，來確認彼此的「homoioi」。反之，雅典交易活動頻繁，難以縮小公民之間的經濟差距，至西元前 594 年梭倫（約西元前 640~前 559）改革、禁止人們以身體抵債之後，公民才不再因負債而淪為奴隸身分；而西元前 508 至 507 年的克里斯提尼（生卒年不詳）改革又讓所有公民獲得參政權，更強化了公民之間的團結意識。面對波斯的侵略，雅典最為勇於戰鬥，並成功擊退敵人，想來原因就在於這股團結意識了。

◆排斥女性的心理

然而，公民共同體內彼此同等、同質的意識，其實與排斥他者的觀點為一體兩面之關係。從他們鮮少認可外國人公民權這點即可看出此現象，而組成公民共同體的女性們——即公民妻子、女兒難以參與宗教領域以外的公共活動❶，以及希望女性最好留在家庭內的觀念普遍流傳，也與這種排斥心理有所關連。而支持他們習慣排斥女性的，正是傳統上一直存在的「厭女」思想❷❸。不過在古代希臘悲劇大詩人索福克里斯（Sophocles，約西元前 497~前 406）的作品《安緹岡妮》（Antigone，西元前 441 年首演），就描繪了一位違反國家法令埋葬兄長遺體的女性安緹岡妮；而喜劇大詩人亞里斯多芬（Aristophanes，西元前 450~前 388?）所著《利西翠妲》（Lysistrata，西元前 411 年首演）中，描寫的則是一群同心協力想讓伯羅奔尼撒戰爭休止的雅典、斯巴達女性。當時情況自然與故事情節不符，這應該是身負敏銳知性、感性的詩人，感受到無法發聲的女性所想，才完成了上述作品吧！（櫻井）

❶【史料】在宗教領域活躍的女性

呂西瑪刻（Lysimache），德拉康迪得斯為其父，一生享年八十八歲。生育四名子女之後，侍奉雅典娜女神長達六十四年。弗留亞區之……艾歐斯之母呂西瑪刻。」（《希臘碑文集成 2 第 2 版》第 3853 號）

【解說】此為呂西瑪刻的墓誌銘，其為雅典帕德嫩神殿侍奉雅典娜‧波麗亞斯（Athena Polias）女神的女祭司。她長年擔任此職，看似是位廣受尊敬的人物。在西元前四、五世紀的雅典，一般認為女性應該都要待在家裡，只有參加宗教儀式可以例外，像呂西瑪刻這種在宗教方面扮演重要角色的女性也不在少數。

❷厭女思想

早在西元前約 700 年詩人海希奧德（Hesiod，生卒年不詳）的作品《工作與時日》（Works and Days）及《神譜》（Theogony）中，即可窺見這股厭女思想。

舉例來說，「女人對於終將一死的凡人來說就是個大大禍水，即便跟男人生活在一起，她們也只能同享富貴，不能共度不幸的貧窮」（《神譜》：591~593行）。海希奧德是出身希臘北部波也奧西亞（Boeotia）地區的阿斯克拉（Ascra）農民，儘管他生活還算寬裕，能夠一邊勞動一邊進行創作，卻也跟富裕沾不上邊。話雖如此，他依然是一位懷有自立精神、自尊心、敢於光明正大去抗議貴族不公的農民，包含他的女性觀念在內，海希奧德已然稱得上是一位具備城邦公民資格的人物。（海希奧德《神譜》，廣川洋一譯，岩波書店，1984／海希奧德《工作與時日》，松平千秋譯，岩波書店，1986）

❸【史料】男女與生俱來的不同

「『家園』（希臘語：oikos）的經營共分成三部分：其一，主人（對奴隸）的支配，此項已在前面說過；其二，父親的支配；而第三，即丈夫的支配。他（丈夫、父親）支配著妻子和孩子，妻子、孩子同為受到支配的自由人，做法卻不相同。對妻子方面是採用「城邦」的方式支配，對孩子則是用「君王」的態度支配。之所以有這樣的差別，是因為在不違背自然的組成狀態下，男人天性就適合擔任指導者，而年長成熟者又比年輕未熟的人更適合。（亞里斯多德《政治學》：1259a37~b4）

【解說】亞里斯多德（西元前384~前322）與蘇格拉底、柏拉圖並稱希臘三大哲學家，他在作品中表述女性、奴隸生來就比男性公民低等的看法，卻也留有對他妻子表達滿滿愛意的遺作。（《政治　》，山本光雄譯，岩波書店，1961／《政治學》，牛田德子譯，京都大學學術出版會，2001）

希臘神話

神話與古代希臘人的日常生活息息相關，占據文化相當重要的一部分。遠在文字出現以前，人們就以口耳相傳神明、英雄的故事，到了西元前八世紀以後，才開始有荷馬（Homer）的敘事史詩，以及海希奧德作品等以文字文本記載的形式。而後，抒情詩人、悲劇詩人們又因應各時代、各地區的需求，對這些故事進行整理、增補、修正、或是全新創作，讓神話幾乎不受任何限制地反覆擴充、改寫，變得越來越豐富。是以神話故事彼此之間含有不少矛盾衝突，直到希臘化時代、羅馬時代，才出現稱為《希臘神話》的集大成作品。（荷馬《伊利亞特 上、下》，松平千秋譯，岩波書店，1992／荷馬《奧德賽 上、下》，松平千秋譯，岩波書店，1994／海希奧德《神譜》，同上／吳茂一《希臘神話 上、下》，新潮社，1979）

女神雅典娜之塑像

◆斯巴達的黑勞士與雅典的奴隸

在古希臘所建立的上千個城邦之中，斯巴達與雅典建構了兩種極端性質的制度。斯巴達公民每天致力於軍事訓練，勞力生產都交給從屬於下、稱為「黑勞士」（helot）農民負責。公民們支配著國家的「敵人」黑勞士，團結一致打壓其叛亂，確立以群體生活為基礎的軍事體制❶。公民的妻子們則是代替因軍事訓練外出的丈夫，負起守護家庭的工作，積極主導家庭之維持與經營。這一點在其他城邦人民的眼中看來很不尋常，甚至產生斯巴達女性奢侈放縱，造成國家衰敗的誤解。（亞里斯多德《政治學》：1259b15～35）

而在另一頭的雅典，大多公民都是自耕農戶，會跟買來的奴隸一起耕種自家農地。但為了履行國政、兵役，他們必須將農耕工作交給奴隸，才能親自去執行相關公民義務。公民的妻子們則是在家裡工作。斯巴達、雅典在男女角色劃分上都相當明確，惟黑勞士男女的生活、農作具體實況不明。

◆公民的「家園」及其繼承

關於斯巴達和雅典的家族組成，原則上都是由公民丈夫、妻子、幾個孩子所組成的核心家庭。男性的結婚年齡頗高（雅典是丈夫約三十歲、妻子十五歲左右，斯巴達是丈夫約二十五歲，妻子十八歲左右），家產均由兄弟平分繼承，很少形成大家庭。雅典、斯巴達原則上採一夫一妻制，公民的妻子會在家裡利用奴隸工作（除了家事、育兒以外，也會進行將自家生產農作物或羊毛製成麵包、織品的加工作業）❷。

家族所居住的「家園」（希臘語：oikos），包含自祖先繼承而來的土地（多為農地）、房舍，還有在此生活的家族、奴隸、家畜，「家園」不僅是公民的生活基礎，同時也是城邦的最小組成單位。亦即是說，「家園」之存續不只關乎其組成之當事人，對於城邦之存續、繁榮同樣不可或缺，故而他們會採取各種方法來防止「家園」斷絕❸。比如雅典就對女性施以嚴格的行動限制，儘可能管控她們的外出，甚至在家中也不能跟訪客碰面。一切都是為了確保妻子只能產下丈夫的孩子，自然不能讓她們有接觸其他男性的機會。（櫻井）

❶【史料】新生兒的身體檢查（斯巴達）

「父親對於他們生下的孩子並沒有完整的養育權力，他們會把孩子抱去一個名為『雷斯克』（lesche）的地方，那裡坐著部族中最年長的成員，由他們來檢查嬰兒：如果孩子健康強壯，就分配給他九千份土地中的一份，命令其父好好撫養；如果孩子病弱畸形——由於這種從一開始出生就欠缺健康和體力的孩子，活下來對他自己跟國家都不是好事，所以會把他們送去泰格特斯山（Taygetus）旁邊一個稱作「阿防特泰」（Apothetae）的深坑」。（普魯塔克〈來古格士〉16，清水昭次譯，收錄於村川堅太郎編之《希臘羅馬英豪列傳上》，

筑摩書房，1996）

【解説】在軍國主義的斯巴達，所有公民都必須受訓成為強健的軍士，相傳公民才一出生就會直接由長老進行檢查，確認身體是否健康。然而普魯塔克是生在西元一世紀的人，該記述內容的可信度還有待證實。

❷【史料】妻子的工作

「如果男人想把什麼東西帶進家裡，就得在戶外工作。耕種休耕農地、播種、植樹、放養家畜等，這些都是所謂的戶外工作，生活必需品也是如此生產出來的。不過，東西一旦進入到家裡，就需要有一個人來負責保管、負責家中該有的工作。生養孩子即是在家進行，將穀物磨碎製成食品也是家中的工作，用羊毛製成衣物亦同。戶外工作也好、家中工作也好，都需要勤奮照料，但我認為神明已賦予女人適合從事屋內工作的天性。」（色諾芬《經濟論》：7.20~22）

【解説】色諾芬（Xenophon，西元前約427~前354）是雅典的上層社會公民，也是蘇格拉底的學生，他於西元前五世紀末離開雅典，直至晚年都一直過著流亡生活。其代表作之一的《經濟論》（Oeconomicus）中，描繪了一名丈夫向年輕、什麼都還不懂就出嫁的妻子闡述心得，告訴她該如

何成為一個家庭主婦。依據這段描述，可知當時女性在家中也擔負重要的勞動工作。

❸【史料】女兒若無兄弟，如何繼承家產

「儘管父親因應母親的請求，對財產提出了疑義，他們依然如此威脅父親：假如父親為了（結婚時獲得的）嫁妝問題不願意娶她為妻，那麼他們自己將會透過法庭裁決讓她成為妻子。」（伊賽奧斯《辯論》第10號第19節）

【解説】發言者如此說道：他母親為阿里斯塔克斯的女兒，母親跟父親正常結婚之後，由於娘家兄弟亡故，處於要跟親屬關係最近男性結婚的狀況，導致法律上必須解除父母現在的婚姻關係，可是他們夫婦已經生下孩子（即發言者）無法斷然離婚，於是只能坐視一群家族的男性覬覦娘家家產。而這段紀錄出自伊賽奧斯（Isaeus，西元前約420~前340年間）筆下，他是一位雅典的辯論作家。

青銅像「奔跑的少女」，一般認為出土自斯巴達

公民的家庭生活

當「家園」裡沒有符合繼承資格的兒子、只有女兒的時候，這位女兒的遭遇就會呈現雅典的城邦特質：因女性沒有不動產所有權，故不得繼承家產，自然也無法獨自繼承父親的「家園」。這時女兒就必須找一位親屬關係最近的男性公民結婚，由這段婚姻所生下的兒子繼承家產（對這個兒子來說即母方外祖父的家產）。倘若這位女兒原本有兄弟，兄弟卻在她正常結婚後亡故（當時兒童死亡率很高、戰死者也不少，這種情形並不罕見），她就只能解除原本那段婚姻，然後跟親屬關係最近的男性結婚，生下父親家產的繼承者。反觀斯巴達，女性似乎可擁有不動產之所有權（未知是否跟男性同等），女兒若無兄弟，亦可繼承父親家產。

◆東方主義與性別之交織

在古代希臘人眼中，是用什麼角度去看待波斯帝國所代表的東方世界呢？這裡交織著「東方主義」（orientalism）和「性別」兩種觀點。在波希戰爭中獲勝的希臘人自認是自由、勇敢的人類，且輕視波斯人、把他們視為等同專制君主底下奴隸般的弱者——這可說是東方主義的原型思想。當這個思想再結合性別時，便成了雙重的偏見：他們以男性地位優越的希臘社會去映射對比東方，認為波斯王室是因為有女性支配男性，才會如此軟弱、還造成國家衰退❶。這種認為西方優於東方的東方主義，再跟男性比女性優秀的性別觀點重合，就構成一個「希臘＝西方＝男性的，波斯＝東方＝女性的」關係式。

◆女性與政治間的虛實

在希羅多德（Herodotus，西元前 484~前 425 年？）描寫波希戰爭的著作《歷史》（Histories）中，即可看到上述關係式。裡面寫到波斯宮廷王妃參與政策決定之事❷，甚至王族叛亂也是起於王室女性們的鬥爭。另一方面，也確實存在影響政治的女性，例如亞歷山大大帝（Alexander the Great）的母親奧林匹亞絲（Olympias），就在亞歷山大死後的繼承者爭奪戰中，為守護馬其頓王室血脈而登上政治舞臺，又在鬥爭中敗下陣來。奧林匹亞絲的政敵還散播一些跟她有關卻充滿偏見的軼事，致使她被認為是一位「惡女」。

◆埃及豔后克麗奧佩脫拉的表象

至於這種東方主義結合性別偏見的集大成者，應該就是埃及托勒密（Ptolemaic）王朝的女王克麗奧佩脫拉七世（Cleopatra VII Philopator）了。跟她同時代的羅馬人，是生活在立基於家父長制、男性地位優越的社會。在羅馬，但凡一位有身分的女性出現在公共場合，就會被視為行止不端，相比之下埃及的女性地位較高，還可自己選擇夫婿。像克麗奧佩脫拉以女王身分、有時還以女神之姿現身公共場合，加上埃及王室向來有兄弟姊妹結婚共同統治的慣例等，就羅馬人看來根本是縱欲兼近親亂倫。克麗奧佩脫拉先與凱撒（Julius Caesar，西元前 100~前 44）結盟，在凱撒被暗殺後又與安東尼（Mark Antony，西元前 83~前 30）攜手合作。像這種東方女王籠絡羅馬將軍、並與羅馬為敵的行為，也是一種女性對男性領域的侵犯❸。（森谷）

❶波斯王室的奢華教育

據哲學家柏拉圖（西元前 428~前 347）《對話錄》〈法律篇〉所述，波斯帝國的創建者居魯士二世（Cyrus II）讓女人、宦官來教育兒子們的結果，「往往就是培育出嬌生慣養的性格」。繼鞏固波斯帝國體制的大流士一世（Darius I，西元前 552~前 486）之後，「也是由受王室風格之奢華教育長大的薛西斯一世（Xerxes I）繼任……在那以後，波斯君王就空有其名，再也沒有出現一位真正名副其實的大帝。」（〈法律篇〉695A~E）簡而言之，就是波斯成

長為泱泱大國後喪失了過去質樸剛健的風氣，統領宮廷的女人們又讓王子們嬌生慣養，使得後來的君王越來越柔弱、進而造成國家衰敗。（《柏拉圖全集13》〈法律篇〉，森進一等譯，岩波書店，1976）

❷波斯戰爭乃王妃之提案

當初波斯帝國為何要攻打希臘呢？根據希羅多德的《歷史》記載，起因在於大流士一世的王妃阿托莎（Atossa）。阿托莎為了答謝希臘醫師迪莫塞迪斯（Democedes）治好她的病，打算實現醫師想要返回希臘的願望，於是她就在寢宮跟大流士說想要希臘人的侍女，勸大流士遠征希臘。隔天大流士就命令迪莫塞迪斯擔任領路人，派遣偵查隊前往希臘（第三卷：第一三三至一五五章）。希羅多德筆下的阿托莎，是一位權威很大的王妃：大流士一世有六位妻子，卻指定阿托莎生的長男薛西斯為繼承人——「這樣阿托莎就能掌握全部大權了。」（第七卷第三章）在希臘人的想像裡，波斯王妃對君王有著強大影響力，還可以廣泛介入國事。（《歷史》，松平千秋譯，岩波書店，1972）

❸女性支配乃走向毀滅之路

西元前31年，屋大維（Gaius Octavius）於亞克興海戰（Battle of Actium）戰勝了安東尼，平息了長達一世紀的羅馬內亂。傳記作家普魯塔克（西元46~120年？）將安東尼的敗因歸結於他受到克麗奧佩脫拉籠絡：安東尼明明在陸軍是穩占優勢，卻聽從克麗奧佩脫拉的意見以海軍對戰。他的艦隊不僅船員不足、訓練度也很差，雙方開打後，形勢還不分上下之時，克麗奧佩脫拉的船就已逃離戰場，安東尼一見此狀，便「不像指揮官、也不像個男人」，拋下隊友去追克麗奧佩脫拉的船，最終戰敗，只能悽慘地被迫自殺，顯見被女人支配者終將毀滅。而我們也可從此份傳記讀出羅馬的這種社會性別思想。（〈安東尼〉，秀村欣二譯），收錄於村川堅太郎編《希臘羅馬英豪列傳 下》，筑摩書房，1987）

一夫多妻的政治學

古代馬其頓王室採一夫多妻制度，像奧林匹亞絲的丈夫腓力二世（Philip II of Macedon）就娶了七位妻子。至於一夫多妻的目的，其一是確保後繼有人，其二則是與周遭諸國的王族、貴族組成婚姻同盟，以謀求王國安全。君王的每一位妻子都等同於正室，生下男孩的女性又會更獲宮廷重視。此外，他們並未確立長子繼承的制度，王位繼承乃是受當時政治狀況、或當權貴族們之權力關係而左右。即位成王者，也時常為了剷除王位挑戰者而殺死兄弟、堂兄弟。正因為王位的繼承條件如此不穩定，妻子一旦失去身為君王的丈夫，就只能靠兒子上位才能活下來，所以母子總是同心合力謀取王位。西元前336年腓力二世遭到親信暗殺時，便有流言說他的妻子奧林匹亞絲、兒子亞歷山大（大帝）參與其中，事件背景可說正是這種一夫多妻的政治學。

2-6 古羅馬的共和政體與家父長制

◆絕對的家父長權與男性公民

雖然羅馬、希臘同樣是家父長制，不過一般認為羅馬的家父長權比希臘更強大。家中財產（家產）原則上皆為父親一人所有，由他發放其他家人的生活費。家中父親確實對家人握有生殺予奪大權，但是在家庭以外的公共世界，男性公民就不必服從（大多為父親的）家父長權，滿十七歲就有公民大會投票權，三十歲（帝制初期為二十五歲）可獲得財務官職的候選資格、從事政治活動。

◆娘家對女性的作用與夫家的家父長權

另一方面，羅馬普遍認為女性的唯一生活方式就是結婚與育兒。在西元前三世紀左右的古老形式婚姻（有夫權婚姻）中，女性於結婚時脫離生父的家父長權支配，改為進入丈夫的家父長權之下，亦即妻子在法律上變成丈夫的「女兒」了。反之，在西元前二世紀左右普遍實行的婚姻（無夫權婚姻）中，妻子結婚後仍維持生父女兒的地位，無須服從丈夫的家父長權，如此妻子便可維持生父的家父長權，在夫家也相對自由。就妻子能否在丈夫身邊保有較多獨立性這點來看，羅馬女性的處境就比其他古代社會女性來得有利❶。

◆貴族與平民

在羅馬共和政體時期，政治實權掌握在占據元老院議員席位、稱作「patricii」的貴族手上，平民「plebs」的發言權向來被壓抑。因此，現在殘存的史料幾乎都是出自

「patricii」階層之手，女性相關的記述也大多著墨在上層公民的妻子。

◆帝國公民妻子的義務與離婚自由

當羅馬人結婚之時，比起對方是什麼人物，他們更重視家族門第和資產。女性作為妻子必須貞潔，結婚後最重要的使命就是為家裡生下繼承人❷。據說如果要維持羅馬的人口數量，每位女性終其一生必須生下五個孩子。至於離婚方面，有夫權婚姻僅限丈夫（家父長）才有決定權；而結婚時不須辦理任何手續的無夫權婚姻離婚自由度較高，也可由妻子提出離婚。事實上，羅馬在共和政體後期的離婚、再婚情形似乎並不罕見。（櫻井）

❶【史料】女性與教養

(1) 普魯塔克〈龐培〉（*Pompey*）第 55 章

「這位新娘除了年輕、還具備眾多魅力——文藝素養深厚、熟諳豎琴、精通幾何學，還能聽從哲學言論並付諸於生活習慣。」（〈龐培〉，吉村忠典譯，收錄於村川堅太郎編之《希臘羅馬英豪列傳 下》，筑摩書房，1987）

(2) 尤維納利斯（Juvenals）《諷刺詩集》（*Satires*）第六首（西元二世紀初）

「莫讓睡在你身邊、處心積慮兜圈子玩弄話術的女人成為妻子。莫讓妻子通曉所有歷史，而是要讓她對閱讀內容不得甚解……」（樋脇博敏譯《世界史史料 1》）

(3) 「小普林尼（Pliny the Younger）寫給

妻子卡波尼亞（Calpurnia）姑姑的書信」

「妻子基於對我的敬意，產生了對文學的熱切興趣。她拿總是把我的作品帶在身邊，進而朗讀、背誦……她總是在我朗讀時，坐在靠近我的舞台後方細細聆聽，只為了不要錯過觀眾對我的讚賞。她不僅能唱出我的詩句，還能彈奏豎琴來伴奏歌唱……」（《世界史史料1》，樋脇博敏譯）

【解說】龐培的妻子茱莉亞（Julia Caesaris）是西元前一世紀的人，而尤維納利斯（二世紀詩人）與小普林尼（西元約61~112年，博物學家、政治家）所描寫的是西元二世紀的女性。可見上層公民們應該是喜愛具備高度教養卻又遜於丈夫的妻子。

龐培的妻子茱莉亞，她為凱撒之女，以美貌及教養著稱，因生產而早逝

❷育兒義務

「育兒」不僅是具有自由身分的女性之義務，也被加諸於女性奴隸身上。如羅馬對農業經營寫下著述的科魯邁拉（Columella，西元一世紀的著作者，著有共計十二卷之《農業論》（*On Agriculture*）就鼓勵奴隸主人，為了確保勞動人力，應讓生育四人的奴隸獲得自由。而這與希臘色諾芬《經濟論》提到晚上應在女奴隸房間外裝上門閂的敘述形成鮮明對比，也說明當時雅典生育數量的低落。

龐貝（Pompeii）城遺跡「神秘別墅」
（Villa of the Mysteries）
壁畫所描繪古羅馬的女性形象

公民生活中的少年少女與成年女性

在羅馬，少女所受的教育和少年大致上沒什麼不同。多數公民的女兒也能和兒子一樣就讀公立初等教育的學校，而少女少年也同樣可以參加宗教儀式。只是在成年（上層公民為男子十四歲、女子十二歲）之後，女性就沒機會活躍於公共場域了，男女之間的差異越來越擴大。結婚與育兒是女性最重要的事，故而她們做家事、養育兒女的能力備受重視。然而也有像格涅烏斯龐培（Gnaeus Pompey，西元前106~前48）的年輕妻子科妮莉亞（Cornelia Metella），這種具備音樂素養，又精通地理、文學、哲學的女性例子，想必上層階級還有不少能與之比肩的女性。

◆核心家庭與指定繼承人

羅馬為家父長制社會，僅有男性才能作為家門繼承人。根據近年的研究，羅馬從共和政體時期至帝制時期，家族結構基本上都是核心家庭❶。最晚大約到共和政體中期前後，兒子應可藉由結婚脫離雙親獨立，另立門戶。隨著核心家庭成為主流，許多家門缺少可作為父親繼承人的男子，衍生出家產該如何繼承的問題，因此透過遺囑指定繼承人的情形也越來越普遍。在羅馬推動法治化的帝制時期，女性權利就明確被納入規定，獲得了法律上的保障。尤其在首任皇帝奧古斯都（西元前 63～西元 14）執政以後，已認可夫妻雙方平等擁有用遺囑指定繼承人的權利義務。由於任何人都可以被指定成為繼承人，導致「遺產狩獵」似乎很猖獗，一些人會去討好沒小孩的有錢人，圖謀成為指定繼承人。另外滿有意思的是，儘管下層人民不怎麼關心家門長存或家產繼承的問題，他們的核心家庭占比還是很多。

◆結婚獎勵與家父長權的解放

奧古斯都皇帝把上層公民逃避結婚、或者結婚後不生小孩之傾向，視為造成人口減少的問題，並於西元 18 年制訂的儒略法（Lex Julia）中，針對上層公民二十五至六十歲的男性、二十至五十歲的女性，訂立凡單身且無子嗣者，在政治生活、遺產繼承相關事務都相對不利的法條。又再進一步規定女性只要生下三個孩子，就可以脫離生父的家父長權，獲得財產遺贈之自由。只是相較於盡心致力於守護帝國繁榮的皇帝統治階層，大多數居住於廣大國土、享受帝國繁榮的公民們，卻沒能意識到自己也該擔負守護帝國的一部份責任。這個狀況顯示帝制初期羅馬的公民社會性質，已和希臘城邦、羅馬共和政體時期所實現的公民共同體社會有所不同。

◆愛家但更愛家人

由軍隊擁立、首位出身於非洲行省的皇帝塞普蒂米烏斯・塞維魯斯（Septimius Severus，在位期間 193~211），開放了長久以來為整肅軍紀而禁止軍士結婚的規定。表示對皇帝而言，軍隊具有比作為統治基礎更重大的意義，同時也意味著個人已提高對結婚意義的自覺意識。從這裡可看出他們不再是為了生小孩、或追求社會名聲及財產才結婚，而是傾向重視男女本身的心意。除了讓女性能夠稍稍減輕育兒第一的沉重壓力，人們亦不分男女開始去看待內在，漸漸接納了基督教，開始迎向「古代末期」的新社會。（櫻井）

❶羅馬公民的家庭生活

羅馬上層與下層公民的生活樣貌大不相同。富人階層可以住在寬敞的獨棟宅邸（domus）、在設有列柱廊的中庭透透氣，過上舒適的生活。對於這些富人公民來說，財產之保全、繼承皆為重要課題。根據西元前一世紀末某位元老院議員刻在石上的妻子悼亡講詞史料，他們在動盪不斷的四十年結婚生活當中，妻子秉持堅強的

意志，成功在法律辯論上擊敗意圖詐騙她生父遺產的人；此外，妻子擔憂沒有子嗣會讓丈夫陷於不幸，因此做出以下提案：「（妻子找尋能夠為丈夫生下合適子嗣的女性，並讓該女性生產），孩子視同夫妻二人之子，對待他們視同妻子本人所出。」（樋脇博敏譯）因此，夫妻二人長年持有的家產未進一步分割，均交由丈夫裁量。（《世界史史料》：266~268頁）

另一方面，當地方人口湧入羅馬城後，會聚集於公寓形式的集合住宅（insula），窮人們住在沒有廁所的上方樓層。因為他們有時會把垃圾、排泄物往窗外亂丟，威脅到走在窗外道路的行人，所以法律有對此加以制約，但遵守狀況不怎麼好就是了。而皇帝也會免費發放穀物、舉辦戰車競技或劍鬥士打鬥等節目，當成對這些下層人民的救濟和娛樂提供，以便更佳提升權威。甚至在帝國內各地的都市，某些有力人士也會跟皇帝做一樣的事，更促成窮人、或步入貧困的農民們流向城市。再者，羅馬還設立了扶助金制度（alimenta）制度來扶養貧困階層的孩子。這種公立扶助金制度起於涅爾瓦（在位期間96~98），並於圖拉真（在位期間98~117）時實施規模擴及全義大利。扶助對象係未滿十八歲之男子、未滿十四歲之女子，發放條件是必須具備自由身分。據說各都市的扶助額度各不相同，大約是僅能勉強生存的額度。

西元二世紀之劍鬥士馬賽克鑲嵌畫

羅馬棄子

在羅馬，人們除了避孕、墮胎之外，也會殺害或遺棄新生兒。許多案例固然是由於新生兒身體虛弱、異常而遭殺害，可是也有不少健康新生兒剛出生就被丟棄的情形。例如奧古斯都拒絕養育孫女茱莉亞生下的孩子，或者克勞迪（Tiberius Claudius Caesar Augustus Germanicus）下令遺棄妻子所生的女兒，原因在於兩者皆為非婚生子女。而以窮困之故遺棄孩子的例子更是毫不罕見，尤其女孩子更容易遭到遺棄，有研究統計其比例多達男孩子的兩倍。這些被丟棄、被人撿走得以活下去的孩子，也會被當成撿拾者的奴隸來養育、使喚。在羅馬透過戰爭擴張領土的時代，戰敗俘虜是主要的奴隸供應來源，不過一般認為在「羅馬和平」（Pax Romana）」時代，棄子就取代俘虜成為奴隸勞動力的重要來源。羅馬時常有新生兒被丟棄在市場中名為「乳之塔」（Columna Lactaria）、可供乳母哺育嬰兒的地點。這告訴我們，他們會把小孩丟在容易找到的地方，倘若想要獲得奴隸，往這裡走就對了。

2-8 專題討論②
女性主義視角下的史前時代

日本教科書對應
史前世界
本書相關章節
3-1、3-2、3-3

◆**男性主導之演化**

近年考古學、靈長類學領域的研究成果，是怎麼改寫史前時代的呢？在達爾文（Charles Darwin）的著作中，只要說起在人類古代史之前、類人猿如何演化成人類的過程，即可得知人類透過狩獵行為演化的看法已然根深蒂固❶。就他的說法，人類歷史中乃由男性來帶領演化過程，女性就是跟著男性順勢演化。然而在人類的食物收集方面，我們也越來越瞭解到，比起狩獵所獲，其實日常生活更依賴女性採集的植物性食物。

◆**男性＝狩獵者假說**

由於描寫史前時代的人完全沒有提及當時的女性，導致歷史極度偏向男性為主軸。而 1960 年代的考古學還是一家之言，所以很難在歷史上見到女性的身影。雪伍德‧瓦許本（Sherwood Washburn）「男性＝狩獵者」的假說中，舉出狩獵動物用的長槍、解剖獵物用的切肉刀等工具作為有力證據，並從狩獵為共同合作之工作的觀點，認為男性狩獵者帶領了人類的演化❷。實際上舊石器、中石器時代的遺跡裡也屢屢發現獸骨，考古學家便認為肉類就是舊石器時代的主要食物。

◆**女性身為採集者的價值**

但是，假如我們再去看看靈長類與原始民族的研究，就會覺得狩獵成功率令人存疑，如 1970 年代的女性文化人類學者史洛坎（Sally Slocum）、坦納（Nancy Tanner）、茲爾曼（Adrienne Zihlman）等人，就促使人們去重新思考雄性在早期人類社會位處優越的觀點。而隨著 1980 年代後女性考古學者的活躍，雌性在靈長類與早期人類行為演化中所扮演的重要角色也更加明朗化。現在認為早期人類食物與現在的靈長類相似，都是完全依賴雌性從大範圍區域採集的植物性食物，推測人類穩定的食物來源並非男性狩獵所獲之肉類，而是女性採集的植物性食物❸。

◆**農耕文化是由女性主導而開啟的嗎？**

新石器時代最大的特徵，應該就是建立農耕文化了。農耕技術固然得仰賴男性，不過身為採集者、已累積龐大植物知識的女性，想必也高度參與了栽種有用植物等積極行為。（小川）

❶【史料】查爾斯‧達爾文

達爾文在《人類起源與性擇》（The Descent of Man, and Selection in Relation to Sex，1871）中，便有這樣的論述：「……如何成功逃離或攻擊敵人、捕捉野獸、製作武器，無論觀察力、推理能力、想像力、發明才能等，都得藉助於高度的智慧。……可知這些能力至少在男性壯年期主要是傳承給兒子」（《世界名著：達爾文（第 10 版），中央公論社，1974：500 頁）

❷「男性＝狩獵者」假說的背景

在瓦許本提出「男性＝狩獵者」假說的時代、靈長類研究尚未正式化以前，若比

對 1957~1970 年間實施的狒狒觀察，確實和雄性支配的狒狒模式（baboon model）相當吻合。而後至 1960 年代又誕生了幾位靈長類女性研究者：首先是完成黑猩猩詳細行為研究的珍・古德（Jane Goodall，），再來是大猩猩研究聞名的黛安・弗西（Dian Fossey），以及追尋紅毛猩猩的碧露蒂・嘉蒂卡斯（Birute Galdikas）等。她們有別於傳統男性研究者方式的靈長類行為研究非常詳細，更影響了人類古代史的觀點，讓女性角色能有被提及的空間。

珍・古德

❸「女性＝採集者」假說

　　早期提出「女性＝採集者」假說的學者，即瓦許本的學生──艾德莉安・茲爾曼（Adrienne Zihlman）。而在該假說的後續研究中，縱然有些物品無法像石器般留存至今，仍然可得知女性發揮的重要成果，比如為了採集而發明籠子、皮袋，為了保存而製作土器等。從這點來看，融合「男性＝狩獵者」的「男性＝工具製作者」理論典範，就不禁使人產生疑問了。

新研究顯現女性之活躍（化石研究、靈長類行為研究、考古學）

　　從舊石器、中石器時代的遺址群頻繁發現的獸骨，考古學者提出以下兩個假說：
①獸骨皆來自野生動物，是狩獵的產物。
②肉類是舊石器時代最重要的一項食物。
　　基於上述假說，男性製作狩獵工具、開發狩獵方法大幅增進了人類的演化，另外又推測女性帶著小孩不可能參加大型動物狩獵，僅能協助採集植物性食物、捕捉小動物而已。但若從現存狩獵採集民族、類人猿的行為研究來看，早期人類以肉類為主食這點是有疑問的。工具之發明確實在人類演化中相當重要，可是除了狩獵工具、石器以外，還有一些用有機材料製作、可稱作文化發明品的物件，如挖棒、皮袋、網子、搬運嬰兒的吊網等，就是出自女性之手。一般認為最早用來收集、食用食物的工具，即是跟植物性食物或小型動物有關。因為採集食物需要容器來搬運，也有研究認為土器研發（西元前 7000）乃出自女性的重要發明，這些都能顯示女性在古代史中扮演的角色越來越重要。（艾倫伯格、史賓格）

亞洲、非洲與美洲的
古代文明

3-1 概說③ 古代文明與性別

日本教科書對應
亞洲、非洲、美洲的古代文明

本書相關章節
2-1、4-1、5-1

◆古代文明與性別

農耕、畜牧文化的發展，使食物生產有所餘裕，人口隨之增加，然後遠距貿易發展又帶來了人、物、思想之交流，形成都市化，促成了古代文明的出現。在此將從性別分工、親族組織、宗教三個論點，來釐清其中的性別秩序。

◆性別分工

早在人類歷史之初，就可以看出性別分工的情形，不過這個分工倒不一定跟男女權力差距直接相關。例如狩獵採集社會至今依然相當徹底地實行性別分工，可是性別之間的差距卻能相對壓到最小。性別分工之所以會和男女權力差距結合，常常是政治組織形成後，由掌握軍事的男性位居領導地位所造成的緣故。於是導致社會階級化、勞動社會價值序列化，並且輕視女性勞動、排斥女性擔任要職。我們也可以說，古代文明正是隨著此種新型性別分工而展開的。這套發展過程一直維持到中世紀以至近代早期，儘管各個古代文明的成立年代、出現地區都不同，倒是具備一個共通點，亦即女性能夠以女性身分參與政治。惟其關連因地而異，又與家族組織的狀況大有關係。

◆親族組織

在前面所提到的地區上，並存著大家族與核心家庭，父系、雙系、母系制度，一

非洲的古代王國

說起非洲的古王國，有位於現在埃及、蘇丹的努比亞人（Nubians）國家——科爾馬（Kerma）、庫施（Kush），還有世界最古老的基督教國家之一——衣索比亞高原的阿克森（Aksum）等。在上述國家裡面，我們可從庫施王國的王室女性身上看出母系社會的傳統，即君王之母、君王之女可行使某些權力，如繼承王位或擔任祭司等，而且他們至少有五位女王能夠證明這一點。至九世紀以降，非洲西部、中部又有迦納（Ghana）、馬利（Mali）、宋海（Songhai）、卡農（Kanem）、波爾奴（Bornu）等王國或都市國家陸續崛起。於發展階級化、形成工匠群體的過程中，又展開了新的性別分工。男性負責製鐵、畜牧、遠距貿易，女性則主要負責農耕、紡織、製作土器等。在此時期，雖然該區域由於接受伊斯蘭教、發展奴隸制度之故，使父系原則更為強化，但女性可以擁有奴隸，當中也出現了一些將農業委託奴隸，從事貿易、商業生財的女性。

庫施王國麥羅埃王朝（Meroe Dynasty）其中一位女王阿曼尼托爾（Amanitore，在位期間約為西元前 50 年）之浮雕像（左圖）與金字塔神廟（右圖）。

夫一妻、一妻多夫、一夫多妻婚姻等多元的親族型態，且發展出不同的家族法、習慣法。然而各型態並存的同時也顯現了地區性特徵：比如有西元前就形成父系原則理念的印度、中國，或是保留非父系基礎文化至十九世紀的東南亞，以及因奴隸貿易、接觸外面世界才走入父系制度的非洲社會等等。

◆宗教／宇宙觀

宗教、宇宙觀是撐起古代文明的精神支柱，它們與政治合為一體，構成了統治體系。因此也可以說性別結構、宗教、宇宙觀之間相輔相成，界定了該社會的性別意識型態（gender ideologies）。只是我們很難證明各個地區的主要宗教性別觀點、和現實社會的性別秩序有什麼關係。原因在於每個地區都受到多種宗教的多重影響，形成極其複雜的宗教／宇宙觀跟與之相隨的性別秩序。特別是如何從歷史去解析宗教、宇宙觀在母系轉為父系制度上的關連，將是我們今後的課題。像東南亞、非洲縱然接受了父系原則強勢的伊斯蘭教，社會上卻同時保留母系制度及習慣法。（富永）

亞洲、非洲及美洲的古代文明

西元前約 3000 年	埃及：第一王朝開始
西元前約 2900 年	西亞：早期蘇美王朝開始
西元前約 2300 年	印度：印度河文明形成
西元前約 2000 年	東北非：努比亞人之國家──科爾馬崛起
西元前約 1490～前 1468 年	埃及：哈謝普蘇女王統治時期
西元前約 1200 年	印度：《梨俱吠陀》讚歌成書
西元前十三世紀	中國：殷商武丁之妻婦好活躍時期
西元前約 900 年	東北非：庫施王國崛起
西元前五世紀	印度：佛陀活躍時期
	中國：孔子活躍時期
西元前二至西元二世紀	印度：編纂《摩奴法典》
西元前 51～前 30 年	埃及：克麗奧佩脫拉七世統治時期
西元 40~43 年	越南：徵氏姊妹起兵抗爭
約一世紀	衣索比亞：阿克森王國崛起
約 230 年	日本：卑彌呼女王時期
四世紀	中美洲：馬雅文明起始
四世紀末～	東南亞：「印度化」的開始
約五世紀	印度：《摩根德耶往世書》成書
690 年	中國：武則天登基，建立武周
九世紀	柬埔寨：吳哥（Angkor）時代開始
十至十一世紀前半	西非：迦納王國繁榮發展
約 1000 年	日本：紫式部創作《源氏物語》
十二世紀	斯里蘭卡：比丘尼僧伽消失
1250 年	埃及阿尤布王朝（Ayyubid dynasty）：蘇丹寵妃沙迦・杜爾（Shajar al-Durr）於丈夫死後繼位，成為新任蘇丹
十四世紀	西非：馬利王國鼎盛期
十四至十五世紀	東南亞：大陸區域逐漸信仰上座部佛教、島嶼區域正式走向「伊斯蘭化」
十五至十六世紀初	中美：阿茲提克文明繁榮發展
	南美：安地斯山脈中央地區印加文明繁榮發展
約 1450 年	緬甸：信修浮（Shinsawbu）公主登基成為女王
十五世紀末～	印尼：亞齊王國崛起
十六世紀	西非：宋海王國鼎盛期

◆印度教法與女性地位

統稱為「印度教法」（Hindu Law）的梵文（Sanskrit）文獻，是在西元前約六世紀至十九世紀中葉之間，由婆羅門（Brahmin）陸陸續續書寫而成的。儘管印度教法隨著時代有所變動，但中心思想仍是非常徹底的父系原則。女性除了稱之為「stridhana」的固有個人財產以外，身為女兒的女性原則上沒有繼承權，而身為妻子的女性繼承權亦受限制。「印度教法」實際上到底對人們生活有多少約束力其實還有疑問，不過可以確定的是，雖然印度各地區、群體存在著各式各樣的習慣法（包括母系制度），還是無法否定教法理念的影響力。

◆種姓制度與性別

種姓制度（caste）之建立與維持，乃繫於加強對女性之「性」（sexuality）的控制。特別是高種姓女性若跟低種姓男性發生性關係，將會動搖種姓制度。所以婆羅門等高種姓階層會實行女孩初經來潮前就出嫁的極端低齡童婚、又禁止寡婦再婚、還有女性隔離（purdah）的習慣❶。他們男性的結婚年齡固然也很低，卻可自由再婚，亦不限制重婚。而低種姓群體會引進婆羅門式習慣（像寡婦再婚禁忌、女性隔離等），以求提升種姓地位（sanskritization，又稱「梵化」）的現象，也於後世得到了證實。

◆「貞婦」的理念

印度經典、法典、敘事詩中，都曾強調「貞婦」（pativrata）的理念——即終生僅獻身於單一男性的忠貞女性之理想形象，亦確立了女性應對丈夫如對神明般崇敬，才能獲得救贖的論點。而「娑提」（sati，寡婦殉死）就是其中最極致的行為，尤其到中世紀以後，稱頌「娑提」的文獻更為增多。如敘事詩《羅摩衍那》（Ramayana）的女主角悉多（Sita）就是「貞婦」的代表人物。

◆印度教與女神信仰

值得注意的是，印度教世界有著眾多受人崇敬的女神（devi，又稱「提毗」）❷：比如身為毗濕奴（Vishnu）、濕婆（Shiva）二位主神配偶的吉祥天女（Lakshmi）、雪山神女（Parvati），就表現了女神慈愛、溫和、吉祥的形象；反之，不依附男神的時母（Kali）則是一位暴虐的女神，更是獻祭牲畜的對象。八世紀成書的《女神頌》（Devi Mahatmya，意謂「女神的榮光」）一書，以「夏克提」（Shakti，能量、力量之意）為中心原理，女神乃「夏克提」之顯現，是至高無上的存在，可謂女神信仰的代表性文獻。女神信仰的興起，亦與重視「夏克提」女性原理的「坦陀羅教義」（tantrism）出現有密切關係。另在上述信仰趨勢以外，守護人們安寧、免於天花等傳染病或災害的村神，往往也都是女神。只是女神所享有的崇敬，不見得能反應於印度女性的實際地位上。（粟屋）

❶【史料】《摩奴法典》（Manusmriti）

5‧148：女子應當幼年從父，成年從夫，夫死從子。女子不得享有獨立自主。

5‧154：縱使丈夫人品惡劣、任意妄為、資質欠佳，賢婦始終仍應敬夫若神。

5‧157：丈夫死後，妻子可隨意以清淨之花、根、果為食，使身軀消瘦。唯不可再提及其他男子之名。

5‧158：女子應終生堅忍、自制、守貞，且力行關於妻子對丈夫從一而終的最高律法（dharma）。

9‧14：女子不在乎相貌、也不介意年齡，

不論相貌美醜，只要是個男人，她們就會接受。

9‧15：在這世間，即便精心守護女子，她們依舊會背叛丈夫，只因她們貪戀男子、見異思遷、又生來薄情。

❷戰鬥女神難近母（Durga）／學問藝術女神辯才天女（Saraswati）

難近母女神——曾擊敗化身水牛的魔神摩醯濕（Mahishasura），其相關信仰在孟加拉地區尤為盛行。辯才天女起源可追溯至《梨俱吠陀》（Rigveda），她雖與梵天（Brahma）成婚，神像卻是如本圖這般獨自出現。

難近母

辯才天女

「吠陀時代」是女性的「黃金時代」嗎？

有關「吠陀時代」（西元前約1500~前600）的印度女性地位原本頗高，在某時間點（常常稱作伊斯蘭勢力「侵略」時期）之後便下滑的論述，其實是來自十九世紀後期西方的東方主義者和民族主義印度知識分子。根據他們所言，吠陀時代女性與男性享有同等的教育機會，女性並不實行童婚，可自由選擇婚姻對象，也容許寡婦再婚。然而女性主義者批判該論述忽略佛教對女性有一定的積極意義，亦無視印度社會上的種姓、階級差距。

3-3 古代中國──父系社會的形成

◆先秦時代的王位繼承與「宗法」之成立

新石器時代後期（西元前約 3000~ 前 2000），中國出現了稱為「邑」的城市國家型態，且歷經夏、商、周三個王朝。相傳這些王朝的君王均為男性，統治階層的氏族名卻是「姬」、「姜」、「妃」等含有「女」的文字，因此有些研究者提出其乃母系制度之影響。據說商朝（西元前約十七世紀至前十一世紀）共三十位君王的王位繼承，就不限於父死子繼，兄終弟及的情形也不少，算是一種寬鬆的父系制度❶。到了周朝，就逐漸改為由直系父子繼承，統治階層逐漸確立了父系制度。周代訂立了「宗法」，將父系親族群體的人際關係，依世代、性別來劃分尊卑、親疏之等級。「宗法」是公卿、大夫、士等統治階層的專屬之物，由於「禮不下庶人」（《禮記》〈曲禮〉），庶民階層人們的男女關係就寬鬆許多❷。

◆「男耕女織」──性別角色分工

男人耕作、女人紡織（包含採桑、養蠶、裁縫等），是中國自古以來的基本性別分工。從新石器時代後期的遺跡裡，就可發現到女性之墓才有紡車出土，男性之墓都是農業工具，可見當時應該已經有性別分工了。漢代皇帝皆會持續親自主持耕作相關的「籍田」典禮，皇后則是舉辦紡織相關的「親桑」典禮，顯現他們理想中的性別角色。但從早期以來拓展家庭農業的過程中，還是有不少女性從事農業勞動工作的情況❸。

◆家族觀念與妻子的地位

漢代的庶民階層固然是從父親那裡繼承姓氏，不過當時也會把母親、妻子家族、出嫁女兒的孩子等母系血親都視為同族❹。漢武帝（在位期間西元前 141~ 前 87）時設立五經博士，而後奉儒學為官學，使得僅限父系才是同族的家族觀念、妻應從夫的夫妻觀念逐步成為正統。而劉向（西元前 77~ 前 6）所著《列女傳》揭示正揭示了女性的理想典範、以及反面教材的「惡女」形象，只是這本著作要到後來的時代才被廣為流傳。此外，漢代夫妻之間若有傷害行為，刑罰乃是雙方同等，不像唐代以後丈夫傷害妻子的罪刑比妻子傷害丈夫為輕，亦即漢代在刑罰上妻子地位與丈夫相等。（小濱）

❶婦好（西元前約十三世紀）

商代第二十三代君王武丁之妻──婦好之墓，於 1976 年被發掘。從出土文物、青銅器銘文、甲骨文的內容，這位女子的生活被揭露於世。婦好持有非屬丈夫的個人財產，住在自己的領地，丈夫武丁也曾到訪過她的領地。婦好曾參與公領域活動，如戰爭時擔任指揮官、主導祭祀等。然而婦好的財產比武丁少了很多，顯示統治階層男女地位和財力的差距。

商代庶民階層的墓葬沒有什麼男女差距，倒是周代的遺址發掘中可看出階級越上層、男女差距越大的傾向

❷【史料】「〈溱洧〉（《詩經 鄭風》）——詩歌所載的男女相會求愛場景

溱與洧，方渙渙兮。 士與女，方秉蘭兮。 女曰觀乎？ 士曰既且。 且往觀乎？ 洧之外，洵訏且樂。 維士與女，伊其相謔， 贈之以勺藥。	溱水、洧水春來水流正盛， 男子與女子正手持蘭草相會。 女子問：「要去看看嗎？」 男子答：「已經去過了。」 「要再去一次嗎？ 洧水之外，既寬闊又有趣。」 男子與女子在此嬉鬧， 並以芍藥相贈。	【解說】此詩歌詠周代鄭國春天三月三日時，男女相會於溱水、洧水河畔求愛的情景。（日文版譯文出自松枝茂夫編《中國名詩選（上）》，岩波文庫，1983）

❸家庭規模——「四代同堂」與五口之家

關於中國的家庭規模，其雖以「四代同堂」大家庭為理想形式，然戰國時代就已出現「五口之家」的小家庭。自戰國時代鐵製農具普及以來，家庭型的農業經營也隨之越來越普遍。在中國史上，大規模的複合型大家庭和一夫一妻小家庭同時並存，大規模的莊園經營和小農經營亦同。這也就是說，數個世代同居的理想家庭觀念、還有因財產分配而不斷分裂的家庭現實，兩者亦同時並存。

❹血緣觀念

漢武帝之母、漢景帝王皇后的異父兄弟田蚡、田勝，當時就被視為王皇后之外戚，田蚡還在武帝時擔任宰相。當漢武帝得知王皇后當上漢景帝妃子前曾生下一位異父姊姊，便把她找了出來，並視為親姊。以上可知西漢時代會將母系的兄弟姊妹當成同族，中國社會是到後來才把母系親族區分出來，改成限定同姓父系血親才算同族。而上述案例的王氏身為再婚女性，仍可被納為皇后，顯示那時女性沒有所謂貞節的問題，所以同母異父的兄弟姊妹自然也不會是問題。

宋代《女孝經圖》中，女子侍奉公婆的場景

東漢時期繪有婦女於屋內織布的磚瓦

◆多樣性與流動性

東南亞的人口移動頻繁、民族宗教多元，性別和家族、婚姻狀況皆具多樣性與流動性。大陸地區的山地居民等為明確的父系制度群體，而在包含伊斯蘭化島嶼在內的其他地區，母系制度社會（惟政治、軍事普遍由母系氏族的長老男性或入贅女婿掌控）倒也不算罕見。平地傳統社會一般採雙系制度，原則上不論男女均可平分繼承財產。不同於近代社會結構的是，平地社會中個人的社會職責、性行為的自由度較高，女性亦擁有一定的法律權利及社會職責，離婚、女性再婚從以前到現在都是家常便飯。家庭基本上是夫妻跟未婚子女組成的核心家庭（一夫一妻小家庭）❶。他們有祖先崇拜的觀念，只是不太強烈，比起氏族結合、客觀的出身系譜，其實更重視從個人主觀角度來認知的家人、親戚（父方、母方或夫方、妻方），還可以選擇性用什麼方式去祭祀父方或母方的哪位祖先。（也有學說認為，他們重視自身認知的親人大於系譜上的親人，所以不是「雙系制度」，應該稱為「雙方制度」。）

◆宗教、王權與性別

在古代、中世紀的東南亞，儘管流傳著以男性為中心的普世宗教，卻很少因此造成非父系制度的基層文化變動。直到近代早期以後，力求忠於經典的趨勢越來越強，例如越南便普遍出現了儒教式的父系親族群體（越南語：dòng họ）❷，以及上座部佛教圈教團（sangha，又稱「僧伽」）

領導階層排除女性等變化。然而，十九世紀高舉伊斯蘭旗號發起壯烈的反荷蘭戰爭（Padri War）、居於蘇門答臘（Sumatra）的米南加保人（Minangkabau），至今依舊維持母系社會，父系或家父長制的結構未能在此處全面普及。

儘管在東南亞一帶，如滿者伯夷（Majapahit）、亞齊（Aceh）等由女王統治的國家並不少見，大多數國王仍為男性。不過雙系制度社會下的王位繼承順序、各王族地位不可能用血緣自動決定❸，還是得看個人能力，或者與妻子、母方有力人士之間的結盟，因而有許多案例是取決於君王的妻子、母親、甚至有時是女兒的力量。此外，除了像古代越南由徵氏姊妹帶領向東漢發起大型軍事抗爭的例子，其他在沒有適任男性的時候，女性亦可理所當然地擔負政治、軍事之責。（桃木）

滿者伯夷女王特里布婆那・毗闍耶頓迦提毗（Tribhuwana Wijayatunggadewi，在位 1328~1350）像

❶「大家庭」之誤解

　　某些現代的報導文章，時常讓人們誤以為東南亞及其以外的開發中國家，普遍都是大家庭型態。其實形成大家庭的原因可能是年輕夫婦結婚後習慣暫時跟父母（多為女方）同住；或有離婚、父母過世、出遠門賺錢等令家庭不穩定的諸多因素；再者是親戚互助、成功人士扶助貧困者的責任感很強，許多人便跟親兄弟姊妹、親戚同住；另外又可能是都市的住宅情況不佳促使同住等等。

越南山地民族嘉萊族（Jarai）（母系制度）的「長屋」，母親與女兒家庭同住一個大型家屋

❷近代早期的越南家譜

　　在越南，各家父系親族群體會依據儒教式的家族制度製作家譜，但其中往往可看到不同於儒家的元素：比如早期他們記錄家族成員世代排序時，並非從家族始祖開始計算，而是像照片這樣從家譜製作者開始向上追溯（右圖中的家譜就將家族始祖記為編纂者的「高高高高高高高高祖考」），反觀儒教卻是將父輩祖先到子孫的縱向系譜視為必然等等。此外，越南沿用至近代早期的《國朝刑律》中，雖有諸多條文取經自中國唐律，可是也有一些像女性財產權（雙親財產不問男女均分繼承，丈夫死後由妻子繼承等），或妻子得於特定條件下訴請離婚之類，是在唐律等中國法令中找不到的規定（這類規定在古代日本、朝鮮半島倒是頗為普遍）。

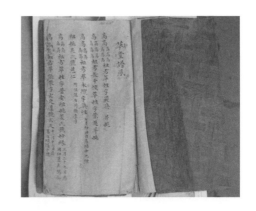

❸雙系制度下的王位繼承

　　在柬埔寨定都於吳哥窟的時代（九至十五世紀上半），從留存至今的碑文可知，二十六位君王（全為男性）當中，只有八人是前任君王的親生兒子或兄弟。滿者伯夷第二任君王沒有兒子，故其後以首任君王克塔拉亞薩（Kertarajasa）之妻拉惹帕尼（Gayatri Rajapatni）（其長女夫婦、次女夫婦分別掌管東西王宮），拉惹帕尼次女之子的順序繼位（？）。而十世紀從中國獨立的越南，即便表面上是中國式的王朝國家，卻難以維持帝位世襲，李朝（1010~1225）為母親（皇太后）、外戚輔佐未成年皇帝的形式，陳朝（1225~1400）則施行太上皇制、以及父系家族內的通婚，以排除外戚勢力，運用人為操作定下父系帝位繼承之架構（其分別與日本的平安時代前期、後期頗為相似）。

3-5 南北美洲──從古代文明到近代的中美洲文明

◆女系原住民社會

南北美洲原住民在語言、文化上並不相通，據說歐洲人十五世紀末到訪之時，光北美洲就可分出超過五十個語族，共有二百五十到三百種語言。是以西班牙語指稱美洲原住民的「indio」或英語的「indian」，都只是無視其多樣性的總稱而已。許多原住民社會係屬母系、女系，女性在既有的家事、育兒之外，也於政治、宗教、貿易等活動中扮演不可或缺的角色。北美大陸的大西洋一帶即由女性主導農耕，更負責管理、分配農產品，她們亦可藉此獲得社會的尊敬❶。而這樣的原住民社會，便因歐洲人帶來家父長制產生了劇變。

◆文明中的女性們

從西元前約 1500 年起，中美洲延伸至南美洲的大西洋地帶就已開始農耕，這裡跟歐亞大陸幾乎沒有交流，孕育出獨特的文化。發展於猶加敦（Yucatan）半島的馬雅文明、墨西哥高原的阿茲提克文明以玉米為主食，安地斯高地的印加文明則以馬鈴薯為主食，由女性負責播種、採收、加工等工作。另外，編織多彩紋樣、製成鮮豔的織品，也是女性的工作。這裡各地區都發展出擁有巨石建築、灌溉、道路建設等高度技術的文明圈，可是女性地位卻隨著社會階級化而降低，在承擔大量勞動工作的同時，身分高級的女性也成為政治聯姻的工具。儘管有像印加帝國太陽貞女（aclla）❷這種容貌、紡織才能均獲認同的例子，

他們對女性的社會評價還是有其限制。

◆歐洲征服與在地女性

十五世紀末以降，南北美洲與歐洲人的相遇大幅改變了當地女性們的命運。比如 1521 年於西班牙征服者科爾特斯（Hernan Cortes）消滅阿茲提克帝國的遠征中，擔任通譯的瑪琳切（La Malinche）就是一個典型案例❸。而北美洲十七世紀初也有拯救英國移民團的波瓦坦族（Powhatan）酋長之女寶嘉康蒂（Pocahontas）❹；十九世紀初，又有在路易斯（Meriwether Lewis）與克拉克（William Clark）美洲大陸橫越（今北達科他州至太平洋沿岸）探險隊內兼任通譯、嚮導，還帶著小孩行動的休休尼族（Shoshone）莎卡嘉薇亞（Sacagawea，1788?~1812）等，像這樣因為和白種人男性有關連、而被神話化的原住民女性，其實為數還不少。（井野瀨）

❶北美洲東北部的原住民社會

「根據考古學的資料顯示，家父長制度之前的社會在其一般結構上，與今天的任何標準相比，都是令人驚訝地平等。儘管女性在生活的各個方面扮演著領導角色，但與男性支配制度中女性的隸屬和壓迫相比，這個社會制度中的男性地位並沒有顯示出任何類似的特徵。」（艾斯勒）

舉例來說，由位居現在紐約州西部一帶的莫霍克（Mohawk）、塞內卡（Seneca）等六個部族所組成、名為「易洛魁聯盟」（Iroquois Confederacy）的原住民群體中，就以男性為酋長，而由年長的女性們來選

拔之。戰士亦為男性，而決定開戰提案、斷絕糧草供應來終結戰爭的則是女性。歐洲人來到美洲大陸後，將這種「女性支配」視為「野蠻」行徑，故要用「家父長制」來讓他們「文明化」。

❷印加帝國的太陽貞女

印加帝國會為他們所信奉的太陽神、以及身為太陽神之子的皇帝，向各部族徵求侍奉的女孩。選拔條件乃印加帝王及其親族的女兒，不可混雜他族血統，還必須是容貌端莊美麗、頭腦聰慧、擅長紡織之未婚女性。這些女孩被喚作「aclla」（天選處女或太陽貞女之意），住在首都庫斯科（Cusco）的特別住所，由稱為「mamakuna」的年老未婚女性監視，終身與外界斷絕接觸，並嚴守貞節，過著太陽神紡織染絲、釀造奇恰酒（chicha，用玉米種子發酵的酒）的日子。她們談話對象只有同為貞女的夥伴，不過女孩自身及其家族都把選上太陽貞女視為一種榮耀。反過來說，倘若喪失處女之身，不僅女孩自己，連同家族、村莊都得遭受焚燒處罰。

❸阿茲提克帝國的瑪琳切

瑪琳切（約 1502~1527）是印加帝國某村長的女兒，她在父親死後被再婚的母親賣去當奴隸，於輾轉流落各地之時學會了馬雅語和納瓦特爾語（Nahuatl，內陸深處的語言）。而後瑪琳切被當成臣服的象徵獻給科爾特斯，她很快學會了西班牙語且擔任通譯，為科爾特斯的征服之路發揮重大功用。據當時士兵的回憶錄記載，瑪琳切是一位懂得隨機應變、聰明又勇敢的女性。征服成功的隔年，為科爾特斯產下孩子的瑪琳切被迫與其部下結婚，沒多久後就過世了。墨西哥在十九世紀前半脫離西

圖右方男女即為科爾特斯與瑪琳切

寶嘉康蒂圖

班牙獨立的抗爭期間，將阿茲提克帝國設為理想，遂視瑪琳切為「叛徒」，試圖遺忘她的存在。

❹寶嘉康蒂神話

寶嘉康蒂（1595?~1617 年）以一段「美談」而聞名：從英國來到美洲維吉尼亞的移民團領袖約翰史密斯（John Smith）被當地波瓦坦族（俘虜、正要處刑之時，寶嘉康蒂挺身而出救了他，然而這個故事的真實性著實令人懷疑。而寶嘉康蒂跟一位鰥夫殖民者——約翰·羅爾夫（John Rolfe）的婚姻，考量當時她正被殖民者綁架作為人質，恐怕也說不上是什麼純粹的羅曼史吧！1616 年，寶嘉康蒂和丈夫一同前往英國，在英國社會頗獲好評的她，隔年即於歸國準備途中驟逝。

◆救濟與性別

佛教原本是從男性出家者（比丘）教團（僧伽）出發，至佛陀在世時才認可女性出家者（比丘尼），《本生譚》（Jataka）裡就有受到佛陀開導而開悟的各色女性。然而，倡導普渡眾生的大乘佛教成立後，菩薩的性別便固定成為男性（觀世音菩薩的女性外貌只是為了導引眾生的化身），即使我們能看到把參悟根源「般若波羅密」（智慧）比喻為諸佛之母的發想，現實中依舊廣泛流傳女性無法成佛、佛國或淨土皆無女子的言論。《妙法蓮華經》〈提婆達多品〉中，相對於女性有「五障」，無法成為梵天王、帝釋、魔王、轉輪聖王、佛身的論點，雖記載了八歲龍女（龍王之女）藉由《妙法蓮華經》之力變身男性成佛的故事，卻不承認女子可自身成佛。而密宗就算有部份派系讚頌性愛，整體觀念上還是將女性視為妨礙修行者，是不潔的存在，對性愛、生產都有強烈的厭惡感。再者，《摩奴法典》的「三從」（女性必須從父、從夫、從子）教誨也和上述思想重合，甚至又削弱了原始的母性崇拜。

◆上座部佛教社會的女性

上座部佛教圈自從十二世紀斯里蘭卡的比丘尼僧伽消失以後，女性便無法出家了。根據上座部佛教的教義，人們必須經由出家並遵守戒律，以求自力解脫，如此便意味女性再無解脫之可能性。在當時上座部佛教已經普及化的東南亞大陸區域，其實原本應是雙系制度家庭及親族結構、性別角色分工不太明顯的世界。而後——特別是近代早期，儘管男性中心的教義廣為流傳，女性仍然持續參與像緬甸（Burma，今稱 Myanmar）「納特」（nat）、泰國「鬼靈」（phi）等在地信仰，社會上亦不排斥如緬甸「絺拉信」（thilashin）、泰國「美姑」（maechi）這些遵守特定戒律、活動比照比丘的女性修行者。相對於菁英主義的教義，民眾之間廣泛相信捐獻僧伽、布施僧侶可累積功德、增進現世和來世的幸福，女性於此信仰中發揮了不小的作用。另有說法指出，由於男性在非出家之時也須恪守遠離金錢的戒律，故難以從事農業、軍人、官僚以外的職業，反觀女性既然已被否定解脫之可能性，所以反而能夠積極參家商業行為，進而縮小了經濟層面的性別差距。

◆東南亞佛教與性別

東南亞並不否定女性出家，但女性「五障三從」等論述與儒教結合後便形成根深蒂固的傳統。中國南朝、日本、朝鮮半島原本也跟東南亞一樣，沒有確立家父長制，早期出家者中比丘尼人數頗多，無論教團還一般信徒都不太會排斥女性。而日本從平安時代起，「五障三從」、「變成男子」的論述隨著「污穢」的觀念增強而越來越普及，直到中世佛教縱有出現像道元這樣強烈批判男女救濟差別的思想，但一般在邏輯上就是把「惡人」及女性當成特殊的救濟對象（亦即他們不算一般的救濟對象）。而在源實朝時代有北條政子操控鎌

龍門石窟盧舍那大佛，相傳神似武則天　　北條政子像，創作於江戶時代，作者為菊池容齋

倉幕府、卿二位（藤原兼子）操控京都後鳥羽院政的背景下，天台座主慈圓在著作《愚管抄》裡就常有表達「女人入眼之日本國」（受到女人控制的日本國）之句，將日本自古以來形成這種狀況的原因，解釋為善人惡人均生於母親之恩典。在那個日本式一夫一妻制與「家」觀念成立的時代，女性角色也逐漸被侷限在「母親」的身分。而時至近世，日本在母性崇拜的同時，宗教上卻又更加排斥女性，如視經血為污穢須迴避之、女人禁制等等。

儒教作為一種支配性的倫理思想體系，在中國與朝鮮占據重要地位。然而在儒教的父系制度和家父長制度（如同日本的「家」，都是於近代早期普及到大眾階層）之外，道教和佛教也發揮了一定的作用，例如中國歷史上唯一的女皇武則天，她自稱為彌勒菩薩的轉世，並借助佛教來合法化及神聖化自己。而在越南，中世紀時期的佛寺是不分男女的信仰場所。然而，儒教在近代早期之後開始在村落社會中擴展影響力，逐漸實施儒教化。而祭祀村落守護神的神社以及作為公共集會所的「亭」，其相關禮儀逐漸為男性所壟斷，佛寺則逐漸轉變為女性聚集的場所。

第

4

章

東亞世界的形成與發展

◆東亞世界各國

從漢朝滅亡到蒙古帝國統治的一千多年間，東亞歷經諸多民族的王朝興衰，並且在各王朝互相影響之下，形成了以中國為中心的東亞文化圈。中國魏晉南北朝（三至六世紀）雖是一個充滿分裂和動亂的時代，然而一種吸收遊牧民族元素的普遍文化逐漸發展成熟，對七至十世紀的隋、唐統一王朝產生深遠影響。周邊國家與中國締結朝貢或冊封關係時，也會受到中國統治體系、以及儒教與佛教的性別秩序影響。唐衰亡後由宋取而代之，對外採取守勢使得中國文化更加深化，不過周邊都是保有自我民族特色的獨立國家。

◆冊封體制與和親公主

中國王朝和周遭國家除了締結冊封、朝貢之關係，也曾為親善目的將公主嫁給鄰近各國的統治者，稱作「和親公主」。古時以漢朝的王昭君最為知名，而五胡十六國、北朝以至隋唐，則是和親公主出現最

文成公主像

多的時期。唐代以嫁給西藏吐蕃王松贊干布的文成公主為首，尚有多位公主嫁至吐谷渾、契丹、回紇等地。反之，五胡十六國、北朝時代也有不少像突厥、柔然等鄰近國家將公主嫁入中國王朝的例子。正如文成公主將唐代文化傳播至西藏一般，政治聯姻對這一時期活躍的國際交流影響重大。

◆女性君主的時代

在七至八世紀的東亞，女性君主相繼登場：日本從推古天皇（在位期間 592-628）至孝謙（稱德）天皇（在位期間 749-758、764-770）為止，日本史上共計八人十代的女性天皇中，就有六人出現在七至八世紀的古代國家形成期，數量足可匹敵同時期的七位男性天皇。當時國家正於大和王權統治下發展成形，並未要求統治者非得是男性，通常也認同具有先皇血脈、曾擔任后妃且嫻熟政務的年長女性為適任人選。朝鮮半島則有新羅的善德女王（在位期間 632-647）、真德女王（在位期間 647-654），皆被譽為有功於朝鮮三國統一的英主。這兩位加上稍後的真聖女王（在位期間 887-897），乃是朝鮮史上絕無僅有的三位女王。而唐朝武則天又以皇后、皇太后之身執政三十年，然後登基成為中國史上唯一的女皇帝（在位期間 690-675）。顯現在這個時期的東亞國家，即使身為女性，只要擁有皇室的地位、實力，亦能當上君主。

◆日本古代社會的性別秩序

日本透過遣隋使、遣唐使向中國朝貢，且仿效中國律令制訂法律，打造一個律令制度的國家。

當時的日本採「妻問婚」，丈夫、妻子個別和自己的母系親族一起生活，夫婦關係較弱，孩子大多由母方養育。由於中國律令基礎——實施以男性家長為代表的嫁娶婚、夫婦同居於父系家族共同經營小型農業的型態，很難直接應用於日本的社會，故而做了必要的改動。而在大和王權的統治階層中，原本男女皆可擔任官職參與政治，但在引進中國僅限男性的官僚制度後，就限縮了女性的公共角色，官職開始轉為父系繼承。此外，佛教的傳入，也帶來輕視女性的另一面。

日本向中國學習、建立中央集權的國家體制，把男性優先的父系理念，導入大致上屬於雙系、性別權力分配差距甚小的日本社會，並透過法制漸漸擴散到社會全體。（小濱）

慶州南山佛谷的磨崖如來坐像，又稱「祖母佛」。
佛像面容相傳源於新羅國的善德女王

東亞世界（三至十二世紀）

220 年	東漢滅亡，進入魏蜀吳三國時代
239 年	邪馬台國女王卑彌呼遣使訪魏
280 年	晉統一中國
304 年	五胡十六國時代始於華北
317 年	東晉於江南建國
四世紀	日本列島的大和王權發展統一大業百濟、新羅於朝鮮半島建國
420 年～	宋、齊、梁、陳於江南建國、滅亡
439 年	北魏統一華北
465 年	北魏馮太后開始執政（~490）
五世紀	江南：南朝宋《妒記》、《世說新語》成書
534 年	北魏分裂
589 年	隋統一中國
592 年	日本首任女帝—推古天皇之統治開始（~628）
約 600 年	日本開始派遣遣隋使
618 年	隋朝滅亡，李淵建立唐朝
626 年	唐朝玄武門之變，唐太宗登基
630 年	日本開始派遣遣唐使
632 年	新羅善德女王統治開始（~647）
641 年	唐文成公主嫁予吐蕃王松贊干布
647 年	新羅真德女王統治開始（~654）
655 年	武則天成為唐高宗皇后，開始垂簾聽政
660 年	唐、新羅聯軍擊敗百濟
668 年	唐、新羅聯軍擊敗高句麗
676 年	新羅統一朝鮮半島之大半
690 年	武則天登基為皇帝，開啟周王朝（~705）
755 年～	唐安史之亂
764~770 年	稱德天皇之統治（日本古代最後一位女帝）
794 年	日本：遷都平安京
九世紀初	唐：元積寫作《鶯鶯傳》
887 年	新羅真聖女王統治開始（~897）
907 年	唐滅亡，五代十國開始
917 年	高麗建國（~1392）
960 年	北宋建國（~1127）
1084? 年	宋：詞人李清照活躍時期（~1153?）
1127 年	南宋建國（~1279）
1130 年	南宋：朱子學始祖—朱熹誕生（~1200）
1192 年	日本：源賴朝建立鎌倉幕府（~1333）

4-2 中國貴族制社會女性的活躍

教科書

魏晉南北朝至隋唐
3-6、4-3、4-5

◆ 活潑的女性、自由的戀愛

中國在魏晉南北朝至隋唐時代，家世顯赫的門閥貴族在政治、社會、文化方面都相當活躍。「門當戶對」、層級同等之家族彼此聯姻形成了貴族社會，貴族女性們擁有門第不遜於夫家的娘家作為後盾，可以勇敢地主張自我❶。此時中國社會人們的貞節觀念非常薄弱❷，女性離婚、再婚完全不會被視為禁忌，公主再婚、再再婚都很普遍。女性活動空間也更為寬廣，北朝宮廷女性可以穿戴甲冑騎馬出門，善射弓箭的公主們還會受人讚賞。南朝則有三月三日的臨水宴席、四月五日的清明郊遊等。宮廷亦與後來的時代不同，宮女跟男性均能自由進出後宮。甚至后妃、公主可出門遊玩，或去別人家裡作客。

◆ 女性當權者——從馮太后到武則天

北朝社會由遊牧民族開啟，母系的影響力很大，女性也有強悍的性格，女性當權者輩出。比如著名的北魏馮太后（442~490），二十四歲就當上太后，並從丞相手上奪權參政。其後與長大成人的北魏獻文帝發生齟齬，又改立孝文帝，掌握實權長達二十年。馮太后頗有政治天分、長於權謀術數，她開啟了均田等制度，為北魏奠定在華北統治的基礎。而後北魏分裂、其中西魏為北周取代，北周重臣獨孤信長女乃北周明帝之皇后，七女獨孤伽羅則嫁給楊堅。獨孤伽羅對隋朝之建國多有協助，以皇后之身與隋文帝楊堅一同統治天下，二人合稱「二聖」。獨孤信尚有四女嫁給李氏，為唐高祖李淵之母❸。北周以至隋、唐的王朝更迭過程，即為北朝貴族集團內部的權利轉移，我們可在其中明顯看到女系的存在，還有女性扮演的重要角色。

唐太宗於玄武門之變剷除長兄皇太子成功即位，妻子長孫皇后在其中出了不少力，也與兄長——宰相長孫無忌一同參與政治。站在前述女性當權者的基礎之上，中國史上唯一的女皇帝武則天（在位期間690~705）❹就此登場。武則天掌握實權長達半世紀，統治期間幾乎沒有什麼叛亂。她透過科舉重用有實力的官員，打造了政治要員從古老世家貴族轉移到科舉官僚的機會。當時公主、女官、貴族女性們都曾參與宮廷政治，武則天死後先由女兒太平公主掌握實權，後來唐玄宗發動政變除掉太平公主，才又掌控大權。（小濱）

❶ 妻子的自我主張

東晉謝安（320~385）乃淝水之戰打敗前秦的知名政治家，相傳其妻劉夫人不允許丈夫納妾，周遭的男性便跟夫人說：「周公（古代輔佐周武王、周成王的聖人周公旦）之詩不也容許納妾嗎？」劉夫人回應：「只因周公身為男子才這麼寫作，倘若周公之妻寫詩，恐怕就不是這種內容了。」本篇故事記載於《妒記》（五世紀）。當時社會觀念普遍容許貴族男性納妾，但提出反對的妻子也很多，「嫉妒」被認為是一種妻子的馭夫術。

謝道蘊為謝安姪女，陽夏謝氏之才女，

嫁予同為名門的琅邪王氏王凝之（王羲之之子）。不過她才剛新婚就對叔父謝安發過一頓言詞辛辣的牢騷，認為王家男子遠遠比不上謝家男子。爾後北方軍隊南下之際，她也拿起武器，為守護家人而戰。另外還有南朝齊沈文季之妻王氏，她是一位能喝乾三斗酒的酒國英豪，且相當享受與丈夫對飲之樂。這兩則故事記載於《世說新語》（南朝宋劉義慶編，五世紀），可看到作者對豁達的南朝女性予以正面描寫。

❸北周（宇文氏）、隋（楊氏）、唐（李氏）世系圖

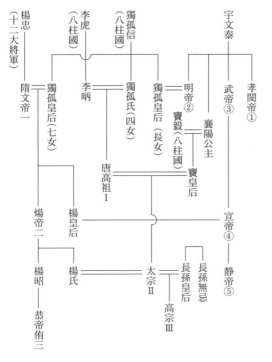

❷唐代流行小說──元積（779~831）著作《鶯鶯傳》

本書描寫大家閨秀崔鶯鶯與科舉考生張生互相贈詩、定情於宅院西廂房的戀愛故事。後來張生與其他女子結婚，兩人仍作詩以對。當時婚姻對象均由父母決定，未婚男女的戀愛關係屬於違反儒教道德的私通行為，然本作在唐代還是廣受好評。這個故事後來於元曲代表作《西廂記》重現（王實甫作），兩人終於成婚，原因可能是原本的故事情節不被元代社會接受吧。

❹武則天（623~705）

武曌十四歲納為唐太宗後宮，於太宗逝世後成為高宗的妃子，655 年封為皇后，並代替體弱多病的高宗垂簾聽政。高宗逝世後，其子中宗繼位，因違抗武后遭到廢黜，武后又改立中宗之弟為睿宗，實為傀儡。690 年，武后自立為帝，開創武周王朝。705 年武則天晚年，原先被廢的中宗復位，恢復國號為唐，不久後武則天便過世了。她死後被奉為唐朝的皇太后，爾後的唐朝皇帝皆為其子孫。武則天是「牝雞司晨」（母雞代公雞執行清晨報曉的啼叫，比喻婦人專權）的「惡女」代表，以致後來的中國社會相當忌諱女性參與政治。

武則天像

◆三國時代的女性

朝鮮半島自四世紀中葉起，便進入高句麗（西元前約一世紀~668）❶、百濟（345~660）、新羅（356~935）三國鼎立的時代，社會上留有濃厚的雙系制度色彩。以高句麗的婚姻型態為例，夫妻會在妻方舉行婚禮儀式，然後丈夫留在妻子家，一段期間後再連同妻子一起搬去夫家（婿留婦家制）。停留在妻方的時間越長，表示越承認妻子的各種權利。二世紀下半葉，高句麗國王尚有迎娶亡兄之妻的制度（兄死娶嫂制），該制約到三國時代末期時消失。而在高句麗旁支的百濟，從都彌夫人堅拒國王威逼利誘、嚴守貞操的傳說（五世紀）、或嚴懲女性嫉妒行為的相關資料來看，顯示他們認為女性應從屬於男性，但亦可從與地母神融合的觀音信仰推知女性地位高低。儒教思想雖已傳入此處，倒還不至於造成男女社會地位的變動。

◆女王與新羅統一

興起較晚的新羅，以得天獨厚的氣候、風土，加上發達的農業、高度產鐵技術作為基礎，於七世紀統一了朝鮮三國。高句麗、百濟均未曾出現過女王，新羅在三國時代就有善德（在位632~647）、真德（善德之堂妹，在位647~654）兩位女王，統一後又出了一位真聖女王（在位期間887~897）。新羅和高句麗、百濟不同的是，王位繼承順位乃是女子先於庶子、王族女子優先於貴族男子。一般認為善德女王的準確判斷情勢、以及對唐朝採取柔軟

的外交姿態，促成了三國統一，而父系制度的建立過程中會出現女王，則是因為女王所領導的薩滿巫覡式政教可作為支持國家的基礎❷。

◆男女平分繼承

新羅統一三國後，雖然允許庶民女性持有土地，卻又因獎勵多生男兒等措施，逐漸往父子繼承的方向改變。真聖女王評價之所以較前兩位女王為低，便是人們看待女王的社會規範產生變化之故。九世紀時新羅統治力量減弱，各地豪族崛起，豪族出身的王建利用與各地豪族廣泛聯姻，來鞏固勢力基礎，創建了高麗王朝（918~1932）。在高麗除了同姓結婚，近親結婚也相當普遍。相傳他們跟新羅都同樣承認女系財產繼承的習慣，男女間亦可自由來往❸。十三世紀中葉時高麗受到元朝侵略且強徵未婚女性，人們遂盛行早婚以避免這種狀況。（宋）

❶與高句麗古墳（世界文化遺產）相似的高松塚古墳壁畫女子群像

據傳日本奈良縣高松塚古墳、和高句麗古墳舞踊塚壁畫的婦女像十分相似，因此也有高松塚古墳的主人系出高麗的說法。

❷瞻星台

善德女王統治期間為觀測氣象、瞭解星辰位置所建的天文臺。塔身三百六十二個石塊象徵陰曆一年日數，中央窗口上方有十二層石塊、下方也有十二層，代表十二

個月跟二十四節氣。

❸《宣和奉使高麗圖經》（1123）

本書為宋朝使臣隨行人員徐兢在高麗開京逗留一個月時的見聞錄，全四十卷。卷二十〈婦人〉介紹了高麗女性的身分，卷二十三〈雜俗二〉則描寫男女一起在河岸邊洗浴的景象。

❶

高松塚古墳壁畫

❶

高句麗安岳三號古墳

❷

❸

展現善德女王政教實力的「知機三事」軼事

關於善德女王，有三件軼事可展現她既神秘又富含宗教性的施政。其一是女王看到唐太宗贈送的牡丹繪畫和三升花籽，便向左右親信說：「就算種下這花籽，恐怕也只能開出沒有香氣的花吧！」果不其然，後來開花的牡丹均無香氣。也就是說，女王從缺少蝴蝶的牡丹畫上，看出唐太宗在調侃沒有配偶的她。其二是女王得知冬天靈廟寺玉門池湧現大量蛤蟆時，提出犀利的解析：「蛤蟆即伏兵，玉門象徵女子性器，從此性器白色處可看出百濟軍隊潛伏於西方的女根谷，進入女子性器的男子性器必死無疑」。而後預言果真精準實現，群臣皆訝異不已。其三是女王在身體康健之時就預見自己的死期，並指定了墓所地點。

◆「男主外，女主內」——新儒教與性別規範

中國從宋代起，科舉官僚已轉為政治的主角。科舉不分出身民族、為廣大階層開放機會，惟僅限男性參加考試。能夠長期用功苦讀通過考試的，通常是有經濟能力的新興地主階層子弟。此時世家貴族已然消滅，走向地主＝官僚階層的活躍時代。他們創造了新的儒學——宋學作為士大夫階層的倫理規範。朱子學又將宋學系統化，具有強烈的意識型態，重視三綱五倫等人際關係的上下秩序❶。所謂「男主外、女主內」、「男女有別」的儒教規範，便從宋代開始慢慢滲透到廣大的社會階層，而認為女性領域應在家庭之內的觀念也越來越普及。

◆提出訴訟的女性

宋代基本上已是沒有身分制度、可自由流動的競爭社會，所以士大夫為了能世世代代產出科舉合格者、讓家族繁榮發展，遂組成宗族，並訂立族規（家訓）。其中也對女性有詳細的行動規範，尤其注重「良家婦女應待在家中」的規定，以表現階級差距。然而，士大夫階層的女性有時也需要為了家族榮華、而必須將政治視為自身的職責，並且積極參與政治活動。反之，庶民階層的女性，就是從事農務、外出遊玩、大大方方談戀愛。就當時的審判紀錄來看，不管是遇到殺人、強盜事件，還是爭奪財產、桃色糾紛等，有不少都是由女性（包含庶民階層）提起的訴訟。審判官員身為士大夫官僚，常常試圖透過判決來灌輸孝行、貞節等儒教道德，可是人們的行為並沒有完全遵循儒教道德❷。

◆女性的財產權

中國的財產繼承習慣基本上是由兒子平分繼承，女兒則是能在結婚時獲得嫁妝。宋代人們結婚時，通常嫁妝都多於男方贈與女方的聘金（聘禮），顯示女兒也能分到頗多財產。倘若夫妻離婚、喪偶，妻子返回娘家或再嫁時，均可帶走嫁妝。比起元代、明代法律規定嫁妝要留在夫家、不可帶走，可說宋代女性地位較高。如南宋時期判例集《名公書判清明集》的記述中，就能看到他們分配給女兒一定比例財產的習慣。（小濱）

❶三綱五倫與嫡庶

三綱，指「君為臣綱，父為子綱，夫為妻綱」。五倫則為「父子有親、君臣有義、夫婦有別、長幼有序、朋友有信」之五種倫理。

隨著宋學普及，孩子不該因生母為嫡妻還妾室而有嫡庶之分，既然兒子都同樣能傳承父親之「氣」，就應有同等財產繼承權利等觀念也更為加強。禮制上無論生母是誰，所有孩子都應該認父親的嫡妻為母親，若嫡妻非其生母，即稱「嫡母」。而在家人關係方面，妻妾之分倒是更顯明確。中文的「子」一般指兒子，女兒則以「女」表示，「子女」為男孩跟女孩，「子」有時也會用來指稱男孩跟女孩。

❷【史料】鄰居女性的爭執訴訟——出自南宋《名公書判清明集》

「光看阿周的行為舉止,就知道她肯定不是什麼本性良好的婦人。她跟尹必用住在隔壁,一天到晚來來往往,想來她平常只擔憂勾引尹必用不成,否則豈有不從之理?／如今阿周控訴道:「我被尹必用抱到閨房裡,拚命抵抗才掙脫魔爪、終於逃回家去。還請大人明察!」／我看根本沒這回事吧!倘若真如阿周所說,為何她不馬上大聲呼救讓鄰居知道、立即前來告官?都跨過年了才來告狀,想必是一番胡說八道!／大多市街婦女不務正業,飽食終日,只會聚在一起說三道四。鄰里之間發生不快,往往原因就在這裡……」(卷十三之六四,日文版為大澤正昭翻譯:140-141頁)

————————

【解說】本判例敘述某位女子因被鄰居強暴未遂而提出告訴,反倒被譴責品行不佳的情形。後來這位女子被罰用竹條抽打、又要打掃馬路半個月,被告的男子罪責卻是不了了之。女子沒有大吵大鬧、沒有立刻告官,竟被當成是她的過錯。從這個案子裡,我們可以瞭解到審判官員拘泥於儒教道德的價值觀,還有當時女性在街上自由往來、聊天的模樣。

一代文人李清照

知名詞人李清照生於北宋末期的山東省官員之家,號易安居士。十八歲時嫁給金石學者趙明誠(1081~1129),夫婦感情甚篤,兩人皆熱愛文學,即使典當衣物也要換購書籍及金石書畫,書冊收藏多達百萬冊,且反覆研究不止。他們時常交流作詞,趙明誠非常欣羨李清照的作詞才華。只是北宋末年動亂導致他們的藏書遭到燒毀,趙明誠又於南下出仕於臨安流亡政權時猝死。李清照為兩人共同編纂的《金石錄》寫下後序並發行之。本書奠定了中國金石學的根基,其後序也是一篇表達夫婦情感的名文。後來李清照再婚對象是一個不懂文學的商人,她在遭受家暴離婚後,仍於流亡生活之中創作許多出色的詞句。

李清照詞風清新脫俗,在宋詞中可謂出類拔萃,她不僅詞寫得好,兼以學識豐富、文筆非凡,實為宋代一流的文化人士。中國各時代都有出身文人家庭的優秀女性文人,李清照即為宋代代表之一。

◆ **操控皇帝權力——家產制國家的外戚與宦官**

歷史上往往指責為外戚、宦官為操縱皇帝權勢之人❶。不過在專制君主擁有絕對權力的世襲王朝中，誰對君主有個人影響力、誰就能輕易掌權，也可謂理所應當。若想瞭解前近代國家的權力構造跟權力遊戲，便少不了要去瞭解外戚、宦官。

◆ **皇太后與外戚**

中國最早挾勢弄權的外戚，便是從漢高祖劉邦年輕時就一直支持他的妻子——呂后（?~西元前 180）及其家族。呂后曾於高祖出征時，處死了意圖謀反的韓信，又於高祖逝世後，代替年幼柔弱的兒子惠帝掌控大權，使西漢維持二百年的命脈，不至於像秦朝那樣，才剛統一天下沒多久就滅亡了。皇帝年幼故由皇太后執政，正如民間社會寡婦帶領兒子持家一般天經地義，這種狀況在後來也屢見不鮮。由於皇太后執政須得同族相助、並且重用外戚，是以中國那些權勢逼人的外戚，出自皇太

后家族的比例要比皇后為多。東漢中期以後，幼帝接連登基，大權便在皇太后執政時的外戚、以及皇帝親政後身邊的宦官手上交替❷。魏晉南北朝、隋唐時代均由貴族當權，以致政治常有外戚介入。宋代共有九位皇太后垂簾聽政，然當時世家貴族已滅，皇太后缺乏能夠作為後盾的家族，外戚亦無法再挾勢弄權。

◆ **活躍的宦官**

宦官，即侍奉君主而被去勢的男性。在中國朝廷，一般男性禁止進入皇帝私生活場域的內廷，所以任用大量宦官來服侍。有些皇帝把宦官視為專屬於己的忠心臣下，不但交付內廷的任務，也在軍政要務上重用他們。東漢、唐代（後期）、明代都曾有宦官掌控大權。唐末的宦官甚至可以擁立皇帝，被形容成「定策國老，門生天子」（宦官是擁立天子的重大功臣，天子則是通過宦官考驗的門生）。明代雖有魏忠賢（1568~1627）等宦官把持大權，但這時皇帝獨裁權已然確立，就算宦官受到皇帝寵信一時得以弄權，一旦失去皇帝信任、或是皇帝死去時，便會立即垮臺❸。絕大多數歷史史料乃出自跟外戚、宦官爭權的男性官僚筆下，外戚代表女性參與政治、違反父系血統思想，宦官在「性」方面也脫離了中國社會正統的儒教性別秩序，自然都會遭到自許正統秩序代言人的男性官

照片前排最右方者即慈禧最寵信的總管太監（宦官最高職位）李蓮英

僚強烈指責。這是因為在儒教式家父長制的性別秩序裡頭，本來就內含認為外戚、宦官容易接近皇權，應該對他們避而遠之的意識型態。（小濱）

❶西太后慈禧（1835~1908）與宦官李蓮英

以清同治帝生母、皇太后身分長期在清末執政的西太后慈禧，她並不倚賴外戚，反倒是晉用洋務派官員、重用宦官。

❷曹操（155~220）為何是個反派？

東漢第六任皇帝安帝猝死後，外戚閻氏擁立的傀儡皇帝又再度猝死，宦官孫程即發動政變，改立廢太子即位，是為順帝。基於這份功勳，朝廷開始允許宦官收養子。當時順帝的陪讀宦官曹騰也收了養子，生下的子孫便是曹魏開國者曹操。曹操是一位文武雙全、於東漢亂局中開拓新時代的政治家，卻在《三國演義》裡被描寫成一個反派，跟德高望重的劉備作為對照。不得不說，這個惡評就是來自他出身宦官家族的影響吧！

❸魏忠賢之專橫

明代廢除了總管官僚的宰相，各省首長均直屬皇帝。皇帝一人擔負全責其實是相當辛苦的事，縱有優秀官員擔任內閣大學士來裁決案件，皇帝裁決仍由宦官代筆抄錄。明神宗（在位期間1572~1620）統治期間，足足有二十五年未踏出宮廷、也從未會見大臣，都是宦官在內廷代為決行。

在這種狀況下，魏忠賢便可掌握大權、壟斷政務，當時的明熹宗（在位期間1620~1627）只是埋首於他的木工嗜好。天啟帝一死，魏忠賢隨即遭到彈劾，後自殺身亡，屍體還遭到凌遲。

拜占庭等帝國之宦官

世界史上眾多帝國都有宦官的存在，不僅限於中國。古埃及、美索不達米亞、波斯、拜占庭、蒙兀兒帝國（Mughal Empire）、鄂圖曼土耳其帝國均可看到宦官身影。據說古希臘、羅馬本來也有宦官，只是到中世紀西歐時受基督教影響而衰微。日本歷史上並無宦官，在世界史中算是相當稀有的。

不同社會對宦官「性」方面的看法並不相同：在中國，宦官毀傷受之父母的身體髮膚、又無法留下後代，自然被儒教倫理所否定。反觀古代基督教世界則是基於宗教清貧思想，盛行切除自己的生殖器，在拜占庭帝國更被基督教讚賞為「神聖的第三性」。

拜占庭的宦官相當活躍，他們除了擔任歷代皇帝的親信、更有大權在握，像查士丁尼一世（Justinian I，在位期間527~565）時，於哥德戰爭（Gothic War）中領軍的納爾西斯（Narses，478~573）將軍；或如聖依納爵（Saint Ignatius of Constantinople，在位期間847~858、867~877）擔任地方長官、軍隊指揮官、教會總主教等，活躍於各個領域。

第

5

章

伊斯蘭世界的形成與發展

5-1 概說⑤中世紀伊斯蘭社會的性別秩序

本章將從伊斯蘭教誕生的七世紀開始，談到其宗教影響擴及西亞、非洲、中亞、印度、東南亞等地區的十六世紀前後。

◆伊斯蘭出現以前的習慣

伊斯蘭社會雖以宗教規範作為基礎，各地依舊選擇性保留了一些傳統習俗。其實伊斯蘭教尚未出現之前，伊斯蘭教發祥地——麥加（Mecca）所在的阿拉伯半島上，便已世世代代把父方系譜當成決定出身的要素，而這種傳統又隨著伊斯蘭教擴大推廣到各地。儘管不是整個伊斯蘭圈都完全接受，很多地區還是採用阿拉伯式的父系命名。一般認為，由男性來管理女性的家父長制傾向，來自伊斯蘭化以前的地中海、西亞地區。像「名譽殺人」（指未婚女性失貞導致家族名譽受損，父親等年長男性可將其殺害）就是一個例子，現代也有人認為這種作法出自伊斯蘭的價值觀。然而現在被當成伊斯蘭象徵的女性面紗，早在古代美索不達米亞就已存在，例如亞述法律亦曾規定用面紗來分別上流階層的女性，後來隨同伊斯蘭教用為區隔成年男女的規範，面紗才普及至各地的女性。

◆《古蘭經》帶來的革新

穆斯林最重視的聖典《古蘭經》，內含諸多男女信徒相平等的章節文句。「但凡行善的（真正）信徒，不論男女，我必將讓他們過上幸福生活。」（《古蘭經》〈蜜蜂章〉第97節）。再來古蘭經也擴大了女性權利，如規定禁止殺害女嬰，並賦予妻子、母親、女兒能享有阿拉伯在伊斯蘭教出現以前、原本幾乎只限男性父系血親才有的遺產繼承權。不過另一方面，古蘭經又有可解釋為性別不平等的語句：「男人是女人的守護者。因為真主使他們擁有優勢，而且他們從自己的財產支出金錢。」（《古蘭經》〈婦女章〉第34節）。儘管古蘭經章句在伊斯蘭教向廣大世界拓展的過程中衍生出多種詮釋，基本上性別角色還是定調於「女性守護家庭生兒育女、男性工作賺錢養家糊口」。

◆先知穆罕默德與「聖訓」（hadith）

關於穆斯林的基礎規範，除了《古蘭經》，其次就是穆罕默德言行紀錄的「聖訓」。聖訓以口耳相傳，至九至十世紀集結編纂成數本具有權威的聖訓集。聖訓傳承者包含眾多身分為妻子的女性們，對日常生活提供相當具體的指導方針。正如聖訓所說「結婚即可達成信仰的一半」，伊斯蘭社會一方面嚴格規範男女婚外關係，一方面則鼓勵正式婚姻。男女成年後締結婚姻契約、經營家庭生活、讓子孫繁榮昌盛，均是身為優良穆斯林該盡的職責。

◆伊斯蘭教法（Sharia）之規範

伊斯蘭教法乃導源於《古蘭經》與聖訓的行為準則，經由數個法學派及其學者之手，約於十世紀前後大致建立體系。伊斯蘭教法書籍記載了真神在廣泛各領域所訂定的準則，從禮儀行為的細節、到家庭法、財產法、刑法、審判法等皆含括在內。而在

西亞地區形成的伊斯蘭教法具體規定裡，女性固然保有一定的權利，卻也處處可見伊斯蘭教出現以前就一直延續的男性優越立場。（小野）

寫有「天堂就在母親的足下」（聖訓）的傳單

面紗舞者，出土於西元前二至三世紀埃及亞歷山大港的青銅雕像

伊斯蘭世界的建立與開展（六至十六世紀）

約 570 年	穆罕默德出生於麥加
約 610 年	穆罕默德得到神的啟示，妻子哈蒂佳成為首位伊斯蘭教徒
622 年	穆罕默德與弟子搬遷至麥地那（Medina）（即「遷徙」〔Hijra〕事件），伊斯蘭共同體開始形成
632 年	先知穆罕默德過世。阿布·柏克（Abu Bakr）擔任第一代正統哈里發（Rashidun Caliphs）
650 年	第三代正統哈里發奧斯曼（Uthman）編纂《古蘭經》正典
661 年	第四代正統哈里發阿里（Ali）遭到暗殺。伍麥亞王朝（Umayyad Caliphate）建立（首都大馬士革）
750 年	阿拔斯王朝建立（首都巴格達）
801 年	女性神祕學家拉比雅·阿達維亞（Rabia al-Adawiyya）過世
909 年	法蒂瑪王朝（Fatimid Caliphate）建立
1250 年	馬木路克王朝建立。沙迦·杜爾王妃就任首任蘇丹
1258 年	蒙古攻陷巴格達，阿拔斯王朝滅亡
1299 年	鄂圖曼土耳其帝國成立
1370 年	帖木兒帝國確立中亞統治權
1453 年	鄂圖曼土耳其軍攻陷君士坦丁堡，拜占庭帝國滅亡
1464 年	宋海王國建立，並取代馬利王國促進非洲伊斯蘭化
十五世紀	馬來半島的麻六甲王國（又稱「滿剌加國」）正式伊斯蘭化
1501 年	薩非王朝（Safavid dynasty）於伊朗建立，奉什葉派為國教
1526 年	蒙兀兒帝國建立於印度地區

◆男性父系血親關係

七世紀於阿拉伯半島上闡明伊斯蘭教義的先知穆罕默德，並未留下男性子嗣，而是透過女兒法蒂瑪❶的兒子哈珊（Hasan ibn Ali）、胡笙（Husayn ibn Ali），將男系血脈傳承至後世。阿拉伯人重視男性父系血親關係，採用自己名字加上父方系譜的命名方式❷，以示出身，這個習慣也隨著伊斯蘭教的普及，流傳到其他地區。地中海沿岸地區在早期即受到伊斯蘭教影響，素來有偏好父方平表婚❸之傾向，以便維持男性父系的血親關係。伊斯蘭教法的家族制度基本上是以夫妻和兒女們組成的家族為單位，可是在擔任婚姻監護人、繼承權方面就是保留對男性父系血親有力的規定，尤其將權威集中於擔任家父長的男性──即父親身上。

◆尊重母性

伊斯蘭的準則一方面肯定強大的父權，另一方面亦強調尊重母性。《古蘭經》提倡「應當孝敬父母」（〈夜行章〉第23節），聖訓更有數則講述敬愛母親之語。比如先知穆罕默德就曾答覆某位男子：「你最應該善待的人乃是你的母親，其次也是你的母親，再來還是你的母親，接著才是父親。」

◆婚姻與家庭相關法律

伊斯蘭教法與各地區的習慣法、行政法並存，即便其適用狀況因時代、地區而異，一般認為婚姻、家庭相關的法律規定還算是能夠廣泛適用。婚約由當事人雙方（或婚姻監護人）在二位證人見證下締結，丈夫對妻子有支付聘禮及扶養的義務。男性可以跟包括伊斯蘭教徒在內、受過聖典啟示的（基督教徒、猶太教徒等）女性結婚，反之女性卻只能跟伊斯蘭教徒結婚，而伊斯蘭教徒父親生下的孩子也都是伊斯蘭教徒。他們除了迴避與姊妹、母親等近親者結婚，還有一個特別的規定是禁止同一位女性哺育的同乳親族互相結親。《古蘭經》允許一夫多妻，根據經典啟示，一位男性可同時和四位女性訂下婚約，惟男性必須負擔所有妻子的聘禮、扶養費用，所以實際上很少有人真的娶到超過兩位妻子。然而他們又容許奴隸制度，對於可能發生性關係的女性奴隸並無法律限制。

在《古蘭經》嚴禁通姦、禁止收養的規定之下，伊斯蘭教法對於如何確保孩子的父親身分，訂有詳細規定。女性在離婚後至第三次月經來潮之前、以及丈夫死後的四個月又十天為婚姻等待期。他們盡力避免離婚，卻並未全面禁止。男性可片面聲明離婚，但得支付訂立婚約時的聘金餘額；女方若滿足一定條件亦可請求離婚，只是多半比較不利。當父母離婚或死亡時，兒女監護權以母親最為優先。（小野）

❶法蒂瑪・賓特・穆罕默德（Fatimah bint Muhammad，約 606~633）

穆罕默德四女，其與第四代正統哈里發（Rashidun Caliphs）阿里（Ali，什葉派首任伊瑪目）成婚，育有二男二女。法蒂瑪

以其慈悲為懷及虔敬之心，被認為是一位具備所有穆斯林女性美德的理想人物。對於把穆罕默德子孫尊為正統伊瑪目（伊斯蘭共同體領導者）的什葉派而言，法蒂瑪也是他們非常崇敬的對象。

❷阿拉伯人的名字

包含阿拉伯人在內的閃語系人（Semitic），自古以來即以父方系譜──於本人本名加上父親名字、父親的父親名字來命名。以先知穆罕默德為例，其名「穆罕默德‧賓‧阿布杜拉‧賓‧阿布杜勒穆塔利卜」中，「穆罕默德」即本名，「賓」在阿拉伯文指「……的兒子」（女兒則是「賓特」），「阿布杜拉」為其父之名，「阿布杜勒穆塔利卜」為祖父之名，有時還會再加上父系祖先名字。另外他們也有在命名加上尊稱、通稱、部族名稱、出身地名、職業名等的情形。

❸父方平表婚（parallel cousin marriage）

指跟父親兄弟有關連的婚姻。這種婚姻對丈夫的好處是能夠防止親族財產向外分散，對妻子的好處則是婚後仍可待在自小熟悉的環境裡。

坐在穆罕默德〔右〕旁邊、得到天使吉卜立勒（阿拉伯語：Jibril，即基督教的大天使加百列〔Gabriel〕）賜予衣物的法蒂瑪

法蒂瑪之手。早在伊斯蘭教出現以前，西亞就有這種驅除邪眼的護身符，但不確定何時開始被冠上「法蒂瑪」之名

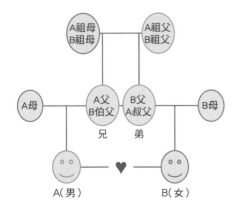

5-3 「伊斯蘭化」的多元現象
——非洲與東南亞

日本教科書對應
非洲、東南亞的伊斯蘭化
本書相關章節
3-4、7-7、12-5

◆非洲社會的伊斯蘭化與土著信仰

從八世紀開始，隨著撒哈拉南北的貿易日趨頻繁，西非撒哈拉南端也出現數個非洲王國。這些國家裡以馬利最早接受伊斯蘭教，十四世紀馬利國王曼薩·穆薩（Mansa Musa）前往麥加的朝聖之旅，正是馬利鼎盛時期的象徵。而東非透過與穆斯林商人的交流，沿岸多數都市國家都接受了伊斯蘭教，至十五世紀時已普及至一般民眾。伊斯蘭教可提高王權權威，卻排除了女性的公共職能，不過其一夫多妻、男子割禮等內容和非洲固有習俗有許多共通點，故而能與非洲土著信仰共存。當中泛靈信仰❶不僅能和男性主導的伊斯蘭社會保持平衡，又支持著女性的精神世界：如西非的「波里」（boli），近東至東北非一帶常見的「扎爾」（Zār），還有東非沿岸地區的「姆茲姆」（mudzimu）等。

◆奴隸貿易、奴隸制度的擴大

非洲在伊斯蘭化的過程中，也擴大了向近東伊斯蘭圈供給奴隸的範圍，其原因在於伊斯蘭教原則上禁止讓穆斯林成為奴隸。這些奴隸貿易的開啟，促使非洲社會發展出奴隸制，帶來各種社會變革。例如非洲西部、東部皆出現君王、首長在上統治，下有貴族、平民，底層為奴隸階層的階級社會。話雖如此，各階級之間的流動性倒是頗高，比如宋海國王全部都是由奴隸出身的側室所生，女性奴隸亦可憑藉當上君王側室而擺脫奴隸身分。另一方面，當男性開始利用伊斯蘭教讓權力合理化之

時，女性便逐漸失去了政治權力。但其中又有像阿善提（Ashanti）王國（迦納）的雅阿·奇亞·阿奇亞娃（Yaa Kyaa Akyaawa，1770-1840）這般，能在獵取奴隸造成社會動盪之時、趁勢瓜分男性政治權力的女性。此外，在統治階層中也開始出現鼓勵伊斯蘭學術的女性。（富永）

❶世界各地均可觀察到泛靈信仰，而非洲跟日本的東北潮來巫女（Itako）、沖繩靈媒（Yota）有著相同特色，以女性靈能力者居多，她們能夠安撫精靈、治療女性疾病等。

◆東南亞社會的伊斯蘭化與習俗

穆斯林商人約於八至九世紀時來到東南亞，然而當地的王權及社會要到十三至十四世紀時才開始伊斯蘭化，麻六甲王國接受伊斯蘭教對當地帶來很大的影響。從那時起、到近代為止，包含菲律賓群島南部的大多島嶼地區都接受了伊斯蘭教。而且東南亞伊斯蘭教（在東南亞各地「伊斯蘭」發音通常為短母音）與各地習俗（東南亞稱為 adat）共存、妥協的情形，應該比波斯、印度更為顯著❷。除了知名的蘇門答臘島米南佳保人、以及大陸地區的占族人（Chams）（分成「婆羅門」及伊斯蘭教的「婆尼」［Bani］兩種族群）為母系社會以外，一些非屬伊斯蘭的文化習慣，如結婚後住在妻方家裡、兒女結婚主要由母親決定、妻子提出離婚相對容易等，在本區亦是極為普遍。在大航海時代，外國

貿易、外交方面皆存有當地女性活躍的紀錄。不只如此，比如推動蘇門答臘伊斯蘭化的亞齊王國在伊斯坎達・穆達（Iskandar Muda，在位期間 1607-1636）國王之後，接連有四任女王繼位；馬來半島上的港都國家北大年（Pattani）更由女王統治超過百年；甚至伊斯坎達・穆達的皇宮還是女性警衛隊負責守衛的（據說是因為對男性的不信任）。倘若我們把這些狀況全看成「是男性推動的」，然後跟近代的「女性地位提升」聯想在一起，這種想法是很危險的，可是我們也不能否認，伊斯蘭教法原先沒有預設到的女性活動，已經廣泛地展開了。再者，當男性外出工作成為本區家庭重要收入來源的同時，另一方面印尼蘇哈托（Soeharto）政權（推廣賢妻良母的意識型態）施行了全國通用的 1974 年婚姻法，規定父親擁有兒女婚姻的同意權等，顯示國家獨立後的經濟發展、或「近代化」所帶來的改變，不一定是朝著「提升女性地位」的方向前進。（桃木）

❷ 文化人類學者克利弗德・紀爾茲（Clifford Geertz），將爪哇島的伊斯蘭社會分成三種類型：保留濃厚印度教色彩的貴族階層（priyayi）、虔誠信仰伊斯蘭正統派的商人階層（santri）、維持精靈崇拜等基層文化的農民階層（abangan）。

越南占族（Chams）母系群體的墓地，
其男性死後葬於母方墓地

原初工業化（proto-industrialization）與農村變化

　　所謂「原初工業化／工業化以前的工業化」，指的是在近代化大型工業之前，十六至十八世紀所發展的紡織業等農村手工業（批發制家庭代工、加工製造）。商業資本得到商業主義政策的保護，可為迅速擴張的國際市場生產商品。而城市受到手工同業公會制度制約，沒有容納新型生產系統的餘地，遂開始活用農村勞動力。農村從事工業者大多為下層農民，屬於沒有聘請雇工的核心家庭。農民們獲得新的受僱機會後，促成結婚年齡下降、出生率上升，家庭規模隨之擴大。此時農村工業從事者並未跳脫傳統形式的「家」經濟體系，他們為了維持家庭生存，所有家人包含女人、小孩皆須勞動，且以家庭為單位來做供需生產調整。在這種農村家庭「自我剝削」的背景下，為商業資本保留了莫大利潤、還有穩定的交易。

◆女性的職業

誕生於商業都市麥加的伊斯蘭教，對商業向來是予以肯定的。先知穆罕默德的第一任妻子哈蒂佳❶就是一位貿易商人，兩人的結識起於商隊委託。隨著伊斯蘭教滲入各地，人們越來越重視女性守護家庭的責任，進而限制了她們就業的機會，不過伊斯蘭教法規定女性有遺產繼承權，結婚後依然可以處置自己的財產，因此有些女性便投資貿易、或利用不動產生財。依據伊斯蘭教法規定、以慈善目的放棄私產所有權的「瓦合甫」（waqf）制度中，也有不少女性參與在內。像馬木路克王朝（Mamluk Sultanate）或鄂圖曼王朝的瓦合甫文書上，都記錄了女性的設立者與管理者。瓦合甫所得收益係用於清真寺、學校、醫院、土耳其浴場❷等場所之營運。此外，一些有幸受過高度教育的女性會擔任教師、醫師，而較不富裕的女性職業種類，根據紀錄則有產婆、麵包師傅、行商、清洗遺體、哭喪女、浴場接待、娼妓等、還有一些女性是家中侍奉主人的奴隸、小妾。然後眾多階層的女性均會參與編織絨毯、裁縫、刺繡等紡織相關的職業。

◆學問發展與女性

伊斯蘭文化的發展建立在兩種學問之上——《古蘭經》與聖訓之固有學問，以及希臘等外來之學問。中世紀的伊斯蘭圈開始發展醫學，至十世紀前後已出現專門針對產科、婦科、小兒科之類的醫學書籍，並且傳入歐洲，產生了很大的影響。雖然絕大多數能留名後世的學者都是男性，但在古蘭經學、法學等伊斯蘭學術、或者數學領域上，亦有女性學者廣為人知。女性學者尤以聖訓學者為多，因為聖訓本來大多就是由日常接觸穆罕默德的女性所傳承，特別是他的妻子阿伊夏❸，不僅傳下諸多重要聖訓，也向人們講述伊斯蘭教義。再來又有女性神秘學家拉比雅・阿達比亞❹，她的地位堪與同時代的知名男性神秘主義學者比肩，也大對後來的伊斯蘭主義思想有重大影響。而在法學領域方面，尚有一些男性學者曾師事女性學者的學術經歷紀錄。（小野）

❶哈蒂佳・賓特・胡韋利德（Khadija bint Khuwaylid，約 555~619）

穆罕默德第一任妻子，也是首位女性伊斯蘭教徒。她是一位繼承亡夫遺產的富有遺孀，從事商隊貿易投資。據傳她是四十歲時被小十五歲的穆罕默德求婚，與穆罕默德之間育有三男四女（只是男孩全於年幼時夭折）。直到離世之前，哈蒂佳都是穆罕默德唯一的妻子。

❷土耳其浴場（hammam）

根據伊斯蘭教義，人們有保持清潔之義務，故清真寺周邊、城市裡設有許多土耳其浴場。有些浴場會分時段分別提供男性、女性使用，有些浴場則是女性專用。浴場內部分成更衣室、休息室、冷浴室、溫浴室、蒸汽浴室，還可請專人按摩。女性在婚禮前、生產前後，可跟近親們一同

前去享受長時間的入浴及閒聊之樂。對於很少有外出機會的女性來說，土耳其浴場兼具了社交場所的功能。

❸ 阿伊夏·賓特·阿布·柏克（Aisha Bint Abu Bakr，約 613~678）

先知穆罕默德之妻，第一代正統哈里發阿布·柏克之女。穆罕默德在第一任妻子哈蒂佳過世、搬遷至麥迪那後再娶了十位妻子，阿伊夏是其中唯一的初婚女性，也是穆罕默德最愛的妻子。穆罕默德正是躺在她的膝上辭世，並且埋葬在她屋裡。穆罕默德過世後，阿伊夏與其他妻子一起被稱為「信徒之母」（Mother of the Believers），終其一生向世人傳達伊斯蘭教義，未曾再婚。

❹ 拉比雅·阿達比亞（Rabia al-Adawiyya Adabiya，717?~801）

女性神秘學家，生於巴斯拉（Basra）。以將「對真神之愛」理念引入早期的伊斯蘭神秘主義而聞名。其終身未婚，過著徹底禁欲的生活。儘管拉比雅未曾留下文書著作，卻有語錄流傳。她被視為穆斯林女性的典範，直到現代都還常有小說、電影以她作為主角。

1963 年埃及電影《拉比雅·阿達比亞》海報

《一千零一夜》的女性們

阿拉伯文故事集《一千零一夜》（*One Thousand and One Nights*）最早是受到波斯、印度的故事影響，到九世紀左右出現原型，至十五世紀左右定調為現在的樣子。故事皆為架空，細細描繪了中世紀伊斯蘭社會的樣貌。書中有各式各樣充滿魅力的女性：有的女扮男裝去勇敢冒險、有的遭人惡意陷害，還有人為愛人犧牲奉獻，更有才色兼備、拯救主人於水火的女奴等等。說書人雪赫拉莎德（Scheherazade）乃是一位富有智慧、心懷慈愛的女子，她每晚為暴君山魯亞爾（Shahryar）講述精彩的故事，在不知不覺間淨化、療癒了君王那顆粗暴荒蕪的心。

歐洲世界的形成與發展

◆西方中世紀

西方中世紀始於基督教社會的形成,共分成三個時期:初期(約西元 500~1050 年前後)、中期(鼎盛期:約 1050~1250 年前後)、後期(約 1250~1500 年前後)。

在中世紀初期,義大利地區以外的羅馬城市已然衰退,基本上回復到以農業為主的自然經濟狀態。所謂「王國」,固然是君王的領土,但也是各部族公有的,所以國家力量無法介入地方的莊園。對人們而言,家、家族的意義更為重大,女性也被置於家父長的保護權範圍之下。

歐洲於中世紀中期開始都市化,農地開墾的面積也隨之擴大。此時基督教信仰普及到民眾,教皇權力達到了頂點。貴族開始住到城裡,並衍生出騎士制度。為了維持騎士身分的格局,他們會管理財產繼承事務,把沒有繼承資格的子女送往修道院。而在歐洲建立大學的同時,女性均被排除於學術活動之外。

到了中世紀後期,飢荒瘟疫肆虐,是一個常常發生農民暴動的危險時代。隨著城市經濟越趨成熟,女性也開始參與經濟活動。另一方面,由於不同地方的農村差距變大,導致農民走向階級分化。而隨著社會的運作逐漸趨向世俗與複雜,天主教的權威也大幅下滑。

◆身分制與性別

前近代(中世紀至近代早期)的歐洲係屬身分制社會。在身分制社會裡,身分差距優於性別差距,只是這並不代表他們

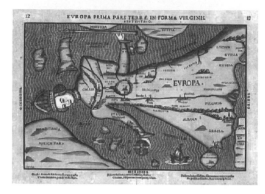

以女性形象描繪「歐洲」,其典故來自希臘神話
(Europa als Reichskönigin in:Heinrich Bünting, 1588)

沒有性別歧視,各種身分皆依性別有所差異。貴族女性身分雖比農民男性來得高,可是跟貴族男性相比,在王位繼承、財產繼承方面還是處於劣勢。

最為人所熟知讓歐洲身分制正當化的理論,即十二世紀出現的「三級制度」(Three estates),將人區分為「祈禱者、戰鬥者、勞動者」,對應神職人員、貴族、農民三種職責,三種身分都是授命於神的角色,彼此間沒有差別。

然後他們會依照各別的身分詳細訂定排序:神職人員在「教會聖統制」(hierarchie)下,分成教宗、總主教、主教、神父、執事等職位階級,主教以上之職等同於宗教界的貴族,可以管理領地。神職人員僅限單身男性擔任,女性只能進入女子修道院,不過許多女性仍然加入異端運動或在俗修道會(Third order)積極活動。世俗貴族則採「軍盾封建制」(heerschild,包括公爵、侯爵、伯爵、子爵、男爵等)劃分,國王或

上層貴族可封賞下層貴族（領地、人民），換取其宣誓效忠（協助戰爭等）。王侯貴族會透過政治婚姻來互相聯姻，男性為城堡、領地的優先繼承人，當缺少男性繼承人時，女性亦可擔任之。

◆女性擔任家母

中世紀中期，隨著貨幣經濟的普及，城市也開始出現。城市公民擁有「自由與自治」的特權，在公民家庭經營之中，家父、家母缺一不可，但也有極少數的同業公會（guild）全由女性組成。

在中世紀初期的莊園出現之後，莊園的農民受到領主保護的代價，就是成為遷移及婚姻自由遭到限制的農奴，對領主直營的土地進行耕作。然而在中世紀中期的開墾運動及城市出現的影響下，農民地位還是有某種程度的提升。農民家父長擁有農地耕作權、共有地使用權，可成為村落共同體的正式成員。農民的妻子除了協助農耕作業，還要管理菜園，顯示農民家庭的經營體系同樣以夫妻同心協力為前提。而在身分制框架之外的邊緣人民（賤民、乞丐、猶太人等），他們在交際、居住、職業選擇、婚姻等方面都常遭受各種不同的差別待遇。（三成）

西方中世紀（500~1500）

476 年	西羅馬帝國滅亡
約 480 年	聖思嘉（Scholastica，女子修道院創立者）出生（約 547 年卒）
496 年	梅洛文加王朝改信基督教
約 500 年	訂定《薩利克法》（禁止女性繼承土地）
797 年	拜占庭帝國伊琳娜（Irene of Athens）女皇即位（~802 年卒）
800 年	法：查理曼（Charlemagne）加冕為「羅馬人的皇帝」
約 1065 年	法：《羅蘭之歌》（The Song of Roland）完成
約 1070 年	羅馬法學復甦
1077 年	卡諾莎之辱（托斯卡尼女伯爵瑪蒂爾達居中協調）
1088 年	義：波隆那大學成立
1096 年	十字軍東征開始（至 1270 年為止共七次）
1098 年	賓根的聖賀德嘉出生（1179 年卒）
約 1100 年	聖母瑪莉亞信仰鼎盛期
	●以宮廷戀情為理想的文學盛行（如《亞瑟王傳說》等）
	●悲謹會（女子修會）成立
約 1140 年	《格拉提安教令集》（含教會婚姻法）成書
1163 年	巴黎聖母院開始建造
約 1170 年	英：瑪麗 德 法蘭西發行《十二首愛情籟歌》
1194 年	阿西西的聖佳蘭（Clare of Assisi）出生（1253 年卒）
1206 年	道明會（Dominican Order，負責審問異端）設立
1209 年	阿爾比十字軍（Albigensian Crusade）鎮壓異端清潔派（Catharism）
約 1298 年	馬可 波羅發行《馬可波羅遊記》
1347~1351 年	黑死病流行
約 1365 年	克莉絲汀‧德‧皮桑（首位以作家身分營生的女性）出生
1431 年	聖女貞德被判處死刑
約 1455 年	活版印刷術確立
1474 年	卡斯提亞（Castile）：伊莎貝拉女王即位（~1504 年卒）
1487 年	德：海因里希 克雷默（Heinrich Kramer）、雅各布斯普倫格（Jacob Sprenger）發行《女巫之槌》
1492 年	西：哥倫布向伊莎貝拉女王主張新大陸的存在

6-2 從日耳曼部落到法蘭克王國

◆日耳曼社會

西元前後時期的古日耳曼人是由許多部族所組成。部族相當於血統、血緣兼祭祀的共同體，同時也是締造和平、法律及政治的共同體。部族的最高決策機構乃是公民大會（部族集會）。擁有武裝能力及自由人身分的成年男性會一年一度齊聚一堂，召開公民大會來決定重要事務，同時認可年滿十二至十五歲的少年擁有武裝能力，從此可參加公民大會❶。日耳曼人為家父長制的小家庭，涵蓋在大一點的親族集團（sippe）之下。妻子則被置於丈夫或父親的保護範圍內，不過可擁有一定的財產權。

◆日耳曼女性的婚姻與財產

根據日耳曼的部族法典，男子可結婚的年齡為 14 歲，女子則為 12 歲。有贈與行為的婚姻（監護結婚，德語：muntehe）視同完整的婚姻，由新娘的父親與新郎（或新郎之父）締結婚約。另外也有不含贈與行為的結婚（合意婚，德語：friedelehe），可允許離婚。他們採用夫婦分產制，認可妻子擁有一定的財產權（不動產、家畜、金錢等），還有聘禮（丈夫贈與妻子）、嫁妝（新娘父親贈與女兒）、「早晨之禮」（新婚初夜隔天早上丈夫贈與妻子）、寡婦贍養費等等。丈夫可以管理妻子的財產，但未經妻子同意不可隨意處置。繼承方式原則上採分配繼承，不動產由兒子優先繼承，沒有兒子時就由女兒繼承，女兒的繼承權時常會與嫁妝互相抵銷。倘若妻子沒有生小孩，其嫁妝財產就會被娘家收回。

◆法蘭克王國

法蘭克時代（五至十世紀）並未貫徹基督教的婚姻規範，而是採用一夫一妻多妾制。他們遵從《薩利克法》（*lex Salica*）❷，王國由男子繼承，王位繼承順序並非固定，庶出之子、兄弟皆有繼承權。因此王位繼承的紛爭不斷，甚至王室女性也會加入爭奪戰❸。查理曼（在位期間 768~814）一共結婚五次，有四位第二夫人、二十個孩子。他除了致力排除女性的政治影響力，還為了阻絕接班人之爭，把所有庶出兒子都送去修道院，或是害怕給女兒嫁妝導致財產減少，遂不讓女兒結婚。另一方面，他秉持「兄弟同心」的理念，立下遺囑指定王國分給三位嫡出兒子。後來在他唯一存活的么子路易一世（Louis the Pious，在位期間 814~840）統治期間，女性政治發言權又再度強化❹。因此，可以說在法蘭克時代，影響個人政治力量的關鍵取決於出身家族的權勢、與國王的關係，而非性別。（三成）

❶【史料】塔西佗（Tacitus）《日耳曼尼亞志》（Germania）

「第十二章：公民大會上可提起訴訟，亦可進一步判決生死。刑罰之判定取決於罪行：叛徒、逃脫者吊於樹上，懦夫、卑鄙之徒、或犯下可恥罪行者，應於頭上覆蓋簾幕，推入沼澤。」（參考《日耳曼尼亞志》，岩波文庫：頁 69，部分改譯）

————————

【解說】塔西佗執筆的《日耳曼尼亞志》，本

意是透過描寫「健康」的日耳曼文化，來批判衰退中的羅馬文化。儘管內容可信度令人存疑，卻有不少符合考古學史料的記述。這份文本在十五世紀中葉被發現，之後被運用於宣揚日耳曼民族意識，在十九世紀被形塑成德意志男性美德的「自由日耳曼」傳統。

❷【史料】《薩利克法》（六世紀初）

第五十九章：「女子無本國土地之繼承權利。」

———

【解說】此處所假設的「土地」，乃是四世紀後用來當作羅馬帝國兵役義務報酬的土地，可交由男系繼承。十四世紀的法學者們，把這條土地繼承規定解讀成畏懼英國金雀花王朝（House of Plantagenet）勢力干涉的王位繼承原則。在此之後，該法規在法蘭西王國、後來的哈布斯堡帝國便成為禁止女系繼承、女王出現的條文。然而實際上，中世紀許多女性都能拿到作為聘金與嫁妝的土地、城堡、修道院等，雖說繼承權不如男性，但也不是毫無繼承土地的機會。

❸在政治上有所發揮的女性——普蕾柯特魯德（Plectrude）與貝特拉達（Bertrada of Laon）

梅洛文加（Merovingian）王朝的宮相丕平二世（Pepin II，卒於714）娶了莫瑟爾河（Moselle）流域的繼承人普蕾柯特魯德為妻子。普蕾柯特魯德受丕平二世之命擔任孫子的監護人，她把丈夫的庶子查理・馬特（Charles Martel，約688~741）當成孫子最大的威脅，故而沒收了查理的財產。但是查理・馬特後來推翻普蕾柯特魯德，成功統一王國。查理之子丕平三世（Pepin III，在位期間751~768）與普蕾柯特魯德姊妹的孫女貝特拉達（卒於783）結婚，獲得龐大的財產。貝特拉達在丈夫死後，除了調解兒子們的繼承權之爭，也推動聯姻政策等，在政治方面頗有影響力。

❹邪惡女人、還是精明女人？關於巴伐利亞的茱蒂絲（Judith of Bavaria）之評價

路易一世於原配王后過世以後，迎娶了巴伐利亞公國韋爾夫公爵（Welf I）家族的茱蒂絲為繼任王后（795或807~843）。茱蒂絲具備良好的教養以及美貌，對丈夫擁有極大的影響力，也對娘家權勢的增強大有貢獻。後來路易一世頒佈《帝國詔令》（817），指定將王國分封給原配王后的三個兒子繼承，於是茱蒂絲為了讓她兒子查理二世（Charles II，在位期間843~877）也能得到相應的繼承權，遂展開各種謀劃。她的行為引起貴族階層的反彈，因此屢次遭到貴族放逐、又再度召回。在路易一世死後（840）的奪位之爭中，茱蒂絲亦大力支援查理二世。在茱蒂絲死後不久，查理即透過「凡爾登條約」得到西法蘭克王國。無論是當時還是現今，人們都對茱蒂絲有著兩極評價：「萬惡的根源／可敬的女子」，「導致加洛林帝國沒落的自私邪惡女人／捍衛兒子與自身地位、採取必要行動的聰慧精明女人」等。從這些評價的變動當中，我們似乎能看出蘊藏於歷史意識中的性別偏見。

沼澤木乃伊

沼澤木乃伊　二十世紀初，德國北部濕地發現數具西元一世紀前後的人類遺體。遺體被泥炭層保護，幾乎已經完全木乃伊化。上圖是一具十五歲上下、頭髮被剃掉、眼睛被蒙住的「少女」屍體，其身體用蓆子包覆，固定在木樁上以避免浮起。長久以來人們認為屍體主人是犯下「羞恥罪行」（通姦罪）而被判處溺死，但根據最近的DNA鑑定顯示他其實是個「少年」，相關爭論還在持續當中。

◆皇室的女性

西元 395 年,羅馬帝國分裂為東西兩國,西羅馬帝國於 476 年滅亡,東羅馬(拜占庭)帝國則一直維持到 1453 年,最後因鄂圖曼土耳其攻陷君士坦丁堡而滅亡。拜占庭帝國自認是古代羅馬帝國的正統繼承者,卻以希臘文為官方語言,顯現出與古代羅馬帝國不同的特色——其中一項就是婚姻必須經過教會認可才算數,原則上禁止離婚。若從性別觀點去看拜占庭帝國,更可發現一些令人玩味的特質:比如拜占庭皇后等皇室女性在政治上所發揮的影響力,在中世紀的其他地區都是前所未見的。以編纂《查士丁尼法典》聞名的拜占庭皇帝查士丁尼一世,其妻狄奧多拉(Theodora)有一段知名的故事,就是她丈夫面臨廢黜危機時,立下了足以突破局面的大功。查士丁尼曾以軍事力量奪回北非的汪達爾王國(Vandal Kingdom)、義大利一帶的東哥德王國(Ostrogothic Kingdom)、伊比利半島的西哥德王國(Visigothic Kingdom),被譽為羅馬帝國復興者。然而在 532 年時,反對查士丁尼財政政策的反抗軍們擁立新的皇帝,並於市中心放火來逼迫查士丁尼退位。當時皇帝本來正在跟親信們商議逃亡的計畫,沒想到狄奧多拉竟在眾人面前現身,說道:「紫袍是最好的裹屍布,比起逃亡,我寧願選擇穿著皇室衣袍死去」,因此查士丁尼放棄逃亡,轉而用兵平定叛亂。這也顯示拜占庭皇帝的妻子或母親之中,有些人得以自由地操控皇帝權力❶。

◆社會的流動性

此時造就女性能在政治上活躍的主因是什麼呢?說起來還是因為君士坦丁大帝,他在將希臘人的殖民城市拜占庭打造成新城市君士坦丁堡時,從帝國各處收集雕刻來裝飾這座首都,更設立新的元老院,對於具有舊元老院身分且承諾從羅馬搬來的家族,授予土地與特權。只是這些舊元老院家族大多都留在西方,君士坦丁堡依然缺少羅馬傳統的名門望族,所以這裡廣納有才之人,成為一個社會流動性很高的城市。各色男女為了要往上爬升為社會菁英,紛紛從行省、至更遠的地方來到君士坦丁堡。其間成功者不在少數,還有人登上了皇帝皇后之位❷。這種社會的開放及流動性,正是一些積極女性能夠嶄露頭角的基礎所在吧!(櫻井)

❶聖像破壞運動與女性

為聖像破壞運動(iconoclasm)畫下句點的也是女性。這場運動由利奧三世(Leo III the Isaurian,在位期間 717~741)於西元 730 年發起,在一度中斷後又持續到 843 年為止。破壞聖像的政策源於「反對認偶像」的基督教信仰,但在羅馬是受到教宗反對的,故而造成羅馬與君士坦丁堡之間的嫌隙。直到聖像破壞政策實施後四十五年的皇帝利奧四世(Leo IV,在位期間 775~780)死後,其妻伊琳娜(Irene of Athens)於兒子君士坦丁六世任內手握攝政大權,召開大公會議放棄聖像破壞政策,轉往聖像崇敬的方向。有人認為,這是

權力慾強大的伊琳娜在利用聖像破壞政策所造成的持續對立，才有此變更——因為西元797年時，伊琳娜在弄瞎了企圖獨立親政的兒子後，於797年至802年間親自登上皇帝寶座（羅馬帝國首任女性皇帝）行使大權。

西元815年，拜占庭皇帝利奧五世（Leo V，在位期間813~820）重啟聖像破壞政策，後來的狄奧菲洛皇帝（Theophilos，在位期間829~842）承繼之。不過狄奧菲洛死後，妻子狄奧多拉（Theodora the Armenian）立刻壓下周圍的反對聲浪，又恢復聖像崇敬，因而得到宮廷宦官、聖像崇敬派修道士的支持。前後兩位皇后之所以阻止聖像破壞運動，單純是為了她們的權力欲望嗎？或許我們也能思考，由於拜占庭教會的神職人員僅限男性，女性在這種教會中權力關係中相對比較自由，就更容易發起對抗教會的行動吧！

❷查士丁尼一世與狄奧多拉

查士丁尼一世的帝位承襲自舅父查士丁一世（Justin I）。他不同於軍人出身、沒受過教育的舅父，在帝國行政及法律、神學、宮廷禮儀等均有學習，做好了充分的繼承準備，不過他在繼位之前遇到了舞姬狄奧多拉，隨即陷入愛河。狄奧多拉的父親是馴熊師，她在父親死後便以舞台表演為生。相傳她表演給觀眾看的並非什麼高雅的舞蹈，而查士丁尼正是觀眾之一。當時法律禁止元老院議員與平民結婚，查士丁尼則在反對聲浪中修改了該法條，於525年跟狄奧多拉成婚。

查士丁尼一世

刻在金幣上的
伊琳娜女皇

狄奧多拉

安娜・科穆寧娜與她的母親及祖母

有拜占庭第一歷史學家之稱的安娜・科穆寧娜（Anna Komnene，1083~1157），我們可從她的生涯看見生母、祖母、婆婆之影響。安娜是拜占庭公主，父親為皇帝阿歷克塞一世（Alexios I Komnenos）、母親為伊琳娜杜卡伊娜（Irene Doukaina），自幼與米海爾七世（Michael VII Doukas）、瑪莉亞 阿蘭尼亞，Maria of Alania 之子——君士坦丁・杜卡斯（Konstantinos Doukas）訂親，7歲時依照當時慣例，前往未來夫家與未婚夫、未來婆婆共同生活。這位深受安娜敬愛的婆婆瑪莉亞，她時常主辦文藝沙龍並招攬許多一流作家。安娜或許是受到婆婆的影響，日後也時常舉辦文藝沙龍。安娜在未婚夫死後返回娘家，自行聘請家庭教師，努力探究知識，此舉獲得祖母安娜・達拉塞娜（Anna Dalassene）的讚賞。每當阿歷克塞帶兵出門遠征時，便由祖母接手掌握君士坦丁堡的大權，她的虔敬、強大精神意志、以及智慧能力，都被安娜拿來當作榜樣，隨之燃起了政治野心。於是安娜密謀想讓丈夫取代弟弟約翰二世稱帝，並且得到母親伊琳娜相助，儘管最後計畫失敗，但我們仍然可以從安娜著作《阿歷克塞傳》（Alexios）中，得見她在父親掌握權力、強化帝國的過程裡展現的政治野心。

6-4 天主教教會與教會婚姻法

◆從出生到死後

十二世紀是西方文化中的一個重要轉折時期。聖事論與教會法之確立，致使基督教融入人們的日常生活。天主教教會制定「七件聖事」（洗禮、聖體、婚姻、聖秩、堅振、告解、臨終傅油），從此信徒人生各階段都與教會息息相關。教會法（神職就任、教會財產、典禮、聖事等相關法規）則是基於《格拉提安教令集》（*Decretum Gratiani*，約 1140）所成立，十五世紀時再系統化彙整為《教會法大全》。十三世紀時，教會在每個教區設立宗教法庭，管理婚姻案件及異端審訊等。此外教會亦負責死者之祭祀，死者採一人一墓的土葬形式。人們不論男女均會捐贈一小部分的遺產給教會，用來救濟平民，並祈求靈魂能在死後獲得救贖。

◆婚姻與性的控管

在天主教神學中，男女皆以純潔為至高無上之美德，故神職人員必須維持單身（神職獨身主義）。教會將婚姻視為守護信徒信仰生活的手段，目的在於「生育、防止姦淫、互相扶助」。性交僅限於夫妻之間，禁止操控生育的行為（避孕、墮胎）、買賣春、通姦、同性戀❶。天主教婚姻法的主軸為一夫一妻制、婚姻不解除、婚姻合意（婚姻係基於男女雙方合意而成立）。可以分居（分開使用餐桌、床鋪），亦可因性功能障礙判定婚姻無效。禁止七等親以內（相當於現在的十四等親）結婚，至 1215 年禁止範圍縮減為四等親以內。由於婚姻的禁止條件過於嚴格，以致時常被拿來主張婚姻無效。至十六世紀時，基督新教（Protestant）將聖事簡化為洗禮、聖餐（聖體）兩項，也允許離婚。

◆擔任宗教職務的女性

天主教教會建立了以教皇為首的神職階級制度，教會官僚體系也遍及西歐全境。雖然女性不得進入神職階級，不過也並非一開始就被排除在外。中世紀初期的教會也有神職人員娶妻、或者女性擔任執事。隨著天主教神學和教會組織確立，才定下神職者獨身主義、把女性排除於神職人員之外的原則。至中世紀中期，為了對抗女性「不神聖」之倡議，反倒加強了女性的宗教熱潮。像瑪莉亞信仰、清貧運動的普及，促使女子修道院急速增加❷，並成立在俗女子修會❸。女性進入修道院意味著嫁給了神，因此修道婦女往往把神當作類似戀愛的對象來託付終身。另外，當時的異端運動則是不因襲舊習、又認可女性擔任領導地位，是以受到許多女性歡迎。（三成）

❶【史料】沃姆斯主教伯查德（Burchard of Worms）的《格拉提安教令集》（十一世紀）

「你可曾與你的妻子、或其他女子，用像狗一般的方式從後方結合？如果你曾經這麼做，你就必須施行十天只能吃麵包配水的苦行……你可曾在四旬期的守齋期間，與你的妻子犯下淫亂之行？如此你就

必須施行四十天只能吃麵包配水的苦行，不然就得布施 26 個蘇爾（sous）。」（杜比等：160 頁）

❷女子修道院

在德國，西元 900 年前後約有 70 間女子修道院，1100 年前後約有一百五十間，1250 年前後則增至約五百間，至十三世紀中葉時，已有二萬五千至三萬人的修道女性，其中很多都是一般市民女性。當時常以「處女一百、寡婦六百、妻子三十」的價格來評斷女性價值高低。另一方面，自中世紀早期就存在、集結貴族女性的本篤會（Benedictines）女子修道院，則幾乎沒有受到清貧運動的影響。

❸【史料】教宗克萊門五世（Clemens V）的教令（1311）——在俗女子修會（悲謹會）禁令

「她們通常稱作『悲謹』（Beguines），既不宣誓服從任何人，亦不放棄財產，不按照既定的修會規則生活，因此完全稱不上教會正規的修女，而是穿上所謂悲謹的服裝，與特定修會關係密切的一群婦女。根據我們經常得到的可信報告所示，她們之中不知有多少人，猶如瘋狂一般，竟敢爭辯、講述有關至高無上的三位一體及神的本質，或是信仰問題、教會聖事等，甚而傳播與正統教義不相容的意見」（《西方中世紀史料集》：228 頁）

───────

【解說】「悲謹會」即十三世紀初開始在西北歐城市流傳的在俗女子修會。十四世紀時發展出二種類型：其一為「悲謹會院」（Begijnhof，出現於西北歐低地國〔Netherlands〕等地），形式採教會周邊設有小型房舍，由一位司牧領導之；其二為「悲謹館」（出現於萊茵河沿岸地區（Rheinland），相關人員在同一棟建築物裡共同生活。其成員皆宣誓信守節制、儉樸，從事紡織等手工業。根據報告指出，1243 年時科隆市（Cologne）及鄰近地區有二千名悲謹會成員。有些悲謹分會則發展成修道院，但他們的活動不在教會管理範圍內，所以對教會來說是一種威脅，經常被懷疑是異端。此外，悲謹和悲格會（Beghards，男性在俗修會）成員也有未婚同居的情形。

女教宗傳說

歷史上唯一一位女性羅馬教宗瓊安（Pope Joan，相傳在位期間 855~858）的傳說，約於十三世紀中葉至十六世紀中葉之間廣泛流傳，人們相信他是真實存在的人物。然而瓊安終究只是一位虛構的女性角色。根據十三世紀的編年史記載，瓊安本是一位穿著男裝的少女，「她精通各種學問、無人能及，前往羅馬講述博雅教育（又稱「自由七藝」），成為學生、聽眾心目中的偉大老師。她的生活方式、淵博學識在城內廣獲好評，遂被眾人推選為羅馬教宗。可是瓊安於任職教宗時懷了情人的孩子，但是不知孩子確切的出生日期……瓊安於一條小巷內生產，相傳她死後也被葬在同一處。後來的教宗總是避開此路，便是因為厭惡瓊安產子一事。瓊安無法列在教宗名錄的理由，即在於她是一個女性，還有她造成教會的污點。」十三世紀時，道明會的修士推廣了瓊安傳說，此舉可視為在教皇權威邁向顛峰的時期，他們企圖用一個被否定、被當成醜聞的女教宗來對比男性教宗，以便從教會徹底排除女性。另一方面，在十六世紀宗教改革期間，基督新教更喜歡利用瓊安傳說來當成攻擊天主教教會的「醜聞」。

1493 年的編年史插畫

◆封建制度與貴族

十二世紀時，除了結婚被教會確立為七大聖事之一，另外又發展出相對應的「宮廷愛情」。貴族社會——包含宮廷愛情在內的性別規範，就是依據「戰鬥」這個貴族身分職責所訂定的❶。封建制正是實行戰爭、同時也是引起戰爭的原因。主君封賞臣下（領地、領民），臣下有協助主君征戰的義務，透過這種互惠的封建契約，貴族便能歸入階級制度。而封建社會體系之構成，就是由少數非生產、且具專司戰鬥身分者來擔當封建領主，然後剝削生產者身分的農民。貴族身分的性別角色分工為「男人＝戰鬥／女人＝家庭」，當男性家長出現問題時，妻子、母親亦可能參與軍事，所以勇氣、身體強健均被視為貴族女性的美德。倘若缺少男性繼承人，則由女性繼承領地及爵位。比如曾在「卡諾莎之辱」（Humiliation of Canossa）事件中相當活躍的托斯卡尼女伯爵瑪蒂爾達（Matilda of Tuscany，1046~1105），像她這般參與政治或戰爭的女性，為數並不算少❷

◆家門

貴族身分的延續，得靠「家門」來支撐。家門之形成約始於九世紀末，至十二世紀時完成。父親會把相當於武器、武力、戰鬥經濟基礎的領地，單獨傳給一個兒子、或從男系親屬找一人來繼承，是以需要策略性的運用婚姻。為了建立並維持家門，父母親往往在子女年幼時就幫他們訂下婚約。如果是女兒，約在十幾歲時讓她帶著以動產為主的嫁妝出嫁，同時放棄娘家繼承權，結婚有困難者則進入修道院；如果是兒子，就只讓長子結婚擔任領地繼承人，次子以下者都去領主的城堡擔任騎士、神職人員。因此，在世俗圈與神聖圈的貴族之間常有血緣及共同利害的關係。

◆禁止近親通婚與政治性利用

貴族的家門政策其實跟教會婚姻是嚴重衝突的，其中的典型案例即為「近親通婚」。在教會法中，包括舉行洗禮儀式教父母在內的七等親，都禁止通婚。即便如此，貴族為了維繫家門，依然偏愛找表親等近親通婚。反之，當他們遇上條件更好的結親機會，通常就會拿近親通婚當理由來聲明婚姻無效，形成實際上的離婚。這時丈夫會讓妻子帶著嫁妝回到娘家，並協議寡婦可繼承的財產。假如想要獲得近親通婚的特殊赦免，或者希望判定婚姻無效的時候，他們就會付出大筆捐款給教會。也就是說，教會不會針對貴族近親通婚去追究違法與否，而是採取可協調的態度。（三成）

❶騎士故事與宮廷愛情

騎士的授職禮通常在二十歲時舉行。對於婚姻排除在外、無法當上家長、持續單身的騎士們，流浪於各貴族之間、參加馬上槍術比賽（Jousting）是他們獲得榮譽的好機會，因而誕生許多「騎士冒險故事」。教會對待有婦之夫放縱性事的態度非常嚴厲，但對單身男性放縱性事就頗為寬容。

各城市都有開設妓院，騎士跟寡婦、侍女談情說愛也不至遭到責難，唯獨不可把領主妻子、女性繼承人等「貴婦」當成調情的對象。於是，如何爭相博得貴婦好感，就變成一種高度精緻化的「宮廷愛情」遊戲。這種絕對禁止通姦的「宮廷愛情」，主導權並不在女性手上，終究還是屬於男性的遊戲，領主甚至可以把自己的妻子當成誘餌來贏得騎士們的忠誠。

馬上槍術比賽：十二至十六世紀間流行的模擬戰鬥，包含個人戰與團體戰。比武會選四旬期以外的時間在各地舉辦，許多貴婦都會來觀戰。比賽結束後，當天的贊助人將舉行豪華宴會及餘興活動，並選出最優秀者

❷敘任權之爭（Investiture Controversy）與女性繼承人

在皇帝、教皇爭奪教會敘任權的時代，那些與他們親近的女性繼承人們，常常扮演了重要的角色。例如斯瓦比亞公爵家的吉賽拉（Gisela of Swabia，989~1043），其第三任丈夫為神聖羅馬皇帝康拉德二世（Conrad II，在位期間 1027~1069）。吉賽拉不但家門高於君王選舉制度選出的皇帝，他們還是教會法不允許的近親通婚。吉賽拉擁有一頭金髮，教養良好且能識字，身負優秀政治才能，與丈夫共同擔任帝國的統治者。吉賽拉收養了上洛林（Upper Lorraine）的女繼承人碧翠絲（Beatrice of Lorraine，1017?~1076），康拉德再把這位養女嫁給托斯卡尼的邊境藩侯。碧翠絲的女兒瑪蒂爾達在八歲時即成為父親領地的女繼承人。之後碧翠絲與表兄弟下洛林公爵再婚（1054），適逢亨利四世（Henry IV，德意志國王在位期間 1056~1105 年，神聖羅馬帝國皇帝在位期間 1084~1105）企圖強化皇帝權力，於是反抗皇帝的下洛林公爵遭到罷黜，碧翠絲母女淪為人質，不久後雙方和解。公爵歸來後，便控制了繼女瑪蒂爾達所繼承的領地。在公爵過世後，瑪蒂爾達則由母親作主嫁給公爵的繼子（1069 或 1070），只是她相當厭惡丈夫，兩人婚後很快就分居了。

當母親死後（1076），瑪蒂爾達終於能夠獨立自主，在卡諾莎城為皇帝、教宗擔任居中協調者（1077）。而後皇帝攻打義大利，瑪蒂爾達雖然丟失諸多領地，仍自始至終支持教宗一方，還投入了自家軍隊。她又與比自己年輕超過二十五歲的巴伐利亞公爵韋爾夫二世舉行政治聯姻（1090），不過因公爵家支持皇帝一方導致離婚（1095）。瑪蒂爾達死後，無人繼承的托斯卡尼（亦即「瑪蒂爾達的領地」）分割成教宗領地跟皇帝領地。教皇、皇帝之鬥爭，使得該領地內的城市在不久後獨立，發展成佛羅倫斯（Florence）、比薩（Pisa）、西埃納（Siena）等城市國家。

右為瑪蒂爾達，左下下跪者為亨利四世

◆領主與農民

八世紀前後，西歐在領主直營地上發展出自給自足型的莊園。莊園農奴和土地有著緊密聯繫，男人每週有三天要去領主直營地工作（以勞力支付地租），女人則是前往領主的房舍從事紡織、或者到菜園工作。在中世紀中期時，隨著領主直營地解體，地租改以貨幣支付，土地與農民的聯繫程度也隨著降低。隨著城市建設、開墾活動等發展，人們的移動越來越活絡，於是領主對於土地、人格、審判相關的支配權開始分離、變得錯綜複雜，也促成自由農民的增加。比起「土地型領主」，「審判型領主」在維持治安方面發揮了更大的作用，對人格有支配權的「農奴型領主」則轉為有名無實。然而，在十四至十五世紀的農業危機時代，「農奴型領主制」反倒在封建制度嚴重分裂的西南德意志地區獲得強化，變成德意志農民戰爭中最大的癥結點。❶此外，在德意志東部殖的殖民移住地上亦形成了「農場領主制」（德語：Gutsherrschaft）。

◆農村男女

村落共同體形成於十三至十四世紀，共同體正式成員就是擁有房屋和農地的男性家長，他們在森林、河川等共有地的使用收益權均可受到保障。中世紀末期頻繁發生的反抗領主運動，便是那些以村落共同體為據點的男性家長們對領主提出的異議，調停、審判、農民武裝暴動等各個階段皆包含在內。另一方面，從十五世紀末開始增加的小家農戶、農業勞工，他們權利卻受到了限制。村裡的男女老幼皆須工作，村中慶典正是男女交際的好機會，像基督教教會禁止婚前性行為等嚴格的性規範，比較不容易擴及農村。某些地方還有試婚的風俗，男性樂意娶已生育的女性來當妻子，對婚前性行為頗為寬容，家庭也願意接受私生子及其母親。

◆城市的「自由與自治」

城市，即藉由「市場、城市法、防禦設施（城牆、城門、塔樓、護城河）」跟農村區隔的和平區域❷。城市的「自由與自治」不同於近代所指的個人自由，而是城市共同體中受到保障的身分制特權。市民權、營業權（店主資格）是相互關連的。城市法規定了市民的參政權與公共秩序（刑事法），手工同業公會規約則用來管理店主的資格或品質。原則上「市民＝店主」的狀況僅限於男性家長，由男性家長負責監督、保護妻子和雇工（工匠、學徒等）。大城市裡有些服務王侯貴族的遠程貿易商，會轉而成為城市貴族，不過大多公民還是以鄰近市場為主的零售商兼手工業店主。沒有市民權的男女居民均被市政排除在外，在法庭審判方面也很是不利。（三成）

❶【史料】德意志農民戰爭的《十二條款》（Twelve Articles，1525）

第三條、第三：我們至今一直被當成農奴對待，只要想到耶穌用祂的寶血救濟、救贖了我們所有人，無論是牧羊人、上位

者，無一例外，就覺得甚是可悲。因此，我們是自由的，而我們所期望的自由，正是來自於聖經……

第十一條、第十一；我們希望徹底廢除所謂的「死亡稅」習俗。儘管許多地方都徵收此稅，可這是一種背離上帝、違反名譽、無恥奪取寡婦和孤兒財產的習俗，我們認為無法再忍受它了。

【解說】德意志農民戰爭（German Peasants' War，1525~1527）發生於宗教改革之後，是從德意志西南一帶擴散開來的大規模反抗運動。第三條引用聖經強調眾人平等，其他各條文亦批判地租、審判的不公情形。農民的要求並非消滅領主制，而是想要徹底廢止農奴領主制。農奴領主制的領主擁有「死亡稅」、「結婚限制」等特殊人格支配權。「死亡稅」是一種封建式的繼承租稅：當男性農奴死亡時，就得繳交最好的家畜；當女性農奴死亡時，就得繳交最好的衣服。「結婚限制」則是規定農奴之間的婚姻，縱使他們以「子歸母腹」為原則，孩子的身分等同母親，領主之間針對母子歸屬的鬥爭仍然層出不窮。後來領主們又訂定婚姻稅，彼此簽訂結婚契約。所謂「初夜權」並非領主實際的主權，而是作為新郎支付給新娘領主的婚姻稅。

❷中世紀城市

中世紀末期的德意志地區一帶有著將近三千個城市，不過大城市人口大約只有一至二萬人，其餘九成以上都是人口二千人以下的小城市。被劃為帝國自由城市的大城市，可享有完整的「自由與自治」（有立法權及最高審判權），小城市則由領主統治，僅有受限的「自由與自治」。

圖為《十二條款》的版畫插圖，畫中農民以農具作為武器

中世紀末期的帝國城市紐倫堡（1493）

初婚年齡高、再婚也不少

若要經營「家業維生」的手工業，擔任家父的店主、擔任家母的妻子缺一不可。他們繼承家業並非以直系為原則，城市法受限於最嚴格的婚生嫡出規範，不承認私生子有市民權或當店主的資格。這可說是一種對抗貴族人士把自家私生子送進城市的策略，不過卻同時讓市民難以確保自己的男性繼承人。再者，手工同業公會規約亦不認可「營業的自由」，他們透過限制店主數量來排除自由競爭，因此為了避免經營出現空窗期，寡婦往往會從工匠之中選一位有才華的來當丈夫。

低地國畫家老彼得·布魯哲爾的《農民之舞》（The Peasant Dance, 1567）

市民不論男女，在十五歲前常常會擔任別家的雇工兼受教育，雇工生活是他們生命週期的一環。店主的自家子弟通常能獲得店主考核的優待，但在當上店主前不能結婚，以致初婚年齡頗高，然後為了維持家業，再婚率也很高，妻子比丈夫年長的情形不算罕見。而到了近代早期，由於城市的產業越來越僵化，店主人數的不足導致了工匠們的抗議越來越激烈。

6-7 英法百年戰爭與聖女貞德

◆英法百年戰爭

英法百年戰爭（1339~1453）是一場源自封建繼承制度、非常有代表性的中世紀王位繼承戰爭。戰爭的起因與法蘭德斯（Flanders）羊毛生產權益、領地分封之爭密切相關，君王后妃們亦影響了戰爭的導向。例如亞奎丹的艾莉諾❶（Eleanor of Aquitaine，1122~1204）跟法國國王離婚後轉為英格蘭王后，建立了涵蓋英格蘭、法國西部、南部的「安茹帝國」（Angevin empire），形成百年戰爭的遠因；而法國王后——巴伐利亞的伊莎貝❷（Isabeau of Bavaria，約 1370~1435）也率先承認女婿（英格蘭國王）有法國王位繼承權。

◆聖女貞德（Jeanne d'Arc, 1412~1431）

貞德生於法國東北的農村，是經濟相對小康的自由農民之女。她沒有受過教育，而是從母親那裡學習傳統的女性手工藝以及聖經中的讚美詩歌。貞德十三歲時聽到「神的聲音」，十六歲時拒絕父命之下的婚姻，前往拜見效忠法國國王的貴族（1428）。貞德從該名貴族手上獲得刀劍、男性服裝後，至死為止都一直穿著男裝。1429 年，貞德解救了奧爾良，又讓王太子得以在蘭斯（Reims）加冕成為查理七世（Charles VII），同時還想再去解放巴黎。只是國王對此態度消極，還意圖向勃艮第人（Burgundian）妥協以求安定內政，主戰派的貞德遂變成國王的絆腳石。1430 年，貞德解放巴黎失敗，被英國、勃艮第聯軍俘虜，查理七世沒有支付贖金，捨棄了貞德。

◆處刑審判與復權審判

1431 年，貞德的異端審訊在當時為英格蘭統治的盧昂（Rouen）舉行。審訊的二十四個論點裡就有五個是關於她的男裝打扮。為期三個月的審判共計有六十人參與，包含主席法官——波微（Beauvais）教區主教科雄（Pierre Cauchon）等。他們為了掩蓋貞德光明坦蕩的態度，審判從中途就轉為不公開。5 月 23 日，教會在廣場上宣讀判決文書，並設置火刑臺。以火刑將燒毀肉體、無法復活為由，要求貞德簽署認罪，換取減刑為終身監禁。然而，英方使了計謀讓貞德再度穿上男裝，是以「回歸異端」的她只有被判處火刑一途（處刑審判❸）。1456 年，查理七世為了洗清被一個異端分子加冕的汙名，終於集結諸多證人，證明了貞德的清白（復權審判）。（三成）

❶亞奎丹的艾莉諾

亞奎丹的艾莉諾，是一位擁有法蘭西王國三分之一廣大領土的女性繼承人，也是中世紀歐洲最強大、最富有的女性。她於十五歲當上法國王后，在第二次十字軍東征（1147）曾跟隨國王御駕親征，惟敗北而歸。艾莉諾被法國王室以「近親通婚」為藉口強制離婚後，隨即與親屬關係更近的安茹伯爵兼諾曼第公爵亨利結婚。不久後，亨利即位成為英格蘭國王亨利二世，艾莉諾擁有的法國領地跟著變成英格蘭領地，形成了英法百年戰爭的遠因。

❷ 查理七世的母親伊莎貝與姊姊凱瑟琳（Catherine of Valois）

伊莎貝出身名門，曾祖父是神聖羅馬皇帝、父親是巴伐利亞公爵、母親為米蘭公爵之女。她十四歲時嫁給法國國王查理六世（Charles VI），兩人育有十二個孩子。1393 年前後，查理六世開始出現精神異常，查理之弟便與勃艮第公爵聯合插手政治。到《特魯瓦條約》（Treaty of Troyes, 1420）甚至規定，伊莎貝之女凱瑟琳（1401~1437）與英格蘭國王亨利五世成婚，並且承認亨利五世擁有法國王位繼承權。此約等同法國否認了自家王太子查理的嫡出正當性，於是查理失去所有封號，只能在外流亡。可是亨利五世才從巴黎凱旋歸來，1422 年就過世了。後來凱瑟琳與身為王室親信的下級貴族歐文·都鐸（Owen Tudor）再婚，讓他們的長男升為上級貴族，再跟和蘭卡斯特（Lancaster）家有淵源的公主結婚，獲得了王位繼承權。凱瑟琳的孫子亨利即為都鐸王朝（1485~1603）始祖。

❸ 【史料】貞德判處死刑之「最終判決」

「奉主之名，阿門。異端之危險毒害時常糾纏附著於教會的成員，使其變為惡魔的代理人，故須審慎以對，加以監控，避免這危險毒害的可憎污染，蔓延到基督神秘身體的其他部位⋯⋯因此⋯⋯我等⋯⋯根據已確定無誤之判決，宣告汝，俗稱『少女』貞德，犯下分裂教派、偶像崇拜、召喚惡魔等諸多惡行，陷於各種錯誤及罪惡之中。」（高山編譯：341 頁以下）

【解說】直到近代，貞德都被不同立場的人們所利用：教會稱頌貞德的虔誠，將其納入聖徒之列（1920）；另一方面，法國共和主義者則強調貞德是下層階級出身的愛國者；納粹統治時期，維琪法國政權又把貞德定位成跟英軍戰鬥的勇者，而地下抗德勢力則視貞德為對抗強權的抗爭者。

艾莉諾與法國
國王的婚禮

伊莎貝的墓碑雕像

法庭紀錄中所描繪的貞德
（1429）

禁止異性裝扮

在中世紀歐洲，教會是禁止異性裝扮的，其根據來自舊約聖經之文句：「婦女不可穿男子的服裝；男子也不可穿婦人的衣服；因為這樣作的人，都是耶和華，你的神厭惡的」〈申命記 22-5〉。中世紀教會法也有規定：「倘若有一個女子自己主動決定穿著男裝，藉以模仿男子外表，她就應該遭受詛咒。」中世紀流傳最廣的書籍《黃金傳說》（1260 年代）裡，共記錄有六位穿著男裝在修道院修行成聖的女性故事。女性透過男裝來否定自身女性本質、進入信仰生活，其實與以男性為主的宗教生活並無太大矛盾。像貞德聽見「神的聲音」且穿著男裝，不管是對她本人、還是周遭人們，就比較不會顯得那麼奇怪，這也意味著貞德絕非以女性身分行動。由於異性裝扮本身就觸犯了教會法，而貞德經過身體檢查後卻證實是處女，不適用女巫之罪（與惡魔交媾），看來是法官們苦惱不知如何判貞德之罪，所以把過於嚴苛的男裝罪責套用在她身上。

◆將女性排除在外的大學及學識

大學是中世紀歐洲身分制社會的產物，然而，學識的發展成為超越身分制度的契機。大學的成立類似於中世紀城市的「同業公會」（英語：guild；德語：Zunft），是一種被賦予「自由與自治」特權保障的互助團體。此外，法學博士學位僅能授予單獨一代的貴族，就算身為農奴也有機會獲得獎學金去進修神學、進而擔任神職人員。儘管如此，女性還是都被上述可能性排除在外。雖然存在例外，但事實上女性直至西元 1900 年前後，都被大學拒之門外，學識幾乎由男性所獨占。從中世紀到近代早期，大學的共通語言均為拉丁文，構築出一個跨越國家、民族的男性知識分子社會。這個機制等於是在學術及相關專職上，排除了不懂拉丁文的男性、以及絕大多數的女性。而作為大學主要教材的亞里斯多德著作，也被拿來當作讓家父長制合理化的理論。

◆女性知識分子的活躍

其實女性也可以是創造文化的主體，只是這些歷史常常被忽視而已。像中世紀就有一些女性鼓勵他人使用拉丁文或自己國家語言寫作，比如先是法國王后、後來當上英格蘭王后的亞奎丹的艾莉諾，她就曾經下令保護吟遊詩人，促進了宮廷文化繁榮發展；生於法國、十二世紀後半活躍於英國的詩人瑪麗・德・法蘭西（Marie de France，生卒年不詳）也翻譯過拉丁文學。不過，她們都不是職業作家。

◆「女性論戰」

在 1399 至 1403 年期間，法國宮廷與巴黎大學掀起了關於「女性尊嚴」的大型論戰，即「玫瑰傳奇論戰」，別名「女性論戰」。爭論的問題點在於《玫瑰傳奇》（*Roman de la Rose*）第二部有明顯的「厭女」內容❶。當時有人對《玫瑰傳奇》作者——詩人尚・德・蒙（Jean de Meung，約 1240~1305）及其擁護者們公然提出異議，那就是克莉絲汀・德・皮桑（Christine de Pizan，約 1365~1430），她因此被譽為「捍衛女性名譽、女性權利的勇敢辯護者」❷。克莉絲汀是歐洲第一位女性職業作家，通曉拉丁文、義大利文、法文，在法國宮廷甚是活躍。由於她向法國王妃巴伐利亞的伊莎貝獻上了「《玫瑰傳奇》相關書信」，使得論戰公諸於世。縱然這場論戰最後不分勝負，仍讓克莉絲汀以其才智揚名歐洲。她最後的詩作為《貞德頌》（*Le Ditié de Jehanne d'Arc*，1429）。（三成）

❶【史料】《玫瑰傳奇》

「所謂的女人，她們欠缺足夠的智慧、沒有一顆堅定的心、既不真誠、人性方面又不成熟，所以不管男人再怎麼辛苦，再怎麼覺得已經牢牢抓住她們的心，也不能就此安心……話雖如此，我並不是在說那些以美德作為行動準則的優秀婦女。可是當我試著再三搜索，竟沒有遇過任何一位這樣的女子。」（筑摩文庫（上），2007：410 頁）

【解說】《玫瑰傳奇》是在十四世紀蔚為流行的虛構文學，一共有兩部。第一部為 1245 年前後由紀歐姆‧德‧洛里（Guillaume de Lorris）所作，是典型的宮廷愛情敘事詩，而尚‧德‧蒙所執筆的第二部（十三世紀末）則是用批判宮廷社會的觀點，輕視女性，把她們視為性的工具。克莉絲汀從 1399 年寫作《給愛神的書信》（*Épître au dieu d'amours*）開始，至離世為止的三十年間，一直在用她的筆為「女性尊嚴」而戰。

❷【史料】克莉絲汀‧德‧皮桑

（1）「……從世界建立以來的古代歷史、到猶太人的歷史、亞述人的歷史，還有國家統治的各種原則，都令我著迷……隨著我花在研究上的時間越多，我的理解就越深……於是我更加增長了我的知識。」（霍普金斯《克莉絲汀的夢想》：247、249 頁）

（2）（國王秘書官員兼公證人皮耶‧科爾（Pierre Col）對克莉絲汀的批判）「噢，真是愚蠢又傲慢！不過是一個女人不經思量就脫口而出的話語！這女人所譴責的男人，他可是擁有卓越的智慧、淵博的學識，付出巨大努力、下定純然決心，才能讓如此高貴的書籍問世！」（穆扎雷利：43 頁）

【解說】克莉絲汀‧德‧皮桑（義大利名為 Christina da Pizzano），出生於威尼斯。其父親本為波隆那大學（University of Bologna）的天文學教授，在克莉絲汀四歲時受到法國宮廷招聘，擔任天文學家兼御醫。當時克莉絲汀從父親那裡接受到幾近完整的教育。她十五歲時結婚，對象是一位兼任法國國王秘書及公證人的貴族，夫婦之間育有三個孩子，可惜二十五歲時父親與丈夫相繼過世。這份苦難造就了克莉絲汀的獨立自主，她懷抱著對丈夫的愛，並未再婚，還為了守住丈夫遺產挺過數場法庭訴訟，後來建立自己的書齋，從王家圖書館借閱書籍進行自學。克莉絲汀的寫作活動從詩文、散文轉向評論，她是一位職業作家，也提出過政治上的改革主張。王后伊莎貝甚至想要收集克莉絲汀所有的作品。

閱讀中的克莉絲汀‧德‧皮桑
（1410~1414）

彼得‧阿伯拉與哀綠綺思

彼得‧阿伯拉（Peter Abelard，1079~1142）乃是中世紀的法國邏輯學家兼神學家，在巴黎大學教授神學、哲學而盛名遠播。在爭論「共相」（universal）到底是實際存在、還是僅為名目的「共相之爭」中，阿伯拉支持後者「唯名論」（nominalism）且使之集大成，奠下後世「士林哲學」（scholasticism）的基礎。哀綠綺思（Héloïse d'Argenteuil，1101~1164）為巴黎聖母院參議團會員之姪女，以其美貌與學識而出名。阿伯拉擔任哀綠綺思的家庭教師時，兩人陷入熱戀，女方還懷孕生下一個兒子。哀綠綺思的叔父對此十分憤怒，阿伯拉遂提出和解方案，兩人秘密結婚。然而，阿伯拉為了保護哀綠綺思免於叔父的暴力威脅，把她送去修道院後，卻招來叔父報復強將阿伯拉閹割的暴力行為，使他一起進入了修道院。接著哀綠綺思便也成為修女，二人死後同墓合葬。

◆醫療與女性

擁有正規執照的男性醫師會留下醫學書籍，而產婆等沒有執照的基層醫療職業都是靠經驗傳承，沒有留下什麼紀錄，所以歷史上很難看到女性在醫療領域的活動情形。根據近年多方面的調查，我們終於能在醫療領域上看見女性的貢獻。在某些少數留存的書籍中，也讓以往總被忽略的女性醫療活動逐漸明朗化。而使這些事實得以被發現、普及的其中一個契機，正是莫贊斯（Mozans）所著的科學史文獻——《科學史上的女性》（*Woman in science*）❶。

◆義大利沙勒諾（Salerno）的醫學校

其實整個中世紀的治療行為都脫不了女性之手，尤其在義大利南部的沙勒諾（位於那不勒斯南方約五十公里處）。因為沙勒諾是知名的溫泉療養處所，早在西元 1000 年前後就開設了醫學校，接納包括希臘人、猶太人、阿拉伯人等不同國家及宗教的學生。相對於後來成立且不接受女性的巴黎大學、牛津大學，沙勒諾不論教授陣容或者學生，均是有男有女。中世紀沙勒諾醫學校黃金時期的代表人物為康士坦丁諾斯·亞非康納斯（Constantinus Africanus，1017-1087），他留下了諸多醫學著作。然而在十一世紀、比康士坦丁諾斯活躍時期稍早時，沙勒諾醫學校最著名的應是女醫托洛都拉（Trotula）❷，只是一直到近年為止，醫學史上都還沒有充分認識這個事實。

◆女子修道院為女性之學問場域

今天的人們將大學視為一個基本的學問場域，可是大學在創立之初卻沒有對女性敞開大門（義大利除外），所以對女性而言，十二至十五世紀大學之興盛，反而導致她們喪失教育機會。因此可以說大學的歷史，即等同女性被剝奪教育機會的歷史。在這樣的背景下，修道院便發揮了一定的功能。例如萊茵河畔賓根的本篤會女子修道院長——聖賀德佳（St. Hildegard von Bingen，1098~1179）❸，這位女性活躍於十二世紀、以她無與倫比的博學多識享有盛名。而在女性未被學問拒之門外的義大利，女性除了當學生、更可進入教授陣容，像波隆那大學十三世紀時就有講授法律的貝蒂西亞·戈札迪尼（Bettisia Gozzadini）、十四世紀還有講授教會法的諾維拉·丹德雷亞（Novella d'Andrea）。（小川）

❶莫贊斯

《科學史上的女性》一書的作者「H. J. 莫贊斯」乃是筆名，本人是名為約翰·奧古斯汀·扎姆（John Augustine Zahm）的天主教神父。值得注意的是，早在 1913 年，就有男性在美國發表了這樣的著作，但是，莫贊斯的作品要在科學史上獲得應有的評價，還得等待後續瑪格麗特·艾利克（Margaret Alic）《女扮男裝的科學家們》（1986）與隆達·施賓格（Londa Schiebinger）《消失在科學史上的女性們》（1992）這些著作。

❷女醫托洛都拉

托洛都拉·迪·魯傑羅（Trotula di Ruggiero），儘管其生平細節不明，然現在已確知她是一位實際存在的人物。托洛都拉生於沙勒諾的貴族「迪·魯傑羅」一門，受過高等教育且積極從事醫生工作。她與醫生喬凡尼·普拉提亞利歐（Giovanni Plateario）成婚，活躍於整個十一世紀。托洛都拉的著作以《婦女疾患論》、《藥物調配法》最為出名，十二至十三世紀時，市面上常有她手稿抄本流通，但有不少被當成丈夫的作品。

❸聖賀德佳及其科學著作

賓根的聖賀德佳的成就橫跨諸多領域，即便有些部分尚未查明，但是光從她的醫學著書、以藥草為中心博物學書籍來評價，她已可在十二世紀站上第一治療師之位。聖賀德佳以「神視」（Vision）經驗的著述聞名，卻也有好幾部科學著作，身為作曲家、畫家的作品均受到高度讚賞。一般認為聖賀德佳所有作品中最「科學」的，就是 1533 年發行的《自然學》。這本書是她於十二世紀中葉累積的博物學成果，裡面除了記載將近三百種草木、樹木，還有魚類、鳥類、爬蟲類、四足動物、礦物、金屬等。而《天主的化工》（*Liber Divinorum Operum*，1170）一書則揭示她的神視宇宙論：「聖經記述了神的話語、而自然萬物則是神的創作」，呈現出她受亞里斯多德思想影響的宇宙觀及物質觀。而《疾病的起因與治療》（*Causae et Curae*，現存唯一的十三世紀抄本）則詳細描述了四種體液跟健康的關係。

女醫托洛都拉

受到神之啟示的聖賀德佳與
書記佛馬（Volmar）

學術、醫療的擁護者

我們現在還可以看到，十五世紀有一些地位崇高女性創設學院、醫院的案例。譬如創立都鐸王朝的亨利七世，其生母瑪格麗特·波佛（Margaret Beaufort，1443~1509）就曾捐款給位於劍橋首座慈善醫院腹地上的基督學院（Christ's College，1506 年擴建）、聖約翰學院（Saint John's College，創建於 1511 年），又在倫敦的西敏（Westminster）開設私立醫院，還曾親自照料病人。哥倫布知名的贊助者——西班牙伊莎貝拉一世（1452~1516）亦於聖地牙哥（Santiago de Chile）開設醫院，並且資助沙拉曼卡大學（University of Salamanca）的女性教授碧翠絲·加林多（Beatriz Galindo，1473~1535）。

6-10 東西交流網絡的形成

◆地中海世界的變遷

西羅馬帝國滅亡以後，地中海世界在政治上與經濟上的整體性，便以君士坦丁堡為中心延續下去，直到七世紀阿拉伯人入侵地中海世界後才開始產生了變化。八世紀時，伊斯蘭教徒取代基督教徒統治了地中海世界，造成東方世界與西歐之間的貿易衰退。然而也有其他說法主張，伊斯蘭文化統治地中海是促成西歐中世紀能夠成立的重要原因之一（皮朗命題［Pirenne thesis］）。再者，羅馬教宗反對聖像破壞政策而與拜占庭皇帝產生對立，逐漸從君士坦丁堡獨立出來，使得拜占庭帝國的孤立情況又更趨明顯。拜占庭皇帝利奧四世過世後，皇后伊琳娜攝政，試圖強化跟法蘭克王國的親密關係。伊琳娜於798年廢黜兒子君士坦丁六世，自己登基稱帝，而一般認為查理曼（在位期間768~814）是在800年加冕後隨即向女皇提出聯姻。雖然這個提案未能成真，但伊琳娜卻旋即在802年的宮廷政變被推翻了。在「教宗為查理曼加冕」這個等同宣告中世紀歐洲世界誕生的大事之後，發生這樣的宮廷政變，或許是源於伊琳娜有什麼遠大圖謀也不一定。

◆君士坦丁堡與國際性商業活動

歐洲世界並未因為伊斯蘭勢力而與地中海世界隔絕，君士坦丁堡一直是基督教世界最大的城市兼市場，許多威尼斯貿易商、阿拉伯商人等都在此地持續進行商業活動。威尼斯人非常傾慕拜占庭文化，有些威尼斯貴族會尋求拜占庭貴族女性聯姻，以深化彼此的關係。其中一位嫁給威尼斯有力貴族的拜占庭公主瑪麗亞・阿爾格羅波利納（Maria Argyropoulina），她使用的黃金餐叉還改變了西歐的用餐習慣——在此之前，西歐人可都是用手抓食物來吃的。在君士坦丁堡這個商業據點，奴隸、鹽、木材等貿易都相當繁盛，只是拜

拜占庭與伊斯蘭世界的文化交流

在拜占庭，讀書寫字能力是很受到推崇的，首都君士坦丁堡也提供了最高度的教育。任何一位有才能的男子，都可以在這裡接受最高度的教育。他們透過古希臘文教材來學習修辭學、邏輯學，規劃哲學、數學等教育課程，也包括基督教教義及神學。至八世紀以後，他們又加深了對天文學、占星術領域的興趣，基督教徒修士——埃德薩的狄奧菲洛（Theophilus of Edessa）在擔任馬赫迪（Al-Mahdi 在位期間775~785）的宮廷占星師時，曾把許多古典希臘文作品翻譯成敘利亞文、阿拉伯文。像君士坦丁堡這樣的國際型大都市，不只有地中海全域的人在此活動，俄羅斯、斯堪地那維亞、盎格魯・撒克遜的人們也都會來訪，還有很多伊斯蘭商人停留本地。拜占庭皇帝阿歷克塞一世的皇后伊琳娜曾規劃整頓首都建設，包含免費餐廳、療養院、以及為病死君士坦丁堡的異鄉人設立公共墓地等，有效促進了人流的遷移與交流。（櫻井）

占庭菁英階層好像覺得商業行為不適合他們這些自由人，比起投資經濟活動，他們更偏好投資土地或行政官職。相傳拜占庭皇帝狄奧菲洛還曾經把皇后狄奧多拉參與經營的商船貨物全部燒毀。從這個事件，我們可以看到在輕賤商業的傳統價值觀裡頭，浮現出狄奧多拉的自由形象。（櫻井）

◆東南亞的「外來國王」

跨海交流的推手，不外是討海人、商人、軍人、外交使節、宗教人士等各式各樣的人們。有東南亞最古老國家之一盛名的「扶南」，其建國者混填就是一個外國人，他用向神明求賜的弓箭降服當地女王柳葉、就此成功稱王的傳說，在《梁書》和一些中國史料均有記載。《梁書》又記載，在「頓遜國」一帶（馬來半島的丹那沙林〔Tenasserim〕）有眾多婆羅門遷來居住，當地土著君王將女兒許配給他們。這個模式亦曾出現在古代南印度的「印度化」過程中，所以也有不少論述把混填視為印度出身的婆羅門。儘管我們不清楚混填到底是一位實際存在的外來國王，還是虛構人物，但這個外來血統跟土著血統結合的命題，或許反映了國家形成的本質。（桃木）

位於今天柬埔寨的施亞努市，古扶南國的女王紹瑪（Queen Soma）與君主僑陳如一世（Kaundinya I）像，一般認為這他們即是《梁書》記載的柳葉與混填

示巴女王與抹大拉的馬利亞

在舊約聖經中，記有一段示巴女王（Queen of Sheba）受到所羅門王名聲吸引，從示巴造訪耶路撒冷的故事。示巴這個國家位在哪裡？女王究竟是誰？歷史上並沒有可確切的資料可以作為證明。可是如果我們從性別觀點來看就很有意思了——這位示巴女王一方面被後世尊奉為衣索比亞的建國始祖，另一方面卻因為中世紀的猶太人不贊同女性與男性平起平坐，把她貶低成像是壞女人、女巫的典型。恰巧的是，新約聖經裡目睹耶穌死而復生的抹大拉的馬利亞（Mary of Magdala），她在埃及被尊為耶穌最喜愛、也是最傑出的門徒，在中世紀歐洲的天主社會卻被貶成「罪孽深重的女人」，可說是一樣的模式。從這兩個案例，我們隱約可以看到故事傳承隨著歷史變化而遭到修改的詭異之處，以及把女性使徒排除於權力構造之外的男性中心性別秩序。以上相關的詳細內容，示巴女王事蹟可追溯自衣索比亞古文著作《諸王榮耀》（Kebra Nagast），抹大拉馬利亞事蹟則可追溯於十九世紀埃及沙漠陵墓出土的科普特文（Coptic）版外典抄本《抹大拉馬利亞福音》。（富永）

6-11 專題討論⑥ 基督教與「性」

◆「性」（sexuality）的壓抑

西方的家庭法、性規範均深受基督教影響，其特徵包含：①性壓抑、②性原罪論、③厭女。「性壓抑」與「棄絕肉慾」這兩項「西方史基礎大事」，乃是起源於二世紀末羅馬皇帝馬可・奧理略（Marcus Aurelius）的時代。禁欲主義的滲透以及對「自我壓抑」的美化，導致性關係、夫婦關係產生重大變化。歐洲人從此否定古代地中海世界原本允許的少年愛，而性行為僅限夫妻之間的觀念也漸漸強化。基督教為這種變化提供了意識型態的基礎，更確立了異性戀主義。不過基督教教會並非完全避談「性」，甚至可說剛好相反，教會正是為了避談「性」這回事，所以鉅細靡遺訂下了各種禁忌，對「性」進行強制的干涉。

◆原罪論之變化

教父制度、修道院制度的建立，大幅轉換了人們對身體的觀念。古代地中海世界對裸體的讚美、或在希臘悲劇裡對人類情感的肯定，從此變得消聲匿跡，而這種變化的關鍵在於「原罪的性轉換為罪行的

雨果・凡・德古斯（Hugo van der Goes）的《人類的墮落》
(*The Fall of Man*, 1467~1468)

性」。中世紀的人們認為原罪會透過生殖行為傳達到下一代。六世紀後半制訂「七宗罪」（傲慢、嫉妒、憤怒、怠惰、貪婪、暴食、色慾（淫邪））後，食慾和性慾等這些與身體本性（本能）相關的行為、或者激烈的人類情感（嫉妒、憤怒），都被貶抑成「大罪」。

◆夏娃與瑪莉亞

從「性」的原罪論，又衍生出所謂「女性在性方面就是罪孽深重」的「厭女」（misogyny）思想。女性形象的原點為夏娃。在聖經〈創世紀〉中描寫女人（夏娃）係從男人身上誕生，抵抗不了蛇的誘惑而違背了上帝，又再去誘惑男人❶。因此中世紀的教父、高階神職人員，便以夏娃的形象積極宣揚女性的「罪孽深重」❷。「蛇」被當成惡魔的化身，描繪成女性的形象。由於他們相信女性在性方面更有貪慾、又容易被惡魔蠱惑，結果就是釀成了近代早期的女巫迫害行為。反之，瑪莉亞的處女本質（卒世童貞、無染原罪）遂成為基督教教會的中心教義思想。啟蒙運動末期（十八世紀後半），社會輿論的主流轉變為認同「美好的女性氣質」（純潔、貞淑、順從、柔弱），並且除了認為女性應在「本性上」遠離「性」，同時也確立了「男性＝公、理性、主動；女性＝私、感性、被動」的公私二元論。（三成）

❶【史料】聖經中的性別形象

（1）〈創世記〉

①於是，神照著自己的形象創造人……他所創造的有男有女。

②耶和華神吩咐那人說：「園中各樣樹上的果子，你都可以吃。只是那知善惡樹的果子，你不可吃。因為你吃的時候，你必要死。」耶和華神說：「那人獨居不好，我要為他造個和他相配的幫手。」

③然後，耶和華神用從那人身上所取的肋骨，造了一個女人，帶她到那人面前。那人說：「這是我骨中的骨，肉中的肉。她當稱為女人，因她是從男人身上取出來的。」

④蛇對女人說：「你們決不會死」……於是，女人見那棵樹的果子好作食物，又悅人的眼目，而且討人喜愛，能使人有智慧，就摘下果子來吃了，又給了和她在一起的丈夫，他也吃了。

（2）〈馬太福音〉

①〔處女懷胎〕：「大衛的子孫約瑟，只管放膽把你的妻子馬利亞迎娶過來，因為她懷的孕是從聖靈來的」……「看哪！必有童女懷孕生子。」

②〔禁止離婚〕他（耶穌）回答：「造物者從起初造人的時候，就造男造女……因此人要離開父母，與妻子連合，二人成為一體」……「所以神所配合的，人不可分開。」

❷【史料】教父們的厭女言論

（1）三世紀最重要的教父戴爾都良（Tertullian）：「汝（女人）可知自己亦為夏娃？上帝對這個性別的判決依然有效，是以汝之罪惡尚在。汝為通往惡魔之入口，汝從一開始便屈服於惡魔在樹下的引誘，背棄了上帝的法規。」（《女性的歷史 II ①》45 頁）

（2）十二世紀土勒（Toul）大主教希爾德伯（Hildebert）：「女人是貪婪的火焰，是終極的荒唐，更是親近的敵人，她們會學習、教導各種可能有害的事物。女人還是卑賤集合之所在、生來就是為了背叛，當她們犯下罪行，還會自以為是成功。當女人把一切都燒毀於罪惡之中，女人也會被所有的男人燒毀。亦即女人把男人當做獵物之時，自身也會成為男人的獵物。」

聖母瑪莉亞

天主教教會與瑪莉亞相關之教義有四條：「天主之母」、「卒世童貞」、「無染原罪」、「聖母升天」。在新約聖經裡面，跟瑪莉亞有關的記述幾乎只有處女懷胎而已。二世紀之後的《新約外典》才有寫到瑪莉亞的生平，四世紀時「卒世童貞」瑪莉亞進而變成那些過著禁欲生活的修士、以及處女們的典範。西元 431 年，在位於今天土耳其西岸的艾費蘇斯（Ephesus）召開的宗教會議中，瑪莉亞正式被封為「聖母」。瑪莉亞信仰盛行於十一至十二世紀，算是天主教會的傳教策略之一。因為基督教本質為父性宗教，很難打動原本信仰日耳曼傳統大地之母的農民，故而借用了大地之母的形象，將聖母瑪麗亞應用於傳教之上。

亞洲諸文明的成熟期

十三世紀時，歐亞大陸上出現了蒙古帝國，促使各地之間的交流越發活潑。蒙古帝國滅亡後，亞洲各地區興起的政權醞釀出各自的文化，建立繁榮帝國，然後又發展了各有特色的性別秩序。

◆東亞──儒教社會的性別規範

東亞在蒙古帝國滅亡後，中國相繼成立了明、清王朝，朝鮮半島上有李氏朝鮮王朝興起，日本則是在鎌倉、室町幕府後歷經戰國時代、成立了江戶幕府。這些地區意識型態上均以朱子學為正統，朱子學強調「男女有別」及隔離女性，重視女性的貞節，相關規範之推行方法因地而異。

明清時代的中國是一個基本上沒有身分制度、自由且高度流動的社會，人們為了要從嚴峻的競爭中生存下來，便發展出父系親族集團的宗族。在這個背景下，尊奉朱子學的族規成為居家女性的生活規範，纏足也盛行了起來。女性在家裡不僅要操持家務、養兒育女，還要努力投入紡織工作，才能支持這項引領世界的商品經濟發展。於是在作為紡織業經濟中心的江南，就出現了一些能享受高度文化及物質文明、有能力自己作詩著書的女性。十七世紀時，朝鮮社會家族型態產生劃時代的大變動，父系制度的傳入造成女性家庭地位大幅下滑。而日本則是於鎌倉時代即將結束之時，社會各階層建立了家父長制的家族形式。江戶時代幕府奉朱子學為正統，並發行女訓書籍。比之中國的女訓，日本女性的確同樣處於劣勢，不過原本「夫婦有別」的儒教規範，到日本已變形為「夫婦相和」這種宣導夫妻和睦相處的內容，因此日本社會從未嚴格實施男女隔離，而是期待夫妻擔任家庭核心，同心協力去維持一個「家」。日本農民們生活在以小型農業為主的村落共同體內，很多地方都有男子趁夜晚潛入女性住處求愛的「夜訪」習俗，換句話說，未婚女性或寡婦的「性」是由村落共同體的青年男子集團（若者宿）來管理，其性別秩序形式依據地區、階層有很大的差異。越南的儒教式父系親族集團相當普遍，東南亞則保留了一些非父系制度的基層文化，而接納伊斯蘭教的島嶼地帶亦同。

◆伊斯蘭社會

伊斯蘭教已於東南亞、南亞、西亞、非洲等廣大地區廣為流傳。印度從十三世紀後開始出現伊斯蘭政權，十六世紀時建立蒙兀兒帝國。然而基層印度教文化依舊存在，比如印度戰士種姓的拉吉普特人（Rajput），一旦族人戰敗，女性便會集體自殺以維護名譽。而在西亞一帶，興起於小亞細亞的鄂圖曼土耳其帝國，在十五世紀中葉時消滅拜占庭帝國，統治巴爾幹半島、北非，領土橫跨歐亞非三大陸，是為伊斯蘭世界的中心。

鄂圖曼帝國的伊斯蘭法雖然保障女性擁有一定的權利，但同時也對她們的行為有所規範，例如女性必須避開親族以外的男性視線。

◆女性隔離與男性權力

亞洲各國原則上僅限男性參與政治，女性不可作為皇帝、君王、或是官僚，只有極少數情況能讓女性行使政治的影響力，那就是身為君王之母、皇太后。而這種限制正是建立在儒教、伊斯蘭教的女性隔離等性別規範之上。

◆女性身體管理與名譽

我們可以看到中國、印度、伊斯蘭文化圈等社會在此時期的特色，就是非常重視女性貞節，將之視為家族、全族的名譽象徵。他們普遍看不起丈夫死後再婚的女性，甚至有些地方出現對女性極度苛刻的習俗，譬如印度的「娑提」（寡婦殉死）、或是某些伊斯蘭文化圈所謂的「名譽殺人」等等。這些社會總是依據性別來分隔生活空間、結合纏足、面紗、割禮等習慣，原因在於他們把女性身體與「性」方面的管理，當成是所屬家族階級、名譽之重要象徵。（小濱）

亞洲各地區的「傳統社會」（十三至十八世紀）

1206 年	蒙古：成吉思汗即位
十三世紀初	蒙古：唆魯禾帖尼與拖雷成婚
1236 年	印：德里蘇丹國拉齊婭蘇丹即位（~1240）
1271 年	蒙古建立大元
1292 年	馬可 波羅與闊闊真一同從泉州出發
1299 年	鄂圖曼土耳其帝國建國
1338 年	日本：室町幕府成立
1351 年	泰國：阿育他亞（Ayutthaya）王朝建立
1368 年	明建國
1370 年	帖木兒王朝建立
1392	李成桂建立朝鮮李氏王朝
十五世紀中葉	朝鮮：開始編纂《三綱行實圖》
1453 年	鄂圖曼軍隊攻陷君士坦丁堡，拜占庭帝國滅亡
1501 年	伊朗：薩非王朝建立
1504 年	朝鮮：書畫家申師任堂出生（~1551）
1520 年	蘇萊曼一世（Suleiman I）即位，鄂圖曼帝國進入鼎盛期
1526 年	印：蒙兀兒帝國建國
1540~1550 年前後	明：女醫談允賢活躍時期
1592~1593、1597~1598 年	壬辰 丁酉倭亂（豐臣秀吉出兵朝鮮）
十六世紀末～十七世紀初	《牡丹亭》之流行，育嬰堂出現
1603 年	日本：江戶幕府成立
1640 年前後	蒙兀兒帝國努爾 賈汗的政治活躍時期
1644 年	明滅亡。清統治中國，施行「薙髮令」強制剃頭留辮
1683 年	清：開始統治臺灣
十七世紀年	印：古爾巴丹‧貝努‧貝岡撰寫《胡馬雍之書》
十七世紀後半	朝鮮：諺文故事《九雲夢》成書
1739 年	朝鮮：濟州島實業家金萬德出生（~1812）
1796 年	伊朗：卡扎爾王朝（Qajar dynasty）建立
十八世紀後半	朝鮮：以《春香傳》為主的盤索里大受歡迎

7-2 蒙古帝國的皇后與 成吉思汗家族的婚姻戰略

◆蒙古遊牧社會上的女性角色

蒙古傳統遊牧社會的男女角色相當明確，十三世紀魯不魯乞（William of Rubruck）向法國國王報告的《東遊記》裡就提到，蒙古在勞動方面有著明確的男女分工❶。由於遊牧社會的人們不斷遷移、使家人容易暴露於危險之中，所以他們更希望男性能發揮強大領導能力，遊牧民族的文化也普遍以男性優先。十二至十三世紀，蒙古正處於父系親族集團形成的時代，而「母親」對蒙古人來說又是一個特殊存在，女性作為母親具有強大影響力。其象徵性人物即成吉思汗的母親訶額侖，例如《元朝秘史》就描述父親死後由母親扶養長大的成吉思汗，即便他已位居大汗，母親仍會出面勸阻兄弟爭鬥的情景。

◆蒙古帝國皇后與聶斯脫利（Nestonious）派基督教

蒙古帝國成立以前，蒙古高原的乃蠻王國、克烈王國皆信仰聶斯脫利派基督教，而成吉思汗信奉的蒙古族傳統宗教為薩滿信仰。成吉思汗么子拖雷之妻——出身克烈的唆魯禾帖尼，是一位很有熱忱的基督教徒，也因為她的關係，讓基督教得以在蒙古帝國內推廣。基督教對於他們的兒子蒙哥（第四代大汗）、旭烈兀（伊兒汗國建國者）影響尤深：蒙哥其中一位皇后同為基督教徒，宮廷亦有聶斯脫利派修士活動。旭烈兀同樣娶了克烈族出身的基督教徒脫古思可敦封為第一皇后，她曾經在伊朗建立許多教會，以便盡力保護伊兒汗國

的基督教徒❷。

◆成吉思汗家族的婚姻策略

在中央歐亞大陸的歷史上，遊牧民族的王室通常都會跟特定家族結為姻親，蒙古帝國的成吉思汗家族即以弘吉剌、瓦剌兩族為聯姻對象。他們彼此互相通婚，成吉思汗家族的男子從聯姻家族裡挑選女子立為皇后，然後該族的女子也嫁給聯姻家族的男人。像成吉思汗正是從弘吉剌族娶了妻子孛兒帖冊封第一皇后，他們的女兒禿滿倫再嫁給孛兒帖的姪兒赤古。對成吉思汗家族的男子而言，妻子親族如同堅強的夥伴，一旦族內發生激烈的帝位爭奪戰，妻子的親族就可加入戰局支援。例如元朝第一任皇帝忽必烈爭奪帝位時，其妻出身的弘吉剌族便是他的同盟，瓦剌族則支持他的弟弟阿里不哥。（宇野）

❶魯不魯乞《東遊記》

「女人的工作是拉車，把居住的帳棚放到車上、再拿下來，為母牛擠奶、製作奶油及「硬乾酪」（qurut）、揉皮、用動物筋腱做的線來縫合皮革。她們把動物的筋腱分成細線、搓成長線，然後拿來縫製鞋襪和其他衣服……男人則製作弓箭、馬鐙、馬轡（口銜、韁繩）、馬鞍、以及居住帳棚跟車子，照料馬匹、替母馬擠奶後自行攪拌馬奶來做「馬奶酒」，並且製作裝酒的皮袋，另外還要照顧駱駝讓牠們載運物品。綿羊、山羊交由男女雙方一起照顧，有時是男人擠奶，有時換成女人。他們會在發

酵變濃稠的羊奶裡加鹽，好用來揉皮。」
（《世界史史料4》：69頁）

❷宮廷裡的皇后們

　　蒙古帝國大汗、伊兒汗國之汗皆有眾多
皇后及妃子。第一皇后與大汗並列坐在王
座上，其他皇后位於王座左方，頭上都戴
著名為「姑姑冠」的帽冠。

成吉思汗及其皇后孛兒帖，
創作於十六世紀晚期的蒙兀兒帝國時代

出處：右圖，Diez-Alben, fol. 70, S.
10；左圖，Diez-Alben, fol. 70, S.5，收
藏於 Orientabteilung, Staatsbibliothek
zu Berlin–Preußischer Kulturbesitz，
©bpk /Staatsbibliothekzu Berlin /
Dietmar Katz / distributed by AMF。

馬可・波羅

　　據《馬可波羅遊記》記載，當馬可・波羅一家準備
從中國走海路返回威尼斯時，元朝皇帝忽必烈把一位
名叫闊闊真的十七歲少女託付給他們，請他們在回程
途中讓闊闊真一起搭船，送去今日的伊朗一帶。

　　這是因為伊兒汗國的阿魯渾汗其中一位皇后過世，
阿魯渾希望後繼者為皇后同族女子，請求忽必烈幫他
找尋候選人。於是馬可・波羅便帶著闊闊真從泉州一
起出發，他們行經蘇門答臘島、印度洋至伊朗靠岸，
正要前往伊兒汗國首都桃里寺（位於今天伊朗的大不
里士）之際，關鍵人物阿魯渾卻死去了。也就是說，
闊闊真這段從中國出發、耗時兩年以上的長途旅行變成白跑一趟，不過她後來還是嫁給了阿魯渾
的長子合贊。兩年後合贊當上伊兒汗國的第七任君主，闊闊真遂成為皇后之一。

馬可・波羅東方旅行形成圖（回程）

7-3 明清中國的性別秩序

◆女性的勞動

華北一帶因纏足已明顯普及化，女性極少積極從事戶外勞動工作，不過根據地區或時期不同，她們還是會做一些農務。而從漢代以來皇后所舉辦的「親桑」儀式，就能得知是採桑、養蠶、抽絲、紡織的主責在於女性，這些工作對經濟的貢獻著實不小❶。除了養蠶紡織，「針線活」同為女性的重要工作，庶民階層需要懂得裁製、修補衣裳，上流階層則要求精通刺繡及手工藝，所以他們都很早就開始教導女兒針線。也只有女性，才會在七夕進行祈求針線手藝靈巧的「乞巧」儀式。

◆溺女與育嬰堂

中國歷史上廣泛可見殺子的情形。宋代「生子不舉」等語句所用的「子」字，尚且包含男孩和女孩；至明代末年以降，殺子的普遍說法竟已變成專指殺害女孩的「溺女」一語❷。這是因為以父系繼承為原則的傳統中國家族觀念裡，認為女孩既不能繼承家業，作為農村勞動力又輸給男孩，以致很多女孩遭到殺害。縱使地方官員訂有相關禁令，效果依然有限。其中一項降低「溺女」行為的對策，就是設立保護、養育嬰兒的設施「育嬰堂」。只是育嬰堂所僱用的乳母得一個人照顧好幾個小孩，還要同時養育自己親生跟育嬰堂的小孩，造成育嬰堂的嬰兒死亡率很高。此外，女孩就算平安長大，也可能送去當別人的童養媳（領養來當兒子未來媳婦的女兒）或婢女（下女）而被虐待。

◆貞節與寡婦

在明清時代，丈夫或未婚夫死後長期維持單身的女性（節婦、貞女）、以及犧牲生命守護貞操的女性（烈婦、烈女），將會受到表揚。宋代固然有程頤「餓死事小，失節事大」的著名言論，社會上對於寡婦再婚倒是尚稱寬容。朝廷表揚善行人士的措施始於漢代，重視節婦烈女乃是元代以後之事，至明清時代這類表揚數量更顯著增加。女性若受此表揚，其家中可獲得免除徭役之權、建立紀念牌坊的銀錢等❸。可是社會在讚賞寡婦維持單身的同時，卻有不少家庭看上聘金而強逼寡婦再婚，故而清代設有專門收容不願再婚寡婦的設施（清節堂）、或對貧困寡婦施予經濟支持的團體（恤嫠會）。（五味）

❶紡織

有關女性從事養蠶、抽絲、紡織的圖畫數量相當多，右圖可從竹子做成的紡織機械上，看到南方女性的樣貌。（孫伯醇、

村松一彌編《清俗紀聞》，平凡社，1996）

❷清末版畫《點石齋畫報》中的「溺女」

此圖描繪企圖溺死嬰兒的產婆、與正要出手阻止的孩子們（圖❷左）。並非只有貧窮家庭才會溺女來減少人口，有些地方的人們很在意結婚費用支出，就算家庭富裕也可能做出同樣的事。根據《點石齋畫

報》報導，據說有一位母親曾經殺過四個女兒，後來便遭到報應產下了蛇，還被蛇咬（圖❷右），顯示人們認為溺女乃是有違人倫、會受因果報應的壞事。（《點石齋畫報 大可堂版》上海畫報，2001）

❸牌坊

右方照片中的牌坊，係表揚二十八歲成為寡婦、守節四十六年的黃氏所建，上方寫著「節孝」二字。明清時代表揚這類女性時，會賞賜三十兩銀子作為設立牌坊之用，然而有些人家卻把銀子拿去別處使用。因此從清代中期開始，又多加了要在節孝祠內供奉牌位的規定。

寡婦再婚

女性在丈夫死去後，可有三種選擇：在夫家持續守節、離開夫家返回娘家、再婚。法律規定倘若寡婦自己想要守節，除了她的祖父母、父母，其他人都不可以強制要求她再婚。只是現實上寡婦可能會被丈夫的父母、或自家兄弟親戚逼迫再婚，因而造成不少糾紛甚至自殺事件。

◆女性與醫療

古代中國所謂「三姑六婆」，通常是指與宗教、醫療、生產、販售、仲介等相關的職業婦女，如佛道教尼姑、產婆、藥商、媒人、仲介商等等，她們總是被士大夫（科舉官僚的讀書人階層）批評為亂象製造者，卻是女性生活不可或缺之存在❶。宋代的「婦科」及其下「產科」已確立為獨立的醫療領域，醫師們會去關注女性特有的病因。明代女醫談允賢（1461~1554）指出，月經時操勞過渡、懷孕時營養不足、產後不好好休養，都是女性疾病的原因❷。只是女醫人數不足，女子生產之際大多還是請產婆協助。

◆女子教育

士大夫家庭普遍都有對女兒施行教育，原因在於女性將來會當上母親、是自己孩子的第一位教育者，可為男孩早早打下科舉的基礎。官僚家庭聘用女性教師教導女子讀書，再讓她們學習繪畫、詩文等，這種狀況再當時並不少見❸。受過高等教育的女性們會自己組成詩社、出版詩集、或作為男性詩人的弟子。清代《國朝詩人徵略》收有多達一千二百位女性詩人的傳記。另外，針對女性的道德教育書（女訓類書籍）也相當普及，例如西漢劉向的《列女傳》、東漢班昭的《女誡》、唐代宋若莘與宋若昭姊妹的《女論語》、明代呂坤的《閨範》、明代仁孝文皇后的《內訓》、明代劉氏的《女範捷錄》等等，這些都是講述女性作為女兒、妻子、媳婦、母親應有樣貌的代表作❹。

◆才子佳人

在明清時代的中國，婚姻是由兩個家族決定，不太重視男女之間的感情。然而到了明末，觀念上開始肯定人與生俱來的心性（也就是「情」），於是打破媒妁之言、父母之命，與自己的嚮往對象結婚的才子佳人小說，便獲得了廣大的迴響。故事內容大多是有才能的男子遇上才色兼備的女子，透過交換詩詞來確認彼此的意願，然後克服各種困難結為連理。代表作可說是湯顯祖（1550~1616）的戲曲《牡丹亭》，敘述死去女子與活人男子的戀愛故事，這般跨越生死的感情描寫，在當時廣受人們喜愛❺。（五味）

❶《金瓶梅》中的「三姑六婆」

相傳成書於明末前後的白話小說（以口語寫成的小說）《金瓶梅》，裡面就有尼姑、產婆、施咒作法的女人（師婆）、性仲介的女人（牙婆）擔任重要的角色。男主角西門慶家境富裕，其實應該可以聘請男性醫師，但女性通常會委託女性醫療人士。（圖中央即為西門慶介紹納妾的牙婆）

❷ ❸ ❺

❷產婦

中國很重視產後坐月子的休養。上圖是產婦安坐床上，身上蓋著布，兩側疊有棉被。（中川忠英著，孫伯醇、村松一彌編《清俗紀聞》，平凡社，1966）

❸女性所繪之畫作

女性的主要作畫題材為昆蟲、鳥類、花草等。（關西中國女性史研究會編《中國女性史研究入門（增補改訂版）：婦女的昔與今》人文書院，2014）

❹【史料】《女論語》的「立身」之道

「凡為女子，先學立身，立身之法，惟務清貞。清則身潔，貞則身榮。行莫回頭，

語莫掀唇。坐莫動膝，立莫搖裙。喜莫大笑，怒莫高聲。內外各處，男女異群。莫窺外壁，莫出外庭。男非眷屬，莫與通名。女非善淑，莫與相親。立身端正，方可為人。」（山崎：114~115頁）

❺《牡丹亭》呈現的才子佳人

明代有許多描寫男女情愛的戲曲，其中《牡丹亭》更是細膩地描寫了女性情感。（田中謙二編《中國古典文學大系53：戲曲集〔下〕》平凡社，1971）

◆朱子學之融入社會

李成桂以尊奉朱子學政治理念的新興官僚階層為朝政基礎，開啟了李氏朝鮮王朝（成立於 1392）。雖然朝鮮就此引進了儒教重視男系的家族制度，但在祭祀、財產方面，大多還是遵行舊有男女平分繼承、或「男歸女家」的婿養子制度。而為了確立儒教倫理，朝鮮曾於十五世紀中葉時發行諺文版本的《內訓》、《三綱行實圖》。又曾禁止女性多次再婚、進而禁止男女再婚，違反者之子孫將會被剝奪科舉資格。這其實是反向告訴我們，其實他們女性的地位、力量都不小。只要家中出了烈女，朝廷便會就其身分給予特殊恩賞，是以壬辰倭亂（豐臣秀吉攻打朝鮮）發生時，據說出現的烈女比忠臣還多❶。

◆迎親婚與嫡長子繼承

十六世紀時，朝鮮人結婚已採用折衷型嫁娶婚（迎親婚），但父母雙系的親族觀念及習慣仍然根深蒂固。直到日本發動侵略戰爭，才大大改變了朝鮮社會。十七世紀時，朝鮮為恢復戰爭造成的傷害，即以父系系譜的血緣集團為中心，重組社會支配體制，確立了「男女有別」的儒教文化❷。原本的男女平分繼承轉為長子優先繼承，對庶子的差別待遇更加嚴重，而分開夫婦姓氏，也被解釋成是女性社會地位低落之故。

◆諺文與女性文化

十八世紀朝鮮稅制改革把納貢、徭役改成徵收米、棉布，一些在紡織工作、商業上活躍的女性遂受到矚目❸。比如金萬德這位經營濟州島特產獲得成功的女性實業家，她曾經捐贈大量金錢救濟飢荒，以其社會貢獻名留青史。這種社會變化催生出對性別歧視規範的批判，譬如產生《烈女咸陽朴氏傳》這類出自兩班貴族筆下、批判社會單方面禁止、壓抑女性再婚的文學作品，或者默許假裝用搶婚來規避再婚的方式。除此之外，「諺文」也對女性意識轉變頗有貢獻。「諺文」為十五世紀中葉時、朝鮮世宗大王為教化人民所創制的文字，由於相較於漢字更加容易學習好，因而受到女性、兒童的喜愛。道德修身之書——《九雲夢》、《春香傳》❹等故事，家庭百科全書《閨閣叢書》等皆用諺文寫成，女性讀者眾多。十九世紀更出現諺文版聖經，促成東學黨「人乃天」思想（人並非居於天之下，而是等同於天）的形成；該思想抓住了為身分、性別差異所苦的民心，促使朝鮮王朝社會根基開始逐漸鬆動。（宋）

❶《三綱行實圖》

本書乃是選錄中國及朝鮮的忠臣、孝子、烈女典範，加以圖解的修身之書。《續三綱行實圖》、《烈女傳》曾多次再版廣為流傳，影響甚至擴及日本。右圖所繪為丈夫死後、欲追隨其於地下而絕食的邊氏。

此外，朝鮮「烈女」一詞的意思，更是從「好好侍奉丈夫」，變成指稱「即便往後遭逢災禍，亦重視貞操勝過性命，丈夫死後則守節不再嫁的女性」。

❷申師任堂（1504~1551）

朝鮮兩大儒者其中一人——李珥的母親。申師任堂生在雙系親族觀念還很強烈的時代，所以結婚後長期住在娘家、在此養育兒女。她的書畫都相當優秀，留有許多傑作。申師任堂可能曾是一位令丈夫生畏的妻子，不過後世稱她為賢妻良母之典範，更於 2009 年成為韓元五萬紙鈔上的肖像。附帶一提，韓元五千紙鈔的肖像正是她兒子李珥。

再者，「男女有別」乃家庭倫理的實踐德目之一，意指夫與妻的活動領域有所不同，非屬「男女不平等」，而是源自夫妻應有明確職責分工的想法。

❸申潤福「走向魚市之路」

畫作以年輕女子的正面、配上年長女子的背影，描繪了庶民女性的生活。北部朝鮮、濟州島的女性尤其積極從事商業等戶外經濟活動。

❹《九雲夢》與《春香傳》

十七世紀後半時，朝鮮名門出身的金萬重用諺文為母親寫了《九雲夢》這個故事。描述某一僧侶邂逅八位仙女後便為俗世所誘惑，接著與八位仙女一同落入人間。九人轉生後雖在俗世享樂不盡，最後依然倍感空虛而受佛門點化，其內容可視為對當時尊崇儒教體制的批判。

《春香傳》在十八世紀後半以「盤索里」（Pansori，盛行於朝鮮與中國東北的單人歌唱劇）傳唱，是一部廣受眾人喜愛的作品。這個跨越兩班、妓生身分的愛情故事版本眾多，從強調儒教講究的貞節、到男女情愛的深度描寫，內容充滿了多樣性。值得注意的是，越是後世的版本，春香的出身就越是提高。

◆女性的地位

在鄂圖曼帝國，按照伊斯蘭法規定，女性的行動規範限制要比男性來得嚴格。男性有權擁有多名妻子、女奴，離婚的發起權握在丈夫手中、妻子很難主動提出等等，結婚制度整體而言對男性比較有利。不過女性還是有受到一定的權利保障，例如結婚時妻子可從丈夫那邊得到預付的結婚資金（聘金）、以及後付的結婚資金（離婚慰問金），然後雙方會就支付方式及額度來簽訂契約。再者，他們也承認女性的財產權，妻子透過繼承等方式所獲得的財產或結婚資金，均屬她自身所有。伊斯蘭法庭同樣可為女性開放，女性針對結婚契約、親權、繼承等問題，向丈夫、前夫、兄弟及父親提起訴訟的情形並不算少見。

◆日常生活

伊斯蘭社會的普遍特色，就是男女在社會生活上有明確的分隔空間。鄂圖曼帝國為了讓女性隔離於男性視線之外，住宅設有女性專用的居所「後宮」（harem），還規定女性外出時須以面紗遮住面容、穿著隱藏身體線條的服裝。「harem」在土耳其語的意思即「禁制場所」，大家所知道的宮廷「後宮」，其實原本是一種隔離女性的制度。「女性隔離」亦為身分地位之象徵，尤以富裕的菁英階層最是嚴格實行。他們並非把女性關在家裡，只要女性嚴實地戴好面紗，依然可以拜訪親戚、參拜聖人寺廟、到浴場洗浴、去市集（Bazaar）購物等，享受外出的樂趣❶。而貧窮女性則

十八世紀鄂圖曼宮廷畫家勒弗尼（Abdulcelil Levni）所繪之舞孃

可在家庭之外從事農業、紡紗、行商、助產、理髮等服務富家女性的經濟活動。她們操持農務時無須戴上嚴密的面紗，服裝規定較為寬鬆。

◆鄂圖曼宮廷的後宮

若想擁有多位妻子、女奴，經濟實力可是必備條件，因此只有富裕菁英階層才養得起大型後宮。其中規模最大的當屬鄂圖曼宮廷，裡面聚集許多像戰俘等奴隸身分的女子。在階級架構上，後宮以太后為尊，其次是生下蘇丹兒女的妃嬪。太后等年長女性會教育年輕的女性，再將優秀者納為蘇丹妃子。太后、妃嬪們身負面對歐洲王室的外交工作，又是蘇丹的日常接觸者，往往具有很大的政治影響力❷。（村上）

❶女性的服裝

基本上會在褲子、長袖罩衫上套一件短袖長擺外套，再繫上腰帶，依季節可能多

披一件長袍，外出時會在外層多加面紗。

❷ 安格爾（Jean Auguste Dominique Ingres）《宮女和奴僕》（Odalisque with a Slave）（1840）

作品名稱中的「Odalisque」一字為法文，語源來自土耳其文的「Odalık」，所繪為後宮之女奴和妃子。畫作題材乃是安格爾、德拉克洛瓦（Eugène Delacroix）等法國畫家喜歡採用的典型東方主義。這幅作品誇張地描繪了宮女的豐滿肉體、煽情的姿勢，還有水煙管、香爐等裝飾品，醞釀出一股慵懶、享樂、性愛的氣氛，反映出歐洲人對東方世界的想像。

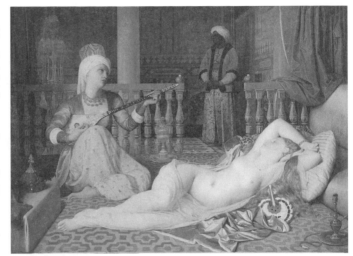

西方對後宮的看法

拿破崙遠征埃及（1798）促使法國為首的歐洲各國對中近東（指從歐洲角度所見的東方世界，包含中東、北非一帶）提高關注，衍出許多東方主義（東方異國情調）的文學、藝術作品。跟歐洲相比，中近東地區被形容成落後、被動、停滯、非理性且色慾的，歐洲人創造出這種東方形象，好用來確立自己的優越性。鄂圖曼帝國的後宮以其規模與神秘性質，吸引了歐洲人的注意力，他們所描繪的後宮是一個秘密居所，裡面住有一群令人意亂情迷、春情蕩漾的女性，在此沉溺於性事歡愛。

◆虔敬派（Bhakti）運動與女性詩人

在六至七世紀的南印度出現了一些宗教詩人，他們以詩歌形式表達對特定神祇的皈依崇敬（bhakti），並且從十二至十三世紀起，開始傳播到印度各地。虔敬派詩人之中，除了賤民（dalit）等低種姓出身者，也包含了女性。如讚頌黑天（Krishna）信仰的安達爾（Andal），便是十二位聖人（坦米爾［Tamil］毗濕奴派的宗教詩人）裡唯一的女性。儘管虔敬派女性詩人的生涯並沒有納進傳說的既定網絡內，但像十二世紀初期相傳捨棄衣服的阿卡·馬哈黛瓦（Akka Mahadevi）這類女性，其生活樣態就可能受到社會規範批判❶。我們可以看出，相較於男性虔敬派詩人，女性難以兼顧婚姻生活及信仰、她們的身體表現更為直接、且無法形成教派團體（sect）。

◆伊斯蘭政權與女性

十三世紀時，伊斯蘭以德里為中心建立政權之後，能夠作為例外在政治舞臺上留名的女性，就屬德里蘇丹國第三代蘇丹長女、後來即位為蘇丹的拉齊婭（Razia Sultana，在位期間 1236~1240），還有和第四代蒙兀兒皇帝賈漢吉爾（Jahangir）結婚的努爾·賈汗（Nur Jahan，1577~1645）這兩位知名人物了。眾所皆知，蒙兀兒宮廷裡皇帝的母親、姊妹，乳母都曾發揮不小的影響力。如蒙兀兒帝國創立者巴卑爾（Babur）之女古爾巴丹·貝努·貝岡（Gulbadan Banu Begum，1523~1603），她被姪兒阿克巴（Akbar）聘請來撰寫以第二代皇帝胡馬雍（Humayun）時代為中心的編年史——《胡馬雍之書》，是認識該時代的重要史料。另一方面，在阿克巴宮廷女性所舉辦自 1578 起為期三年半的麥加朝觀中，古爾巴丹亦擔任核心角色。

◆拉吉普特的婦女們

《拉加斯坦編年史與故事》（*Annals and Antiquities of Rajasthan*，1829~1832）一書的作者詹姆士·陶德（James Tod），曾使用高度文學性的筆法描寫拉吉普特婦女之人生：「無論處於人生哪一個階段，她們的生命都在等待死亡。破曉時死於鴉片、成熟時死於火焰，其間安全繫於戰爭之情勢」。「死於鴉片」指他們生下女孩就立刻殺害的習慣，「死於火焰」則意謂娑提殉死。當戰爭失敗之際，敗者一方堡壘內的婦女們（可能包含無法戰鬥的男性）就會集體自焚殉身（Jauhar）❷拉吉普特人憑藉氏族關係組成，於八至十二世紀期間在北印度爭奪霸權，不時與伊斯蘭政權有所衝突。在如此情況下，拉吉普特人特別強調尚武精神，而其婦女透過娑提殉死、集體自焚殉身來作為「名譽」、「勇氣」的證明。

（粟屋）

❶ 卡來卡‧安邁亞（Karaikkal Ammaiyar）

為坦米爾的聖者（Nayanars，濕婆派宗教詩人）之一。根據推測，她活躍的時代約為六世紀下半葉。相傳卡來卡‧安邁亞曾經結過婚，卻被畏懼她超人力量的丈夫拋棄，因此她向濕婆神祈求賜予醜陋惡鬼樣貌，以便全心投入信仰。

❷ 契托（Chitor）王后帕德米妮（Rani Padmini）的集體自焚殉身

一般認為此事件發生於契托王國軍隊敗給德里蘇丹王朝阿拉烏德丁‧卡爾吉（Alauddin Khalji，在位期間 1296~1316）軍隊之時（1303 年？），然則從同時代的史料無法確定。或者可說，十六世紀中葉以後，此事件以各種形貌記載於文學作品中，故而被定調當成史實。有不少拉吉普特婦女都把帕德米妮視為「貞婦」（pativrata）代表。

拉吉普特出身的虔敬派詩人米拉拜

米拉拜（Mirabai）是一位在全印度廣受歡迎的虔敬派詩人。據說她所生長的時代可能是十五至十六世紀。其作品現存抄本極少，現在一般認為許多原本以為出自她手的作品，恐怕都是別人借她的名字所寫。米拉拜生於拉吉普特王室，也理所當然地嫁給同樣出身高貴的王室之人，可是她卻為了貫徹對黑天神的信仰與熱愛，遭到親族迫害只能離開夫家，想必這般人生觸動了眾多人們的心弦。有關米拉拜之傳說，其實都不符合「為一位丈夫奉獻一生」的「貞婦」理想。而相傳她奉恰馬爾（Chamar）低種性的拉維達斯（Ravidas）為師一事，讓她在賤民之間亦博得高度好評。

◆纏足的普及

相傳纏足始於五代（十世紀）的朝廷官妓，然實際起源尚無定論。纏足在宋代是一部份妓女和上流階層女性的習慣，至明代時廣泛盛行於上層階層的女性之間。由於纏足的女性很難從事農業勞動，所以纏足也被當成是一種富裕階層的證明。在某些生產絲綢等紡織商品的地區，其女性可在家庭內部專注於這類工作，使得纏足更加普及。穿上美麗纏足弓鞋的腳，即象徵中國女性的貞潔賢淑、堅忍不拔與勤勞不懈❶。

◆留頭、還是留髮——清朝的中國統治與「中華文明精粹」

清朝的滿洲人統治中國以後，對漢人強加滿洲髮辮習俗，作為漢人臣服的佐證，漢人男性遂面臨「留頭還是留髮」的兩難困境❷。另一方面，滿洲人沒有纏足的習慣，故而禁止女性纏足。不過當時女性並不會讓丈夫以外的男性看到腳，沒辦法檢查纏足，於是那些對清朝統治陽奉陰違的士大夫們，就在自己紮起髮辮的背後，讓女性在家中纏足，以保持漢人的尊嚴，更讚揚纏足婦女乃是「中華文明精粹」，以致清末的滿洲上流階層婦女同樣出現了纏足者。

◆纏足是文明、還是野蠻？

在清末西方列強對中國處於軍事優勢的背景下，那些曾到訪中國的西方女性傳教者、女性旅客，都把纏足視為「落後國家可悲的野蠻風俗」，主張女性應從纏足中解放。而想要改革中國、解救亡國危機的中國男性知識分子同樣贊成這個主張，遂發起了反纏足運動，1897 年於上海成立「不纏足會」。如此一來，纏足所代表的意義就從「中華文明精粹」，轉換成落後中國的象徵了❸。

◆強制「放足」

進入二十世紀後，出現一些想就讀近代新式學校而自行「放足」、解開纏足積極活動的女性。1920 年代更產生打著女性解放旗號的國民革命，一旦發現纏足婦女，就會強制去解除她們的纏足。只是那些經過長期施壓的小腳已經無法復原，從上而來的強制性纏足解放，反倒帶給纏足婦女巨大的身心痛苦。二十世紀前半，「良家婦女皆纏足」的舊規範與「纏足為落後中國象徵」的新規範，處於僵持不下的狀態。然而不管是哪一種，只要是強行推動的規範，對於身體被加工施壓的女性來說都無法避免一番苦痛。（小濱）

❶穿上纏足弓鞋的女性

所謂纏足女性的時尚，就是只讓別人稍微窺見美麗纏足弓鞋的鞋尖，使其目光聚焦此處。（圖❶左）能夠製作刺繡美麗弓鞋（圖❶右）、以及擁有小巧的腳，都是良家婦女的必備條件。

❷紮起髮辮的男性

在清朝征服中國之初，漢族的男性總是迴避髮辮這回事，但沒多久後該造型便

成定調。當髮辮變成人們理所當然的認知後，「剪去髮辮」行為之出現竟引起「剪辮會讓魂魄被偷走」的恐慌。至辛亥革命後，髮辮又成為革命的對象，從魯迅的《阿Q正傳》裡即可看到剪斷髮辮才符合適合新時代潮流的情景。

❸反纏足運動

二十世紀初宣傳反纏足運動時用的版畫，標題為「小腳一雙，眼淚一缸」。纏足是趁女孩年幼時就把腳緊緊纏住，纏到整個脫臼變形才算完成。通常母親為了讓女兒求得好姻緣，不管女兒再怎麼哭叫，照樣會強行替她纏足。本圖中的男性正對著一位替女兒纏足的女性宣導纏足之惡。我們也可以看到，這個構圖顯示已快速轉換近代價值觀的男性，正要引導無知蒙昧的女性邁向近代化。（《圖畫日報》375號）

纏足的終止

1949年中華人民共和國成立之後，在全國農村展開了廢止纏足的宣傳行動，終於讓纏足消失於二十世紀後半。毛澤東在施行社會主義改造之際，曾經鼓勵群眾不可「像一個小腳女人東搖西擺的走路」一樣緩慢，而是應該急速推動改革。傳統中國所尊敬的年長纏足婦女，就此變成了封建的代表。

近代歐洲的成立

◆從擴張走向危機

歐洲近代早期（近世）的變化走向為：「擴張」（十六世紀）→「危機」（十七世紀）→「成長」（十八世紀）。而歐洲的「擴張」其實是透過侵略（屠殺）、殖民、通商、傳教、探險等各種方式推進，其與異文化的接觸更促進了人權思想之形成。只是就像洛克的「社會契約論」是以家父長制作為契約主體，而此時的女性並未被納入其中。接下來的「十七世紀的危機」，同時也是「科學革命」的時代。由於當時進入小冰河期，氣候變得寒冷，導致瘟疫蔓延、遍地歉收、人口停滯成長。加上接連發生戰爭，人們飽受重稅所苦，因此常常發生動亂、農民暴動，甚至達到女巫審判的高峰期。在動亂中尋求人類理性的自然法則理念來取代神之所在，以及相信人類可以透過發展科學技術來控制自然，這兩件事可說互為表裡關係。最後，其實在歌頌人性的文藝復興時期，在藝術、科學領域均有許多活躍的女性，可惜大多都已被遺忘了。

◆政治與女性

歐洲近代早期女性參與政治的程度，因其身分、地區有所不同。越是自治性格強烈的共和制度的城市國家，在政治上越排斥女性（例如瑞士各州、德意志帝國自由市等）。反之，在權力倚賴血統繼承，非以選舉、提名決定的王國，女性反而能夠登上王位。尤其在絕對專制王政下，只要朝廷越講求要由直系繼承王位，誕生女王的機會就越高。如英格蘭、蘇格蘭、西班牙、瑞典，皆在沒有直系男子繼承時改由女王即位（十八世紀的俄國、奧地利亦同）。雖然法國依據十四世紀的古老部族法典《薩利克法》，向來把女性排除在王位繼承者之外，但王太后（攝政）、王后、情婦等女性都有一定的政治發言權。

不管在哪一個宮廷，女性的角色都很重要，她們都可參與政治對話。然而參加政治的女性往往會讓男性知識分子心生警戒，所以女王、攝政太后總是費盡心思打造自己的形象。像伊莉莎白一世（Elizabeth I，在位期間 1558~1603）就扮演與聖母瑪麗亞形象重合的「童貞女王」，成功地塑造了自身形象；反之，積極仿效古代羅馬女神、扮演「母親」形象的攝政太后凱薩琳‧德‧麥地奇（Catherine de Medici，1519~1589 年）卻被指控成一個堪比「暴政贊助者」的女巫，讓她在政治、文化方面的功績都被這個惡名給掩蓋了。

凱薩琳、法王亨利二世
與他們的孩子

◆ 「家」

「家」是近代早期歐洲生活秩序的中心。無論生活、勞動、居住,都跟「家」連成一體。農民、公民的「家」會被納入城市或村落之共同體。家父長為共同體的正式成員,權利受到保障,對外可代表「家」、管理「家」的財產。「家」的成員包含家父長、家母、孩子、雇工(工匠、學徒)、親戚等同居人和退休老人,家父長對成員持有懲戒權力。「家」的規模不算很大,原因在於他們出生率高、死亡率高,平均壽命很低、常因無力抵抗瘟疫而死去,或者習慣把孩子送去別人家學習。此外,沒有繼承農地、沒有取得店主資格的人都不能結婚,因此初婚年齡頗高,單身男女很多。到了十八世紀末,有一些雇工開始從「家」獨立出來,這是近代家庭的開始。(三成)

西方近代早期(1500~1700)

1504 年	西班牙:女王胡安娜(又稱「瘋女胡安娜」)即位(~1555)
1517 年	宗教改革運動爆發
1523 年	德:馬丁・路德與卡塔莉娜結婚
約 1532 年	義:肖像畫家蘇菲妮絲貝・安古索拉(首位揚名國際的女性畫家)出生(~1625)
1533 年	法:凱薩琳・德・麥地奇與法國皇太子成婚
	英:國王亨利八世與西班牙公主凱薩琳離婚
1534 年	英:設立英國國教會
	耶穌會成立
1535 年	義大利安琪・梅芝(Angela Merici)設立聖吳甦樂修會(Order of St. Ursula,世界第一所女子教育修會)
1542 年	法:瑪格麗特・德・納瓦赫(Marguerite de Navarre)公爵夫人開始撰寫《七日談》(Heptameron)
	蘇格蘭:女王瑪麗一世即位(~1567)
1545~1563 年	特利騰大公會議
十六世紀中葉	法:詩人、語言學家、音樂家路易絲・拉貝(Louise Labe)開設首座沙龍
1533 年	英:女王瑪麗一世即位(~1558)
1558 年	英:伊莉莎白一世即位(~1603)
1561 年	法:太后凱薩琳・德・麥地奇於查理九世在位期間攝政(~1574)
1572 年	法:聖巴托羅繆日大屠殺(~1573)
1587 年	英:蘇格蘭女王瑪麗一世被斬首
1593 年	義:畫家阿特米西亞・真蒂萊希出生(~ 約 1653)
十七世紀前半	女巫審判達到顛峰期
1609 年	法蘭德斯:茱蒂絲・萊斯特出生(~1660)
1610 年	法:太后瑪麗・德・麥地奇於路易十三在位期間攝政(~1617)
1616 年	寶嘉康蒂受洗,拜訪英國宮廷
1632 年	瑞典:女王克莉絲汀娜即位(~1654)
1640 年	英:阿芙拉・貝恩(Aphra Behn,英國首位女性職業作家,以男性筆名出版作品)出生(~1689)
1643 年	法:太后奧地利的安妮於路易十四在位期間攝政(~1661)
1651 年	墨西哥:修女暨詩人胡安娜伊涅斯德拉克魯茲(Juana Inés de la Cruz)出生(~1695)
1661 年	法:國王路易十四開始親政(~1715)
1678 年	法:拉法葉夫人(Madame de La Fayette)發行《克萊芙王妃》(La Princesse de Cleves)
1688 年	英:光榮革命
1689 年	英:女王瑪麗二世即位(1694)

8-2 大航海時代——橫渡海洋的男性與女性

◆乘船出海的歐洲人

自古以來，亞洲海域就有來自亞洲各地的商人在此頻繁往來、進行貿易。到了十六世紀，歐洲人也加入其中，足跡更遍及亞洲、非洲各地，開啟了「大航海時代」。

◆長距離移動的性別結構

在人們離開自己所在地或共同體、往遠方移動的各種型態之中，若是為了商業、宗教、殖民、開墾等目的而移動，其行動模式一般都是由男性（特別是強壯的年輕男性）先行前往，等到工作跟生活安定下來以後，再叫女性、孩子一起過來；若是因俘虜、難民、人口買賣等目的而移動，就可能有很多女性包含在內；若是統治者之間的政治聯姻，則通常由女方進行移動。像亞洲海域上曾有占婆（Champa）、中國公主嫁入爪哇的傳說，麻六甲王國史書《馬來紀年》（Sejarah Melayu）亦有文字記載，相傳十五世紀的占婆國王曾迎娶「ra-kyu」（可能指「琉球」）公主為妻。進入大航海時代後，亞洲海域一帶又格外增加了王族以外的相關人員紀錄。例如十七世紀暹羅阿瑜陀耶王朝（Ayutthaya Dynasty）那萊王（Narai）統治時期，就有一位出身自希臘（其父為義大利人）、名叫康斯坦丁·華爾康（Constantine Phaulkon）的男子，他以語言才能受到國王青睞，擔任貿易廳的實質長官且活躍於當朝，曾立下與路易十四治下法國交換使節的功績，只是他在那萊王死後即被反法國勢力處死。華爾康的妻子、擔任王室御廚的瑪麗亞·居約馬爾·德·皮尼亞（Maria Guyomar de Pinha，泰文 Thao Thong Kip Ma），則是日本流放基督徒的女兒。

瓦斯科·達伽馬（Vasco da Gama）第二次航海（1502）

「啟瓦的婦女受到當地習俗的嚴格管控及不當對待，許多婦女逃亡到我們的船隻尋求避難，甚至提出想要成為基督徒。可是，要讓所有婦女改信基督教、把她們載回葡萄牙實在太危險了，所以主艦長決定只留下應該是處女的少女，其他都送回陸地，送回人數約有二百人……那些婦女說：「要是再被帶回去，還不如跳海選擇一死」，實際上也真的有人去跳海，不過被救了起來。

早在遣返婦女協商開始之前，男人妻子被偷走的怨言便已傳到國王跟前，於是國王發出可至此領回妻子的公告……很多丈夫過來帶走妻子，最後剩下約四十位婦女已受過基督教洗禮，丈夫拒絕帶回。她們後來被帶去印度，其中有幾位成了最早到達葡萄牙的女性。」（出自〈瓦斯科·達伽馬第二次航海（1502）〉，收錄於富永智津子、永原陽子編《探求非洲歷史新樣貌：女性、性別、女性主義》，御茶水書店，2006）

【解說】從上述文字可以看出葡萄牙人出現在東非史瓦希里（Swahili）城市——啟瓦，也在此交易被當成奴隸的當地女性。（富永）

◆當地妻子

因為鎖國政令而回不了日本的人並非只有基督教徒，荷蘭東印度公司平戶商館長柯尼利斯・范・尼言羅德（Cornelis van Nijenrode，任職期間 1623~1633）與日本人妻子生下的女兒——柯妮利雅・范・尼耶羅德（Cornelia van Nijenroode），於父親死後被帶往巴達維亞（Batavia），在那裡二度跟荷蘭人結婚（巴達維亞的日本人社會極小，應該很難與日本人結婚）。她從升任巴達維亞首席高階商務員的第一任丈夫那裡繼承了高額財產，又為財產與第二任丈夫打起激烈的法庭爭戰。

上述狀況其實和歐洲男性來到東南亞娶「當地妻子」的習慣有所關連，亦即他們會找通曉在地情形的商業夥伴、財產管理人等各種類型的女性來當妻子。根據紀錄顯示，荷蘭東印度公司員工就有在阿瑜陀耶娶孟族（Mon）女子、或在印尼蘇拉特（Surat）娶亞美尼亞（Armenia）女子作為

「當地妻子」的案例，連同商業也獲得了成功。還有知名的東南亞第一個國家——扶南國，其建國者即外來人士（或許是印度的婆羅門）混填，中國史料記載他使用神明賜予的弓箭，降服當地女王柳葉並建立國家。亞洲海域不時可見外來國王（直至近代早期都有實例）與當地首長階層的女性通婚，或許只要把「當地妻子」的概念擴充加以類比，就能理解該現象了。（桃木）

性病的傳播

由於搭乘技術革新帆船、航向大洋的人大多都是男性，他們在所到之處跟當地女性身體上的接觸，造成了某些疾病的世界性流行。譬如歐洲大陸本來沒有「梅毒」，一般認為是哥倫布一行人第一次航海時從「伊斯班尼奧拉島」（Hispaniola Island，現在的海地）帶回來的（也有其他說法）。隔年先在西班牙、巴塞隆納流行，再透過西班牙傭兵，隨著歐洲各國一起參與的義大利戰爭擴散開來，十六世紀初更於那不勒斯發生大流行，是以梅毒在歐洲又被稱為「那不勒斯病」。梅毒甚至還隨著瓦斯科・達伽馬發現的印度航線，擴散到馬來半島、中國（廣東），然後再透過日本明朝之間的貿易及倭寇活動，於十六世紀初傳到了日本。當時用來治療梅毒的水銀對身體有高度傷害，對人們來說，梅毒乃是一種令人畏懼、無法完全治癒的性病。一直到 1940 年第二次世界大戰時，抗生素盤尼西林才成為實際應用的醫藥品，然而梅毒這個疾病，卻早在大航海時代就以迅雷不及掩耳的速度環遊地球一周，搶先完成了全球化。（井野瀨）

圖為 1498 年的醫學插圖。當時認為感染梅毒的原因跟占星術有關

◆繪畫中的女性形象

在以義大利佛羅倫斯為中心、於十五世紀時開花結果的文藝復興（指古典文化的新生）之中，人們重新採用了過去被中世紀基督教文化當成異教而忽略的古希臘羅馬神話，作為藝術的主題。其中愛與美的女神「維納斯」❶（此為羅馬神話之名，希臘神話中稱作「阿芙蘿黛蒂」〔Aphrodite〕）更從視肉體為罪惡的基督教桎梏中解放出來，轉變成一個表現女性理想身體之美的主題形象。儘管維納斯繪畫表面上是在展現精神方面「天上之愛」的寓意，實際上卻帶有世俗肉身的裸體性感，正是現實女性的肖像。

◆畫家與贊助者

文藝復興文化之所以能夠蓬勃發展，很大部分是有賴於那些靠工商業或金融業致富的城市貴族、同業公會、或教會的藝術贊助者（patron）。一般來說，相對於上流階層的贊助者（買家），畫家屬於收取訂製酬金來維持生計的工匠階層，因此當時藝術作品大幅反映了買家的興趣和意向。許多像維納斯之類的女性肖像都是由男性贊助者訂購、再由男性畫家繪製。不過接下來保護藝術、訂購作品的女性贊助者逐漸浮上檯面，女性亦可扮演決定文化愛好的角色。

◆女性畫家

假如想成為一名職業畫家，首先得加入工作室，在師傅旗下累積學習經驗，等到可以獨當一面之後再加入同業公會——然則女性幾乎都沒有那些機會，除非她的父親就是畫家：例如義大利的阿特米西亞·真蒂萊希（Artemisia Gentileschi）❷一開始先在父親的工作室學習，而後留下一些以神話、聖經為題材的戲劇性繪畫傑作。其他還有繪製國王肖像的義大利畫家蘇菲妮絲貝·安古索拉（Sofonisba Anguissola，約1532~1625）、以及擅長風俗畫的茱蒂絲·萊斯特（Judith Leyster，1609~1660），只是她們長久以來皆被藝術史遺忘。在藝術以外，還有文藝復興前期的作家克莉絲汀·德·皮桑（約1365~1430），她出身於威尼斯、主要在法國宮廷活動，以詩作、散文貫徹擁護女性的立場。她的作品《婦女城》便描寫了一個由女性美德治理的烏托邦。上述例子顯示，文藝復興時期的繪畫、文章中確實存在著「表現自我的女性」。（香川）

❶波提且利（Sandro Botticelli）《維納斯的誕生》（ *The Birth of Venus* ，約 1485 ）

這幅文藝復興時期最早的等身大全裸維

納斯像，相傳是與佛羅倫斯麥地奇家族關係深厚的畫家波提且利，其受託繪製用來慶祝該家族婚禮的作品。畫中所繪愛與豐收的女神，不僅是象徵吉祥之兆的圖像，同時也保留了真實女性的身影。而模仿古希臘雕刻把雙手放在前面遮掩的「害羞維納斯」姿勢、與「橫臥維納斯」兩者均是裸女畫像的標準定型。

❷「我是藝術（家）」──阿特米西亞‧真蒂萊希（1593~ 約 1653）的自畫像

阿特米西亞出生於羅馬，為畫家奧拉奇歐‧真蒂萊希（Orazio Gentileschi）之女，她曾擔任父親助手參與工作室的製作，亦曾於 1612 年因為遭到師事的畫家強暴而站上審判法庭，最終她戰勝了那些痛苦經驗，躋身一流畫家，如今可在歐洲的美術館看到不少阿特米西亞畫作。從她把自己化為藝術擬人像的作品《自畫像作為繪畫藝術之寓言》（*Self-Portrait as the Allegory of Painting*，1630）上，就能看出她以畫家身分生活的強烈意志。

夏娃與瑪莉亞──善惡二分的女性形象

在基督教藝術中，與亞當同樣身負原罪的夏娃是低俗肉體性質的表現，反之，處女瑪莉亞則是理想的基督教聖母形象，兩者分別呈現了善惡兩種類型的女性形象。然而在文藝復興時期，他們都變成新的人類表現主題，畫家也開始把聖母畫得像是異教的女神維納斯。

左圖：馬薩喬（Masaccio）《逐出伊甸園》（*Expulsion from the Garden of Eden* 局部，1425~ 約 1427），夏娃與同樣擺出「害羞維納斯」的姿勢。

右圖：波提且利《持石榴的聖母》（*Madonna of the Pomegranate* 局部，約 1487），瑪莉亞容顏和他所畫的維納斯非常相似。

◆強化對「性」（sexuality）的管理

1517 年開始的宗教改革運動否定了中世紀的普遍主義（教皇及皇帝的統治），推動主權國家的出現。宗教改革者不問宗派，欲使宗教跟國家緊密結合，進而強化君主絕對的專制權力，同時世俗當局也取代教會來管控婚姻與性。十六世紀末以降，宗教戰爭越發激烈，絕對專制君主為了抹除社會不安，遂推動臣民（公民、農民）的規律化：禁止豪華婚禮、打壓奢侈行為，加強服裝控制，鉅細靡遺地規制共同體、家庭內部的各種事項❶。性的控管也更為強化：加入婚前性行為之罪（姦淫罪），而非自然性行為（sodomy，包括男色、人獸交）、殺嬰行為也得到加重懲罰❷。十七世紀末之後，啟蒙主義者提倡宗教應該與法律、國家分離，於是宗教（信仰）便轉向成為女性的所在領域。

◆婚姻與離婚

宗教改革大幅改變了婚姻與離婚的規則。馬丁・路德（Martin Luther）放棄神職人員的獨身主義，自己跟一位修道女子結婚❸。路德雖然尊重夫妻之愛，但認為夫妻之愛不應伴隨激烈的戀愛情感。基督新教不再把婚姻當成「聖事」之一，可允許離婚，只是不能自由離婚。法庭會參與限制離婚原因，僅限出軌行為、惡意遺棄等狀況才能離婚。另一方面又修正婚姻的雙方合意制，改成需要徵得父親同意。天主教也針對這些新教動向進行婚姻法改革，特利騰大公會議（Council of Trent，

1545~1563）即規定人們在教會舉行婚禮之前必須事先公告（宗教婚姻之成立），以消除秘密結婚。

◆宗教戰爭

同時代於法國掀起的宗教戰爭，即「胡格諾戰爭」（Huguenot Wars，1562~1598）。在宗教戰爭期間，王太后凱薩琳・德・麥地奇曾多次試圖融合新舊宗教兩派，但都宣告失敗。不知道是否為她指使，「聖巴托羅繆日大屠殺」（St. Bartholomew's Day massacre，1572~1573）有多達 1 萬名胡格諾派人士慘遭殺害。尚・布丹（Jean Bodin，1530~1596）曾於戰爭高峰期主張「君權神授說」，確立了主權論（《國家六論》，*The Six Books of the Republic*，1576）。他一方面以法學者、法官之身提倡宗教寬容，另一方面卻又指稱凱薩琳的義大利親信為女巫、是法國混亂的原因（《巫師的魔鬼術》（*On the Demon-Mania of Witches*，1580），可說是一位聲名遠播的女巫審判推手。（三成）

❶世俗當局的夫婦關係控制

在近代早期的德意志地區，「惡妻」（嘮叨訓斥丈夫的妻子）會被戴上右方這種面具，再帶到市集等場所公開示眾。刑罰主要有死刑、肉刑（斬斷肉體、鞭打等）、公開示眾、流放、勞役等。當

時「被捕入獄」意謂先行拘留等待判決，而非刑罰。當社會上每個人都擁有自由、認為自由價值非凡，「剝奪自由」才能產生作為刑罰的意義。所謂「剝奪自由」的監禁徒刑，一直要到法國大革命以後才確立，算是非常近代的刑罰。

❷【史料】薩克森選帝侯國（Electorate of Saxony）邦法（Landrecht）（1666）

「一、未婚夫妻如有婚前性行為，無論懷孕與否，其婚禮應蒙住頭部、不敲鐘而前往教會。再者，兩人均應暫時入獄，或者個別給予適當的懲罰。如果婚後才發現曾有婚前性行為之事實，也應酌情判處入獄之懲罰。

三、如與他人妻子發生肉體關係，雙方皆斬首，有婦之夫與未婚女性發生關係，男方斬首，女方則鞭打後流放。

五、已婚而通姦者，雙方皆斬首。

十、女性若遭強暴應告發犯人，否則便是犯下隱匿淫行之罪，將銬上刑具公開示眾，再處以終身流放。

十六、禁止賣淫。違反禁制者判處入獄或公開示眾，再行擊鼓流放（打鼓驅趕流放犯人之刑）。」

（柏克納：293~294 頁）

❸ 路德之妻 ── 卡塔莉娜・馮・博拉（Katharina von Bora，1499~1522）

卡塔莉娜（圖右）乃薩克森（Sachsen）貴族出身，五歲時被送去由阿姨擔任院長的女子修道院接受教育，在那裡學習了拉丁文。其後閱讀批判修道院生活的路德（圖左）著作受到感召，1523 年偕同八名修女一起逃出修道院。路德讓那些不敢返回家鄉的修女跟修士結婚，自己則娶了卡塔莉娜。1525 年兩人結婚時路德四十一歲，卡塔莉娜二十六歲。夫妻之間育有三男三女（一女早夭），卡塔莉娜負責照顧學生的起居，在背後支持著丈夫。1546 年路德過世，留下遺囑指定妻子卡塔莉娜為唯一繼承人，可是薩克森法律只限血親繼承，所以該遺囑不被認可。後來是靠著薩克森選帝侯的強力干預，卡塔莉娜才得以繼承遺產，她也從侯爵那裡得到經濟資助，晚年生活有所改善。

馬丁・路德與卡塔莉娜肖像畫，老盧卡斯・克拉納赫（Lucas Cranach the Elder）繪

近代早期德國的婚約不履行訴訟

其實教會法及世俗當局在性方面的規範，在某些情況下對女性也起到了積極的作用。未婚懷孕固然等同私通的罪證，不過只要結婚就能減刑，故可當成結婚動機，婚約不履行之訴訟也往往是女性勝訴。1671 年，德國巴伐利亞小村莊有一名二十三歲女子安娜，其與雇主家的兒子漢斯相戀以致懷孕。兩人口頭上約定要結婚，不料漢斯不守諾言，於是安娜前往奧格斯堡（Augsburg）宗教法庭提起婚約不履行之訴訟。漢斯堅稱安娜為人輕率又不檢點，然而漢斯的友人都支持安娜的主張。最後漢斯遵從判決結果：他奪走安娜清白的代價，就是要娶她，或者支付相當於嫁妝的慰問金、負擔生產時的陪產費用、孩子的贍養費等等，兩人在次年成婚，安娜生下了一個男嬰。（三成：99 頁）

◆女巫迫害

古希臘、羅馬等諸多社會都相信女巫、魔法的存在，但西方基督教社會的女巫則須具備三個獨有特徵：①女巫幾乎全都是女性；②將女巫跟異端連結在一起，並處以火刑；③女巫審判成為一種社會現象，製造了許多被害者（女巫迫害）。十五世紀以降，依據舊約聖經「不可讓行巫術的女人活著」（〈出埃及記〉）之文字，女巫變成一種「神的敵人」的概念❶。擁有藥草知識的「白女巫」、施行害人魔法的「黑女巫」被混為一談。只是民間與知識分子之間認知的女巫形象差異甚大，知識分子著重惡魔、女巫之間的契約，民間則相信女巫有各式各樣的害人魔法。儘管有些男性知識分子主張那些女巫自白可能是「歇斯底里所致」、「拷問的結果」，她們實屬冤枉，然則還是有很多人相信惡魔、女巫的真實性。自然法則學者克里斯蒂安・湯瑪西斯（Christian Thomasius）的《論巫術犯罪》（*De Crimine Magiae*，1701）針對女巫審判提出決定性的否定，認為就算真有惡魔也應為靈體狀態，不可能跟人類訂定契約（交媾），因此能與惡魔交媾的女巫也不存在。

◆女巫審判

女巫審判集中發生於十五世紀中葉至十七世紀中葉的 200 年間❷，不同宗派的審判發生頻率都差不多。在歐洲，被冠上女巫之名的犧牲者約有八至十萬人，其中有八成均是女性，尤其以社會底層的高齡女性占多數。女巫審判的過程採用「糾問主義」，審判官員光憑傳言即可逮捕嫌疑犯，又信奉「自白是證據的女王」，於非公開訊問時把犯人屈打成招，造成犧牲者一個接著一個出現。有不少女巫審判都是取決於當局的「消滅企圖」、或是其他的政治利害。

◆女性工作領域與女巫

「巫魔會」（witches' sabbath）原型來自於祈禱豐收之祭典，把日耳曼的大地母神信仰附加到女巫形象之上，爾後又衍生「牛奶女巫」、「天氣女巫」等新形象，這些形象都和女性的工作領域重疊。當時人們認為生產與財富總量是固定的，只要有人致富，就是「盜走」了別人的財富。在克服女巫審判的過程中，女性形象亦隨之一變，那些自願與惡魔訂下契約的女巫本是以夏娃為原型，某種意義上屬於「主動」的存在，反之，隨著女巫性質被排除於女性本性之外，瑪麗亞的純潔無暇就定位為女性本性了。（三成）

❶【史料】女巫審判

（1）《女巫之槌》（1487 年，被奉為「女巫審判聖經」的審判說明手冊）

比起死亡、比起惡魔，女人更加令人毛骨悚然……夏娃確實是受到惡魔誘惑才犯罪，不過誘惑亞當的卻是夏娃……女人的心就像包圍四面八方的網，潛藏著無盡的惡意……一切都根源於女人那不知饜足的肉慾。她們為了平息自己的肉慾，就會跟

以「夾手指→夾手臂、夾腳→倒吊、拉長身體」的順序拷問，在犯人招認之前會一直重複進行（圖為拉長身體的刑具）

圖上描繪了女巫集會中飛翔的女巫、用壺製作可疑食物的女巫。女巫所用道具都是女性的工作用具，格里恩（Hans Baldung Grien）繪，十六世紀

惡魔攀上關係……所以想當然爾，女人比男人容易淪為所謂的女巫異端。」（高橋義人《女巫與歐洲》，1995：177頁）

（2）《卡洛林那刑事法典》（卡爾五世刑事裁判令：1532年，神聖羅馬帝國初期第一部統一的刑事法典）

「第109條　若有人施行魔法傷害人類或他人之利益，應處以死罪而非活罪。應執行火焚刑罰……縱然使用魔法未曾造成任何人之損害，仍應視情況予以處分……應依據訴訟紀錄送審進行鑑定（注：通常送往大學法學科系，鑑定意見將會反映在判決上）」（塙浩《西洋法史研究4》，1992）

❷【史料】德國的兩場女巫審判

（1）帕本海莫審判（Pappenheimer witch trial，1600）——附圖手冊（版畫）上書寫的罪狀

「他六十歲的妻子安娜・甘佩爾（Anna Gämperl）亦是如此。她用魔法襲擊一百個嬰兒、十九名老人，使他們身負殘疾，甚至用神無法認同的方式殺害他們。她曾潛入地下倉庫八次，親手殺死一人，兩度在別人家縱火，四度引發冰雹、雷雨，還在大量牧草下毒，頻頻造成損害。

（2）班伯格（Bamberg）市長尤利烏斯（Johannes Junius）之審判（1628）——尤利烏斯的遺書

「我終究還是招認了。全部都是編造出來的……因為我只想要擺脫那些嚴刑拷打……正當爸爸我想著一切終於結束了，他們竟再度喚來拷問者，說：『把你跳舞的地點告訴我。』我答不出來，但我想起之前顧問官跟他兒子、艾爾茲等人曾經提過森林的其他地方，於是我就這麼說了。然後他們又再追問：『你跳舞時遇到了誰？』」（森島：152頁）

【解說】從女巫審判留下的訊問紀錄，我們可以瞭解到許多細節。女巫審判的被告通常會在一個月左右就被處以火刑，像瑪麗亞・霍爾（Maria Holl）審判（1598）這種時間長到超乎往常、而且被告還能被釋放的案例，實在少之又少。瑪麗亞是一位具有產婆經驗的旅館女主人，她熬過六十二次拷問，終於在被捕一年後回到自己家中。可是她並非無罪釋放，法庭為了讓她放棄報復的念頭，遂以自宅軟禁處份代替繳納二百枚金幣的保釋金。除此之外，發生在巴伐利亞的「帕本海莫女巫審判」（Pappenheimer witch trial）更是一個極度刻意的冤枉案件。窮困、居無定所，人稱「帕本海莫」（便壺清潔工）的家庭，被當成多起懸案嫌犯，父母、三個孩子最終全都被判處火刑。法庭一開始就先拷問十一歲的小兒子，逼他招認父母、哥哥們的巫術罪行，訊問手段可謂慘無人道。

8-6 伊莉莎白女王
的神話

日本教科書對應
主權國家體制的形成
本書相關章節
8-2、8-7、11-7

◆王朝更迭與女性

英法百年戰爭結束兩年後，英國失去港口城市加萊（Calais）以外的所有法國領土，成為一個名副其實的「島國」，又陷入了內戰狀態。該場內戰也就是日後的「玫瑰戰爭」（Wars of the Roses），其以爭奪王位的兩個王室家徽（紅、白玫瑰）命名，一直到繼承紅玫瑰（蘭開斯特家族[House of Lancaster]）的亨利七世（在位期間 1485~1509）與白玫瑰（約克家族[House of York]）的女兒伊莉莎白結婚，戰爭才宣告終結。接著他們的兒子亨利八世（在位期間 1509~1547）為了離婚問題，在議會成立了《國王優位法案》（又稱《至尊法案》[Acts of Supremacy]，1534），自己擔任教會領袖，從此跟羅馬教宗分道揚鑣❶

◆女王們的考驗

此一時期宗教、政治不安定的狀態，在體弱多病的愛德華六世（在位期間 1547~1553）之後，隨著女人們的王位爭奪戰而變得越加明顯。首先是背後有強勢貴族支持的亨利七世曾孫——珍‧葛雷（Lady Jane Grey），才宣告即位僅九日就被處死❷，接著繼位的亨利八世長女瑪麗一世（在位期間 1553～1558）重新恢復自己所信仰的天主教，並與西班牙國王腓力二世成婚。到了伊莉莎白一世（在位期間 1558~1603），她以《禮拜式統一令》（Act of Uniformity，1559）平息了宗教上的混亂，使政治趨於安定。儘管伊莉莎白一世在國

內外有為數眾多的結婚候選人，她卻終身未婚，她整頓了當時還是歐洲弱小國家的英格蘭，運用自身新時代的文藝復興教養魅力，作為拓展外交的武器，並且為了捍衛國家安全而持續站在最前線。

◆伊莉莎白女王神話的形成

大約同時期，宗教改革後的蘇格蘭王國奉伊莉莎白一世的表姪女瑪麗‧史都華（Mary Stuart，在位期間 1542~1567）為女王，後來她遭到罷黜，被迫把王位讓給年幼的兒子詹姆士六世（1567~1625 年為蘇格蘭國王；後加冕為英格蘭國王詹姆斯一世，1603~1625）之後，便逃亡到英國。瑪麗數度被利用來發動反對伊莉莎白的陰謀，故於 1587 年遭到處死。隔年 1588 年，英格蘭擊退西班牙無敵艦隊後，英格蘭的愛國情懷中心「伊莉莎白神話」就此成形。當時英格蘭沒有常備軍，靠的是一群發誓對女王效忠的海盜，對抗強國西班牙而守住英格蘭❸。「因為有您的愛，我才能統治王國，在王冠上加諸榮耀……能夠作為女王統治這些心懷感恩的人民，我深感欣喜」——此段 1601 年 11 月 30 日女王在下議院的演講，後世稱為「黃金演講」（Golden Speech）。（井野瀨）

❶亨利八世與他的六位妻子

亨利八世第一任妻子係出身西班牙亞拉岡王族、本為其兄未婚妻的凱薩琳（Catherine of Aragon）（上列左），其生下長女瑪麗（一世）。離婚原因來自第二任

妻子——安妮·博林（Anne Boleyn）（上列中），其生下伊莉莎白（一世），婚後三年即被處死。第三任妻子是安妮的侍女珍·西摩（Jane Seymour）（上列右），在生下愛德華六世後驟逝。第四任妻子克利夫斯的安妮（Anne of Cleves）（下列左）來自德國，結婚半年後離婚，同年再娶安妮·博林的表妹——比他小三十歲的凱薩琳·霍華德（Catherine Howard）（下列中）為第五任妻子，結果她跟安妮一樣以背叛國王之罪遭到處死。

陪伴亨利八世晚年的最後一任妻子凱薩琳·柏爾（Catherine Parr）（下列右），說服國王讓兩個女兒——瑪麗、伊莉莎白重獲王位繼承權。

❷珍·葛雷（1537~1554）

珍·葛雷的外祖母為亨利八世之妹，她在愛德華六世駕崩時同步宣告即位。在位期間為西元 1553 年 7 月 10 日至 19 日，僅有短短九天，有些歷史學家認為她算不上都鐸王朝的君主，不過現在英國王室已經正式承認這位女王了。

保羅·德拉羅什（Paul Delaroche）畫作
《珍·葛雷夫人夫人的處刑》
（The Execution of Lady Jane Grey，1833）

❸女王陛下的海盜——法蘭西斯·德瑞克爵士（Sir Francis Drake）

在伊莉莎白一世的時代，英格蘭西部德文郡（Devon）這塊土地產出許多縱橫大西洋、捍衛英格蘭的活躍海上男兒。法蘭西斯·德瑞克（1540?~1596）即以普利茅斯（Plymouth）為據點，在女王的默許下，不停打劫從新大陸返回的西班牙運銀船隊，又於 1577 年搭乘金鹿號（Golden Hind）出發環遊世界，三年後平安返回普利茅斯，讓身為出資者的女王也獲得了鉅額分紅。而後女王授與德瑞克爵士頭銜，以及他故鄉德文郡的領地。

在金鹿號上受伊莉莎白女王冊封為爵士的德瑞克。本圖出自十九世紀畫家約翰·吉爾伯特（John Gilbert）之筆，在英國廣為流傳

◆絕對專制君主

十七世紀初，法國的亨利四世（在位期間 1589~1610）允許官職買賣，使得原本僅是「貴族中第一人」的國王，轉而化身為相當於官僚制統治者的絕對專制君主。平民出身的新興貴族（法袍貴族）開始活躍於司法、行政部門。而傳統貴族（帶劍貴族）的財政基礎此時也開始動搖，一方面他們的地租收入受到價格革命（Price Revolution）而劇減，一方面又因為宗教戰爭結束而減少征戰的機會。因此傳統貴族紛紛前往宮廷，謀求帶有固定年薪收入的官職。而在國王、貴族男性之間進行斡旋的往往是女性，她們也會激烈爭奪像有年薪給付的情婦（國王寵妃），或對王后、王子頗有影響力的女官領袖等地位。

◆宮廷社會

中世紀亦有宮廷文化，不過要到路易十四（在位期間 1643~1715）的凡爾賽宮廷，才是用「極盡奢華與繁複禮儀」裝飾的文化＝大放異彩的政治空間，而成為歐洲各國宮廷的典範。凡爾賽宮內有國王、王后、王族、情婦、朝臣等 3000 餘人居住的房間。宮廷貴族男性不再追求武勇，改為角逐精緻講究的美感❶。貴婦們同樣愛美，且致力培養出色的文藝才能。國王寵信與否，左右著貴族的政治發言權，如路易十四就時常與秘密結婚對象曼特農侯爵夫人（Madame de Maintenon，1635~1719）談論政治。在這樣公私不分的狀態下，國王的一舉一動都被賦予了公眾的意義。

◆民眾文化

民眾文化與宮廷文化不同，洋溢著粗糙卻精力充沛的能量。民眾生活圈奠基於共同體（城市共同體、村落共同體）之上，共同體乃是共用一些自有規定（法律）的夥伴團體，而且會對違規者加以制裁❷。身分為生產者的公民、農民，他們生活受氣候、天候等自然因素影響甚大，因此「女巫狩獵」絕非只是上對下的屠殺，它同時呈現出民眾文化的另一面，亦即把惡劣天候、農作歉收歸咎於人類以外的力量，某些共同體甚至會全員出動來搜捕女巫。對民眾來說，祭典活動是一個掃除鬱悶、挑選配偶的好機會，意義非常重大，「大胡鬧」（charivari）活動即為其中之一。共同體內的年輕人們會拿起鍋碗瓢盆、樂器，跑去找那些不符共同體規範的「不成體統者」，在其家門前嘲弄戲耍數日，嘲弄對象包含再婚的鰥夫或寡婦、跟通婚範圍外結婚的人、通姦者、被通姦者、女強男弱的夫婦等等。（三成）

❶【史料】拉布魯耶（Jean de La Bruyère）《品格論》（*Les Caractères*，1688）對宮廷貴族男性的描寫

「他有著柔軟的手……他有著小巧的口，總是輕輕地微笑。他望著自己的小腿，打量著鏡子，自覺沒人比得上自己的美貌……他一心想讓自己看起來更美，舉手投足間滿是溫雅，盡可能地維持端莊姿態。他還會擦胭脂。」

太陽王路易十四身穿豪華毛皮、假髮、
蕾絲、緊身褲、高跟鞋的盛裝打扮

太陽王路易十四身穿豪華毛
皮、假髮、蕾絲、緊身褲、高
跟鞋的盛裝打扮

❷【史料】紐倫堡市行刑人法蘭茲・施密
特（Franz Schmidt）的日記（1580）

「1 月 26 日……多弗勒之女瑪格麗
塔……以上三人皆殺害嬰兒。多弗勒之女
在城寨庭園中生產，把剛生下的嬰兒放在
雪中，造成嬰兒在地上活活凍死……以上
三人全部判處用劍斬首之刑，還要用把砍
下來的頭用釘子釘到絞刑臺上……本來應
該判這三人溺死之刑，是因為橋樑開通才
會如此」（施密特：28 頁）

【解說】行刑人（砍頭的劊子手）雖
屬賤民階級，但其中也有一些通曉人體骨
骼，以整形外科醫生身分積極活動者。
行刑人尚須負責拷問、承包公營妓院管
理等。施密特於 1573~1615 年間共處死
三百六十一人、對三百四十五人執行斬
斷、鞭打之刑。從他的日記可看到女性以
殺嬰、通姦、墮胎、賣淫、近親亂倫、姦
淫等行為被問罪。

十六世紀的版畫，描畫了施
行於近代早期的各種刑罰

法國宮廷──攝政太后

十六至十七世紀的法國宮廷曾有三度太后攝政的情形，對政治帶來重大
影響。法國、義大利為了對抗哈布斯堡家族，讓麥地奇家族出身暨教皇姪
女的凱薩琳・德・麥地奇作為兩國綏靖安撫策略的一環，嫁給了法國國王
的次子（後來的亨利二世）。1561 年，凱薩琳於十一歲兒子登基為查理九
世（在位期間 1561~1574）時開始攝政，從此左右政治一直到她過世為止。
亨利四世的王后瑪麗・德・麥地奇（1575~1624）於兒子路易十三（在位
期間 1610~1646）八歲半登基時攝政。1610 年，瑪麗為路易十三挑選法國
世仇西班牙的公主暨神聖羅馬皇帝之妹──奧地利的安妮（1601~1666）為
妻，而路易十三滿十三歲後即讓母后瑪麗遠離政治。等安妮當上太后為兒
子路易十四攝政時，她重用樞機主教馬薩林（Cardinal Mazarin），再拆散路
易十四跟他的愛人，把姪女西班牙公主瑪麗・泰瑞莎（Maria Theresa of Spain，1638~1683）嫁給路易
十四。1661 年馬薩林一死，路易十四便立刻讓母后退出國務會議，宣布親政。其實法國大革命
期間主張由男性壟斷政治的背後原因，正是對這些女性支配政治所做的反彈。

約 1662 年的肖像畫，
左為路易十四的母后安
妮，右為安妮姪女瑪
麗・泰瑞莎，其手上抱
著王太子路易

◆西方前近代的性別差異觀念

歐洲中世紀時期，亞里斯多德、希波克拉底（Hippocrates）、加倫（Galen）等古希臘羅馬醫學經由阿拉伯輸入，至十七世紀為止都有很大的影響力。當時認為男女生殖器基本上是相同的，差別只在男性位於體外、女性位於體內。並且以此來說明為何女性的身體不像男性那麼高溫、乾燥，所以女性是「不完整的男性」，應該居於男性下位。如果有什麼契機能讓體內的性器官出來體外，女性就可能轉換成男性，只是完整的男性就沒辦法再變回女性了。此外，人們普遍相信「二種精液」的論述，認為女性子宮內也有跟男性類似的精液，只要性交時女性獲得快感，男女精液混合後就會受孕，故而在女性比男性更渴望「性」。湯瑪斯・拉克爾（Thomas Laqueur）把這種男女相似的性別差異觀念命名為「單性別模型」（one-sex model）❶。

◆雙性模型（two-sex model）的出現

隨著近代醫學的普及，十八世紀時的古老模型也有所改變，新的「雙性別模型」（two-sex model）——「男女身體從根本上就不同、男女是完全相反的兩種性別」逐漸成為主流。子宮、卵巢是男性所沒有的女性獨有器官，因此總是在那些生殖器官的控制下的女性身心，便顯得不穩定又屏弱，於是最終出現了「產婦科學」（醫師為男性）這種管理女性身體的嶄新專業領域。另外，人們開始不再認為女性的性慾比男性強，開始讚美無暇、純淨、被動才是真正的女性氣質。對男女異質性的重視亦不侷限於生殖器官，而是擴及到全身，過去同時具有男女兩性的人體骨骼圖，已被強調性別差異的版本取代❷❸。

如此強調男女異質性的理論，出現於啟蒙主義、公民革命的時代，其實就隱含有限制女性具有與男性同等權利、自由的意義。啟蒙主義所提倡的「人人平等」，實際上皆以男性公民為前提，至於女性不論階級為何，都只能被排除在外。若想合理化這些男女不平等待遇，勸服女性說她們的「天職」並非在外活動，而是待在家裡好好扮演賢妻良母，上述強調男女身體解剖學、生理學差異的雙性模型，就能作為「科學」根據派上用場了。（荻野）

❶十六世紀男女生殖器解剖圖

維薩里（Andreas Vesalius）所繪製的男女生殖器。左為男、右為女。陰莖與陰道、睪丸與卵巢的圖像相似，強調男女的相同性，認為只要把男人的性器官反過來放進體內，就會等同女人。

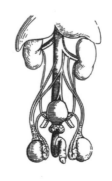

❷維薩里的骨骼圖

十五世紀前後，開始出現一些依據解剖觀察來繪製的人類骨骼圖。1543 年維薩里《論人體的構造》（*De Humani Corporis Fabrica Libri Septem*）一書所繪製的「骨骼人」，即代表男女不分、合為一體的人類骨骼。這是因為當時認為兩性差異主要在於體型及生殖器的外觀。

❸達貢維的骨骼圖

1759 年，法國的瑪麗‧傑涅弗‧夏洛特‧提霍‧達貢維（Marie Geneviève Charlotte Thiroux d'Arconville）繪製了下圖，圖中女性（圖❸右）與男性（圖❸左）相比，頭蓋骨要比實際狀況還小、骨盆較寬、肩膀和肋骨較窄，反映出當時認為女性智慧不如男性、育兒乃是天職的女性觀。

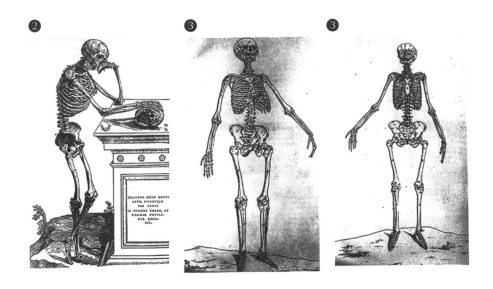

進化論的性別差異觀

進化論於十九世紀中葉登場後，促使男女差異兩極的觀念發展成更強硬的生物學決定論。達爾文認為，在進化過程中除了天擇以外，性擇同樣扮演著重要角色。自然界雄性為了爭奪雌性展開鬥爭時，不只是靠力量強壯或體型巨大，亦可用美麗的外表（例如獅子鬃毛、孔雀羽毛等）來吸引雌性。換做人類則是男性透過競爭變得更加強大，天性好鬥而利己；女性則是變得更加美麗、基於母性本能溫柔而利他，以利吸引男性。他同時主張女性所擁有的直覺等能力為低等人種共通特徵，因此女性在演化過程上落後於男性，這也就是為何藝術、學問領域天才均為男性的原因。認為男女完全互為對照的性別差異觀，受到出身於維多利亞時代中上流階層的達爾文理論影響，被當時人們視為理所當然的常識。

歐洲主權國家體制的展開

◆十八世紀——「啟蒙的時代」

啟蒙主義，乃是起於 1680 年前後、持續至十八世紀末為止的全歐洲精神運動暨社會運動，十八世紀正是一個「啟蒙的時代」。相對於文藝復興以「復興」為目標，啟蒙主義的目標則為「進步」。若引用康德（Immanuel Kant）所說之語，「啟蒙」即「人超脫於自身的未成年狀態」。當時人們會把許多事物拿來對比形成二元對立，男女自然也不例外。從 1770、1780 年代以降，「男性、理性、公領域生活／女性、感性、私領域生活」的對比論述成為主流（參照表格）。其變化正好與新興公民（官僚或專業人士）崛起為新型菁英的趨勢一致，所以這種 1770 年代開始的歐美社會秩序可以稱為「公私二元性別秩序」。然而啟蒙運動前期可不是這樣的：原本男性知識分子中有不少人提倡男女平等、肯定女性的寫作活動、社會參與等，隨著啟蒙主義從藝文領域擴展到社會改革，情況便有了改變。各方面的社會改革言論出現了「自然本質」的性別特性論點，稍後更透過報章雜誌、沙龍等啟蒙空間，變成向眾人分享的「輿論」。一個貞潔賢淑、謙恭謹慎、容易害羞的女性，將會被輿論評為「美好女性氣質」的實踐者，獲得高度肯定。原本根植於基督教傳統的厭女思想從檯面上消失，轉而把無暇、柔弱當成女性的本質。

◆建立自律的人類形象

與啟蒙主義頗為契合的自然法思想、社會契約論，早在十七世紀以後就已經建立了新的人類形象、新的社會＝國家論。只是這個不再依附神明、從身分制枷鎖解放

德國啟蒙主義與女性形象的變化

十八世紀前半的早期啟蒙主義倡導男女平等。在德國文學界譽為「教宗」的約翰·克里斯多福·高特舍德（Johann Christoph Gottsched，1700~1766）主張女性的智慧和男性沒有什麼不同，女性可在職業上獨立自主。「因為我們跟男人一樣是人……我們跟男人有相同的能力，也有能力在學問領域上做些什麼」（《理性的女性評論者》（*Die vernünftigen Tadlerinnen*），1725~1726）。事實上包含高特舍德的妻子露薏絲等，啟蒙時代前期早已出現好幾位女性作家。話雖如此，《女性百科全書（三版）》（1773）裡面的女性作家名字，竟然比初版還少。法學學者尤斯圖斯·莫瑟（Justus Möser，1720~1794），人稱「德國民俗學之父」，他的著作《愛國幻想》（*Patriotische Phantasien*，1777）最能充分展現德國女性的形象轉換。書中對能幹的女管家、廚娘、女園丁讚譽有加，否定有教養的女性形象。把女性擁有學識當作是一種「等同熱中於打扮」的荒謬流行熱潮。當時出版品有如洪水氾濫，知識階層的讀書風尚從「精讀」轉為「廣讀」，可是女性的「廣讀」仍遭人非議。取而代之的是人們開始讚賞個性柔弱又恭順謹慎的妻子、犧牲奉獻的母親等，將之奉為「美好女性氣質」，或是「公民家庭」的理想型態。這種傾向後來被歌德（Johann Wolfgang von Goethe）為首的「狂飆運動」（又稱「德國古典主義」）所繼承。

的自律人類形象，絕非適用於所有人類，而是僅限家父長的男性。家父長所擁有的「支配權」性質等同國家的「支配權」，使得家父長制支配「家」的行為合理化。此外，他們認為依附家父長的男性、女性、兒童都是欠缺理性，屬於非自律的存在，所以必須服從家父長的支配。

◆對「外」的觀點

啟蒙時期的歐洲一方面發展出「超越各國的世界主義」（cosmopolitanism），另一方面卻也確立由白人歐洲男性作為啟蒙主體，非白人、非歐洲人、非男性皆為啟蒙客體的思考方法。在十八世紀的大西洋上，就有多達八百萬的黑人奴隸被輸入到美洲。當時流行「文明化的西方／未開化的東方」的發展史觀，像「男性的西方／女性的東方」、「貞潔賢淑的西方女性／放蕩不檢點的非西方女性」等性別模型，也常被拿來利用。其實他們自古就存有這種東方主義，到啟蒙時代後期則以科學包裝後重組。比如「拿破崙遠征埃及」，就像是一個掠奪東方文化遺產放到自己國家展示、鑑賞，以展現西方優越性的行動。（三成）

啟蒙時期建立的性別角色規範

	男性	女性
角色	公領域生活	私領域生活
行動模式	能動	被動
特質	理性	感性
美德	威嚴	純潔、美、羞恥心

十八世紀的歐洲及北美（1700~1780）

1701 年	德：克里斯蒂安・湯瑪西斯發行《論巫術犯罪》
1702 年	英：安妮女王即位（~1714）
1705 年	瑪麗亞 西碧拉・梅里安發行《蘇利南昆蟲之變態》
1711 年	義：波隆那大學物理學教授蘿拉・巴斯生出（~1778）
1714 年	義：波隆那大學解剖學教授暨女醫安娜・莫蘭迪・曼佐利尼出生（~1774）
1716 年	英：瑪莉・孟塔古夫人發行《土耳其使節書簡》
1718 年	義：波隆那大學數學教授瑪麗亞・加埃塔納・阿涅西出生（~1799）
1725 年	俄：女皇凱薩琳一世即位（~1727）
1725/1726 年	德：約翰・克里斯多福・高特舍德發行《理性的女性評論者》
1730 年	俄：女皇安娜即位（~1740）
1732 年	美：北美十三州成立
1740 年	奧地利：瑪麗亞・特蕾莎大公即位（~1780）
1740~1748 年	奧地利王位繼承戰爭
1741 年	俄：女皇伊莉莎白即位（~1762）
1745 年	法：蓬巴度夫人成為路易十五的王室情婦
1748 年	法：歐蘭普・德古菊出生（~1793）
1756~1763 年	七年戰爭（奧地利大公瑪麗亞・特蕾莎、俄國女皇凱薩琳二世、法國國王王室情婦蓬巴度夫人聯手締結「外交革命」，以孤立普魯士）
1759 年	英：瑪莉・吳爾史東克拉芙特出生（~1797）
1762 年	法：盧梭發行《愛彌兒》
	俄：女皇凱薩琳二世即位（~1796）
1764 年	俄：斯莫爾尼貴族女子學校成立
1769 年	法：拿破崙出生（~1821）
1770 年	法：奧地利公主瑪麗・安托內特成為法國太子妃
1772 年	蘇珊娜審判事件（殺子）
1776 年	美：《美國獨立宣言》發表
1780 年	德：普魯士國王腓特烈二世下令編纂法典

◆開明專制

開明專制，是一套由君主、官僚透過「從上而下施行改革」，向臣民推廣良善啟蒙理念的體系。法國啟蒙思想家伏爾泰（Voltaire，1694~1778）曾以擔任普魯士腓特烈二世（Frederick II，亦稱腓特烈大王，在位期間 1740~1796）、及俄國凱薩琳二世（Catherine II，在位期間 1762~1796）的顧問而聞名，顯示開明專制君主的背後，有一群新興公民出身、身懷學識的啟蒙官僚挺身支持。由於開明專制是站在臣民缺乏理性的前提上，因此要編纂法典來進行改革、政策方面也亟需輔佐監控，否定了臣民自發性的改革要求，並且對身分制採取妥協態度，擁護家父長制形式的支配。腓特烈二世下令編纂的《普魯士一般邦法》（General State Laws for the Prussian States，1794），可謂啟蒙時期編纂法典之代表作。該法典的社會關係建構於夫婦、親子、雇主僱傭之間，家父長制相當明顯❶。奧地利大公瑪麗亞‧特蕾莎（在位期間 1740~1780）同為開明專制的君主，曾在學校教育、軍事制度改革方面發揮她的手腕❷，惟晚年趨於保守，與兒子神聖羅馬帝國皇帝約瑟夫二世（Joseph II，在位期間 1780~1790）形成對立。約瑟夫二世在母親死後即推行農奴解放令、宗教寬容令等急進的啟蒙主義改革，卻遭到貴族反對。

◆民眾啟蒙

大多數臣民均為啟蒙運動的客體對象。當時人們的識字率只有四分之一左右，學校教育不夠充足、聘用家庭教師又很昂貴。所以「家庭」不只是一個放鬆的場域，如果家中雙親都是勞動公民、農民身分，還得由父親來傳授工作必要知識、母親傳授宗教知識❸。在德國地區還產生具有教育功能的「市民劇場」，其內容總愛描寫一些遵從父親的乖巧子女。後來此等臣民身分裡出現的有識之士，便組成了十九世紀的菁英——「教養公民」（Bildungsbürgertum）。（三成）

❶【史料】《普魯士一般邦法》（1794）第二部

〈第一章：關於婚姻〉

第一條：婚姻之主要目的，在於生養子女。／第二條：僅為相互扶持而締結的婚姻依然有效。／第一八四條：丈夫為婚姻社會之首長，彼之決定即為共通事務之決定。／第一八五條：丈夫對妻子應有與身分相符之贍養義務。第一八八條：丈夫對於妻子之人格、名譽及財產，具有在法庭審判之外的防衛權力義務。／第一九四條：妻子應有配合丈夫身分地位處理家務之義務。

〈第二章：關於親子相互之權利、義務〉

第六一條：子女對父母有敬畏、服從之義務。／第六二條：然為人子者更應服從父權。／第六七條：健康的母親有親自為兒女哺乳之義務。／第六八條：然為兒女哺乳至何時，則由父親決定之。

————————

【解說】《普魯士一般邦法》乃是一部多達二

萬條的綜合法典。起草該法典的委員會內，除了委員長身為貴族，其他全員都是新興官僚。《普魯士一般邦法》一方面含有容許自由離婚、保護非婚生子女等新式內容，另一方面則對法國大革命有所警惕，故而願意妥協保留身分制。該法典輔佐監控的傾向在哺乳規定（第二章 67、68 條）尤其明顯。相對於反映自然法的《法蘭西民法典》1804，又稱拿破崙法典）能夠歷經兩個世紀沿用至今，留有開明專制影響的《普魯士一般邦法》才十九世紀初就被納入修正對象，但其實到十九世紀末為止，該法典在普魯士尚稱適用。

❷ 開明專制君主瑪麗亞·特蕾莎（1717~1780）

瑪麗亞·特蕾莎為神聖羅馬皇帝查理六世（Charles VI，在位期間 1711~1740）之長女。1713 年，查理六世頒佈《國事詔書》（*Pragmatic Sanction of 1713*）排除內外反對聲浪，規定禁止分割哈布斯堡王朝的世襲領地，以及該領地若無男性繼承人時，則改由長女繼承，此舉意味著王室已然放棄禁止女性繼承的《薩利克法》。1740 年，查理六世逝世，普魯士的腓特烈二世便對瑪麗亞·特蕾莎繼承奧地利大公之位提出異議，發起「奧地利王位繼承戰爭」（War of the Austrian Succession，1740~1748）。直到 1745 年，瑪麗亞·特蕾莎的丈夫法蘭茲一世（Francis I）當上神聖羅馬帝國皇帝，她才終於掌握實權。而後她更在西利西亞（Silesia）境內的七年

戰爭（1756~1763）中，聯合法國、俄國孤立普魯士。瑪麗亞·特蕾莎與法蘭茲一世本身有表親關係，以當時貴族婚姻來說，兩人算是奇蹟一般的戀愛結婚，不過法蘭茲結婚的代價就是失去世襲領地的繼承權（1736）。這對夫妻終生恩愛和睦，育有十六名子女（其中有五人早夭）。

❸【史料】艾恩斯特·摩利茲·阿恩特（Ernst Moritz Arndt，1769~1860）的回憶錄

「當時風潮崇尚莊重、嚴肅，無論孩子、雇工他們的父母跟雇主再怎麼親切，仍會保持適當距離。……當男孩子不小心、或者故意把衣服弄得破破爛爛、甚至受傷等等，也只能小心翼翼別被父親看到。……要是引起父親注意，那可就慘了，會因為粗心大意受到相對應的體罰。」

「工作最為清閒的秋、冬時節……父親會教我寫字、算數，母親則讓我練習朗讀。……剛開始幾年的朗讀教材都是聖經和讚美詩集，我想這些應該對我們很有好處。」（哈達赫·平克：117 頁以下）

【解說】阿恩特是一位詩人兼波昂大學教授，還是法蘭克福國民議會議員（1848）。他出生於當時瑞典境內的自由農民之家，為家中次男，十八歲時就讀德國中等學校（Gymnasium），二十二歲進入大學。他的回憶錄記載了家父長制的家族之內，父母如何教育子女。

◆讀與寫

報章雜誌出現於十七世紀，到十八世紀後半時數量急速增加，書籍出版量亦大幅成長。這些出版品已不再使用拉丁文，而是運用各國的語言（國語）書寫。儘管人民識字率很低，但以貴族、上流公民為主的識字階層，其讀書心態產生大幅變化，從「精讀」轉向「多讀」。女性寫作者也相當活躍，還獲得眾多女性讀者。只是女性從事評論活動、或以專業自立之舉仍會飽受批評，社會僅容許她們當一個閨閣作家，寫寫詩文、小說而已。

◆公共輿論之形成

十八世紀後半時歐洲各地出現「議論的公眾」，形成了「公共輿論」，沙龍、咖啡館、讀書協會等變成公眾議論的場所。沙龍由貴族女性、上流市民女性所主持，在法國廣為流行。咖啡館於英國拓展，男性公民在此閱讀報章雜誌、進行議論；德國則是發展出讀書協會，會員們傳閱附設圖書室裡收錄的定期出版物，並進行討論。沙龍的成員有男有女，咖啡館、讀書協會原則上是男性的情報交換場所。革命過後，法國同樣把女性排除到公共輿論之外，使沙龍轉為純藝文場所。這個排除女性的過程當中，形成一種將柔弱、被動、純潔、母性視為女性美德名譽的公共輿論。在 1770、1780 年代刑事法改革論所聚焦的「殺嬰」議題上，人們也是重視女性名譽勝於孩子的生命❶。

◆公民規範下的性別角色分工

十八世紀後半以來，歐洲開始強調以「性」來做男女角色分工，如懷孕、生產機能被視為女性最重要的任務。這種性別角色分工來自「自然（身體）」的差異，倒不是所謂的「歧視」。盧梭（Jean-Jacques Rousseau，1712-1778）論述男女個別教育之必要性、提倡重視「母性」的著作──《愛彌兒》（Emile, or On Education），雖然一開始曾被列為禁書，後來還是流傳到整個歐洲❷。當時人們幾乎很少餵哺母乳，貴族女性都聘請乳母來哺育孩子，自己主要負責生產跟社交活動。相比手工業者、農民不論男女皆須勞動，沒有什麼時間精力好好育兒，造成許多孩子被丟棄、或送人寄養而喪命❸。這種重視「母性」的觀念，不僅是對傳統貴族、庶民文化的強烈批判，更肯定了女性的獨特角色作用，故能受到女性的歡迎。那些擔任高級官員、靠俸祿就能過活的丈夫連同妻子，即率先接受上述新型規範，並試圖形塑他們與其他身分的差距（三成）。

❶【史料】裴斯泰洛齊（Johann Heinrich Pestalozzi）《立法與殺嬰》（1783）

「首先在我看來，所有未婚懷孕女孩們的目標，換句話說，亦即『想要隱藏自身恥辱、從自己的小孩身上解脫』這個常見的最終目標，是所有殺嬰女子的行為誘因。……至於未婚孕婦為何以此為最終目標，首要原因在於……對女性而言本質上就是必要的，再者，因為社會上有要求女

性不可欠缺美德及特性的衝動傾向……這個終極目標也是，就算本身違法，不道德，也不應背負恥辱。（三成：121 頁）

─────────

【解說】歌德《浮士德》（Faust）裡葛蕾琴（Gretchen）悲劇的原型即為「蘇珊娜審判事件」（1772）。事件中的旅館女侍蘇珊娜（Susanna Brandt）遭到某個過客強暴以致懷孕，然後以殺子之罪被判斬首示眾。該事件引發了殺子相關的熱烈討論，裴斯泰洛齊提出「強烈厭惡不守禮法或恥辱」乃是女性守護自身美德和婚姻生活的要件，故不贊同殺子判處死刑一事。而康德也表達了相同見解，後來十九世紀的刑法已將殺子改成無期徒刑。

❷【史料】盧梭的《愛彌兒》

「所有女性教育均應與男性有所關連。取悅男性，協助男性，讓男性愛慕且尊敬自己，當男性幼小時予以養育，待他成人後則予以照顧，擔任男性的談話對象，安慰男性，讓男性的生活舒適愉快──這些都是女性每一時刻應盡的義務，必須趁女性幼年時就教導她們。」（岩波文庫）

❸【史料】禁止移送棄兒的國務會議裁決（法國，1779）

「棄兒的數量與日俱增，而且現今他們大多還是正式關係下誕生的孩子，（陛下認為）著實令人擔憂。原本設立收容棄兒的養育院之宗旨，是要避免那些人生被耽誤的母親因害怕自身恥辱以致犯下大罪，結果竟然漸漸變成一個令人更加漠視父母棄兒罪孽的收容所。」（二宮、阿河編：188 頁）

─────────

【解說】當時的法國平民在每段婚姻大約生產五至七次，有 1/4 至 1/3 的新生兒會於出生一年內死亡，十至十五歲期間將有半數死亡。十八世紀中葉起，受到農業產量提升影響，嬰幼兒死亡率下降，然而子女過多卻造成貧困現象日益嚴重，棄兒數量也急遽增加。棄兒養育院早在十五世紀的佛羅倫斯即已出現，也常見於歐洲各地。十八世紀巴黎的療養院還設有一種「轉收箱」，放進背籃的棄兒會從各地送過來，1772 年有棄兒七六七六人記錄在案。1770 年巴黎棄兒人數已超過總出生數的三成，並且只有一成能活到十歲。同時，也有越來越多的城市貧窮居民為了工作而把孩子送去農村寄養。十八世紀末的巴黎每年出生人數約有二萬一千人，其中以母乳哺育者為一千人，交給乳母養育者為三千人至四千人，剩下一萬五千人推測是送到鄉下寄養。對那些收養孩子的人來說，收養也是一項重要的附加收入，甚至可以達到中等農民家庭收入的 15%。

┌──────────────┐
│ **蓬巴度夫人** │
└──────────────┘

蓬巴度夫人（Madame de Pompadour，1721~1764）原名珍妮·安托瓦內特·普瓦松（Jeanne Antoinette Poisson），她出身一般市民，二十歲時嫁給一位富裕的包稅人，生有一女。1745 年，丈夫不在身邊的珍妮被國王路易十五（Louis XV）看上，成了國王的情婦，而她丈夫得到年薪四十萬里弗爾（Livre）的高級參事官職位。由於珍妮地位低下，國王便把無人繼承的貴族蓬巴度領地、以及侯爵夫人頭銜封賞給她，然後納為王室情婦（由王室支給年薪的愛妾）。在凡爾賽宮廷內，蓬巴度夫人是一位教養無人能及的美貌才女，她主持沙龍並擔任啟蒙主義的贊助者，與伏爾泰、狄德羅（Denis Diderot）頗有交情。她還是國王實質上的政治顧問，對政治、外交均有重大影響，如晉用自由派貴族為外交大臣，對奧地利、法國結盟有功，並致力出口王室御用的塞弗爾（Sevres）瓷器等。

手持書本的蓬巴度夫人，桌上並排的書為《百科全書》、孟德斯鳩的《法意》，拉圖爾（Maurice Quentin de La Tour）繪

9-4 凱薩琳大帝的統治時代
──十八世紀的俄國

日本教科書對應
重商主義與開明專制
本書相關章節
9-2、11-4、13-3

◆近代化與西歐化時代

十八世紀時，俄國前後出現彼得一世（Peter I，在位期間 1682~1725）、凱薩琳二世這兩位被尊稱「大帝」的統治者，他們的統治時期也是俄國歷史的劇烈轉折時期。俄國早在十七世紀便已著手開始輸入歐洲文化，這時又有了加速度的進展，推動建設鄰接波羅的海的新首都聖彼得堡，創制近代式陸海軍、整頓官僚制度，引進西歐型態的學問和包含女子教育機構之教育制度❶，重組身分制度、強化農奴制，採重商主義振興工商業，擴大四周廣大領土與對周邊各民族的統治，將風俗習慣「西歐化」等。而縱觀兩位大帝的功績，毫無疑問專制皇帝權力即為俄國革新之原動力。在此統治下，俄國以一個名副其實的帝國之姿，達成了國家強化及轉變。

◆女皇的世紀

十八世紀時，俄國社會在專制權力強化之下展開變革，此刻也正是「女皇」統治的時代。彼得大帝逝世後、凱薩琳二世統治開始前的三十七年間，男性皇帝只有三位，在位時間共計約五年，其中還有兩位都很年幼（一人不到一歲就即位，一歲多被廢）。凱薩琳二世承繼三位女皇──凱薩琳一世（Catherine I of Russia，在位期間 1725~1727）❷、安娜（Anna Ioannovna，在位期間 1730~1740）、伊莉莎白（Elizabeth Petrovna，在位期間 1741~1762），然後廢黜「愚昧」的丈夫彼得三世（Peter III of Russia），將大權盡收掌中。儘管彼得大帝試圖變更習慣法中以男性長子繼承的傳統，改為立法規定由皇帝本人指定接班人，可是他還未能實踐就已死去，反倒促成了女皇誕生的開端。繼彼得大帝皇后凱薩琳一世在新舊貴族對立中被推上寶座，後來的女皇也是透過大貴族派系利害鬥爭、禁衛軍隊政變而上位。在兩位大帝中間間隔的時期內，受到大貴族制約的皇帝專制權力顯得頗為無力，因此傳統上都給予很差的評價，不過近年研究在維持這種基本觀點的同時，又進行了部分修正。

◆貴族女性與農民女性

俄國經過十八世紀的各種改革，貴族女性的生活也為之一變。她們從原先只能身穿傳統服裝、在宅邸深處過著隱居生活❸，轉而穿起模仿西歐上流階級的服裝、到宮廷等社交場所露臉，甚至成為華麗貴族文化的代表。相反地，民眾們──特別是農民女性，即便本世紀強化了農奴制度，他們置身於國家、領主的專橫統治中，但生產活動或生活文化層面的變化還是很緩慢。農民女性在男性家長建立的家父長制秩序之下，一如既往地嫁人、生養子女，從事家務、農耕、畜牧、採摘水果和菇類等工作。（橋本）

❶凱薩琳二世與斯莫爾尼貴族女子學校（Smolny Institute of Noble Maidens）

斯莫爾尼貴族女子學校（正式名稱為「高貴名門子女教育協會」）乃是俄國第一所為女性設立的正式教育機構。1764 年，

盧梭教育理論的追隨者伊凡・貝茲克伊
（Ivan Betskoy，1704?~1795）奉剛即位的
凱薩琳二世之意，設立了這所完全封閉的
寄宿學校裡，其與改組過的陸軍幼年學校
目的相同，都是為了要培養前所未有、且
具備貴族品德的「新型人類」。學校設立
初期，凱薩琳二世時常前往與學生聯歡，
此後到俄國發生革命的一世紀半期間，這
所學校一直發揮著社會化之功能，讓最高
級貴族女兒們得以走向宮廷貴族式的社交
與文化場所。

❷凱薩琳一世（1684~1727）

利伏尼亞（Livonia，現今的愛沙尼亞、
拉脫維亞）農民出身，本名瑪爾塔（Marta
Helena Skowrońska），她先到大貴族謝
列梅捷夫（Boris Sheremetev）家、接著被
派遣至彼得大帝寵臣緬希科夫（Alexander
Menshikov）底下擔任「洗衣女工」。彼得
大帝對她一見鍾情，之後成為實質上的第
二位皇后。彼得大帝死後，瑪爾塔得到同
為下層階級出身的緬希科夫擁戴，被拱上
皇位成為凱薩琳一世，然掌握實權之人卻
是緬希科夫。

❸彼得大帝改革以前的貴族女性

在彼得大帝改革以前稱為「波雅爾」
（boyar）的俄國大貴族，往往會利用女性
婚姻來維持家族權勢，而其中一環便是把
女性隔離於宅邸之內，分隔出男女兩性的
空間。教堂是女性能出現的少數公共場所
之一。

十七世紀貴族婦女穿著傳統服飾到訪教堂

◆博物學乃所有經濟之基礎

自哥倫布發現美洲大陸以後，特別是從十六世紀下半葉開始，各種南北美洲的植栽植物、醫藥品傳進歐洲，歐洲於十七至十八世紀期間邁入博物學的全盛時期。基於「博物學乃所有經濟之基礎」的觀念，男性博物學家積極遊走世界各地，但以研究目的前往新大陸的女性卻寥寥無幾。在這陣趨勢當中，1699 年為博物學研究出航至荷屬殖民地蘇利南（Suriname）的梅里安（Maria Sibylla Merian）❶，便是一位例外的女性。十七世紀末，西印度群島（West Indies）殖民地的砂糖、棉花、煙草、可可、橡膠等物產引進歐洲，形成了規模巨大的貿易活動。而來自南美的藥物裡面，瘧疾特效藥「金雞納樹皮」占有重要地位❷。它的重要性跟一位秘魯總督欽穹（Chinchon）伯爵夫人的故事有關：1930年代，這位夫人跟隨丈夫前往秘魯當地時染上熱病，靠著金雞納樹皮處方藥才死裡逃生，樹皮功效遂廣為流傳。儘管故事可能是為了推廣金雞納樹皮所創造出來的，不過林奈（Carl Linnaeus）趁勢而為，把該植物命名的榮譽歸予欽穹伯爵夫人，學名取作「Cinchona」，利用這位地位崇高的女性來提高金雞納樹皮知名度。

◆無法流傳的墮胎藥

「誰來從事科學」是一個重要的課題。由於到處旅行的植物學家幾乎全為男性，所以就有一些男性會忽視的藥草。比如1687 年出海前往牙買加（Jamaica）、後來當上英國皇家協會會長的倫敦內科醫生——漢斯・史隆（Hans Sloane），他曾經前往西印度群島找尋有療效的藥草，惟從未把注意力放在墮胎用的植物上，因此如「紅蝴蝶」（Caesalpinia pulcherrima）般的發現，象徵了遭到男性長期忽視的知識傳承❸。西方世界本來就禁止避孕，更不用說墮胎了，可是女性依然在漫長的歷史之間傳承相關知識，假如這種西印度群島植物的藥效能夠流傳開來，想必會受到重視吧！

◆英國引進種痘技術

說起「種痘」，十八世紀末英國金納（Edward Jenner）所研發的「牛痘」享有盛名。然而，老早在十八世紀初，瑪莉・沃特利・孟塔古夫人（Lady Mary Wortley Montagu，1689~1762）❹ 便已在駐伊斯坦堡期間，知曉接種患者小水疱的膿液可以預防天花，並將這項知識帶回英國。她回國後將此資訊告知英國太子妃卡洛琳（Caroline of Ansbach），於是 1722 年王室也開始種痘，以預防天花之感染。（小川）

❶瑪麗亞・西碧拉・梅里安

瑪麗亞・西碧拉・梅里安（Maria Sibylla Merian，1647~1717），生於帝國的自由城市梅因河畔法蘭克福（Frankfurt am Main），是知名畫家兼雕刻家大馬提歐斯・梅里安（Matthäus Merian the Elder）之女。她先是跟隨身兼畫家及出版商的父親在工作室裡學習，十三歲起又到繼父雅

各·馬雷（Jacob Marrel）身邊受訓做一名畫家。成年的瑪麗亞在與畫家約翰·安德烈亞斯·格拉夫（Johann Andreas Graff）結婚後，仍以一位獨立女性畫家的身分投入研究，1679 年出版《毛蟲之書》展露頭角。離婚後她獨立扶養兩個女兒，五十二歲時前往荷屬蘇利南進行昆蟲研究，完成了《蘇利南昆蟲之變態》（*Metamorphosis insectorum Surinamensium*）一書。

②獻給科學的金雞納樹枝

本圖繪於十七世紀，作者不詳。一名黑人孩童（秘魯）向科學的擬人像獻上金雞納樹枝。後方畫了金雞納樹之植栽，顯現其作為瘧疾特效藥的重要性。

③【史料】《蘇利南昆蟲之變態》（1705）中有關紅蝴蝶之記載

以下為梅里安著作中，加注於紅蝴蝶圖片（圖③）的墮胎藥相關見聞。

「遭到荷蘭主人虐待的印地安人們，寧可服用嘆息（紅蝴蝶）種子墮胎，也不願讓孩子變成奴隸。來自幾內亞（Guinea）、安哥拉（Angola）的黑人奴隸同樣表現拒生小孩的態度，只求能夠稍微改善他們的境遇。……她們當中還有一些人不堪忍受，以致結束了自己的生命。」（史賓格）

④瑪莉·沃特利·孟塔古夫人

1716 年，瑪莉夫人跟著擔任英國駐鄂圖曼土耳其帝國大使的丈夫愛德華·孟塔古（Edward Montagu），進駐到伊斯坦堡。在那個天花肆虐的時代，天花不僅奪走她的弟弟，也讓她自己差點喪命。瑪莉夫人來到伊斯坦堡後，得知年長希臘女性所傳承的接種方法，1717 年便連同大使館附屬外科醫生一起調查接種的安全性，更委託

老婦人為自己五歲的兒子接種，獲得了成功。瑪莉夫人帶著這些成果回國，並且於天花流行的 1721 年為年幼女兒接種成功，博得人們的讚譽。

9-6 大西洋奴隸貿易中的性別

日本教科書對應
歐洲各國的海外進出
本書相關章節
8-2，10-2，11-6

◆奴隸貿易中的性別

無論古今中外，各地都有奴隸買賣的情形，甚至到今日也依然存在。其中連結歐洲、非洲、南北美洲三個大陸，在大西洋上展開的奴隸貿易（又稱「三角貿易」）裡，有一個特色即是女性奴隸數量遠遠不如男性。原因在於歐洲的奴隸商人，或者在加勒比海域、南北美洲栽種甘蔗、煙草、咖啡、棉花等作物的農園主人，他們需要的都是可以作為勞動力的男性。反之，在非洲大陸內部、中東穆斯林社會裡，除了家務、育兒，像農務、汲水等大部分日常工作皆由女性負責，所以女性作為奴隸的價值更高❶。換句話說，歐洲、非洲、南北美洲三個大陸之間對性別認知的差異，支撐著大西洋的奴隸貿易。

◆廢除奴隸動向與女性

十八世紀末至十九世紀間，歐洲各國開始慢慢出現廢除奴隸貿易、奴隸制度的動向。英國在法國大革命同時期的 1780 至 1790 年代間，由英國國教會內部的福音派（Evangelical）、貴格會（Quaker）合作成立了民間團體「奴隸貿易廢除協會」（Society for Effecting the Abolition of the Slave Trade），團體核心為一群具有堅定信仰的女性。她們抵制靠奴隸血汗製作的砂糖，參加向議會提交請願書的連署活動，還配戴上有黑人奴隸被鎖鍊綁住圖案的浮雕飾品，表達出強烈的反對意志❷。英國奴隸運動與當時的社會改革同步發展，並於 1807 年拿破崙戰爭期間訂立了《廢除奴隸貿易法案》（*Slave Trade Act*，1807）❸。

◆女性奴隸為主體之抗爭

被販運到加勒比海育的種植園奴隸們，紛紛建立村莊來作為日常生活空間，而村莊的營運工作則落在女性身上。奴隸村保存了他們非洲故鄉的習慣傳統，生養子女也按照非洲的方式，使得農園主人加深了對非洲女性道德倫理的誤解和偏見。奴隸村同時是秘密規劃、議論奴隸抗爭運動的場所，女性們還會運用避孕、墮胎等方法，來對抗「奴隸之子為主人所有物」的觀念❹。因此，加勒比海域的女性奴隸常常出現流產、死胎情況，必須不斷從非洲輸入奴隸。相比之下，美國南部各州的女性奴隸生產率頗高，1740 年代時大多奴隸就已經是生於美國，但這並不代表南部農園主人對奴隸比較照顧或心懷溫情。（井野瀬）

❶對女性奴隸的觀念

由阿拉伯商人主導的撒哈拉沙漠橫越路線、以及印度洋上的奴隸貿易之中，大多奴隸均為女性與孩童。他們喜歡女性奴隸的原因之一，在於女性奴隸可以透過穆斯林社會的一夫多妻制，也就是要當第幾位「妻子」的方式，更輕易融入當地社會。

❷奴隸廢除運動的口號

當時進行抗爭的女性所配戴的飾品，由瓷器老店「瑋緻活」（Wedgwood）創始人——約西亞（Josiah Wedgwood，1730~1795）所設計。約西亞描繪了一個

阿拉伯半島東側阿曼（Oman）港口
城市的奴隸市場樣貌。該城市因位
居交通樞紐而興盛，現為阿曼首都
馬斯開特（Muscat），1849 年

國際奴役博物館海
報，斷開鎖鍊的奴隸
人像亦為該館標誌

跪著的黑人形象，上面寫著「難道我不是
人、不是弟兄嗎？」（Am I not a man and a
brother?）在 1830 年代的美國，則出現了
「難道我不是女人、不是姊妹嗎」的語句。
話雖如此，由白人解放奴隸、奴隸乞求白
人解放他們的結構並未改變，顯現奴隸廢
除運動中種族、性別交錯複雜的情形。

❸湧現的奴隸貿易記憶

受到法國大革命的影響，加勒比海域
的法屬聖多明哥島（Saint-Domingue）
於 1791 年 8 月 23 日開始解放奴隸，至
1804 年時，世界第一個黑人共和國——
海地（Haiti）誕生。當初的起義之日，現
在已被聯合國教科文組織訂為「奴隸交易
與廢止奴役國際紀念日」（International
Day for the Remembrance of the Slave Trade
and its Abolition）。而英國更於 2007 年
奴隸貿易廢除二百週年的這一天，在過去
靠奴隸貿易繁榮發展的港口城市利物浦
（Liverpool），開設了「國際奴役博物館」

（International Slavery Museum）。2001 年，
聯合國反種族歧視世界大會（開會地點為
南非的德爾班〔Durban〕）申明奴隸貿易、
奴隸制度乃「違反人道的犯罪」，接下來
奴隸貿易、殖民地統治的相關記憶便於世
界各地湧現。

❹非洲傳統習慣的哺乳期

在加勒比海域奴隸出生率受到抑制的
背景下，奴隸主要供應地為當時的非洲西
部，當地人們哺乳期長達二至三年，期間
會有視性交視為禁忌的狀況。他們在奴隸
村莊一樣維持這個習慣，以確保有一定的
生產間隔。然而這個漫長哺乳期總是被農
園主人當成是女性奴隸逃避工作的藉口，
促成「非洲女性就是懶惰」的偏見。其實
不管是加勒比海域、或者美國南部，農園
主人從不曾減輕懷孕女性奴隸的工作量。

◆科學革命背後的女巫審判

十七世紀為建立近代科學的科學革命時代。儘管人們可能認為是科學的理性思想、機械論哲學的成功，才終結了獵巫行動，但事實上獵巫與科學革命幾乎是同時進行的。跟十六世紀相比，獵巫行動在十七世紀更是廣泛流行。不過這個時代的科學家並非支持獵巫行動，例如英國以血液循環論聞名的醫師威廉・哈維（William Harvey）曾受他所侍奉君王查理一世之命，於1634年在蘭開夏（Lancashire）對身懷女巫嫌疑的女性進行身體檢查，回報「未發現可疑的身體特徵」。伽利略（Galileo Galilei）繼1632年的《關於托勒密和哥白尼兩大世界體系的對話》（*Dialogue Concerning the Two Chief World Systems*）之後，1634年再發表《關於兩門新科學的對話》（*Dialogues Concerning Two New Sciences*），進入科學革命的顛峰期。因提出波以耳定律（Boyle's Law）享有盛名的羅伯特・波以耳（Robert Boyle）雖承認超自然力量與女巫的存在，但從未積極支持獵巫行動。然而，到1660年代為止，還是有數量驚人的女性被當成女巫受到迫害，其中有不少產婆成為攻擊目標。英國成立皇家協會的1660年前後，竟也是女巫審判的全盛時期。

◆貴族女性的科學探究

縱使大學、學會都不認可女性的入學或入會，一個地位崇高的女性依舊可以運用其社會身分，從個人管道來學習科學，代表人物就是瑞典的克莉絲汀娜女王（Christina, Queen of Sweden，1626~1689）❶。這位對求知懷抱著熱情的女王，曾於1649年聘請笛卡兒（René Descartes）來到斯德哥爾摩的宮廷，擔任她的數學、自然哲學家庭教師。此外，十七至十八世紀的巴黎沙龍主辦者，同樣提供了可媲美學會的科學議論場域。到了十八世紀，則有埃蜜莉・杜・夏特萊（Émilie du Châtelet）將牛頓（Isaac Newton）著作《自然哲學之數學原理》（*Philosophiæ Naturalis Principia Mathematica*）完整翻譯為法文，其活躍程度令人矚目❷。

◆女性科學家的系譜

「科學革命」一直以來不僅完全被描寫為男性的成就，而此時期的十七至十八世紀，更形成了限制女性參與科學研究的制度及意識型態。然而在義大利，卻有一些女性能在今日許多女性想敬而遠之的物理學、數學領域之中有所成就。比如十八世紀的波隆那大學裡頭，1731年就有蘿拉・巴斯（Laura Bassi）獲頒物理學、以及接下來瑪麗亞・加埃塔納・阿涅西（Maria Gaetana Agnesi）獲頒數學等名譽教授職位❸❹。再來又有女醫師安娜・莫蘭迪・曼佐利尼（Anna Morandi Manzolini）在此講授解剖學❺。只是十八世紀以前，義大利的女性還是得倚賴父親、丈夫的支援，才能成為活躍的例外，並且只要女性被排除在高等學術機構之外，就不可能獲得博士學位、或者當上研究人員。（小川）

❶**克莉絲汀娜女王**

當時人稱「巴洛克女王」，伏爾泰曾盛讚她是一位天才女性。圖為皮耶·路易·杜梅斯尼爾（Pierre-Louis Dumesnil）所繪虛構巴黎沙龍場景的一部份。左側的克莉絲汀娜正與右側的笛卡兒進行議論。中央的女性為法爾茲的伊莉莎白公主（Elisabeth of the Palatinate），她與笛卡兒有關哲學的往返信件相當有名。

❷**埃蜜莉·杜·夏特萊（1706~1749）**

即杜·夏特萊侯爵夫人，她更為世人所熟知的身分是伏爾泰的情人。下圖為牛頓《自然哲學之數學原理》法文譯本的封面圖案。

❸**蘿拉·巴斯（1711~1778）**

頭戴象徵博士學位月桂冠、在自己房間裡工作的蘿拉·巴斯。

❹**瑪麗亞·加埃塔納·阿涅西（1718~1799）**

阿涅西寫下有限數與微積分的教科書，並寫下「獻給瑪麗亞·特蕾莎女王」的謝詞。

❺**安娜·莫蘭迪·曼佐利尼**

波隆那的女醫師，擅長解剖學，以製作蠟質解剖標本而聞名。

科學史研究的盲點

直到現在仍然有人會質疑「為什麼女性科學家總是少數？」然而這是以「科學家＝男性」作為前提而產生的疑問。美國知名社會學家羅伯特·默頓（Robert K. Merton）在論文〈十七世紀英國的科學、技術、社會〉（*Science and the Economy of Seventeenth Century England*，1938）中對英國皇家學會的早期成員有高達 62% 是清教徒感到疑問，可是他卻對會員 100% 為男性這點毫無疑問。

近代歐美公民社會的形成

◆雙重革命的時代

「公民的時代」乃是發端於美國獨立（1783）、以及打倒「舊制度」（Ancien Régime）的法國大革命（1789）等公民革命運動。同一時期的英國也產生工業革命，在十九世紀上半葉至下半葉間，歐洲各地和北美的工廠都陸續運用機械進行大規模生產。而主導這雙重革命、樹立近代世界秩序的主角，正是「中產階級」（公民階層），其中包含憑藉工商業累積財富力量的經濟資產階級（bourgeoisie）、在近代早期尾聲出現的官僚機構、還有因應科學的發而崛起的公務員、教授、法律專家、醫師、藝術家等專業人士團體。

美國獨立宣言提出「人皆生而平等」；法國大革命高唱「自由、平等、博愛」，「平等」成為現代社會的基本原理，確立了主權在民之原則。然而，儘管他們最初就主張權利不看家世，而是就個人能力及成就去做評估，過去擁有支配身分的貴族與神職人員（歐洲）、男性公民階層又有強烈的平等意識，可是女性跟下層階級民眾均不被視為建構新世界的主體。因此，女性或未達到一定收入額度的男性，都被排除在主權者的範圍之外，而且還會受到一些限制。

◆公民的價值觀

中產階級崛起於歐洲近代早期的尾聲，造就出一個對抗貴族的新型公民社會，他們在道德或生活方式上也形成了有別於「奢侈放蕩的上層貴族」和「怠惰粗鄙的下層庶民」的獨特價值觀。價值觀內容包含人格品德養成、情感豐富性、勤勉與合理性、宗教虔敬程度、性別角色扮演、性貞潔與否等等，適用範圍涵蓋公民階層的經濟、社會、家庭所有生活領域，是其活動之原動力。公民階層在實踐理想價值生活時，也強化了階級整合及身分認同。而遵守「丈夫扶養全職家庭主婦」這種道德規範的家庭生活，便成了公民價值觀的象徵。

十九世紀前半的下層民眾，需要丈夫、妻子、加上子女都有工作才能維持生計，鄰近居民之間總是公開交流，生活世界和中產階級完全不同。雖然公民價值觀、生活形式的適用範圍專屬於中產階級，不過這些規範也具有普遍性。其中相當注重性別秩序如性別角色扮演、女性的性貞潔等，認為這些價值觀對於社會秩序的穩定是不可或缺的。到了十九世紀後半，隨著勞工勢力抬頭、工廠的女性勞工數量增加，人們又致力把公民性別規範灌輸到勞工階層之內。

◆工作領域的性別區隔與女性社會活動

在「公民的時代」中，即便女性與男性活動領域之間劃有嚴格界線，而且女性需要擔任家庭負責人，但不表示中產階級女性的活動就只限於家庭。她們也可能在家庭以外的場域積極活動，例如創辦慈善或戰時支援國家的協會。而在十九世紀後半以降產生的女性主義運動，試圖消弭工作領域的性別區隔，但是大多數仍在女性工

作領域範圍內進行，如照顧、看護、服務等，可以說這些工作領域仍然是作為家庭角色的女性功能的延長。

十九世紀後半，女性社會活動針對女性勞工，宣揚她們的理想女性形象，而且提供家政教育，此外尚有嬰幼兒或母性、居家衛生等，救濟勞工家人、預防貧困的支援性活動。又嘗試在勞工階層成立「恰如其分的家庭」，促使中產階級女性的社會活動越發活躍。女性並未質疑性別角色分工，反而更竭力強調這點，甚至多數人都不要求政治上的權利。話雖如此，她們決不是「非政治」，而是結合各種政治目的行動，於過程中去深化自己的政治意識。（姬岡）

公民的世紀（1776~1850）

1776 年	美：發表《獨立宣言》
1783 年	《巴黎條約》簽訂，美國正式獨立
1787 年	美：美利堅合眾國憲法法案通過，採主權在民、聯邦制、三權分立
	德：舒勒冊（Dorothea von Rodde-Schlözer，女性）取得哲學博士學位
1789 年	法國大革命通過《人權宣言》
1790 年	法：孔多塞（Marquis de Condorcet）發表《關於承認女性公民權》（On the Admission of Women to the Rights of Citizenship）
1791 年	法：歐蘭普 德古菊發表《女權宣言》、《婦女和女性公民權利宣言》
1792 年	英：瑪莉 吳爾史東克拉芙特發表《為女權辯護》
	德：希培爾（Theodor Gottlieb von Hippel）發表《關於女性地位之改善》（On Improving the Status of Women）
1793 年	法：頒布「國民總動員令」，禁止女性政治結社，德古菊被處死
1794 年	德：頒布《普魯士一般邦法》
1795 年	法：頒布「家庭回歸令」
1798 年	馬爾薩斯（Thomas Robert Malthus）出版《人口論》（An Essay on the Principle of Population）
1799 年	莫爾（Hannah More）出版《現代女子教育制度批判》（Strictures on the Modern System of Female Education）
1804 年	法：編纂「拿破崙五法典」（~1810）
1807 年	英：禁止奴隸貿易
1808 年	美：禁止奴隸貿易
1810 年	法：恢復通姦罪
1813 年	德：愛國女性協會成立
1814 年	普魯士：施行義務兵役制
1814~1815 年	維也納會議
1830 年	法：七月革命
1832 年	美：女性奴隸制反對協會成立
1837 年	英：維多利亞女王即位（~1901）
	德：福祿貝爾（Friedrich Froebel）創設兒童保育、遊戲、活動之場所（1840 年起改為幼稚園）
1840 年	世界反奴隸制大會（World Anti-Slavery Convention）召開
	英：家庭女教師互惠協會成立
1844 年	英：修訂工廠法（限制女性工作時間不可超過 12 小時，1846 年改為不可超過 10 小時）
	美：婦女勞動改革協會成立
1848 年	法：二月革命，女性俱樂部成立
	德：三月革命，女性協會成立
	美：婦女權利大會於塞內卡弗斯（Seneca Falls）召開
1849 年	德：《婦女報》創刊（~1852）
1850 年	德：制訂結社法（禁止女性政治活動）

◆婦女的抗爭

七年戰爭（Seven Years' War，1756~1763）終結後，北美殖民地與英國的關係，受到英國不斷徵稅的影響而日益緊張，而在之後北美殖民地爭取獨立的戰爭之中，可少不了女性的協助。砂糖、紅茶、印花等課稅物件都跟家庭內的消費息息相關，想要抵制課稅，家裡就必須省吃儉用、從英國輸入替代品。許多白人女性透過抵制運動發現了自己的愛國情操，自稱「自由之女」，然則她們依舊遵循以家庭為中心的傳統性別規範。然而，實際身處戰場的是那些追隨丈夫行動的貧窮士兵妻子們。她們冒著危險，帶著孩子穿越戰場，承擔著洗濯衣物、烹飪食物和照顧傷病士兵等服務軍隊的任務，她們的形象仍然主要圍繞著家務事展開❶。

◆共和國之母

儘管美國獨立戰爭經驗培養了女性對政治的關心，可是戰爭本身並未改變當時「女性依附於男性」的性別觀念。另一方面，這份戰爭經驗也改變了女性的定義：孩子是未來的主人翁，女性則是養育孩子成為「共和國公民」的重要存在，後世的歷史學家稱之為「共和國的母親」。他們除了認為「應透過教育塑造共和國公民」，同時主張女子教育對於新式國家建設之必要性❷，於是陸續出版了女子教育相關書籍或手冊，以及建立女子學校。此時的女性角色仍限定在「母性」範圍內，這樣的意識也把她們拘束在家庭裡頭。

◆信仰復興之始末

獨立宣言雖有明言「人人生而平等，造物主賦予他們若干不可剝奪的權利」，但所指對象卻不包含女性、奴隸在內❸。美國獨立戰爭發生前後，基督教內部曾有兩波信仰復興運動（第一波在 1750 至 1770 年，第二波在 1790 年代中期至 1830 年代），兩者皆訴求超越性別、階級、種族的平等，其中皆有顯著的女性身影。如白人女性組成以改良社會為目標的慈善組織，黑人奴隸在推動奴隸解放的美國北部便能身受其惠。而同時期的美國南部，關於女性奴隸的狀況倒是沒什麼變化，不論是懷孕或生產期間的女性奴隸都無法得到妥善的照顧。（井野瀨）

❶戰場上的婦女

美國獨立戰爭期間，紐澤西（New Jersey）有一位被稱為「水壺茉莉」（Molly Pitcher）的女性，她代替負傷倒地的丈夫，拿起槍枝幫助其他士兵。即便茉莉本人存在的真實性尚且不明，但像她這樣的女性形象往往能贏得士兵妻子們的認同。另一方面，也存在著女扮男裝從軍的女性，像是相傳出身自搭乘五月花號、從英國渡往美國的某家族後裔——黛博拉・桑普森（Deborah Sampson，1760~1827 年，右圖），就留下過不少紀錄。她以「羅伯特・舒特夫」（Robert Shurtleff）之名加入麻薩諸塞（Massachusetts）第四連隊，並於 1782 至 1783 年持續參軍直到女性身分曝

黛博拉・桑普森　　　　艾比蓋兒・亞當斯　　　　凱薩琳・比徹

光為止，退伍後也領取了少許退伍金。

❷【史料】女子教育的重要性

身為美國第二任總統約翰・亞當斯（John Adams）之妻、第六任總統約翰・昆西・亞當斯（John Quincy Adams）之母，相當強調女子教育重要性的艾比蓋兒・亞當斯（Abigail Adams，1744~1818），她曾經如此寫道：「倘若我們想要擁有英雄、政治家、哲學家，那就應該培養有學問的女性。倘若大多條件取決於青少年早期的教育、最早學到的準則將會最為根深蒂固，那麼讓女性學有所成，就必定能獲取巨大的利益。」（杜波伊斯、杜梅尼爾：160 頁）

這種女子教育所養成的「母性」，實際上也被期待能套用到母親以外的女性，進一步發揮在社會弱勢或不幸人士的身上。譬如終身未婚、也沒有小孩的作家凱薩琳・比徹（Catharine Beecher，1800~1878，右下圖），就在探討育兒、家政的著作《家政專論》（A Treatise on Domestic Economy，1841）裡，要求女性須覺察到自己負有以下使命：「扶養全家幼小的女性，在教室教書的女性，於內室做針線活、為國家知識道德工廠賺錢的女性，還有就算身為卑微雇工、仍可擔任榜樣養成孩童心靈建構、以其忠實服務維持家庭生活繁榮的女性。」（同上：182 頁）

————

【解說】凱薩琳・比徹是史杜威夫人——海莉葉・比徹・史杜威（Harriet Beecher Stowe，1811~1896）的姊姊。1823 年由凱薩琳創設的「哈特福女子學院」（Hartford Female Seminary），被譽為美國最早的女子學校之一。

❸傑佛遜與莎莉・海明斯

美國獨立宣言起草人、後來當上第三任總統的湯瑪斯・傑佛遜（Thomas Jefferson，就任期間 1801~1809），原本曾在獨立宣言寫下反對奴隸制度的語句，然而卻受到其他「開國元勛」相繼提出反對，反對者大多為大型農園之主，亦即奴隸之主。傑佛遜本人與女奴莎莉・海明斯（Sally Hemings，1773~1835）之間育有數名子女，兩人終生維繫這層關係。時至二十世紀末，因海明斯的子孫要求 DNA 鑑定而證明了這個事實，帶給美國社會很大的衝擊。

◆法國人權宣言

《法國人權宣言》（*Declaration of the Rights of Man and of the Citizen*，1789）將「人」與「公民」的權利區分開來：「人」擁有與生俱來的自由、平等（即「自然權利」），而政治權利就僅限「公民（國民）」所有。法國《1791年憲法》就規定，「主動公民」乃是「繳納直接稅達三天份以上之工資、且年滿二十五歲之男性」（占成年男性的60%），享有選舉權；而其中一部份高額納稅男性（約五萬人）擁有被選舉權和擔任陪審團的資格；《1793年憲法》訂有男性普選規定卻無法實施；《1795年憲法》將選舉權擴大到繳納直接稅的全體男性，擁有被選舉權者則減至三萬人。

◆「女權宣言」

《法國人權宣言》裡的「人」只限男性，「公民」也都是「男性公民」，因此引起歐蘭普‧德古菊（Olympe de Gouges，1748~1793）的批判，進而寫下訴求男女平等的《女性和女性公民權利宣言》（*Declaration of the Rights of Woman and of the Female Citizen*，1791）。《女權宣言》共十七條，大致可分為：①與《人權宣言》大致相同之條文（第三、五、八條），②將「人／公民」與「女性／女性公民」置換之條文（第六、十二、十四、十五），③增筆修正以明確主張女性權利之條文（第一、二、四、十、十一、十三至十五、十七條），④超出《人權宣言》框架之條文（第十六條），⑤明示女性責任之條文

（第七、九條）❶。德古菊在自由女性主義（liberal feminism）上雖被定位為早期女性主義的代表人物，不過她在家庭、性領域都提出了權利主張，已經進行到非常現代的課題，只是她的主張過於前衛，未能得到當時婦女接受。

◆法國大革命與女性

法國婦女也相當積極參與了革命。1789年10月5日的早晨，約有七千名女性帶頭向國王、議會喊話「給我麵包」，並且從巴黎遊行前往凡爾賽（Women's March on Versailles）。也有女性加入「無套褲黨」（sans-culotte）俱樂部或「兩性博愛協會」、「革命共和主義女性協會」（僅限女性的政治結社）等組織。然而，隨著革命的推進，女性反而被逐步排除於政治之外❷：例如禁止女性政治結社（1793），片面禁止女性旁聽議會或參加政治集會、及「家庭回歸令」（規定在社會秩序恢復前，女性應各自回歸家庭，1795）之類的規定，剝奪了女性的政治權利；女性的財產權也受到《法國民法典》（1804）的明確限制。（三成）

歐蘭普‧德古菊

❶【史料】歐蘭普·德古菊《女權宣言》（1791）（辻村：322 頁以下）

	女權宣言	人權宣言
第一條	在權利方面，女性等同男性，是與生俱來而且始終是自由與平等的……	在權利方面，人類是與生俱來而且始終是自由與平等的……
第六條	法律是普遍意志的表達。每一位女性公民皆有權個別地、或透過她們的代表去參與法律制訂……	法律是普遍意志的表達。每一個公民皆有權個別地、或透過他們的代表去參與法律制訂……
第十條	任何人不應為其意見、甚至其宗教觀點而遭到干涉。女性有權登上死刑臺，同時也有權登上發言台，只要她們的表達沒有擾亂到以法律所建立起來的公共秩序。	任何人不應為其意見、甚至其宗教觀點而遭到干涉，只要他們的表達沒有擾亂到以法律所建立起來的公共秩序。
第十六條	一個社會如果其權利的保障未能獲得保證，而且權力的分立亦未能得到確立，就根本不存在憲法。如果組成國民的大部分個人沒有參與憲法制訂，這部憲法便是無效的。	一個社會如果其權利的保障未能獲得保證，而且權力的分立亦未能得到確立，就根本不存在憲法。
第十七條	無論結婚與否，財產同屬於兩性。財產是不可侵犯與神聖的權利……	財產是不可侵犯與神聖的權利，除非當合法認定的公共需要對它明白地提出要求，且基於所有權人已預先和公平地得到補償的條件，任何人的財產乃皆不可受到剝奪。

【解説】歐蘭普乃當時知名文化人士彭皮農侯爵（Marquis de Pompignan）之私生女。儘管父親是一位與伏爾泰敵對的反啟蒙主義者，歐蘭普卻非常崇拜盧梭。她十六歲時被安排步入一場沒有愛情基礎的婚姻，並生下兒子，十八歲丈夫過世後前往巴黎。歐蘭普擁有出眾的美貌與才氣，在社交界、沙龍十分活躍，1784 年更以劇作家身分出道。她沒有受過正規教育，所以採口述筆記方式進行寫作活動，透過著作《對黑人的反思》（1788）表達支持廢除奴隸制、以及對人口販賣的強烈批評。歐蘭普在政治方面是一位溫和的立憲君主主義者，曾發行批評處死國王的小冊子，並且反對羅伯斯比爾（Maximilien Robespierre）。於是在王后瑪麗·安托內特被處死不到一個月內，歐蘭普也上了斷頭臺，她的死刑還被用來勸阻女性參加政治。

❷法國大革命時期的女性排除論（布朗：338 頁）

「婦女、兒童、外國人，還有無法維護公共設施者，不應對公眾問題行使主動之影響力。」（1789 年 7 月 21 日，西耶斯〔Sieyès〕）「（歐蘭普）想要當一位政治家，忘記了婦女該有的德行，所以法律才要懲罰這種陰謀人士吧！」「你也想仿效她嗎？這太不像話了！你會瞭解到，要用順應自然的方式過生活，你才真正值得尊重」（1793 年 11 月 17 日《公安委員會報》歐蘭普死刑相關報導）

科學史研究的盲點

情色作品（pornography）在法國大革命時期普及化，更應用到政治批判方面。那些作品時常描寫國王路易十六性無能、王后瑪麗·安托內特通姦、王太子是私生子，充斥各種淫穢的圖片與

圖為路易十六被嘲笑為閹豬的宣傳畫，1791

形容。這些作品傳播「當丈夫連妻子貞操都管不好，怎有資格作為『臣民之父』」的觀念，藉此否定王位繼承的正統性。王后曾請人描繪她扮演「賢良母親」的肖像畫加以抗衡，但是最終無濟於事。

◆拿破崙五法典（Codes Napoleoniens）

拿破崙（在位期間 1804~1814、1815）下令編纂五部法典，包括民法、刑法、商法、民事訴訟法、刑事訴訟法（1804~1810），合稱「拿破崙法典」。其中拿破崙特別重視的《法國民法典》，所用文體更是簡潔明瞭，連大文豪斯湯達爾（Stendhal）都讚不絕口❶。它還是一部闡明未來公民社會基本原則的普遍性法典，對世界各國具有重大的影響。拿破崙法典連同革命時期就已制訂的憲法，總共六部基本法典（六法），隨著拿破崙的東征西討，在整個歐洲傳播開來。其實日本明治政府最早下令翻譯的就是法國法律，透過翻譯作業將「權利」等西式法律概念引進日本，加上漢學學者的努力，創造了許多法律術語。然而，因為法國法律具有革命精神，遂被批評不適用於天皇制國家，所以日本近代法律的形成發展，是以權威主義較盛的德國法律為模型。

◆家父長制與家庭

《法國民法典》係以公民男性的自由、平等為前提。女性身為女兒時受到父親監護，結婚後則以妻子身分歸於丈夫監護之下。妻子不得單獨立於法庭之上，不得自由處置自身之財產❷，亦即妻子在法律上屬於「無能力」之人。家庭肩負著培育良好公民的責任，是國家的基礎單位❸。婚姻之成立必須透過向政府機關登記（民事婚姻），以致近代對非婚生子女及其母親的差別待遇反而更加強烈。法國禁止父子關係鑑定之訴訟（強制認定），德國則否認非婚生子女及其父親的血親關係，認為非婚生子女之母不具備母親身分，否定了他們的親權❹。

◆通姦罪——性的雙重標準

當時關於「性」的衡量標準，總是「寬以待男，嚴以律女」，可謂「性的雙重標準」。而在把男性性衝動視為本能的近代公民社會中，「性的雙重標準」尤其明顯。例如法國只要丈夫沒有把情婦接回家裡居住，就不會遭受處罰；可是換成妻子通姦卻會有所懲處、被判離婚。再者，丈夫若於家中殺害妻子跟姦夫，也可以免除刑責❺。另一方面，由於人們認為有家父長庇護的女性就不會遭遇性犯罪等危險，所以遭到性侵被害，想必是女方犯了什麼「過錯」才導致如此。一直到二十世紀末，女性仍長期飽受這種「性的雙重標準」之苦（三成）

❶【史料】《法國民法典》與皇帝拿破崙——出自拿破崙自傳

「我真正的榮耀並非那四十場勝仗，滑鐵盧一役的失敗，更毀去了大多數的勝利記憶。但有一樣東西不會消失、而且將永垂不朽——那就是我的《法國民法典》。」

圖為揭示民法典的皇帝拿破崙肖像畫

【解説】拿破崙除了以主席身分出席一○二場民法典編纂會議中的五十七場，又將《法國人民的民法典》改稱《拿破崙法典》。

❷【史料】《法國民法典》（1804）的家父長制規定

第二一三條：丈夫應保護妻子，妻子應服從丈夫。

第二一五條：當妻子從事公開商業行為時、非與丈夫共同持有財產時、抑或與丈夫分配財產之後，未經丈夫同意，不得向法庭提出訴訟。

第三四○條：非婚生嫡出之子女，禁止指認他人為父。

❸【史料】《法國民法典》起草人——法學家波塔利斯（Jean-Etienne-Marie Portalis）之言論

「一部優良的民法，即便不是政府統治的基礎，也將是統治的支柱。……我們的目的在於結合習俗與法律，縱然有所異議，亦可推廣大大有助於養成國家精神的家庭精神。……人們得以透過「家庭」這個小型祖國，與大型的祖國再結合。……當一個優良的父親、優良的丈夫、優良的兒子、以及優良的公民。然而，要讓所有自然衍生的真實情愛得到法律承認、使法律發揮保護作用，就得倚賴民事上的各種制度」（金山直樹《法典近代：法律之配置》：189 頁）

❹【史料】《德國民法典》（1896）的家父長制規定

第一三六三條：凡妻子「所持攜入」之財產，結婚後應歸為丈夫管理及收益之物。妻子於婚姻中取得之財產，亦屬「所持攜入」財產。（1956 年廢止）

第一五八九條：非婚生嫡出子女及其生父，不得視為血親。（1969 年廢止）

第一七○七條：生母對非婚生嫡出子女不具備其親權。……（1969 年廢止）

《德國民法典立法理由書》：「……在大多數情況下，非婚生嫡出子女之母對待其子女，比不上婚生子女之母那般關心、而且全心考量子女的最大利益」。

❺【史料】《法國刑法典》（1810）所訂之通姦罪（1975 年廢止）

第三二四條：有關丈夫對妻子、或妻子對丈夫所犯下故意殺人，如丈夫或妻子在犯下故意殺人行為時其生命並未受到威脅，則罪行不得赦免。惟第三三六條所規定之通姦情形，如於夫妻之住處攻擊通姦現行犯時，丈夫對妻子及通姦共犯所犯下之故意殺人罪行，得予以赦免。

第三三六條：唯有丈夫可控告妻子之通姦行為。該權利於第三三九條規定之情況則不受限制。

第三三七條：判處通姦有罪之妻子，處三個月以上、二年以下監禁。如丈夫同意接回妻子，則可中止該有罪判決之效力。

第三三八條：與妻子通姦之共犯，處相同刑期之監禁，及一百法郎以上、二千法郎以下之罰金。

第三三九條：因夫妻住處住有同居者，經妻子控告被判有罪之丈夫，處一百法郎以上、二千法郎以下之罰金。

法國民法典初版的扉頁

10-5 慈善與福利活動

日本教科書對應

歐美近代社會的成長／近代歐美民族國家的發展

本書相關章節

10-8、10-9、10-11

◆慈善事業

源於基督教「愛」之精神、對全人類博愛的慈善活動，約於十七世紀末前後、以富人捐助窮人的形式展開，而「救濟弱者」的日常活動主要由女性擔當。隨著工業化的發展，慈善事業也越來越盛行，都市中產階級的女性除了拜訪貧困、老人、病人的家庭，提供物資和心靈雙方面的援助，還會進行讀書教學、講解道德規範、傳授家事或衛生相關的知識。慈善事業秉持著慈愛精神，被人們認為是「淑女的天職」、亦為女性「家庭義務的延伸」，認定其為家庭外的活動。男性也將妻子的慈善活動視為一種榮譽，從而擔任這些活動的後盾。倘若沒有這些非政府組織的志工活動，社會福利將無法有效發展❶。

◆社會問題的出現與女性活動

十九世紀中葉時，工業化促使人口往都市移動，導致住宅不足、衛生狀態惡化，嬰幼兒死亡率增加。相關情形使得人們對已婚婦女前往工廠工作的批判更加強烈，工廠女性勞工的生活被當成一個社會問題。國家開始介入勞工的生活，福利事業也從救濟貧困的措施，改為預防貧困的措施。當時福利事業乃是針對家庭內的再生產相關事務：如整頓住家、改善衛生狀態、照護嬰幼兒及學童、保護孕產婦及母親、看護、家事援助、家政教育等。各種婦女團體包括愛國型、宗教型、女性主義型等當上這些活動的領導者，福利事業則成了婦女社會活動的基地❷。

◆公共福利參與、福利職務之確立

女性最初是以志工身分進行福利活動，後來逐漸被要求要參與公共事業。在德國，自治單位管轄下的貧困救濟事業皆由男性掌握決定權，女性負責實務工作，女性為了爭取一些自由裁量的空間，遂要求等同男性的權限。女性在能夠發揮妻子、母親身分經驗的領域上，其活動是受到肯定的，參與公共福利事業的女性也急速增加。而婦女運動也個別設立專門教育機構，以將福利活動確立為女性的職業，許多在此學習的女性，自二十世紀初期起獲得了有薪雇用。經過第一次世界大戰期間的福利需求高漲，1920 年代時福利職務轉為公眾認可的女性職業，女性擔任社會工作者，撐起福利行政機構的基層。（姬岡）

❶福利之複合體

女性史改變了原本傾向於關注國家福利制度的福利歷史研究。透過「女性」這個類別的加入，便能看到來自家庭和親族的支援、教會或地方社會的援助、慈善行動、志工團體援助等，同時相互扶助、企業福利、公共福利也更顯示出福利的多樣性。這些事務相互交織，構成了福利的整體，其樣貌又因應時間產生變化。福利從救濟貧困、慈善事業成為國家制度，並非只是單線發展，而是構成了多元的複合體，女性在其中扮演了重要的角色。

❷愛國女性協會（德國）

　　1866 年普奧戰爭之際，由普魯士王妃以「奉獻祖國」為號召而成立的協會。戰時負責看護傷病士兵、照料出征者的家人，戰後則致力於貧困救濟事業。該團體相當保守，採取「父權主義」（paternalism）的觀點進行援助，以避開社會問題增大所造成的階級加劇對立。除了給予物質上的支援，同樣重視救濟倫理方面的困境，認為她們的社會使命乃是引導勞工女性不要「誤入歧途」。比如讓女性對教導縫紉、家政教育燃起熱情，告訴女性身為妻子、母親的應有道德，且致力設置嬰幼兒設施、兒童養護設施等。

愛國女性團體的保育所

愛國女性協會設施（1879）

療養所	醫院	孤兒院	兒童收容設施	保育所	學校（縫紉、家政）	身障者用設施	精神耗弱、精神病患用設施
14	67	26	18	90	32	6	3

（姬岡：61 頁）

愛麗絲·沙羅蒙（Alice Salomo，1872~1849）

　　其出身為上流階層之女，原本想要做一名教師，卻因教職不適合該階層之故，無法接受培訓教育。二十一歲時參加「社會援助活動的女性團體」，從此展開新的人生。後以自身著作取得入學資格，進入柏林大學就讀，1906 年以探討關於「男女薪酬不均」的論文獲頒博士學位。1900 年參加「德國女性團體聯盟」（德語：Bund Deutscher Frauenvereine）後擔任幹部積極活動。1899 年時創立培養福利事業專門人士的課程，1908 年設立二年制的女子社會福利事業學校，開拓了社會工作者職業化的道路。此外又將受過福利相關教育的女性送往全國各地，擔任貧困救濟委員或福利專門職務。1929 年試圖成立國際組織，但遭到納粹剝奪公職，且因為猶太血統而被迫逃亡出國。

◆ 1848 年革命與女性之參與

因應建立共和制、達成統一與自由、民族改革等各種要求所發生的起義行動，以 1848 年 2 月的法國為契機，3 月起便擴散到德國、奧地利及歐洲各地。在這場革命之中，許多女性參加街頭抗爭、隊伍遊行、製造彈藥或架設路障、投擲石頭、鼓舞戰鬥、防衛自宅等，更有一些女性拿起了武器，其中有十一位在柏林、二十位在維也納喪命。然則在推翻王權後的憲法制訂議會選舉上，無論法國、還是德國，女性皆無選舉權，僅有男性才能實施普通選舉。在巴黎，女性的請願遭到漠視；在德國，儘管女性並未要求直接的選舉權，國民議會準備的二百個女性觀眾席仍是受盡嘲笑。

◆ 婦女報刊、婦女協會之設立

1848 年革命促成了歐洲誕生具有組織性的女性主義運動。2 月底時《婦女之聲》（La Voix des Femmes）報紙在法國發行，各階層的女性都能閱讀，其內容談論參政權、離婚請求、女性教育與失業、工資等職業上的問題。而在負責救濟勞工的「國家工廠」，女性也成功對抗把她們排除在外的情形，獲得了勞動權利。此外還創立許多女性政治俱樂部❶。德國的民主女性協會同樣為那些男性不想理會的女性勞工而行動，訴求不可忘記女性的組織成立。為了讓女性不要在社會大型變動中被拋下，路易莎·奧托—彼得斯（Louise Otto-Peters，1819~1895）❷高呼「在自由國度下招募女性公民」的標語，於 1849 年 4 月發行《婦女報》（Frauen-Zeitung）。

◆ 政治場合的性別演出

雖然女性總是被排除作為主權者的資格，革命卻又要求女性參加，大多在公共場合出現的女性，活動都帶有明顯的性別象徵。比如追求自由、統一目標的德國女性，她們主要的活動就是要對尚未統一的德意志國民，給予實質的支援，於對外戰爭時募集捐款、看護傷患等。女性也是象徵國民一心同體的必要成分，所以在市民軍隊旗幟的祝賀儀式上，女性會把繡好的旗子交給男性，然後男性發誓要守護自由、祖國以及女性。女性參加活動的基礎，源自家庭內的愛，是作為妻子、母親責任的延長線，人們在政治場合演出性別，連接起國民男女的角色規範。革命與女性、祖國、國民的結合，讓女性走向政治化，但依舊無法打破性別的壁壘。（姬岡）

❶女性政治俱樂部（法國）

二月革命時，為女性利益代言的社會新聞日報《婦女之聲》創刊，取得了巨大的成功。而許多來自市民、勞工階層的女性們

在報社辦公室聚會、討論如何改善生活與職業時，女性俱樂部隨之誕生，一個月後即成立了二百五十個俱樂部、後來又增加到四百五十個。

女性們提出要求參政權、離婚問題、女工勞動條件等，只是才到六月就被禁止了。

❷路易莎・奧托—彼得斯

　　路易莎・奧托—彼得斯是一位作家兼德國婦女運動的創始者。她參加源自批判教會權威主義、為革命期間民主派運動核心的德國天主教運動，1843 年時就已經主張「女性參與國家生活不是權利，而是義務」。1846 年寫下描述女性勞工困境的小說《城堡與工廠》，在革命當中亦關注女性勞工問題。奧托—彼得斯以全體女性的自立、自助為目標，訴求市民階層女性的職業教育權利。1849 年，她從瑪蒂爾德・法蘭茲卡・安尼克（Mathilde Franziska Anneke，1817~1884）發行的美國版《婦女報》獲取靈感，進而發行了德國版的《婦女報》，後於 1852 年被禁止出刊。1865 年再組成「德國婦女協會」（德語：Allgemeiner Deutscher Frauenverein），企圖爭取市民女性的教育權和就業權，象徵德國市民婦女運動正式拉開序幕。然而，她對於女性追求與男性平等的女權觀點持否定態度，她強調重視「永遠成為女性的特質」，期望女性能夠利用自身的特性實現自立。

糧食暴動

　　十九世紀前半，「糧食暴動」即是最典型的民眾運動型態，每當遇到歉收年份，穀物價格被過度哄抬，民眾就會攻擊穀物批發商，迫使其調降價格。1848 年革命的前一年正是遇到歉收，以致許多負責管理家計的婦女去參與革命，有時甚而擔任主導的角色。她們也會加入攻擊行動，另外還會在街頭大聲鼓譟，或者破口大罵。

瑪蒂爾德・法蘭茲卡・安尼克

　　原出生於富裕家庭，因父親股票失利，嫁給了一名接手債務的男性。由於瑪蒂爾德花了三年才成功跟家暴的丈夫離婚，使她覺悟到應該提升女性的地位，後來更轉向以作家身分謀生。1847 年她和政治立場相近的弗利茲安尼克（Fritz Anneke）結婚，一起參加 1848 年革命，還結識了馬克思和恩格斯。1848 年 3 月她在丈夫被捕之後，發行了勞工取向的《新科隆報》。該報被禁止後，便偽裝以《婦女報》之名繼續發行，採取議會外最左派的立場進行活動，而《婦女報》只出到第三號就又被禁止。同年 12 月，瑪蒂爾德偕同被釋放的丈夫，騎著馬去參加了革命時期最後的武裝起義。之後她流亡美國並投身婦女運動，為爭取婦女參政權奔走。

10-7 工業化與勞動的性別化

◆工業化讓女性勞動增加了嗎？

機械的運用讓勞動更為輕鬆，有人說這樣就會推動廉價的女性勞動力、兒童前往工廠工作❶。然而女性開始去工廠工作之前，早就已經在從事生產工作了：已婚者連同丈夫、孩子全家出動從事農業、手工業，未婚者則去有錢人家、手工業當雇工，甚至有統計顯示，社會工業化以前的女性就業率更高❷。當然，工廠工作的女性數量的確跟隨工業化發展增加，但這不表示原本在家庭內的女性全新就業，而是她們從其他領域跨進職場。所以，高度工業化時代女性勞動力成長率超過男性的說法，也是來自統計理解的謬誤❸。

◆勞動性別化

女性在家裡為家人所做的烤麵包、紡紗、織布等事務，都不能算成生產勞動，可是男性從事有薪勞動就能當作職業。相對於男性的技術勞工眾多，女性確實多屬非技術勞工，這不只是工作能力或適合度的差別，而是女性欠缺習得學習技能的機會、又讓她們做輔助性勞動工作的緣故。在手工業的世界裡，原則上女性不得擔任店主，即使是紡織這種典型的女性職業，一旦發明了「走錠精紡機」（Spinning mule），男性即可操作機械、進而驅逐女性從事手工紡織。女性勞動的增長更被視為一種拉低工資的「卑劣競爭」，進而遭受男性勞工的攻擊。當男女同樣從事機械紡織等工作時，男性可以透過訂定明確的職業資格，調整成「適合男性」的型態，提

高其工作價值。使得「男性勞動」、「女性勞動」之間，針對其種類、評價劃分出人為的界線❹。

◆女性保護法

由於女性的深夜工作、工時過長受到社會輿論的批判，認為是有害健康、道德的，是以在全世界最早實踐工業革命的英國，便於 1844 年起限制女性的工作時間。國家進行女性勞動的保護行動，就是救濟她們脫離那些殘酷、非人道的勞動，可以當成社會政策的成果，只是到了 1970 年代以後，又有反面聲音指出，這樣等於視女性勞動力為弱勢。於是在相關保護法制訂過程的議論之中，分出男性／女性、強壯／脆弱、自主意識強烈／意志薄弱、職業／家庭等等差異。就保護法對女性勞動力之規範，她們是為了增強國力而產下健康孩子的母親，也是為了安定社會基礎而營造美滿家庭的妻子，還是擔任次級輔助勞動力、來支持國民經濟的勞工。（姬岡）

❶【史料】恩格斯《英國勞工階級之狀態》（ *The Condition of the Working Class in England* ）

「機械之改良，就是要把原本耗費工夫的工作逐步轉嫁給機械，如此一來，柔弱的婦女、兒童也同樣能做好成年男性的工作，而且只需要不到一半、三分之一的工資。因為工作改成單純監視機器，致使成年男性漸漸被趕出工業，就算他們能夠增加生產，也沒機會再被雇用了。在大多的

情形，是依靠家庭主婦勞動，家人……整個翻轉過來了。家庭主婦不再養育家人，換成丈夫在家照顧小孩、打掃房間、做飯等。」（岩波文庫（上）：260、272頁）

❷普魯士與德意志帝國的就業率（%）

	1816	1849	1861	1882	1895	1907	1925	1933
男性	43.7	48.2	54.5	59.6	66.7	66.8	68.5	69.6
女性	29.7	27.9	31.5	24.8	26.7	25.6	26.5	28.0

出處：U. Knapp, Frauenarbeit in Deutschland, Bd.2, München 1984, p.647.

❸德意志帝國就業適齡（14~70歲）的女性就業率（%）

（未修正統計不完整之處）			1882年、1895年之統計數據中，無法完全掌握集中在農業部門的家庭工作人員，女性就業率比實際要低得多。	（修正統計不完整之處）		
	1880	1895	1907		1882	1895	1907
男性	94.1	93.5	92.3		94.1	93.5	92.3
女性	35.9	36.6	45.3		45.5	45.3	45.3

出處：U. Knapp, 根據 p.643 計算結果, G.Hohorst, et al・（Hg.）, Sozialgeschichtliches Arbeitsbuch II München, 1978, p.69。

❹紡織業的性別偏見

德國紡織工廠主要是採家庭工業形式經營，由男性負責紡織工作，女性、兒童則擔任助手。其生活狀態雖與勞工無異，男性紡織業者卻能自主決定工作狀況，擁有手工業店主的身分及自尊。當機械化造成手工紡織的危機時，請求阻止機械化紡織的男性，便對工廠的女性勞動燃起了強烈敵意。此外他們更組成類似職業公會的組織、排斥女性店主、明確規定徒弟修業年限、引進資格考試等，以強化這些工作的男性特質。縱使敵不過戰勝紡織機械化的浪潮，男性也並未就此成為工廠的勞工。

德國的女性保護法（1891年5月實施）

深夜（20:30~5:30）與星期日禁止工作，最長工時為十一小時；節慶假日前一天工時不得超過十小時，亦不得於傍晚（17：30）後工作；產後四週內禁止工作；須有一小時午餐休息時間，有家事義務之女性可申請延長至一小時三十分鐘；職場上應盡可能將男女區分開來。

◆勞工運動以男性為中心之特性

誕生於十九世紀中葉的早期勞工運動，擔憂女性加入職場會造成工資低落、競爭加劇，因此並不歡迎女性在工廠工作。由於運動帶頭者主要是保持手工業傳統的技術勞工，所以男性特質很強，根本沒有讓女性參加運動的念頭。同時期的勞工運動也曾出現「女性即家庭」之口號，他們一方面避免跟女性競爭，另一方面則高呼女性勞動受資本剝削勞動的悲慘後果──即「家庭破壞」，以求改善勞工生活狀態❶。十九世紀末勞工運動擴大時期，社會對於女性勞動、女性參加運動的好感增強，不過此時觀念不同於「男女平等」的官方見解，主張「女性即家庭」的勢力依舊強大。

◆勞工家庭

十九世紀中葉的勞工生活及其日常狀況，就是妻子忙於家務、不足的部分則是在家庭內外兼職，以照料寄宿者、菜園農作來補貼。此時期的家庭對外仍為半開放狀態，已與只限家庭成員那種封閉、情緒性的日子無緣。此時期像住宅狹小骯髒、與他人同居、性道德淪喪、丈夫酗酒、妻子不會做家事等，都被當成是社會問題❷。到了二十世紀，隨著工資上漲、工時減少❸，「宜人家庭生活」變成一件可能的事情，人們可以透過打造舒適住宅、減少生小孩數量、提升教育、飲食多樣化等，從勞工生活模式漸漸走向小小公民。儘管那些背負家事、就業蠟燭兩頭燒的已婚婦女，她們擔任全職家庭主婦的意願有所提升，

但其實只有不到 50% 比例的妻子，能在婚姻期間全心投入家務事。

◆勞工文化、生活圈之形成

在邁向二十世紀的轉折時期，勞工階級成長為一大政治勢力，其亦於生活文化方面形成一個獨特的世界，加深了勞工夥伴團體之間物理及精神上的連結。早期以男性為主的勞工運動，性質轉變為包括全家的運動，全職家庭主婦也加入了勞工政黨。此時針對男女勞工或家庭取向的出版物增加，勞工們創立、籌劃舉辦許多組織活動，如採購生活物資的合作社，還有家事學習、娛樂、藝術、體育運動相關的圈子和教室，使勞工運動與日常生活密切連結。如此形成之勞工生活圈，面對政治立場、生活條件不同的中產階級、上層階級，懷有與之對抗的文化性格。（姬岡）

❶【史料】倍倍爾（August Bebel）《婦女與社會主義》

「有越來越多的已婚婦女前往工廠工作，這將會在女性懷孕、生產、以及產後一年幼兒依賴母乳時，帶來非常悲慘的結果。懷孕期間的各種疾病對胎兒、女性的身體都有破壞性影響，導致引發早產或死胎。孩子出生後，母親又必須儘早返回工廠，才不會被競爭對手搶走職位。對她們這般的螻蟻之輩，必然會有以下結果：亦即草率的照顧，營養不良或者完全欠缺；為了讓小孩安靜，竟讓他們喝下鴉片藥劑，釀成大量的死亡、疾病、發育不良。孩子成長

過程往往不知何謂真正的父母關愛,而他們自身也感受不到的真實的父母關愛。」

❷【史料】1874 至 1875 年實施之就業實況調查結果——社會改良者對女性的觀察

「在工廠設立以前,低齡結婚、非婚生子女產出的情況較為多見。當時輕視家事、女性欠缺經濟能力、事事漠不關心,實在令人嘆息。人們一旦施行「堅信禮」(14 歲左右為加深基督教信仰所做的儀式)後,便即刻前往工廠開始工作,壓抑了「家庭」的感性,總是把賺來的金錢花在無謂之事,每到星期日就丟下家事跑去舞廳。我們很難否認,許多年輕男女的會面對道德確有不良影響。比起在維持嚴格秩序的工廠內部,這些事更容易發生在男女結伴走漆黑夜路回家、或是酒館等處。相比之下,在生完孩子馬上辭去工廠工作的女性身上,就看不到輕忽家庭生活的情形。(Ergebnisse der über die Frauen und Kinderarbeit in den Fabriken auf Beschluß des Bundesrates angestellten Erhebungen, zusammengestelltim Reichskanzleramt, Berlin, 1876, p. 45)

❸勞工的家庭開支(德國哈勒〔Halle〕,1908)

收入(馬克)	各項目支出(%)				
	食費	衣服	住家	暖氣、照明	其他
900~1200	54.55	11.84	17.31	4.83	11.47
1200~1600	59.47	14.02	13.10	3.40	10.01
1600~2000	54.63	14.43	14.38	3.14	13.42
2000~3000	46.58	14.93	13.42	2.65	22.44
平均	55.91	14.12	13.74	3.31	12.92

出處:Saul, et al.(Hg.), Arbeiterfamilien im Kaiserreich. Düsseldorf, 1982, p.93.

勞工家庭的住家

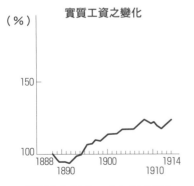

實質工資之變化

(%)

出處:Reck, Arbeiter nach der Arbeit, Gieß en, 1977, p.42, 43

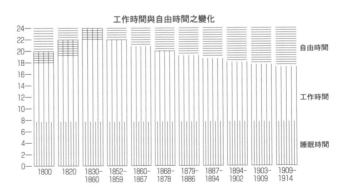

工作時間與自由時間之變化

自由時間

工作時間

睡眠時間

出處:Herre, Arbeitersport, Arbeiterjugend und Obrigkeitsstaat 1893 bis 1914, in:Huck(Hg.), Sozialgeschichte der Freizeit, Wuppertal, 1980, p.188.

◆烏托邦社會主義（Utopian socialism）與女性解放

誕生於十九世紀上半葉的烏托邦社會主義，企圖實現一個沒有歧視的和諧社會共同體，如傅立葉（Charles Fourier）所說「社會進步與婦女解放成正比」，可以說該思想也相當看重女性解放。他認為家庭會使「異化」再生產，故應解散，允許男人、女人與複數的異性相結合，更試圖創建一個生產和消費的新型共同體。另一位烏托邦社會主義代表人物聖西門（Henri de Saint-Simon）的弟子們，則認為男人、女人是一組完整的個人，注重家庭，但駁斥私有財產之維持存續、還有用爭取嫡子作為手段的家父長家庭，強調愛情且貫徹男女平等。他們還致力於將家庭內夫婦對等的關係，推廣到社會全體。1830 年代聖西蒙主義者女性的活動，就在 1948 年革命期間影響了女性解放的動向❶

◆馬克思主義與女性解放

儘管馬克思本人不關心女性歧視問題，他的理論出發點卻是來自女性壓迫與資本制生產模式之關聯。另外，恩格斯就非常關切女性問題，在其著作《家庭、私有制與國家的起源》中，提出私人財產建立的同時，也會發生「女性具有世界史意義的失敗」。他以解放女性為前提條件，主張：①廢除私人財產、②所有婦女回歸公共產業。馬克思主義提出了關於工業社會壓迫及其解放理論之說明，亦於階級支配中尋求中女性壓迫結構，認為只要廢除階級支配，女性解放便能自動實現。

◆社會主義女性解放論

馬克思、恩格斯僅是以模糊的形式提及女性解放之路，德國社會民主黨領袖奧古斯特・倍倍爾、社會民主黨婦女運動理論暨實踐領袖克拉拉・澤特金（Clara Zetkin，1857~1933）兩位則是揭示以具體的案例。倍倍爾著有《婦女與社會主義》（1879 年初版，日文譯本為《婦人論》）一書，闡明女性自原始時代到十九世紀末的社會地位和角色扮演，從資本主義體制探尋女性受壓迫的原因，主張女性解放只有在社會主義社會才可能實行❷。而完成社會主義女性解放論的澤特金，更於社會主義的聚焦過程中，釐清了婦女運動課題。對她來說，女性問題即等同階級問題，故而極力強調：若要成功解放勞工階級女性，男女勞工就必須共同為廢除資本主義而戰。女性就業和經濟獨立同樣被視為自主參加階級鬥爭的先決條件。因此，澤特金強烈批判那些要求廢止女性勞動的社會主義者❸。然而，社會主義婦女解放論終究是以階級為中心的史觀，沒有獨立分析「性歧視」的觀點❹。（姬岡）

❶ 芙蘿拉・特里斯坦（Flora Tristan，1803~1844）

十九世紀上半葉的法國在烏托邦社會主義思想影響下，把「解放勞工階層」跟「解放女性」連結起來，呼籲所有男女勞工應該團結。芙蘿拉・特里斯坦原為出身秘魯

的西班牙貴族之女，父親過世後即陷入極度貧困的生活。她擁有三個孩子的婚姻生活也不幸福，在對抗丈夫爭取自由的過程中，她將「女性解放」認定為終生使命。

❷奧古斯特・倍倍爾（1840~1913）

在對女性勞動發出反對聲浪的社會主義者之中，倍倍爾帶頭處理了女性相關課題，即使 1875 年訂立的德國社會民主黨「哥他綱領」（Gotha Program）裡未曾明文寫下女性，不過已經納入「要求全體國民參政權」及「肯定女性勞動」的決議了（訴求女性正式參政權的是 1891 年「艾福特綱領」〔Erfurt Program〕）。最早於帝國議會要求女性參政權的也是倍倍爾。他的著作《婦女與社會主義》在第一次世界大戰之前就已印製到第五十九刷，自初版以來的發行量高達二十一萬本，是德國勞工不分男女最常閱讀的書籍之一。倍倍爾在本書以貼近烏托邦的方式描寫未來女性形象如下：「新社會的女性無論在社會、經濟方面都可完全獨立，不再屈從任何控制或剝削，以自由平權者之姿面對男性，是自我命運的支配者。」

❸「國際」（International）與女性問題

由跨國勞工組織而成的「國際」，最初對女性未必抱持著友善態度。普魯東（Pierre-Joseph Proudhon）於「第一國際」（First International，1864 年成立，又稱「國際工人協會」）發表「婦女即家庭」的演說，獲得諸多贊同。1868 年以後，隨著英國、法國的女性勞工加盟，再度增強女性勞動支援。在 1899 年「第二國際」（Second International，又稱「社會主義國際」）創立大會上，則有澤特金完成社會主義女性解放論的演說。1896 年召開第一次非官方的國際婦女會議，至 1907 年成為正式婦女會議，更加推進婦女參政權爭取戰。而 1910 年的大會又決定舉行國際婦女節，該節日延續至今。

❹ 羅莎・盧森堡（Rosa Luxemburg，1871~1919）與女性解放

羅莎・盧森堡，波蘭出身的馬克思主義理論家，以德國社會民主黨左派身分活動，1919 年 1 月德國革命時遭到槍殺。她是克拉拉・澤特金的同志兼友人，卻輕視女性解放一事，還批評「克拉拉為婦女問題付出太多努力」。對羅莎而言，只要階級問題能解決，婦女問題也會隨之自動解除。

爭取婦女參政權的婦女節海報（1914 年 3 月 8 日）

羅莎・盧森堡（照片右者）與克拉拉・澤特金（照片左者）

◆淑德的絕對必要

雖然女性的婚前性行為總是被普遍否定，不過在農民社會裡，只要雙方結婚就能獲得寬恕。十八世紀後半公民社會走向明朗化之際，公民性道德跟基督教性規範兩者的觀念基礎已不再相同，但仍同樣視女性的童貞及貞節為絕對必要之事。此時崛起的中產階級在生活方式、價值規範上，與統治者貴族階層形成鮮明對比：相對於把情婦當成常態、看來腐敗又墮落的宮廷文化，女性之純潔、羞恥心、純淨、恭謹便是公民所看重的美德。女性唯有守住這些美德，才能享有幸福的婚姻生活❶。

◆性的雙重標準與性交易

十九世紀時，當「幸福安樂的家庭空間」說法變得有了現實基礎，那些認為女性象徵道德清純的「家庭天使」、她們「沒有性欲」之說遂成主流。這固然只是個空話，但性已變成一種極端禁忌，消失於夫妻的閨房秘事中，甚至連談論「避孕」都會被當成危險的猥褻行為。然而，男性的性欲就可視為本能，婚外性事還能得博得讚賞（性的雙重標準）。由於年輕男性收入難以經營體面的優雅家庭生活，以致結婚年齡提高，他們改去妓院包養情婦，人們認可性交易是必要之惡。性交易的管制方法因時因地而異，基本還是上採許可制，妓女必須定期找醫生診察❷，軍隊也會為了維繫公家核可的性交易而予以施壓。

◆下層民眾的性

下層階級的女性可不像中產階級那般，有著嚴格的內化道德感，她們會跟喜歡的對象發生婚前性行為。都市和農村不同，它沒有緊密的共同體規範，就算有性行為也未必要結婚，所以在十八世紀末到十九世紀初之間，都市的非婚生子女人數持續增加。不過，非婚生子女數量在整個十九世紀都沒什麼變動，但到世紀下半葉就形成社會問題，於是神職人員、醫師、婦女團體都力圖改善下層階級女性的風紀❸。特別是女性工廠勞工的性事，將有監督官定期做調查，成為國家干涉之對象，反觀國家對男人性事就相當寬容。勞工居住環境惡劣，在此性事沒有隱私，年紀輕輕即可學到性知識。勞工們的結婚契機通常是懷孕，女性對於家事、就業蠟燭兩頭燒的婚姻沒有幻想，往往等到懷孕才結婚。（姬岡）

❶啟蒙時期的公民戲劇

德國啟蒙思想代表人物——作家萊辛（Gotthold Ephraim Lessing，1729~1781），他在十八世紀中期首演、大獲成功的戲劇作品《莎拉‧桑普森小姐》（*Miss Sara Sampson*）裡，對比了宮廷社會充滿肉慾的舊秩序，以及貞節賢淑、純真善良的新式公民道德，並且讚揚後者。男主角原本迷戀一位充分體現宮廷社會的女子，直到他遇到另一位具有公民道德的女子，才發現前者之醜惡，從此轉換價值觀，選擇了新秩序。只是宮廷之女被男子拋棄後，竟去

毒死了有德之女，結局終成悲劇。這也是告訴大家一個教訓：道德必須完美無暇，假如為了得到公民美德，犯下私奔這種不道德的行為，仍將遭受因果報應。

❷公娼制度（對性交易的統一管控）

即使近代歐美各國的性交易都不算合法，社會依然承認其必要性，採用依警察准許營業之公娼制度。妓女們必須登錄在案（有強制、也有自願）、居住在妓院或指定地區、限制服裝穿著，禁止進入特定場所、受風紀警察監視、做性病檢查等，她們不僅生活全面受到管制，還會被仲介剝削。明明性交易得有客人才能成立，責任卻全部歸在妓女身上，讓她們飽受鄙視。此外，有些遭警察判定「完全墮落」的女性，也可能登錄成妓女。其實沒有登記、自己去街頭拉客的私娼數量遠超過公娼，她們害怕警察的取締，一旦再次被捕，就會判處監禁，而後將送去感化院。

羅特列克（Henri de Toulouse-Lautrec）
《紅磨坊的醫療檢查》
（*The Medical Inspection at the Rue des Moulins*）

❸勞工的家庭開支（德國哈勒〔Halle〕，1908）

最大	柏林	每 4.1 人中有 1 人（1911~1915）	德意志帝國	每 10.1 人中有 1 人（1911~1915）
最小		每 7.3 人中有 1 人（1871~1875）		每 11.3 人中有 1 人（1876~1880）

【解說】大都市的非婚生子女出生率遠遠超過帝國全體平均值，故而有人提出此現象與都市化、性道德淪喪具有因果關係。（Hubbard, Familiengeschichte, München, 1983, p.109）

⸢ 廢娼運動 ⸥

直到十九世紀末，才開始出現基於女性立場對性交易的批判。1860 年代末期英國引進公娼賣淫管理制度時，約瑟芬·巴特勒（Josephine Butler，1828~1906）——即日後的廢娼運動代表人物，她便反對公娼制，並認為這會助長女性作為男人所屬物、還有男人玩弄女人的行為，對自由、道德均有不良影響。她和夥伴一同把廢娼運動推廣至歐陸地區，1874 年組成「要求政府廢止賣淫管控之英歐同盟」。這時從事奴隸廢除運動的美國人也一併參加，1877 年在日內瓦召開了國際會議。會議上「禁止賣淫派」、「廢除公娼派」雙方意見分歧，最後採用巴特勒「我們應該譴責男性的淫靡欲望，國家管控賣淫等同貶低女性」之中心思想作為決議。女性主義組織同樣參加了廢娼運動，跟警察攜手合作、決戰賣淫組織。

10-11
專題討論⑩
近代家庭的形成

日本教科書對應
近代歐美社會的成長
本書相關章節
9-3、10-8、11-3

◆近代公民家庭之形成

人們往往認為，所謂「血緣與愛情連結」這種家庭特性，是不變的本質，其實把「家庭」當成親密且私人的封閉空間，是近代以來才有的觀念。近代以前的家庭，意指一群人同居在以家父長為中心、是勞動兼生活共同體的「家」，除了夫婦、親子以外，也包含雇工在內。家庭內的孩子跟僕人一樣都要工作，兩者時常被視為同等。大約從十八世紀啟蒙時期起，出現了一些重視家庭親情的言論，加上在家庭經濟之外賺取收入的人越來越多，雇工便與血親分離開來，家庭成為一個親密空間，亦即近代公民家庭的誕生。接著官員、醫師、律師等專業人士團體，或者企業經營者、大商人等公民階層（上流中產階級）間很快地形成這種家庭，他們透過家庭生活養成愛、人格、道德，且實踐勤勉、合理性等公民價值觀，注重體面，抨擊品行不端又奢華的貴族生活態度。

◆家庭與愛情

過去挑選婚姻對象著重的是家世、職業，至十八世紀初期出現了「愛情至上」的說法。這種見解透過「道德週刊誌」等雜誌刊物深植人心，注重由當事人自行擇偶、加強了對戀愛結婚的憧憬。約莫在同一時期，孩子們變成需要關愛、呵護的存在，根據菲利浦・阿利葉（Philippe Ariès）所言，近代以前，孩子滿七歲左右就會被當成一個「小大人」，讓他們在成人的共同體中一起玩耍、工作、學習，沒有私生活

空間。大概要到童裝、玩具登場的近代早期末尾，人們才改變了對待孩子的方式，此刻已轉為親密的家庭空間裡，開始有了孩子的存在，「童年」因應而生。現在一般認為是本能的「母愛」，其實也是歷史的產物。約在十八世紀中葉之前，父母不太會為孩子的死亡悲傷，從上層至下層階級，普遍都有等孩子成長到一定年齡就送給他人寄養的習慣。下層階級的母親忙於維持生計，上層階級的母親則致力社交活動。至啟蒙時代，人們讚揚以母乳育兒、為孩子犧牲奉獻的母親形象❶，亦將標準化的母愛定調為「本能」。

◆家事變化與家庭主婦

在一個生產、消費整合的家庭經濟中，原本身為丈夫經營協力者的妻子，就喪失了家庭內部的經營者本色，轉為整個家的經營負責人、以及操持家事的家庭主婦。話雖如此，在工業化正式開啟之前、市場經濟還不成熟的時期，家事勞動一直都含有生產勞動的成分，只要是中產階級以上的家庭，主婦手下都還有廚娘、洗衣婦、男僕、女僕等作為助力❷。到了十九世紀後半，家事完全變成用於消費的勞動，家庭傭工人數即隨之下降。1920 年代起，家庭主婦開始獨自操辦家事，洗衣機等電器用品也相繼問世。（姬岡）

❶嬰兒捆包（swaddling）

孩子剛出生沒多久，為了避免他們妨礙大人工作、加上防止身體彎曲，就用長條

歐洲最古老（十五世紀初期），佛羅倫斯棄兒養育院的標誌

慶祝聖誕節公民階層家庭

布把他們在雙手雙腳伸直的狀態下層層包裹起來（故名「嬰兒捆包」），這個行為在啟蒙時代被批評為束縛兒童的元兇。啟蒙主義者主張父母不應把育兒全部丟給他人，而是要親自負責，喚起了父母的道德義務與責任。而「鼓勵母乳育兒」便是其中一種表現。像盧梭這位熱心的稱頌者，就鼓吹母親應為孩子奉獻，催生出「母愛」之意識型態。

❷文豪歌德的家庭事務（1760）

商品採購方法：從專營雜貨店購入調味料、辛香料、咖啡、紅茶；布料、家庭用品、餐具、書籍則至商品展售會或市場購入；亦可利用麵包店、肉舖、裁縫店等手工業者。許多物資不算完成品，須購入未加工者或半成品，於自宅、或委外加工。豬隻於自宅宰殺後，製成香腸，並燻製、醃漬豬肉。蔬菜水果、豆類於自家菜園栽培，裝瓶以備冬天使用。葡萄於自宅榨汁釀成紅酒，一部份用以販售。春季時進行床褥、桌巾等大型清洗工作。自宅紡出的紗線交由手工業者紡織、再去裁縫店或自行縫製。歌德家並非從市場直接購買消費物資，所以自宅內部的生產、加工功能更為重要，他們實行的物資採購既大量、且相當看重長遠規劃。因此消費不僅止於「消費」，而是一種涵蓋生產面向的「儲存經濟」。（川越、姬岡：65、66頁）

父親的角色與關愛

即使從十八世紀後半起開始出現「女性顧家庭、男性重事業」的二元對立性別角色分工之說，然而到十九世紀前半為止，公私之分尚且曖昧不明。許多男性就算職場在家庭之外，仍會於自家工作，重視家庭關係的父親更會抽空教育孩子，並且擔任家庭的領航者，與妻子共同創造親密關係。此時他男性的情感表現不會被否定，男兒亦可流淚。

近代歐美民族國家的發展

◆民族的形成與性別

近代，即民族國家的時代。法國大革命時所誕生的「國民」（nation）概念，正是組成民族國家的成員之意。接著十九世紀時又出現以語言、歷史等共通性為一體的民族概念，於是在分割成諸多國家的德國、義大利，以及遭到大國瓜分的波蘭，人們的民族意識覺醒，興起了建立統一民族國家的民族主義。

民族國家不論採用共和制、或者君主制，原則上皆假設主權在民，惟女性不在主權者範圍內。話雖如此，若要保住民族的整體一致性，則男女雙方缺一不可，男女作為國家民族的一員，被賦予了各自的定位。民族國家的民族形成之時，正好遇上起於啟蒙時期的近代性別秩序發展至形成、定型期，所以民族形成也納入了這些秩序。人們認為只有透過男性負責公領域、拿起武器守護祖國和婦孺，再加以女性守護民族基礎的「家」，才能形成堅強、擁有一致性的民族。因此，其民族形象裡的男女關係呈現一種不對稱的階級狀態。

◆民族運動與女性

男女在民族運動上的定位固然有所不同，女性仍可基於愛國精神，於女性領域內積極參加活動。十九世紀初拿破崙戰爭之際，德國就創立了大約五百個愛國婦女協會，數量更勝男性協會，女性從事活動包含募集捐款、編織士兵襪子、投身救護看護、抵制外國製品、鼓舞士氣、關懷死傷者家屬的福祉等等。縱使有「女性即家庭」的規範在前，但只要是為了國家民族，女性就能從事家庭以外的活動。像這樣帶有性別標記的愛國行動，便是第一次世界大戰爆發前夕、被稱為「漫長的十九世紀」

民族與家庭

家庭乃民族之基石、國家之基本單位，民族與家庭可以互為類比。家庭是一個建立在神祇信賴、愛與忠誠的有機單位，將此家庭觀念應用到民族上，民族即成家庭。倘若家庭裡的夫婦有愛且忠誠、加上各自互補的角色分工，就能讓民族團結一致，鞏固國家基礎。

象徵民族連續性與恆久不變的女神

革命時期以裸體姿態登場的「戰鬥瑪麗安娜」，在和平時期就變成穿著完整長袍的「民族瑪麗安娜」。女神的長袍呈現了一種安寧秩序，能夠喚起過去以來的連續性，也代表女性擔任傳統秩序的守護者，象徵民族的永續性。

瑪麗安娜女神
（Marianne，法國）

不列顛尼亞女神
（Britannia，英國）

日耳曼尼亞女神
（Germania，德國）

的典型女性社會活動模式，而十九世紀後半所創立的常設婦女組織，她們會在和平期間辦理女性勞工的教育、福利活動，致力於國家民族的整合一致。

◆民族主義及其大眾社會化

十九世紀末，歐洲列強紛紛向海外擴張，造成霸權爭奪戰越演越烈，使民族主義隨之擴散。民族主義追求內部團結一致、排除他者，要求包含女性的全體國民一同加入，透過選舉權的擴大，政治參與不再侷限於男性大眾，女性也跟著走向政治，開始參加一些社會福利以外的協會活動，如艦隊增設、殖民地相關事務等。此時的民族主義極為排他，甚至出現德國那種民族至上的傾向。民族主義要求堅決對抗外敵的勇氣、果決、戰鬥力，著重男性化的元素，反之敵國、殖民地居民就常常被描述成「懦弱、優柔寡斷」的女性。儘管征服、統治都屬於男性的領域，女性依舊可以主張維繫血統、文化等民族連續性是她們的課題，藉以加強發言權、擴大行為空間。就算信奉民族主義的女性之間亦有強烈反對婦女參政權的聲浪，整體上還是能激發女性的政治、社會活動，奠定了導入參政權的基礎。（姬岡）

公民的世紀（1776~1850）

1851 年	法：廢除女性政治請願權
1854 年	南丁格爾擔任隨軍護士前往克里米亞
1859 年	英：婦女雇用推進協會成立，達爾文出版《物種起源》
1861 年	英：《比頓夫人家務管理書》（ *Mrs. Beeton's Book of Household Management* ）出版
	美：南北戰爭（~1865）
1863 年	美：發布《解放奴隸宣言》
1865 年	德國婦女協會成立
	英：彌爾主張婦女參政權並進入議會，劍橋大學外地測驗開放女子參加
	美：第一所女子大學成立（1793 年前東岸已成立 7 所一般大學）
1866 年	英：彌爾提出婦女參政權法案
	德：婦女就業促進協會、愛國婦女協會成立
1867 年	英：婦女參政權全國協會創立
1869 年	美：全國婦女參政權協會及美國婦女參政權協會成立
1870 年	美：黑人取得參政權
1871 年	德：德意志統一，第二帝國建立
	法：成立巴黎公社
	英：組成婦女教育聯合會
1874 年	英：組成婦女保護共濟聯盟
1878 年	倫敦大學開放女性取得學位
1889 年	德：施行殘疾及老年保險法
	法：施行普遍徵兵制
1893 年	英屬紐西蘭開放婦女參政權
1894 年	德：德國婦女團體聯合會成立
	英：婦女產業勞動評議會成立
1896 年	美：設立全國有色人種婦女協會
1897 年	英：全國婦女參政權協會同盟
1900 年	法：設立全國婦女評議會
1904 年	國際婦女參政權同盟成立
1906 年	英：全國婦女勞工聯合會成立
1907 年	國際社會主義婦女會議召開
1908 年	德：正式承認女性之大學入學、開放女性登錄政黨

11-2 軍隊與性別

日本教科書對應
法國革命與拿破崙／近代歐美民族國家的發展

本書相關章節
9-3、13-2、13-11

◆戰鬥男性形象的出現

由於近代以前的軍隊等同於國王的軍隊，因而造成許多人厭惡入伍從軍，而且他們也認為戰爭會造成經濟等日常活動的負擔❶。不過，只要是為自己奮戰，狀況就不同了——如法國大革命時從外敵手中守護革命、或是拿破崙戰爭期間抵抗德國的祖國防衛戰，都有許多志願兵蜂擁前來。在此當下，男子氣概、戰鬥性質進一步跟祖國結合，激發了愛國情操。這個時期開始出現一種無關身分、階級，要求所有男性都應該持有的戰鬥男子氣概❷。人們認為拿起武器保衛祖國應是全體男性的課題，所以「男性戰鬥性質」也被加進自然生理的性別差異論中。「戰鬥男子氣概」與國家民族概念、民族主義的誕生均是密不可分。

◆兵役義務與國家公民

近代兵役義務、和享受公民權是連結在一起的。法國因為歷經革命才讓國家變成國民所共有，遂將守護國家視為主權者國民的義務，採用了普遍兵役義務。而普魯士雖在拿破崙戰爭期間的1814年未能實現兵役義務，後來還是用同意公民政治參與的方式換取引進該制度。「國家公民」變成等同「能夠拿起武器保衛祖國的男性」。既然兵役＝國民應該實踐的義務，於是可從這裡導出一個理論：「女性是被守護的一方，倘若她們無法為國獻身，就不能享受公民權」。兵役義務與戰鬥男子氣概的言論相得益彰，強化了「性別階級」，灌輸人們國家要雄壯威武才能算是強國的道理。

◆軍隊乃是國民與男性氣質的學校

年輕人入伍後，將以士兵身分接受軍事訓練和人格教育，除了鍛鍊「男子氣概」，還要把他們調教成服從、愛國的國民。軍隊的獨特之處在於，它既能鍛鍊出勇敢、沉著應對危險的強健體魄，且能養成保持紀律、對上級服從的態度。制服、武器可以增強士兵們經由入伍體檢所認證的身體健壯，在軍營外頭行軍，則可讓士兵對自己保衛國家的任務感到自豪。軍隊裡到處流行腥羶話題，性經驗被當成一個男人成熟的證明。男性透過在軍隊學到的生活態度、秩序觀念，從「小伙子」成長為「出色的男子漢」，女性也把他們視為適合共組家庭的成熟男性。（姬岡）

❶公民階層對軍隊的厭惡

普魯士在推動富國強兵的過程中，1733年就採用過徵兵制，當時對象是農民跟下層階級民眾，公民階層則是經濟活動優先，遂得以免除徵兵。十八世紀時，人們並未否定「不戰鬥的男性」，甚至於對公民階層來說，軍隊就是一丁點教養都沒有的粗鄙團體，跟公民應該具備的道德毫不相容。即便公民階層在拿破崙戰爭時自願擔任志願軍、參加戰鬥，他們仍舊抗拒兵役成為義務這件事，直到十九世紀後半，「負責戰鬥男的性形象」才定調下來。

❷愛國詩人艾恩斯特‧摩利茲‧阿恩特（Ernst Moritz Arndt）表現「戰鬥男子氣概」之詩作（1813）

這就是男人，他可以為此而死。為了自由、義務，還有正義。在真誠的勇氣之前，萬事皆順遂，不可能再惡化。

這就是男人，他可以為此而死。為了神、還有祖國。在進入墳墓之前，他都會持續戰鬥，用心、用口、以及用手。

（庫納編：47~48 頁。該時期出現大量歌頌戰鬥男子氣概的詩作）

（普魯士）鐵十字勳章。從 1813 年拿破崙戰爭起開始頒發，貴族以外的平民，也可以憑軍功獲頒勳章

艾蕾諾‧普羅查斯卡

艾蕾諾‧普羅查斯卡（Eleonore Prochaska，1785~1813）以「男性」志願兵身分參加拿破崙戰爭，擔任步兵作戰。直到她被砲彈打倒接受治療時，才被發現是女性。艾蕾諾去世後漸漸被賦予理想形象，譽為「波茨坦的貞德」。比起性別，人們更讚賞她的愛國情操、和願意犧牲的公共精神，把她當成一位國家英雄並傳頌後世。1863 年，艾蕾諾墓地旁邊加上了紀念銘刻；1889 年，其故鄉波茨

坦再設立紀念碑（右方照片）。女扮男裝以志願兵身分參加拿破崙戰爭的女性，已知姓名者就有二十三人。其中有許多人戰死，或者一被發現女性身分就除役。然則也有一些女性像安娜‧呂林（Anna Lühring）那般，得到上級支持而留在部隊內。

女性民兵

由徵兵制招募的正規軍隊固然是男性專屬天地，但女性亦可採用志願兵、游擊隊的形式參加戰鬥。在人民陣線（Popular Front）政府對決右派反抗軍掀起的西班牙內戰（Spanish Civil War，1936~1939）中，人民陣線一方即出現了——蘊含跨越性別界線意義——身穿「藍色連身工作服」、拿起槍枝走向前線的女性民兵。起初，這些女兵都是勇敢的鬥士，只是等正規軍隊編組之後，就對她們下達退出前線的命令，政黨、團體的口號也從「男人、女人，上前線」，改成「男人上前線，女人做後衛」。（參照砂山〈戰爭與性別——西班牙內戰之狀況〉，收錄於姬岡等編《近代歐洲探究 11：性別》）

◆教育體系的性別分離

十九世紀初，高等教育人才變成社會形成不可欠缺的部份，教育體系也整備完成，只是此時教育多有性別分離制度化的情形。人們認為女性作為「妻子、母親」，不需要接受培育高深知識、自主性的教育，在基礎知識以外，亦著重可當作淑女才藝的法語、音樂、藝術、手工藝❶。男子在可通往大學入學的中等教育機構裡面，學習古典人文主義、自然科學等，相對地，女子則於家庭內由身邊之人、寄宿的家庭女教師（governess）教導，或至私立學校受教育。十九世紀下半葉以降，由於婦女運動的要求、以及職業婦女人數的增加，公共女子中等教育隨之完備，惟其教育目標乃是「培養共和國之母」（法國）、「協助男性」（德國）。

◆邁向高等教育之路

美國是最早賦予女性高等教育機會的國家（1833），其次是瑞士（1867）。歐美各國主要是十九世紀後半才開啟高等教育之路，其過程頗為複雜，很難確定起始的年代和來源根據。❸。儘管高等教育從制度上開啟了門戶，但是像法國並沒有女子教育機構可以準備相當於入學前提資格的中等教育畢業考試（baccalauréat），以致女子依舊難以入學。反倒是適用中等教育考試免試資格的外國女子留學生，更容易進入大學。1869 年，英國設立了女子學院，至 1870 年代末時女子宿舍在籍者可參加劍橋、牛津的課程，另外也開放女性取得大學學位（倫敦大學：1878）等，採用分批、暫定、階段性的方式擴展女子高等教育機會。德國發展較晚，於二十世紀之初准許女子大學入學。

◆民族主義與初等教育

早在十八世紀末，德國地區（普魯士）就依據富國強兵政策納入了義務教育，英國、法國則是到 1870 年代終於將初等教育納為義務。在此之前，下層階級的兒童是透過公共教育小學、宗教人士提供的學習機會，來學習閱讀，寫作和算術。初等教育之所以轉為義務，來自民族主義興起的背景，意在培養忠於國家的強悍士兵、支持他們的妻子母親、還有勞動力。為了培養愛國情操，他們很重視學習本國建立、發展的歷史教育。而女子專屬的學科方面，在既有的縫紉之外，高年級會再加入烹飪、衛生、張羅家計等全方位家庭經營角度的家庭經濟學。（姬岡）

❶十九世紀初期的女子學習時間表

十九世紀初期，德意志作家芬妮・萊瓦爾德（Fanny Lewald，1811~1889）十三歲從學校畢業後，便只能遵照下列這個由父親制訂、缺乏知識刺激的時間表，過著無趣的日常生活。

上午八時至九時：鋼琴新曲練習

九時至十二時：手工藝。日常的裁縫及編織。

下午十二時至一時：複習舊教科書，法語、地理、歷史、德語、文法等及其他。

一時至二時三十分：休息及午餐
二時三十分至五時：手工藝
五時至六時：鋼琴課
六時至七時：習字

❷家庭女教師

　　除了才華橫溢的作家和藝術家，中產階
級女性能夠受人尊敬、同時賺取收入的唯
一路徑，當屬「家庭女教師」。由於家道中
落、錯失結婚機會而不得不自立更生的女
性眾多，造成家庭女教師市場供過於求，
待遇不佳。這些家庭女教師的窮困，催生
了出要求給予女性職業機會的女性主義運
動。

雖然當時女性的知識活動未能受到肯定，
還是會讓她們在半強制的手工藝學習時
間，兼做閱讀、朗讀，以提高教養

❸反女子高等教育

　　十九世紀後半，女性進入大學漸趨普及
的當下，仍有許多人強烈反對這個狀況。
如英國國教會就分成兩派：一派推行設立
女子學院來強化教會影響力，另一派則反
對遵循神的意志設立學院。主要的反對意
見來自醫學、生物學角度，認為女性智力
不足，是以過度用腦有違自然、危害身心，
且高等教育跟女性的家庭角色無關，如此
將壓迫女性「恭謹」之美德，製造男女競
爭也會威脅到神所訂制的性別秩序。

家庭女教師授課下的女孩們

女性與學識

　　啟蒙時代初期，女性固然在學識取得上有所進展，可是到了後期，又因學識會讓她們喪失女性
氣質而遭到否定。在女性獲准就讀大學超過一百年前的 1754 年、1787 年，德國地區分別有兩位女
性取得學位。兩人學識皆由熱中女兒教育，擔任醫師、大學教授的父親傳授，加上大學課程是在
自家舉行，所以她們可以旁聽。只是礙於學校的意向，兩位女性不能參加學位頒授儀式，僅能偷
偷地從隔壁圖書館的窗戶觀禮。

11-4 改革與反動的時代
——十九世紀的俄國

日本教科書對應
維也納體系／歐洲之重組

本書相關章節
9-4、13-3、15-5

◆**拿破崙戰爭與十二月黨人起義（Decembrist Revolt）**

俄國的十九世紀，是一個於專制體制下多次發生戰爭，同時又有改革、反動相繼迭起的時代。本世紀初因拿破崙發起俄羅斯遠征、其後俄軍再進攻法國，造成像舊首都莫斯科被大火燒毀等莫大的犧牲，不過也就此在貴族女性之間喚起愛國主義的情緒，活化了「愛國婦女會」所舉辦有關身分的慈善、相互扶助活動。另一方面，俄國貴族將校軍官攻進巴黎後，感受到彼此政治體制、社會差異的衝擊，有些人便開始嚮往立憲體制與共和主義。1825 年 12 月，有一群男性將士趁亞歷山大一世（Alexander I of Russia，在位期間 1801~1825）逝世時起義，稱為「十二月黨人」（Decembrists），雖然黨人隨即遭到鎮壓、被判流放，卻有一群跟他們理念相通的妻子們，自願共赴西伯利亞❶。

◆**克里米亞戰爭（Crimean War）與大改革時代**

十九世紀中葉，俄國在克里米亞戰爭（1853~1856）中敗給鄂圖曼土耳其帝國、以及前來支援的英法兩國，形成了俄國社會徹底改革的契機。在看到俄國農民抗爭、民族起義等民眾運動越演越烈的同時，另外再由專制國家主導，以 1861 年廢除農奴制為頂點，推動「從上而下的改革」，包含司法、教育、地方自治、軍制、財政、審查制度等各方面的國政。在上述背景之下，那些淘空十八世紀以來身分制

社會構造的人，他們的動向也跟著浮上檯面，是為「大改革」時代（1860）。其實在農奴解放之前，他們已著手設立類似於男子中等學校（gymnasium）的各種女子專屬中等教育機構，即使時間不長，依然造就了女性大量湧入大學教室的時代。而隨著身分制度鬆動，性別分界線也發生了變化。

◆**「女性問題」與女性主義運動**

俄國大改革時代前後，某些有影響力的雜誌、公共論壇上都出現了一些殷切的聲音，希望打破阻礙女性獨立的社會家庭高牆❷，當時除了民粹派（Narodniks）等革命運動，亦發展出由貴族女性主導的溫和派女性主義運動。這些運動的背後，正是農奴解放所象徵的社會變動中、地主貴族越來越貧窮的現象，在此趨勢下，中上流家庭女兒的就業變成一個迫切課題。早期女性主義運動的特色在於男女參政權皆被封鎖，所以不要求政治權利，主要聚焦於女性的慈善、相互扶助活動，或者訴求教育機會的運動。特別是後者，透過女性運動及支持運動的大學人士之手，設置了一些能夠媲美大學的各種女性教育機構。比如聖彼得堡的貝斯圖佐夫學程（Bestuzhev Courses）❸、女性醫師學程等即為箇中代表，地方上的城市也都設立了同類機構。前述學校固然曾在 1880 年代的反動時期面臨存亡危機，但至十九世紀末以後就轉為穩定成長，還進化成其他國家從未有過、質與量兼具的女性高等教育網絡。

女子高等教育機構的發展讓女性不再止步於教職、醫療業，而是帶來各方面專業工作的就業機會，比如到地方自治單位擔任農業指導員、統計專家，於產油地區擔任化學工業技師等等。此外，1904~1905年日俄戰爭、第一次革命（1905 Russian Revolution）開設議會後的後期女性主義運動裡，已經起而推進女性參政權等政治權利訴求，更有女性以專業人士、知識分子身分改良社會等活動。社會主義革命活動便是這些多元婦女運動的其中一個項目。（橋本）

瑪麗亞·沃爾孔斯卡亞

❶十二月黨人的妻子們

十二月黨人的妻子們追隨被判流放的丈夫、放棄貴族身分特權一事，在俄國文學史上留下了光輝的形象。人稱「俄國近代文學之父」的普希金（Alexander Pushkin，1799~1837），其代表作《尤金·奧涅金》（Eugene Onegin）就以瑪麗亞·沃爾孔斯卡亞（Mariya Volkonskaya）為女主角之原型；詩人涅克拉索夫（Nikolay Nekrasov，1821~1877）則寫下文如其名——《十二月黨人之妻》（Russian Women）的長詩，歌詠兩位女性的情感。

❷【史料】具影響力雜誌所刊載匿名女性投書〈某位女人之嘆〉

「女人究竟為何？是有生命的存在，也應是理性的存在。然而不幸的是，女人自孩提時代起，就受到千方百計地操弄，破壞她們身上所有對自己、對他人有益的東西，並踐踏她們的人格。因此，當一個女人來到這世界上時，沒有任何一人感到喜悅，又有什麼好驚訝的呢？」「我只是想……協助女人在不喪失那些如詩歌般女性氣質的前提下，讓她們獨立自主。拜託各位，請幫幫我這個後輩！」（《現代人》（Sovremennik） 第 63 卷，1857：56~65 頁）

❸貝斯圖佐夫學程校舍

1885 年建造，照片為 1903 年拍攝

◆奧勒岡小徑（Oregon Trail）

1840 年代，在原本以大西洋沿岸（東岸）為發展中心的美國，誕生了「昭昭天命」（Manifest Destiny）一語，促使其再往西部擴張領土。1848 年美墨戰爭（Mexican–American War）結束，同年加州發現金礦後，又加速了往西部的遷徙。其代表路線為穿越落磯山脈、跨越六個州的陸路──奧勒岡小徑，全長約占美洲大陸的一半，超過二千一百英里（約三千五百公里）。當人們舉家遷徙時，男人主要負責白天的工作，如駕馭篷車、照顧牲口等；女人則在馬車外面做烹飪、洗濯、編織等家事，甚至能在移動中生產、育兒，為了守護這個「馬車上的家庭」不分晝夜地工作❶。如此花費數月從東向西移動後，他們在定居地也比照這般男女角色分工方式，再現了近代式的家庭。因此可以說，作為大陸國家的美國在誕生之初，是男女互助合作下的產物。

◆關於性的雙重標準

另一方面，美國西部拓荒是處於女性壓倒性不足的狀態下進行的。在那些發現金礦而熱鬧起來的市鎮，僅有的女性就是娼妓，她們包含白人、黑人，也有來自中國的移民女性❷。娼妓被當成是阻止男性強暴「普通女性」的必要之惡，凡是移居到西部的妻子們，不管階級為何，都希望自己能跟那些先來此地的「淫蕩女人」區分開來，故而致力於舞廳、妓院的掃黃。在這塊有「蠻荒西部」（wild west）之稱的區域，人們傾向認為女性不受保守習俗或舊有「女性氣質」定義所約束，實際上這裡一直維持、再生產那些階級差異、束縛女性的習俗、以及關於性的雙重標準，對女性反倒有更強的拘束。

◆原住民女性的命運

美國西部拓荒大幅改變了原住民的生活，比起中西部，這種變化在加州原住民女性身上尤為顯著。原住民女性遭到綁架、被迫工作，再加上白人男性傳來的性病，導致她們死亡率高過男性，出生率也急遽下降。許多移居西部的白人女性寫下害怕原住民攻擊的文字，卻沒有幾人意識到自己才是原住民的巨大威脅。海倫・杭特・傑克森（Helen Hunt Jackson）《不光榮的世紀》（*A Century of Dishonor*，1881）收集了那些沒有留下文字紀錄的聲音，是一份有關美國原住民政策如何違反自由、平等理念的稀有記載❸。（井野瀨）

❶《草原上的小木屋》（Little House on the Prairie）

羅蘭・英格斯・懷德（Laura Ingalls Wilder，1867~1957）生於美國西部拓荒時代，《草原上的小木屋》是她的同名自傳小說（1932）。原作一出版就獲得眾多學校教師、圖書館關係人士的支持，收錄於文法、地理、歷史等教科書裡。1947 至 1982 年間改編成一共九季的美國電視劇，1975 年起在日本 NHK 綜合電視臺播放，廣受歡迎。英格斯一家多次移居威斯康辛州

（Wisconsin）、堪薩斯州（Kansas）、明尼蘇達州（Minnesota）、南達科他州（South Dakota）等各州之經驗，正好凸顯了女性生存在邊境的堅強、篷車內紀律和教育的重要性。此外，本作對於原住民、黑人有些歧視性描寫，近年來頗受非議。

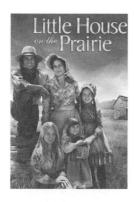

❷西部拓荒時期的娼妓

娼妓無論在美國西部拓荒地或他處，同樣都被當成一種不道德的存在而受人排擠，不過在當地極度缺少女性的特殊情況下，娼妓的其他面貌也備受矚目。例如有「平原女王」之稱的「災星珍」（Calamity Jane，1856~1903），

手持來福槍的災星珍

她在移居西部後父母雙亡，便負起長女責任去從事各種工作，還拿起槍枝加入跟原住民的對戰，其事蹟後來被人美化，以「女槍手」之姿變成西部片女主角。1860 年代內華達州康斯托克（Comstock）銀礦的妓女茱莉亞·布萊特（Julia Bulette），本來因為金錢糾紛慘遭顧客殺害，可是透過她曾照顧病患傷者的行為，就重新被賦予「促進未開發蠻荒文明化」的評價。儘管如此，金礦附近的妓院女子大多都還是為了微薄的金錢出賣身體，然後生活在對性病的恐懼之中。

❸海倫·杭特·傑克森《不光榮的世紀》

「假如我們回顧美利堅合眾國政府一再對印第安人背信棄義的歷史，那麼我們身為美國國民之一員，理應接受有罪宣判。亦即我們違反了相當於國際法基礎的各項正義原則，不僅讓自己以殘忍、虛偽的行為遭到世人譴責，還有伴隨這些罪狀應有的刑罰……要我們概括承受也不足為奇。

要證明這一切，只須研究任何一個印第安部族的歷史…… 若想記下美國軍方與文官當局、民間人士加諸於印地安人的所有錯誤歷史，必得花費多年時間及數卷書冊。

能夠糾正這些錯誤的唯一一個可能，就是訴諸美國人民的心靈和良知。（傑克森：49~50 頁）

【解說】 海倫·杭特·傑克森（1830~1885年，下方照片），向政府訴求改善美國原住民待遇的運動人士。其描寫原住民問題的小說《雷蒙娜》（Ramona，1884）為暢銷大作。

11-6 美國南北戰爭與奴隸解放
——對黑人女性的雙重歧視

日本教科書對應
美利堅合眾國的發展

本書相關章節
9-6、11-5、12-7

◆**其他運動的共同奮鬥**

時至十九世紀，在美國北方急速今進入產業化、都市化的各城市中，中產階級以上的白人婦女們陸續成立了一些道德改良協會，意在消滅如飲酒、買春等惡習。當時總統安德魯・傑克森（Andrew Jackson，在任期間 1829~1837）已將參政權拓展到幾乎所有的白人男性，讓女性注意到那些無法受惠於所謂「傑克森式民主」（Jacksonian democracy）的人們，因而一起推動自由黑人的奴隸制廢除運動、發起反對強制遷移原住民切羅基族（Cherokee）❶的請願。這些共同奮鬥過程激起了白人女性的權利意識，催生出 1848 年塞內卡弗斯（Seneca Falls）男女平等之決議。

◆**女性的對立**

1850 年，美利堅合眾國議會通過了嚴格取締奴隸逃亡的「逃亡奴隸法案」（Fugitive Slave Act of 1850），海莉葉・比徹・史杜威（1811~1896）以此為契機，參考真實事件寫下《湯姆叔叔的小屋》（*Uncle Tom's Cabin*，1852），使國內外輿論發生動搖，偏向反對奴隸❷。但是，當時南方大型農莊的白人女性不論已婚、未婚，生活均建立於奴隸制度上，以致大多女性並不想廢除奴隸制度❸。這麼一來，奴隸制度便加深了女性之間的分裂，有礙她們團結。

◆**戰爭之始末**

南北戰爭之中，白人女性們除了守住後方陣線，還積極參與傷病士兵照護、物資和捐款募集等工作。話雖如此，在南北戰爭後的美國重建時代，根據 1868 年通過憲法修正案第十四條、1870 年第十五條，已承認黑人男性的參政權，可是大多州仍然無法實現女性參政權。這個狀況讓女性感受到，跟其他運動共同奮鬥終有界限，故於 1869 年組成「美國婦女參政權協會」（The American Woman Suffrage Association）來獨立發展運動。

整個南北戰爭過程裡面，最痛苦的就屬黑人女性了。尤其南方於 1866 年出現三 K 黨（Ku Klux Klan），已解放黑人女性慘遭強暴、殺害的事件層出不窮，社會依舊存在「黑人女性不道德」的風評。即便黑人女性接納白人女性的美德，卻也批判白人的偏見，開始獨立面對她們自己的問題。有不少人——像是關注白人男性對黑人男性私刑問題的新聞記者艾達・貝爾・威爾斯（Ida Bell Wells）❹，他們正式促進了黑人女性的組織發展。（井野瀨）

❶**原住民切羅基族的婦女**

1757 年 2 月，一位原住民切羅基族的首長到南卡羅萊納州（South Carolina）去跟白人做通商談判，他驚訝地發現現場竟然沒有任何一位女性，便開口向白人詢問，把白人都弄糊塗了。在白人到來以前的切羅基社會，政治、經濟中心皆可看到女性身影，土地、家屋都是女性家長所持有，由母親傳給女兒繼承。聯邦政府、基督教傳教士對於切羅基族的性別觀念、男女平等的思想感到非常訝異，他們認為要把女性

關在家庭內才能有所「改善」。於是切羅基族的女性被剝奪諸多權利，男女之間原有的互惠關係就此崩解。在「血淚之路」（Trail of Tears，1838~1839）的強制遷移行動中，許多孕婦在途中失去了生命和孩子，而倖存下來的女性又等著面對丈夫的家庭暴力。

❷兩位海莉葉

海莉葉‧雅各（Harriet Jacobs，1813~1897），是受到《湯姆叔叔的小屋》書中伊麗莎（Eliza）為孩子決意逃亡情節感召的其中一人。原為生於北卡羅萊納（North Carolina）的奴隸，被比她大四十歲的白人主人性侵懷孕，自行逃亡後在附近閣樓上住了七年，伺機而動，最後終於成功帶著女兒逃出南方。

海莉葉‧塔布曼（Harriet Tubman，1820?~1913），是非法秘密組織「地下鐵道」（Underground Railroad）的女性領導人，該組織幫助黑奴逃往美國北方及加拿大。人們把她比擬成舊約聖經的古埃及預言者——帶領奴隸以色列人民投向自由的摩西，稱之為「黑摩西」。曾於南北戰爭中擔任北方間諜，戰後則極力爭取黑人和女性的權利。

❸《飄》（Gone with the Wind）所描寫的南部女性

《飄》（1936年，隔年獲頒普利茲獎，1939年改編電影），是瑪格麗特‧米契爾（Margaret Mitchell）原著、以南北戰爭為背景的名作。小說女主角郝思嘉（Scarlett O'Hara）乃美國南方喬治亞州（Georgia）農莊主人之女，故事書寫均從南方白人社會的角度出發，不過同時描寫了郝思嘉之父郝嘉樂（Gerald O'Hara）這種靠白手起家致富的愛爾蘭移民信念：「土地才是這個世上唯一值得奮戰之物」，也是有助於我們思考美國這個移民國家的資料。

❹艾達‧貝爾‧威爾斯（1862~1931）

南北戰爭結束進入重建時代後，南方各州對黑人男性動用私刑的情形漸成日常，而私刑理由常常是「黑人男性強暴白人女性」。1892年，艾達因為好友在田納西州（Tennessee）孟斐斯（Memphis）郊外遭人私刑致死，故而詳細調查先前發生過的七百多起事件，歸結出上述私刑理由只是藉口，並且透過報導、演講去訴說他們對白人男性自奴隸制時代起便若無其事持續強暴黑人女性的憤怒、以及私刑事件的真相，進而讓白人領導者也有所瞭解。

海莉葉‧塔布曼

海莉葉‧雅各

艾達‧貝爾‧威爾斯

◆成為受人愛戴的王室

君主是從何時開始受到國民敬愛的呢？以英國來說，政治評論家哈羅德‧拉斯基（Harold Laski）認為，這是喬治四世（George IV）逝世（1830）至喬治五世（George V）患病（1929）的一百年間，所發生的重大變化。這一百年中間，有超過一半皆由維多利亞女王（在位期間1837~1901）統治。她之所以能戴上王冠的原因，除了王位繼承法以外，便是喬治四世和卡洛琳王妃（Caroline of Brunswick）的爭執，還有兩人女兒夏洛特公主（Princess Charlotte Augusta of Wales）的死亡悲劇❶。以上事件顯示，國民想從王室一家（royal family）尋求理想家庭形象，君主亦無法忽視這種國民情感，而維多利亞女王早已敏銳地察覺到這些變化。

◆君主的「公與私」

維多利亞女王登基三年後，於20歲時跟同齡的表弟——薩克森公爵（Duke of Saxe-Coburg and Gotha）次子亞伯特（Albert）成婚，生下了九名子女，更透過繪畫、照片等方式，強調其為「貞淑之妻」、「慈愛之母」的家庭形象❷。當時中產階級已在工業化、都市化的英國社會逐漸興起，這樣的女王正好跟他們理想女性形象「家庭天使」吻合。然後女王在1861年丈夫突然去世之後，自此便只穿著黑色喪服，從諸多公務中隱去身影❸。人們認為女王此舉公私不分，加上1860年代歐洲大陸國家盛行共和主義運動，使得英國國內一度流行揚棄君主制的言論。

◆帝國之母、歐洲的祖母

維多利亞女王再度現身於官方場合，已經是1877年、保守黨黨魁迪斯雷利（Benjamin Disraeli）安排她兼任印度女皇以後的事情了。十年後的1887年，英國舉辦了女王即位五十週年的王家儀式；再過十年後的1897年，又舉辦即位六十週年的鑽禧慶典（Diamond Jubilee），許多穿著各色服裝的殖民地軍隊從帝國廣大領土各處趕來朝見「帝國之母」。第一次世界大戰以前，英國王室曾在外交上發揮重大作用，維多利亞女王的孩子們與歐洲各地王室締結婚姻關係，因此她也被稱為「歐洲祖母」❹。身為女性君主，維多利亞女王的「公與私」方面不斷蒙受質疑，不過她巧妙利用兩者混合，凸顯王權的象徵性，在眾多國家逐步推翻君主制的二十世紀中，為英國王室開拓出一條生存之道。（井野瀨）

❶卡洛琳王妃（Caroline of Brunswick）事件

喬治四世於王太子時期與出生於德意志貴族的卡洛琳結婚（1768~1821年），兩人生下一女夏洛特（1796~1817），不久後即分居。從年少時就以放蕩、浪費而惡名遠播的喬治，以卡洛琳「素行不良」為由，向議會提出剝奪王妃特權和承認離婚的法案。針對這個法案，《泰晤士報》（The Times）挺身支持王妃，不少國民則是把希望放在婚後居住在倫敦的夏洛特公主夫婦

法蘭茲 薩維爾 溫特哈特
（Franz Xavier Winterhalterr）
《維多利亞女王一家》
（*The Royal Family in 1846*），1846

亞伯特親王雕像揭幕典禮上。1871 年倫敦的皇家亞伯特音樂廳開幕，在它對面的肯辛頓花園（Kensington Gardens）裡，則是翌年動工，耗時超過十年才完成的亞伯特紀念亭。

❹維多利亞女王的孫子們

右方這張 1913 年五月在柏林拍攝的照片，上面的兩人分別是英國國王喬治五世（在位期間 1910~1936 年，右方）與俄國沙皇尼古拉二世（Nicholas II，在位期間 1894~1917），他們注視的對象則是表兄弟——德意志皇帝威廉二世（Wilhelm II，在位期間 1888~1918）。這三位維多利亞女王的孫子輩正處在當時的國際情勢中心，次年 1914 年夏天第一次世界大戰爆發，從此完全改變了他們彼此關係及個別命運。而在威廉二世女兒婚禮上的這次相聚，也成了三人最後一次見面。

身上，只是公主生產時連同嬰兒一起死去了。雖然最後議會否決該離婚法案，可是卡洛琳王妃仍被 1820 年喬治四世的加冕典禮拒之門外，後於隔年驟逝。

❷幸福和樂的王室全家福

描繪在畫像上、入鏡到照片裡的維多利亞女王常常不止一人，而是如文字「王室一家」般，跟丈夫、孩子一起出現。這是女王意識到王室乃國民眾所矚目的存在、以及媒體發揮的作用後，自身所做的一種演出。

❸女王的追悼 —— 皇家亞伯特音樂廳（Royal Albert Hall）、亞伯特紀念亭（Albert Memorial）

失去丈夫的女王不能盡在悲傷中度日。當時平均服喪時間為二年，女王從期滿後的 1863 年末起，便多次現身於座落各地的

亞伯特紀念亭

英王喬治五世與俄皇尼古拉二世

◆女性作家登場

十八世紀中葉的啟蒙時代，由於出版業發展、讀者階層擴大，用本國語言書寫的藝文相關著作受到歡迎並得以出版。社會上也鼓勵女性寫作，讓她們自己拿起了筆。原本只有寥寥幾人的女性寫作者自此數量顯著增加，在全體寫作者的占比跟著提升❶。女性執筆的動機之一乃是「賺取收入」。在這個時期，知識階層女性能獨力賺錢的管道很少，作家中不乏家庭狀況上有經濟需求的女性，其中一位正是寫下《為女權辯護》（1792）的瑪莉·吳爾史東克拉芙特（（Mary Wollstonecraft，1759~1797），她的收入即為家庭依靠所在。另外，寫作還能促進自我實現，寫作者是職業婦女的先驅，她們有不少人都抱持著女性主義的見解。

◆女性職業的誕生

十九世紀中葉，有一些因為女性人數過剩結不了婚、或不想結婚的中產階級女性開始求職。很多女性想要投入教職，可是在當初女性教育機會有限的狀況下，她們只能去教小學或中等教育的低年級，所以如何讓女性得以擔任高年級學術專門教員，就變成婦女運動的重大課題❷。而女性亦於幼教人員、護士、社會工作者等能夠發揮所謂和善、奉獻「女性特性」的領域，自行設立了培訓機構且創造專職，比如對確立護理專職有重大貢獻的南丁格爾（Florence Nightingale）❸，就是一個知名的例子。隨著本世紀末引進電話線路，那些在通訊領域從事助理工作的女性工作方式又發生了巨大變化。原本電話接線生均為男性，後來基於技術創新、女性聲音適性因素，到二十世紀轉變成典型的女性工作。也是在這個時候，女性開始進入辦公室工作，擔任打字員與速記員等職位。

◆走進專業工作

十九世紀下半葉，出現了一些有志從事醫生等專業工作的女性，然則專業工作的先決條件——接受高等教育，總是被來自醫學、生理學「勤學有害女性精神和健康」的母性傷害論調阻撓。直到本世紀末才終於出現突破口，女性得於世紀切換之際走進醫學、司法、工廠監督官員等領域。比起當醫師，女性進入司法界還會遇上更多反對，理由在於「感性、虛弱、被動」這些「女性特性」，不適合需要決斷、自律的職業，導致女性就算取得學位，還是很難找到這類工作。有些國家甚至要求女性公務員必須保持單身。（姬岡）

❶英國的寫作者人數與女性比例、增加率

	男性（人）	女性（人）	女性比率（%）	增加率（%）	
				男性	女性
1690~99	72	6	7.6		
1720~29	83	11	11.7	115.3	183.3
1750~59	115	31	21.2	138.6	281.8
1770~79	136	53	28.0	118.3	171.0
1800~09	206	74	26.4	151.4	139.6
1820~29	270	104	27.8	131.1	140.5

出處：伊藤等編著：21 頁

❷德國的母性女性主義（Maternal feminism）者海倫娜・朗格

海倫娜・朗格（Helene Lange，1848~1930）的畢生課題是改善女子教育。她對於男性輕視女性、卻要由他們負責女子教育的現況感憤怒，故而想要發展從女性觀點出發的女子教育。1887年，海倫娜不顧男性的反對，向普魯士教育部請願任用女性為高級教員、成立女性高級教員培訓機構。在請願裁定之前，他們就自己創立了三年制的研修課程，後於1892獲得政府認可，1894年再加進了高級教員測驗。

❸南丁格爾

南丁格爾（1820~1910）立志成為護士的契機，來自過去暫居德國照顧姊姊的經歷。當時認為護士只是在醫院照顧患者的人，不需要什麼專門知識。後來南丁格爾帶領共計三十八名的教會姊妹和職業護士，前往克里米亞戰爭擔任隨軍護士，以其工作奉獻被稱為「克里米亞的天使」，還致力改善醫院內部的衛生狀況，成功降低了死亡率。她認為護理應該是一個職業，而非志願服務，於是運用戰時募集的南丁格爾基金創立專門培訓護士的護理學校。

❶《簡愛》（Jane Eyre）的作者夏綠蒂・勃朗特（Charlotte Brontë，1816~1855）。她曾經以家庭女教師身分輾轉各地。

❷海倫娜・朗格

❸南丁格爾

中產階級的女性與職業

中產階級女孩從離開學校、到結婚之前大約有十年的時間：十九世紀前半時，她們會在這段期間從事耗時繁瑣的家事；到了十九世紀後半，她們比較可能去市場採購商品，家中工作反倒減少。但是，社會上沒有適合中產階級女性的工作，還對她們就業存有偏見，因此有越來越多母親、女兒在家裡偷偷做刺繡、編織的工作，以維持一個必要的「閒散婦女」形象。在這樣的情況下，希望女兒接受職業教育的中產階級也有所增加，促進了女子教育之改善。

擔任電話接線生的女性

◆**女性主義運動之誕生**

　　女性主義思想在法國大革命時就已出現，至十九世紀下半葉後成為有組織性的運動。運動開端起於 1848 年美國塞內卡弗斯舉辦的婦女權利大會❶，該會通過了實現男女平等的十一項決議案，其中即包含婦女參政權。儘管第一波女性主義爭取的首要目標為婦女參政權，然而最初重點是替中產階級女性爭取工作機會、以及工作先決條件——改善女子教育。其運動發展背景來自自由主義的普及，女性人口過剩導致一些中產階級女性無法結婚陷入貧困，社會要求女性能夠獨立自主工作。即便歐洲在歷經 1848 年革命的挫折後暫時陷入沉寂，卻仍然於 1860 年代產成眾多女性團體，並且發展出常態性的女性運動，在第一次大戰前達到高峰❷。

◆**母性女性主義**

　　女性主義之中，有企圖爭取權利等同男性的「男女平等派」，以及從男女本質差異出發、要求以女性獨特能力為基礎去改善社會地位的「差異派」。「差異派」認為，社會上有些工作非女性莫屬，倘若想要執行那些工作，就得讓女性走進社會。賦予女性權利，乃是讓工作執行事半功倍的手段，或者可視為女性盡到社會義務的報酬，並沒有採取要求自然人權的立場。所謂女性獨特能力就是「母性」，這並非指身體構造，而是更強調情感、溫和、和諧、內涵，利他、人性等精神及道德要素，他們主張必須發揮母性的資質，才能恢復那些隨著工業化發展而喪失的人性。

◆**社會派女性主義**

　　相對於母性女性主義的中產階級取向，社會派女性主義主要對象就是勞工女性。女性主義運動開始於 1870 至 1880 年代之後，在英國，一開始是中產階級女性為了改善勞動環境而將女性勞工組織起來，1890 年從「婦女保護共濟聯盟」（Women's Protective and Provident League）❸改名「婦女工會聯盟」（Women's Trade Union League）。本世紀交替之後，婦女組織在工會、勞工政黨都有所進展，卻不見得對女性問題有利。社會派女性主義包含許多不同的潮流，從透過革命實現男女平等，到利用改良社會及社會政策來改善女性狀況等，縱使他們對於女性、階級何者優先的意見不同，但都一致認同社會改革必須解決女性問題。（姬岡）

❶塞內卡弗斯

　　伊莉莎白・卡迪・史坦頓（Elizabeth Cady Stanto）、盧克麗西亞・莫特（Lucretia Mott）曾以女性身分被奴隸制反對大會拒之門外，故而加深了她們對女性解放的認識，於 1848 年 7 月集結男女共三百人，在紐約州的塞內卡弗斯召開「婦女權利大會」。在兩日的議程當中，史坦頓仿照《獨立宣言》起草《情感宣言》（*Declaration of Sentiments*），上面寫道人類歷史等同女性受到男性壓迫的歷史。當時反對婦女選舉權的意見眾多，最後該議題仍以些微差距

獲得通過。

❷ 德國婦女團體聯合會（Bund Deutscher Frauenvereine）

　　成立於 1894 年，是諸多公民婦女團體的上級組織。設立時共有三十四個團體加盟，會員數五萬餘人，到二十年後的 1913 年已成長十倍達五十萬人。裡面包含企圖達成男女政治經濟平等的激進派、與站在母性主義立場追求女性地位提昇的溫和派。二十世紀初以溫和派占多數，掌控了組織的領導地位，主要在福利領域累積社會實績，也進入到公共領域的要職。

❸ 婦女保護共濟聯盟

　　由艾瑪‧史密斯（Emma Smith，1848~1886）號召成立。史密斯為倫敦某間教區學校校長之女，曾有擔任學徒的經驗。聯盟參加者有許多知識分子、女性主義主義者，他們避開「工會」的名稱，以防引起警戒，與雇主之間非屬敵對關係，而是希望喚起雇主良心。聯盟可算是促進女性勞工組成團體的宣傳機關，其團體目的包含：①工時統一，避免不當減薪，②提供生病或失業的基金，③收集整合雇用資訊，調解勞資糾紛等。

伊莉莎白‧卡迪‧史坦頓

婦女團體聯合會會長
葛楚德‧波伊默
（Gertrud Bäumer）

1912 年於慕尼黑召開的婦女參政權會議

《平等》

　　《平等》（Die Gleichheit）是德國社會主義女性運動的官方刊物，由運動主導者克拉拉‧澤特金（1857~1933 年，右方照片）主編，於 1892 年創刊。出版目的是為社會民主黨的女性成員提供政治教育，除了讓他們關注工資過低、工作狀況惡劣問題，又提出一日工時十小時的訴求，清楚地與公民婦女運動區分開來。然而其書寫內容艱難，以致未能廣泛流傳，1990 年的發行量大約是四千份。發行者遂要求本刊加入婦女感興趣的家事、教育資訊，加上女性政治活動解禁（1908）後女性黨員人數又快速增加（1906 年為六四六〇人，到 1914 年增加到十七萬四七五四人），1914 年發行量達到十二萬五千份。

◆婦女參政權要求及其誕生契機

女性的權利要求，起源於法國大革命生成的「平等」思想，以及排除女性參與的公民權。如英國的瑪莉・吳爾史東克拉芙特❶、法國的歐蘭普・德古菊（1748~1793）均有各自女權主張，另外還有德國的匿名男性——希培爾也要求男女應有對等權利。爾後在議論男性普選權的七月革命（July Revolution）、成功實現男性普選權的1848年革命期間，都曾出現要求女權的聲音，並向法國臨時政府請願要求女性公民權。而在美國，要求女權的契機來自廢除奴隸制運動，1848年塞內卡弗斯召開「婦女權利大會」，通過了婦女參政權提案。

◆婦女參政權組織的成立

婦女參政權的常態性組織形成於1860年代，在美國、英國皆積極展開運動。英國方面有主張婦女參政權且當選議員的約翰・史都華・彌爾（John Stuart Mill，1806~1873）❷，其1866年向下議院提出了一份女性連署的請願書，隔年又付諸議案，惟以一九六票對七十三票遭到否決。不過贊成票出乎意料地多，使婦女參政權運動得以上軌道。這場參政權運動持續了三十年，1897年整合為「全國婦女參政權協會同盟」（National Union of Women's Suffrage Societies），全盛時期擁有超過五百個加盟團體。美國方面則是在南北戰爭後進行憲法修正，讓原為奴隸的黑人男性獲得了選舉權，唯獨女性仍被排除在外，於是1869年婦女參政權運動分裂為二：主張女性比人種優先的「全國婦女參政權協會」、與反對種族主義的「美國婦女參政權協會」。即便兩協會於1890年合併，設立了「全美婦女參政權協會」（National American Woman Suffrage Association），其間的種族主義對立依舊存在。

◆婦女參政權運動高漲與國際拓展

1903年，英國有潘克斯特（Pankhurst）母女主導組成的「婦女社會政治同盟」（Women's Social and Political Union）展開激進戰鬥式（militant）運動，引起了世人注目，更威脅到國外的反婦女參政權論人士。德國也終於在1902年成立「德國婦女參政權協會」（Deutscher Verband für Frauenstimmrecht），從此將該運動拓展至國際。還有部分東歐、社會主義系統的女性參加1904年成立之「國際婦女參政權同盟」（International Woman Suffrage Alliance）。社會主義系統的組織同樣正式開啟運動，1910年制訂「國際婦女節」，提出普選權口號，1911年至1915年間又在歐洲許多城市舉行婦女遊行和示威活動，這些參政權運動在第一次世界大戰前夕達到最高峰。（姬岡）

❶瑪莉・吳爾史東克拉芙特（1759~1797）

吳爾史東克拉芙特質疑男性對女性的愛情本質，強調需要教育才能讓女性變得更加明智。其主要著作《為女權辯護》（1792）強烈批判盧梭等同時代的知名思想家，訴求女性的教育、就業、政治參與，

❶

彌爾二十四歲時認識了海莉葉，兩人長年的交流深切影響了彌爾的自由主義及男女平等原則的思想。當時海莉葉已有丈夫和孩子，卻不減損她對繪畫、文學、政治、社會問題的濃厚興趣，渴望知識的她深深受到彌爾吸引。兩人的交往廣受周遭大力抨擊，不過他們仍然一起努力展開寫作活動。在「結婚、離婚、刑罰方面的性歧視、對女性兒童的家庭內部暴力」這些主題上，都反映了海莉葉堅定的信念：「以男性為中心的家庭生活無法培養公共精神，唯有男女平等，才能生成對社會開放的人際關係」。海莉葉在原已分居的丈夫去世後，1851年與彌爾結婚，只是沒過幾年就染上結核病，於療養所在地的法國驟逝。而海莉葉再婚帶過來的女兒海倫（Helen Taylor），也協助彌爾編寫了《婦女的屈從》（The Subjection of Women）一書。（井野瀨）

海莉葉・泰勒與約翰 史都華・彌爾夫妻合照

堪稱女性主義經典大作。然而，在該書出版之時，吳爾史東克拉芙特以她跳脫社會舊俗的自由生活方式──特別是跟已婚男子談戀愛、失戀自殺未遂等醜聞，引起了人們的注意，還飽受激烈攻擊，罵她是「哲學蕩婦」、「穿裙子的鬣狗」等等。後來她跟否定私有財產、反對結婚制度的無政府主義者威廉・哥德文（William Godwin）奉子成婚，死於產後的產褥熱。她死前生下的女兒瑪莉・雪萊（Mary Shelley，1797~1581），便是詩人雪萊（Percy Bysshe Shelley）妻子，亦即《科學怪人》（Frankenstein，1818）的作者。而社會再重新評價吳爾史東克拉芙特，已經是二十世紀初的事了。（井野瀨）

潘克斯特母女

艾米琳・潘克斯特（Emmeline Pankhurst，1858~1928），以及她的兩個女兒克莉絲塔貝兒（Christabel）與希薇雅（Sylvia）使用了激進戰鬥策略，讓所謂的淑女脫離男性，衝擊到那些原已習慣維多利亞時代理想女性價值觀的人們，打破婦女參政權運動的停滯狀況，就此打開了新的局面。她們原先提出的是要跟勞工女性結盟，至1906年前後分道揚鑣，改成以取得參政權為首要目標的中產階級運動。其分道揚鑣的背景，在於工黨主張要優先取得普選，而潘克斯特等人企圖把現行的有限選舉權擴大到女性，以貫徹男女平等之原則，兩者路線不同。潘克斯特母女曾因向窗戶丟擲石頭、放火、妨礙選舉多次遭到逮捕，又在獄中不斷絕食抗議。艾蜜莉・戴維森（Emily Davison）更於德比（Derby）賽馬會場舉著要求參政權的旗幟，衝撞國王的馬匹而死。不過當第一次世界大戰開戰後，潘克斯特母女便轉為支持本國參戰。

11-11 挑戰科學上的男性優勢
——女醫師的誕生

日本教科書對應
十九世紀的歐美文化

本書相關章節
9-7、11-3、11-8

◆男性婦產科醫師崛起與產婆的衰退

自古以來，協助生產便是女性專屬的領域。直到十五世紀後半，男性外科醫生才涉足剖腹產（從產婦死後剖腹演變成活體剖腹），後來到了十八世紀，男性婦產科醫師開始逐漸取代產婆。尤其在難產用的產鉗發明後，更加速了這個取代過程❶。這種變化造成產婆人數減少，意味著女性失去了長久以來傳承的墮胎醫藥跟處置傳統，生產變成一種機械式、操作型的事務。

◆女性醫師誕生前的苦難

倘若我們去追溯女性研究者的源流，多半都會觸及到女醫師。女性以治療者身分協助生產、身懷豐富藥草知識的歷史很漫長，可是卻要等到十九世紀中葉，才能得到跟男性同等的醫師資格。美國第一位女醫師伊莉莎白·布萊克威爾（Elizabeth Blackwell），在那個沒有學校願意接受女性醫學生的時代，她於 1849 年先在美國取得學位，後於 1859 年成功在英國登錄為醫師❷。英國的伊莉莎白·加勒特·安德森（Elizabeth Garrett Anderson）受到前例鼓舞，放棄在國內取得醫師資格，1780 年到巴黎的大學取得學位後，再登錄為英國醫學協會的醫師❸。接下來又有傑克斯·布萊克（Sophia Louisa Jex-Blake）立志從醫，只是她 1873 年時被愛丁堡大學（University of Edinburgh）拒絕授予學位❹。這群有志成為醫師的女性，於 1874 年合力創辦了倫敦女子醫學校（London School of Medicine for Women）。美國在貴格會（Quaker）教

徒的努力之下，亦於 1850 年設立了賓夕法尼亞女子醫學院（Woman's Medical College of Pennsylvania）。培養女醫師的最大的阻礙在於教育機會，因此當時各國都將整頓女子醫學校當成緊急要務。而在日本，第一位獲得政府認證的女醫師乃是荻野吟子❺，至於女醫師培育制度之建立，當屬 1900 年創立東京女醫學校的吉岡彌生貢獻良多。

◆高等教育與女性生育能力的偏見

隨著十九世紀後半女子高等教育逐步完備，社會上也出現「教育有害女性生育能力」等操弄大眾的發言。哈佛大學藥物學教授愛德華·哈蒙德·克拉克（Edward Hammond Clarke）將當時漸趨明朗化的能量守恆定律套用到人類能力上，認為女性經歷青春期後就背負著生育大業，假如她們青春期就把頭腦用在高深學問，將會有傷身體備孕，這個說法掀起了巨大的迴響。引起美國數量稀少但持續成長的女醫提出反論，其中以瑪莉·普特南·雅可比（Mary Putnam Jacobi）的論點最為有力❻。（小川）

❶男性助產士與產鉗

撒姆爾·威廉·福爾斯（Samuel William Fores）《男性助產解析》（*Man-Midwifery Dissected*）1793 年版本之卷首插圖（圖❶左）。男性助產士這一側放了產鉗等道具，陳列著藥品，其中還有催情藥；傳統產婆這一側就是呈現溫暖的氛圍。產鉗（圖❶右，

1754）由男性助產士彼得‧張伯倫（Peter Chamberlen，1560~1631）所發明，至1728年為止，這個工具都被當成張伯倫家族的秘密。

❷伊莉莎白‧布萊克威爾（1821~1910）

女醫師的出現和婦女參政權運動結合，深深影響了後來的女性主義運動。伊莉莎白（圖❷）的妹妹艾蜜莉（Emily Blackwell）同為醫師，姊妹兩人攜手開設了婦幼療養院、創立教育實習的場所。此外，知名婦女參政權運動者露西‧史東（Lucy Stone）即伊莉莎白之弟媳。

❸伊莉莎白‧加勒特‧安德森（1836~1917）

英國首位女性醫師。她除了全力投入婦女、兒童醫療，更於1870年參選倫敦教育委員會之委員，以最高票當選。1873起加入英國醫學協會（British Medical Association）會員，此後十九年間她一直是唯一的女性會員。伊莉莎白（圖❸）的妹妹米莉琴特‧費塞特（Millicent Fawcett）是一位經濟家，她和政治家亨利‧費塞特（Henry Fawcett）結婚，並擔任英國婦女參政權運動的領袖。

❹蘇菲亞‧路易莎‧傑克斯‧布萊克（1840~1912）

蘇菲亞於1869年進入愛丁堡大學，當時她是志同道合的女學生團體「愛丁堡七人」（Edinburgh Seven）其中一員，1873年由於大學校方敲定不頒授女子醫學生學位，她便轉往瑞士伯恩（Bern）參加資格考，於1877年1月取得學位。1876年，英國國內通過了開放女性醫師資格考的法案，亦即蘇菲七年來的奮鬥終於收穫成果。

❺荻野吟子（1851~1913）

荻野於1885年獲取證照擔任女醫。她以婦產科醫生身分開業診療的同時，也參加了基督教婦女矯風會，致力於廢娼運動。

❻瑪莉‧普特南‧雅可比（1842~1906）

瑪莉針對克拉克《教育體系的性別問題，或說女孩的公平受教權》（*Sex in Education; or, A Fair Chance for the Girls*，1873）一書，分別從女性生理學、女性教育權兩方面予以明確的批判。

◆衣裝的變遷

歐洲貴族階級從中世紀開始到十七至十八世紀為止，衣裝上就有男性穿短褲、緊身褲強調腿部，女性穿長裙隱藏腿部的區別，不過比起性別差異，更重要的其實是要和下層階級有所區隔。在絕對專制王政的時代，男性也會穿著色彩豐富、裝飾精美的華服，還跟女性衣裝有共通的打摺衣領、袖子❶（a、b）。到了十九世紀，富裕的資產階級崛起後，男女服飾又出現了明確的差異。男性主流變成重視品味考究的樸素英國風西裝，就算可於領帶等細節競爭打扮技巧，但今日基本樣式統一且缺乏變化的紳士服裝基準已然確立❶（c）。相對地，女性衣裝以巴黎為流行發源中心，其服飾包含衣服裝飾摺邊、緞帶、髮型等，造型樣式不斷變化。特別是裙子，1850~1860 年代流行籠狀框架裙撐（crinoline）❶（d），1870 年代起流行後方膨起的臀墊裙撐（bustle），1895 年前後則是強調胸部臀部飽滿的 S 形類型，有許多令人眼花撩亂的變化。

◆近代社會與時尚

在女性時尚產的業繁榮背後，除了紡織產業、高級訂製服（haute couture）的發展以外，還有一些重要原因，例如出版業之興盛讓流行樣式更容易傳播到其他國家；或者戲劇觀賞、郊外遊樂已成市民生活的固定娛樂，出門就需要外出服等。由於當時認為公民女性「不工作」是一種美德，所以她們的消費欲望朝向不適合勞動的大長裙、用束腹矯正身體曲線、追求過度的裝飾等。儘管我們也能看到一些不綁束腹、想要回歸自然身體的改良服裝運動❷，可是都沒能成功普及，女性服裝的真正革命，必須等到進入二十世紀後保羅‧波烈（Paul Poiret）出現，他採用「日本主義」（Japonisme）之類的歐洲東洋風尚，設計出寬鬆的衣服。

◆為勞動女性設計的衣裝

第一次世界大戰促使女性走進社會，隨著勞動女性增加，外出服主流變成及膝裙配上不穿束腹的簡潔服裝。1920 年代時，服裝設計師可可‧香奈兒（Coco Chanel）運用「針織」這種以前用於內衣的素材，發表了方便行動的「香奈兒套裝」（Chanel suit），從此成為獨立「新女性」的時尚領導者之一❸。（香川）

❶衣裝變化──從 1600 年前後的貴族階級到十九世紀的資產階級

a. 西元 1600 年，女性　　　b. 十五世紀末，男性

c.1875 年，男性

d.1860 年，女性

（a, b, d 出自佩恩：215、191、398 頁／
c 出自深井：119 頁）

❷改良服裝燈籠褲（bloomers）

　　1815 年，美國女性解放運動家艾蜜莉亞‧布魯默（Amelia Bloomer，1818~1894）發表一種結合寬鬆土耳其風褲子、過膝長裙的改良服裝。雖然這種改良服裝無法勝過使用群撐的大型華麗裙子風潮，後來仍以布魯默之名「bloomers」（燈籠褲）傳承下來，開創女性穿著褲裝的先河。（佩恩，444 頁）

❸可可‧香奈兒

　　巴黎服裝設計師可可‧香奈兒（本名嘉柏麗‧香奈兒〔Gabrielle Chanel〕，1883~1971），其從帽子店發跡，在第一次世界大戰期間創立了時尚品牌。後於1920年代在巴黎沙龍與藝術家、文化人士交流，躍身為超越時尚界的人物。

束腹對健康之影響

　　縱使束腹受到服裝改良運動的批評，十九世紀後半用它矯正身體的風氣卻越來越流行，到了該世紀末，更流行胸部臀部前突後翹的 S 型輪廓設計。然而，在醫學界提出如此束縛身體將損害健康的病例後，束腹終於被正視成一個問題。右方照片收集了幾件 1870年前後的束腹，每件都是使用絲質原料的高價品。

第

12

章

帝國主義與亞洲、非洲
的民族運動

12-1 概說⑫亞洲及非洲的社會變動與女性地位

◆列強侵略與性別秩序的動搖

十九世紀時，亞洲各帝國和非洲各地從繁榮顛峰開始轉向衰弱，引來列強的入侵。揭示著「教化使命」（civilizing mission）的西方影響力擴散至世界各地，推動當地社會產生各種變化，動搖了舊有文明的性別秩序。在此當下，那些有別於近代西歐文明的亞洲各地社會性別秩序，有的變成必須改革的「落後社會」象徵，有的則是當作「民族傳統」來重組強化。而女性參與民族運動的方式，後來又影響了她們的地位。無論如何，在亞洲、非洲各地的社會，西方現代性別秩序已經被視為一種理念，成為影響每個社會變化動向的參考基準。

◆近代化國家改革與性別秩序重組

十九世紀下半葉，遭到列強奪取領土、境內各民族獨立運動越加活躍的鄂圖曼土耳其帝國，開始了批判專制的改革運動。其中一個被拿出來討論的重大課題即「女性地位提昇」。鴉片戰爭後對歐美開國的大清帝國，於甲午戰爭後著手改革國家制度。其改革議論之中，也提到廢除纏足與女子教育的必要性。日本於1868年成立明治政府，推動富國強兵政策，雖是後起國家卻能躋身列強。當時日本整合相當於天皇制基礎的「家」制度，一家戶主擁有強大權利可控管家庭成員。國民乃是這個國家的主體，國家要追求國民之形成，所以男性知識分子提出女性同樣應該履行身為國民一員的責任。在東南亞唯一保持獨立的泰國，隨著國家近代化進展，家父長制愈加強化。各國改革傳統社會性別秩序、邁向強國的過程上，女性地位有所提升、有所下降，根據地區、階層的不同，呈現出形形色色的複雜面貌。

◆殖民地的民族運動與性別

十八世紀以來，在已經成為英國殖民地的印度，娑提、童婚等傳統習俗被英國人看作落後文明的象徵。針對這一點，印度男性知識分子開始重新思考「女性地位」，探討何謂高種姓傳統的女性形象，形成全國性的話題。民族運動在開展的同時，也擴張了中上階層女性的活動場域。在被歐洲列強瓜分為殖民地的非洲，基督教傳教士帶來歐美的性別秩序，改變了原本共同體內部女性可握有權力的社會，加上新的政治、經濟支配結構改由男性掌握，把女性推向邊緣化，故而推動女性以各種不同形式參與對抗殖民地統治的民族運動。東南亞各地的殖民地亦同，推動「從上而下近代化」的結果便是促成家父長制的強化。如此便造成帝國主義列強統治亞洲、非洲時，往往伴隨更嚴重的女性壓迫，也引發了解放女性的要求。

◆前往殖民地的帝國主義國家男女

起初，從列強國家前往殖民地的絕大多數都是男性，他們在殖民地生活時跟「當地妻子」、「娼妓」建立關係。殖民統治也以性別化的方式表現出來。在這種情況下，帝國主義國家女性的殖民地活動就顯

得特別突出。儘管很多女性本來是為了逃
離母國的性別壓迫才前去亞洲，結果她們
活躍的姿態正好向亞洲社會展現出列強諸
國的女性崇高地位。（小濱）

近代亞洲（1800~1913）

1802 年	阮朝統一越南
1814 年	英屬開普殖民地獲得承認
1816 年	荷蘭再度征服爪哇
1817 年	印：拉姆 莫漢 羅伊起而批判娑提
1819 年	英國取得新加坡
1829 年	印：孟加拉總督禁止娑提
1839 年	鄂圖曼土耳其帝國：「坦志麥特」（又稱「仁政改革」）開始
1840~1842 年	清：鴉片戰爭
1851 年	清：太平天國起兵（~1864）
1853 年	日本：培里航行抵達浦賀
1858 年	蒙兀兒帝國滅亡，英國直接統治印度
1861 年	清：慈禧太后垂簾聽政
1868 年	日本：明治維新
1875 年	朝鮮：江華島事件
1876 年	鄂圖曼土耳其帝國：頒布憲法
1877 年	英屬印度帝國成立
1878 年	伊莎貝拉 博兒到訪日本
1879 年	荷屬東印度（即今天的印尼）女性解放運動家卡蒂尼誕生（~1904）
1883 年	康有為設立不纏足會
1885 年	印度國民大會黨成立
1887 年	法屬印度支那成立
1888 年	印：拉馬拜出版《高種姓印度婦女》
1889 年	大日本帝國頒布憲法
1890 年	大日本帝國公布民法
1894 年	朝鮮發生甲午農民戰爭，引發中日甲午戰爭
1895 年	中日甲午戰爭結束，簽訂馬關條約
	朝鮮：閔妃暗殺事件
1896 年	菲律賓革命（~1902）
1898 年	清：戊戌變法，後轉為戊戌政變
1900 年	清：爆發義和團事件
1902 年	清：《女報》創刊
1903 年	清：《女界鐘》出版
1904 年	日韓協約簽訂，引發抗日義兵運動（~1914）
1906 年	印度國民大會黨於加爾各答召開大會
1908 年	鄂圖曼土耳其帝國：青年土耳其革命
	清：頒布欽定憲法大綱
1910 年	大日本帝國合併韓國
1911 年	清：辛亥革命
1912 年	清：中華民國成立，制訂臨時憲法
	朝鮮：日本制訂民事令
二十世紀初	列強瓜分非洲

◆關於「女性地位」

十九世紀初期，印度知識階層開始出現各式各樣的社會改革運動。其中「娑提」（寡婦殉死）、寡婦再婚、童婚、女子教育普及❶等等，都是他們重新思考「女性地位」的核心課題。這些課題可說證實了用「女性地位」來評斷「文明」高低的歷史觀、世界觀。印度知識階層的議論大多是透過解釋、再解釋吠陀、印度法而構成，所以他們理想的印度女性形象，常常反映出高種姓的價值觀（伊斯蘭教徒之間則是上層穆斯林的價值觀）。縱然有潘迪塔・拉馬拜（Pandita Ramabai）❷這位明顯的例外存在，但二十世紀初以前，很少有女性能親自介入相關議題。

◆女性參與民族運動

一般認為甘地（Mahatma Gandhi）當上印度國民大會黨領袖之後，印度婦女的民族運動參與便有大幅成長。甘地秉持「堅持真理」的原則，強調非暴力、自我犧牲，讓印度中間階層的女性更容易參加民族運動。女性在運動各方面都非常活躍：譬如推動糾舉酒店或外國產品商店、使用販售印度手織布（khadi）、非法製造及販賣鹽貨。民族運動可說為高種姓、中間階層的女性提供了公共場場域的活動機會。

◆女性的活動與組織化

從二十世紀初起，印度開始出現以菁英女性為中心的女性組織。1917 年設立於馬德拉斯（Madras）的「婦女印度協會」（Women's Indian Association），就曾向印度事務大臣陳情訴求婦女參政權。他們也獲得要求成人普通選舉的印度國民大會黨支持❸，1920 年代時，各地州議會對參政權固然有識字能力、納稅額之限制，不過已經承認一部份女性的參政權了。1927年，全印度婦女聯會（All India Women's Conference）組成，其活動除了推動女子教育普及，還有女性地位的普遍提升，例如1929 年「童婚限制法」（規定女子最低結婚年齡為 14 歲）之訂立及徹底實施、要求女性財產權等。（粟屋）

❶女子教育之普及

由於有些地方的高種姓印度、上層穆斯林之間有女性隔離（purdah）習慣，導致女子公共教育難以普及❶。基督教傳教會女性傳道者在十九世紀的印度女子教育普及上扮演了重要角色。

英國女教師和印度女學生，加爾各答（Kolkata），1875

❷潘迪塔・拉馬拜（1857~1922）

　　出身自西印度的婆羅門，從雙親那裡
習得梵文學養。她在孟加拉跟一位非婆羅
門、説孟加拉語的男性採民事登記結婚，
生下一個女兒後便成為寡婦，接著返回西
印度成立了一個「婦女組織」（Arya Mahila
Samaj）。拉馬拜於英國留學時改信基督
教，再到訪美國並於各地演講，歸國後設
立寡婦寄宿學校「學習之家」（Sharada
Sadan）。她在美國出版的英語著作《高
種 姓 印 度 婦 女》（*The High-Caste Hindu
Woman*，1888），是一本批判印度社會家
父長制的劃時代作品。

　　右方照片為拉馬拜和女兒曼諾拉瑪
（Manorama）

拉馬拜和女兒曼諾拉瑪

❸【史料】國民大會黨喀拉蚩（Karachi）年度大會（1931）決議

　　「所有公民不分種姓、教義、性別，在
法律之前一律平等。」

　　「選舉權乃依據成人普通選舉而來。」

印度之母（Bharat Mata）

　　民族運動之中常常運用女性形象來表現印度，或者把女性身影重
疊描繪到印度地圖上。對於民族運動參加者（尤其男性）而言，賭上性
命、傾盡全力去解放在英國支配下受困的印度母親，這個意象能激起他
們的情感。此外，孟加拉作家班津・錢德拉（Bankim Chandra）所發表的
歷史小說《極樂大寺》（*Anandamath*，1882）裡，收錄了一首以「讚頌大
地之母」（Vande Mataram）意象起始的詩歌，且由泰戈爾（Rabindranath
Tagore）譜曲，從此「Vande Mataram」不僅傳唱於民族運動的各種場合，
更轉為愛國口號。有些人批評這首詩提到印度教女神的部分、小說《極
樂大寺》內容本身是反伊斯蘭的，印度獨立後，儘管本曲未能選為國歌，也還是被賦予了「民族
歌曲」的定位。

◆關於女性地位的議論

鄂圖曼土耳其帝國末期的十九世紀中葉時，有一群叫做「新鄂圖曼人」（Young Ottomans）的評論者，起而批判蘇丹阿布杜・哈米德二世（Abdul Hamid II，在位期間 1876~1909）之專制統治，要求建立憲政。他們是喜愛歐洲文化思想的新興知識分子，利用平面媒體如小說、新聞，批評一夫多妻、相親結婚、女性隔離，訴求提升女性權利、女子教育之必要性等等，針對改善女性地位積極發言。又稱培育愛國情操國民的賢妻良母為「新女性」，主張跟這類女性戀愛結婚所成立的家庭，才是適合新國民的生活單位❶。只是憲法才公布兩年就被蘇丹停止，專制統治再度復活，「新鄂圖曼人」的運動完全失敗。阿布杜・哈米德二世籌辦了近代式教育機構，不過很諷刺的是，這裡出現了對他專制統治的批判，後來更培育出人稱「青年土耳其黨人」（Young Turks）的將校軍官、軍醫、官員等年輕菁英。「青年土耳其黨人」跟過去的「新鄂圖曼人」一樣，都提倡改善女性地

此照片展現了夫妻間的親密、以孩子中心的小家庭

位，改變舊式家父長制家庭、組成基於愛情建立的一夫一妻制家庭，當他們革命成功（1908）取得政權以後，便積極著手改革制度。根據新立的《家庭法》（1917），婚姻成為世俗契約，且實質上禁止一夫多妻。新政權亦投入女子教育，除了原本就已設立的女子中學校、女子師範學校，大學之門更於這個時代向女性敞開❷。

◆作為國民象徵的女性

當新鄂圖曼人、青年土耳其黨人這些改革主義者討論鄂圖曼社會女性地位低落的時候，其實也是在討論鄂圖曼帝國的衰退狀況。因為女性權利議題帶有帝國家父長家族體系下、青年們受到壓迫的社會批判性質。年輕改革論者們藉由支持女性權利、戀愛結婚，來譴責由年長男性掌權的傳統家族體系，將其看作壓迫、落後的土耳其社會縮影。此外，若要對抗強的威脅，改革社會秩序、培養優秀國民將是迫切要務，既然女性的性控管被當成鄂圖曼社會秩序基礎的一環，那麼討論女性的社會地位及理想型態，跟討論鄂圖曼社會之理想形態（不管是重建鄂圖曼帝國、或者建設一個土耳其人的國家）便是相通的❸。（村上）

❶鄂圖曼帝國末期的婚姻與家庭

雖然新鄂圖曼人批判一夫多妻制、相親結婚、年長男性娶十幾歲女性等情況，但實際上當時這些婚姻已經越來越少見。至十九世紀下半葉時，婚姻中的愛情、對孩

土耳其戰爭中
裝填彈藥的婦女

哈莉黛‧埃迪布‧阿迪瓦爾

子的關愛開始在都市中上流階層之間受到重視。

❷女性動員參與戰爭

女性之解放，對於戰時勞動力供應亦有貢獻。鄂圖曼帝國末期不斷發生戰亂，使得勞動力不足的問題更加嚴重，於是成立了伊斯蘭婦女就業促進協會，確保女性能從事「無損名譽的勞動」，讓她們以勞工身分對戰爭給予協助、有所貢獻。土耳其獨立戰爭（Turkish War of Independence，1918~1923）時，就曾動員農民婦女做後方支援。只是接下來當土耳其共和國建立、恢復和平以後，女性又被要求回歸家庭擔任妻子跟母親。

❸女性作家筆下的女性與戀愛結婚

新鄂圖曼人透過愛情小說來質疑既有秩序、並摸索新的秩序。然而約在 1920 年代前後，他們對愛情的論調產生了變化：愛情被視為過度西化或性的欲望，乃危險之事。對男性而言，他們把愛情當作一種破壞家父長式秩序的手段，同時要求建立家庭的妻子貞節賢淑，所以女性的「過度自由」就不太恰當。女性也基於男性菁英的思想或其他理由，渴望一個安定的家庭。女性之所以追求戀愛結婚，原因在於她們看到夫妻關係更多可能性。像女性作家哈莉黛‧埃迪布‧阿迪瓦爾（Halide Edip Adıvar，1882~1964），其早期作品描寫的就是沉溺於奔放激情的女主角，後期作品則改為理性選擇穩定愛情的女性。而這些擁有自主性的女主角，顯示出女性自願承擔賢淑妻子、國民之母的新角色，而不是由菁英男性強加到她們身上。

【解說】土耳其小說家哈莉黛‧埃迪布‧阿迪瓦爾，出身鄂圖曼朝臣之子，就讀美式教會學校。1908 年革命後開始在報章雜誌上發表小說。她是忠實的土耳其民族主義者，曾擔任軍隊伍長參加土耳其獨立戰爭。

時至十九世紀，清朝於鴉片戰爭戰敗，又在太平天國席捲華中與華南後走向衰敗，而在掌握實權的慈禧太后（1835~1908）統治下，維持了王朝最後半世紀的命脈❶。在這段期間的社會變化之中，也對女性理想形象提出新的觀念。

◆踩著大腳戰鬥的女性——太平天國

作為清末最大動亂的「太平天國」，從本質上否定儒教的性別角色分工，並且禁止纏足、實行一夫一妻制等，動搖了傳統秩序，尤其是將男女分隔成男兵、女兵，分別戰鬥、工作、過生活。太平天國發祥地廣西省的少數民族女性並無纏足習慣，有些人還位居領袖地位，相當活躍，可是對江南女性來說，解開纏足、到戶外勞動是非常痛苦的。後來太平天國的領袖們自己娶很多妻子，否定了一夫一妻制，天國本身也逐步腐敗崩解。

◆變法派的女性論

中國在甲午戰爭敗北後，1898年嘗試了人稱「戊戌變法」的體制改革。當時變法派的男性知識分子就提出：若要拯救亡國危機，女性亦須有所改變。梁啟超（1873~1929）〈論女學〉一文闡述女性應一同從事勞動生產，才能富國強兵；若要培養未來的國民，女性就得擁有知識跟體力，故須創設女學堂。康有為（1858~1927）1883年在廣州創立「不纏足會」，開啟反對纏足運動，不讓女子會員纏足。譚嗣同（1865~1898）則於著作

《仁學》揭下性的面紗，反對把女性當作淫欲工具。然而戊戌變法僅三個月就遭遇挫敗，稱為「百日維新」，他們的嘗試也頓時中斷。

◆革命與「女權」

在二十世紀初期的中國，馬君武曾翻譯介紹史賓塞（Herbert Spencer）和約翰・史都華・彌爾的學說，展開「女性主義」與民權、革命結合的討論。革命派的金天翮（1874~1947）於1903年寫下祈願中國女性解放的《女界鐘》❷。不僅男性知識分子如此，女性自身也做起女性世界的革命宣傳行動❸❹：例如1902年創刊的中國第一部女性雜誌《女報》上，有陳擷芬（生卒年不詳）所寫的〈獨立篇〉，提到「女子有興女學、復女權之志者，勿自比於屬國也」。而後許多女性雜誌、報紙紛紛創刊，主張女性要成為跟男性享有平等權利的「女國民」，更創立多所女學校。（小濱）

❶慈禧太后是「壞女人」嗎？

1861年，六歲的同治皇帝即位，生母慈禧太后垂簾聽政。她曾任用曾國藩、李鴻章等人發展洋務運動，稍微恢復了清朝的威信。1874年同治死後，慈禧再立自己的外甥為光緒皇帝。光緒成年之後，他任用康有為、梁啟超等人，試圖施行「戊戌變法」來改革清朝的體制。只是改革過於急躁引發眾多反彈，三個月後慈禧太后就奪回政權，對變法派處刑、幽禁光緒皇帝。

慈禧掌握了清朝末期長達半世紀的大權，直到 1908 年光緒死後隔日去世為止，她向來都被批判是一位頑固的保守派代表。不過也可以說是慈禧高明的政治能力，才讓清朝得以存續到二十世紀，過去那些評價其實來自對女性掌管政權、對她打壓變法派的反彈，或許太過嚴苛了吧！

❷【史料】金天翮《女界鐘》：「天下興亡，匹婦亦有責焉」

「民權與女權，如蟬聯趺萼而生，不可遏抑也。吾為此說，非獨為二萬萬同胞姊妹說法也，為中國四萬萬人民普通說法也。請試言之。『國於天地，必有與立。』（《左傳》〈昭公元年〉）與立者，國民之謂也。而女子者，國民之母也。今吾中國『國民』之稱其無有矣，其代名詞則『萬姓』是也。是代表吾國民無精采、不風骨，徒於《史姓韻編》占一席地而已。……顧亭林（顧炎武，明末人士）曰：『天下興亡，匹夫有責』。豈獨匹夫然哉？雖匹婦亦與有責任焉耳。」（村田編：358~360 頁）

❸革命家秋瑾（1875~1907）

其為官員之女，奉父母之命結了一場不幸的婚姻，後來留下孩子隻身前去日本留學。她在東京參加孫文所領導的中國同盟會，擔任浙江省負責人，從此為革命運動奔走。又創立「共愛會」組織女子留學生，運用白話（口語）的文章、演說，以女性容易理解的言語講述革命。1905 年，秋瑾為反抗日本政府對清朝學生的取締而歸國，於故鄉浙江省紹興開辦學校，一方面培養革命派人士，一方面進行武裝起義所需的軍事訓練。惟 1907 年起義計畫走漏風聲，秋瑾被捕處死，她那句「秋風秋雨愁煞人」的遺言，以及英姿煥發的男裝模樣，留給人們深刻的印象。

❹【史料】秋瑾〈敬告姊妹們〉（《中國女報》第一期，1907）

「唉！二萬萬的男子是入了文明新世界，我的二萬萬女同胞，還依然黑闇沉淪在十八層地獄，一層也不想爬上來。足兒纏得小小的，頭兒梳得光光的；花兒、朵兒札的、鑲的戴着，綢兒、緞兒滾的、盤的穿着，粉兒白白、脂兒紅紅的搽抹着。一生只曉得依傍男子，穿的、喫的全靠着男子。……唉！但凡一個人，只怕自己沒有志氣。如有志氣，何嘗不可求一個自立的基礎、自活的藝業呢？如今女學堂也多了，女工藝也興了，但學得科學工藝，做教習，開工廠，何嘗不可自己養活自己嗎？也不致坐食，累及父兄、夫子了。」（中國女性史研究會編：30 頁）

12-5 東南亞民族運動與性別

◆殖民地社會與性別

早期負責統治殖民地的東印度公司雇員、政府官員和軍人，絕大多數都是單獨赴任的男性，等到統治機構穩定下來，熱帶醫學、教育醫療制度有所發展，女性、兒童才會出航到殖民地居住。而對東南亞來說，儘管有大量勞動力從中國、印度等外地被引進到都市跟開拓地區，舉家出航之舉同樣仍屬例外，所以這裡對「當地妻子」、「妓女」有著重大需求，後者又導致日本人（唐行小姐）、中國人的女性流入東南亞❶。

十九世紀末以後，東南亞各殖民地社會和泰國都著手推動「從上而下的近代化」。女子教育漸漸普及，人們開始意識到「近代的」女性及各種性別問題。但是這時引進的近代家庭法律或「文明化使命」的意識，就是把父系家族制度、賢妻良母等尚未在東南亞扎根的觀念，予以具體化實現❷。

◆民族運動先驅卡蒂尼（Raden Adjeng Kartini，1879~1904）

卡蒂尼出生於爪哇島加帕拉（Jepara）一個進步的貴族家庭，受過荷蘭式教育，對自由民主懷抱關心，同時關注女子教育和她們的職業教育，後來因產褥熱離世。她生前寫給荷蘭友人的信件（用荷語書寫），在死後以《黑暗過後是光明》（*Out of Darkness to Light*）為題出版，還翻成英語、印尼語或其他語言廣為流傳。卡蒂尼從事活動的當下，荷蘭正好改變過去「輪耕制

卡蒂尼

度」等貫徹追求利潤的殖民統治體制，轉而引進重視教育、福利的「倫理政策」。印尼獨立後，1964 年將卡蒂尼列為「國家獨立英雄」之一。

肩負民族運動的人可不只限於近代知識分子跟勞工。在反抗西班牙、試圖建立東南亞第一個近代民族國家的「菲律賓革命」之中，在地化的天主教信仰及其信徒組織就發揮了重大功用，他們所朗誦的耶穌受難敘事詩（pasyon）反映出傳統思想、家族觀念，還有對聖母瑪莉亞的熱烈崇拜。因此，如果要說現代東南亞女性領袖輩出❸全都拜近代化所賜，這種看法並不正確。（桃木）

❶唐行小姐

貧困的明治日本，向海外輸出移民及勞工。日本移工不只前往夏威夷或美洲大陸，也前往菲律賓南部當麻蕉（Abacá，馬尼拉麻）栽種農等，另外更有九州天草、島原地區出身的「唐行小姐」，她們搭乘煤炭

拉瑪四世蒙固

輸出船隻航向東南亞至遠東俄羅斯沿岸一帶的廣大範圍，奉獻己力賺取外幣。據說唐行小姐在東南亞與中國女性「豬花」並稱，以其「膚色白皙」頗獲好評，她們帶來一種「蝴蝶夫人」（Madama Butterfly）式的東方主義，可能還有向男性獻身的意象。唐行小姐賺取外幣的情形，其實就跟現在東南亞各國輸出性勞動力一樣，只是當日俄戰爭結束、日本自認為一流國家的意識增強以後，唐行小姐就被當成國恥，從此飽受抨擊。

❷泰國的近代化與性別

泰國的近代化與民族國家形成，以及後者所必需關於「國土」、「歷史」、「民族」之「創造傳統」，乃是拉瑪四世蒙固（Rama IV, Mongkut，在位期間 1851~1868）、五世朱拉隆功（Rama V, Chulalongkorn，在位期間 1868~1910），六世瓦吉拉伍德（Rama VI, Vajiravudh，在位期間 1910~1925）三代國王帶頭，由王室主導推行的。推行過程包含排除世代外戚汶納家族（Bunnag family），還有強化家父長制的政策，比如正式承認上流階層父親對女兒的支配權和一夫多妻、父系財產繼承制等。1913 年立法規定「姓氏」之使用，也是在原本不明確的家族、親族框架

之上，強行加上了父系家族原則（東南亞地區除了越南以外，人們的名字普遍都沒有「姓」）。

❸現代東南亞的女性領袖

菲律賓有柯拉蓉・艾奎諾（Corazon Aquino，在任期間 1886~1992）、葛蘿莉亞・馬嘉柏皋・艾若育（Gloria Macapagal Arroyo，在任期間 2001~2010），印尼則有梅嘉娃蒂・蘇卡諾普特利（Megawati Sukarnoputri，在任期間 2001~2004）都是女性總統；其他還有不少著名女性，如泰國總理盈拉・欽那瓦（Yingluck Shinawatra，在任期間 2011 年至今）、緬甸民主化領袖翁山蘇姬（Aung San Suu Kyi）、或者越南於巴黎和平協議上表現出色的阮氏萍（Nguyen Thi Binh）、菲律賓獨裁者斐迪南・馬可仕（Ferdinand Marcos）之妻伊美黛・馬可仕（Imelda Marcos）等等。軍事方面也曾出現像越戰中擔任越南南方民族解放陣線（National Liberation Front of South Vietnam）副司令的阮氏定（Nguyen Thi Dinh）這樣活躍的女性。在東南亞跟南亞都可以看到一個共通模式，就是知名男性領袖的妻子（其中很多人本身就來自名門、富豪之家）或女兒往往能當上領袖，或許是因為東南亞在傳統上對於性別角色分工的阻礙較小。

翁山蘇姬

12-6 對抗殖民的非洲抵抗運動

日本教科書對應
非洲的殖民與民族運動
本書相關章節
5-3、12-7、14-6、15-7

◆初期的抵抗

在十九世紀末至二十世紀初期間，非洲大陸除了賴比瑞亞（Liberia）、衣索比亞以外的地區，都已經成為西歐列強的殖民地。在此對抗殖民的女性領袖們，依照地區有著各自不同的類型：南羅德西亞（Southern Rhodesia，即今天的辛巴威）有靈媒查維（Charwe Nyakasikana，生卒年不詳）將神靈權威結合抵抗行動；衣索比亞有皇后泰圖（Taytu Betul，?~1918）運用政治權威勇敢對抗義大利軍隊；肯亞（Kenya）東部的梅卡蒂莉莉（Mekatilili Wa Menza，生卒年不詳）則以個人魅力連結人們對殖民地統治的恐懼，帶頭進行抵抗運動。另外南非也展開以西歐教育、基督教作為基礎的新型抵抗運動，例如第一位讀到大學畢業的黑人女性馬思克（Charlotte Maxeke，1874~1939），就曾於 1913 年號召反對通行證（工作許可證）法規的女性發起抗爭。這種女性抗爭行動把西歐的性別觀念（男主外，女主內）帶進非洲，跟女性過去在共同體扮演的政治、經濟角色弱化過程，乃是一體兩面的進行式。

◆中期的抵抗

到了 1920 年代，非洲展開各種型態的組織性反抗運動。如南非開普敦女性為了對抗國家及在地資本，發起了商店抵制運動；肯亞則是對白人經營的咖啡、紅茶農莊發起要求加薪的罷工行動。同一時期，那些無法參加男性主導組織的女性也設立了「班圖婦女聯盟」（Bantu Women's

衣索比亞皇后泰圖

League，位於南非）、或組成「蒙比中央協會」（Mumbi Central Association，位於肯亞）。後來男性主導的「基庫尤中央協會」（Kikuyu Central Association，位於肯亞）在 1933 年、「非洲民族會議」（African National Congress，位於南非）在 1943 年向女性敞開大門，便整合成為男女共同奮鬥的體制。除此之外，1929 年西非奈及利亞（Nigeria）東部還有數千名女性對當地殖民地行政發起抗爭，她們遭到英軍武力鎮壓，死者超過五十人（即阿巴婦女抗爭〔Aba Women's Protest〕）。

◆後期的抵抗

本來非洲主要是透過各組織進行非暴力抵抗，之後逐漸出現暴力形式，肯亞、南非白人移住地就演變為高喊民族獨立的解放抗爭。肯亞於 1950 年代、南非於 1960 年代

開始發展，一直持續到 1990 年代。而女性在這些解放抗爭裡扮演的歷史角色，要到 1990 年代以後才獲得注目，因為以前人們總是覺得「解放抗爭＝男性」，文獻紀錄又很少有女性活動，是以造就了這種印象。解放抗爭中的女性並非只做後方支援，實際上也有一些女性參加游擊隊，跟男性同為政府逮捕、拘禁、拷問、處刑的對象。尤其執行城市作戰時，更少不了女性的協助。以肯亞的案例來說，茅茅起義（Mau Mau rebellion）時就曾利用娼妓探聽機密情報、穆斯林女性的衣服藏匿槍枝來進行搬運。一位男性前游擊隊隊員（奇涅提〔Maina wa Kinyatti〕）回憶——倘若沒有女性支援，解放抗爭是打不動的，因此對參與抗爭的女性給予了新的評價。另一方面，女性跟男性的差別就是可能受到性暴力侵害。譬如挺身投入肯亞解放抗爭的汪比・奧蒂諾（Wambui Otieno，1935~2011）的經驗談：她被捕收監時遭到英國守衛強暴導致懷孕，獲釋後查明強暴犯且試圖提出訴訟的時候，英國當局竟然把犯人遣返回國。再者，擔任英國下屬的非洲男性也時常對女性施以強暴，說明他們把性暴力當成一種戰略。（富永）

夏洛特・馬思克

種族隔離（apartheid）與性別

社會上隔離非白人種族、政治經濟上予以歧視的「種族隔離制度」，在美國已於 1960 年代劃下休止符，南非則持續到 1990 年為止。其結構包括多層次的性別歧視，像是種族隔離下只允許男性請願、抗議的情形，或是施行通行證法（pass laws，規定工作許可證發配）跟後續「通行冊」（reference book）的時期，男女狀況皆有不同。1950 年代南非各地發生的女性抗爭，其觸發關鍵正是這種女性歧視。比如她們對殖民地當局的不當土地分配制度（發生地點為納塔爾〔Natal〕），或女性副業啤酒釀造的規範（發生地點為德爾班〔Durban〕）感到不滿，於是訴諸武力——在卡車、農田作物上放火，燒毀公營啤酒館，和警官發生衝突，執行罷工糾察等。1996 年南非通過的新憲法新增性別平等保障，而且為了有效實踐這點，政府或民間不論層級，均實施女性配額制度（女性議員比例須占 30% 以上），此舉意味著南非終於揮別過去種族隔離下的性別歧視。

◆男女人口失衡與帝國之存在

十九世紀下半葉時，主要以石油及電力作為動力源的德國和美國在第二次工業革命中崛起，進而威脅到使用煤炭及蒸氣動力的第一次工業革命霸者英國。而正被追趕的英國，整個十九世紀的社會都維持女性數量多於男性的人口失衡狀態，產生眾多無法達成「家庭天使」理想形象的女性。這些直接面臨如何度過漫長單身時期問題的女性——特別是中產階級女子，她們就一邊找尋國內的新活動❶，一邊把目光投向島國之外。當時歐美列強競爭的白熱化加速了殖民地爭奪戰，女性也因個別狀況跟帝國的存在連結起來。

◆外出旅行的女士們

十九世紀下半葉時，那些探尋家庭以外空間的中產階級女子之中，有不少人前去當時歐洲視為「野蠻」的地區，找當地嚮導一同進行「一個白人的旅行」。她們被稱為「女士旅行者」（lady travellers），會詳細觀察所到之處的自然、民族、宗教、文化等，留下日記、信件和旅行遊記❷。這些文件不僅是廣受歡迎的讀物，對十九世紀下半葉衍生的新學問如人類學、動物行為學都有重大貢獻。另一方面，正是因為歐洲帝國主義在世界各地逐步擴大統治，這些女士才能如此旅行，她們的資訊、知識、經驗均會再利用到殖民地統治上❸。

◆文明使者

十八世紀末以降，身為廢除奴隸制運動主力之一的英國女性們，在殖民地重組、擴大之間，對於向非歐洲人推動「文明化」有著重大影響。慈善活動是中產階級以上女性少數可被通融接觸社會的交集點，所以貧困日益嚴重、差距變大的英國國內，有許多女性參與倫敦等都市貧民窟的調查，並且反覆嘗試改革方法。此外，隨著海外傳教越發積極，傳教士的妻女也致力廢除、改善加諸當地女性身上的積弊惡習，如印度的「娑提」（寡婦殉死）、童婚等❹。不過她們的慈善行動總是遵守英國社會的「正確常識」，看在當地女性的眼中等同於「偽善」。（井野瀨）

❶ 碧雅翠斯・波特（Beatrix Potter，1866~1943）

波特出生成長於一個富裕的中間階層家庭，從小就常常接觸動物，加深了對大自然的觀察和興趣。她曾向倫敦林奈學會（Linnean Society of London）提出論文《論傘菌孢子之萌芽》（1897），當時女性學會報告尚未受到認可，本篇由他人於學會代讀，頗獲好評。波特1902年創作的《彼得兔》（Peter Rabbit）系列後來大為暢銷，她也把收入用來資助英國湖區國家公園（Lake District）的自然保護工作。

❷女士旅行者

伊莎貝拉・博兒（Isabella Bird，1831~1904）幼時體弱多病，輾轉各地療養激起她對旅行的興趣，進而環遊世界。1878年她初次到訪日本，還獲得駐日大使特准，到日本

東北地方和當時稱為「蝦夷」的北海道旅遊，跟愛奴族（Ainu）進行交流。瑪莉・金斯利（Mary Kingsley，1862~1900）受到愛好旅遊的父親影響，待雙親過世以後，失去「女兒」身分的她便兩度前往當時有著高死亡率、被稱為「白人墳場」的西非旅行。西非經驗讓她從此強烈反對用「文明與野蠻」二分法的方式看待當地社會，也嚴厲譴責對殖民地強加歐洲人做法的統治方式。

伊莎貝拉・博兒

❸葛楚德・貝爾（Gertrude Bell，1868~1926）

貝爾成長於北英格蘭數一數二的實業家族，十九世紀末至中東地區旅遊時深受沙漠吸引，後來趁著參加多處遺跡挖掘，學會了當地的語言，還跟部族首長建立起信賴關係。第一次世界大戰期間，貝爾因應開羅英軍情報局的要求，和「阿拉伯的勞倫斯」（Lawrence of Arabia），即湯瑪斯・愛德華・勞倫斯少校（Thomas Edward Lawrence）一同從事諜報行動。1921 年的開羅會議依循貝爾提案，讓伊拉克於英國託管統治下建國，而沙烏地阿拉伯的國境劃定，原案亦出自她的手筆。

葛楚德・貝爾

❹瑪莉・史萊沙（Mary Slessor，1848~1915）

瑪莉・史萊沙是一位非常特別的傳教士。她出身自蘇格蘭勞工階級，由於受到同鄉英雄──傳教士兼探險家大衛・李文斯頓（David Livingstone，1813~1873）死

亡的啟發，決定前往奈及利亞東部。她勇於對抗當地風俗，反對把生下雙胞胎的女性當成不祥之人驅逐出村、還丟棄她的孩子，而且飲用生水、跟在地人過一樣的生活。

1898 年史萊沙和她帶到蘇格蘭的非洲兒童

◆「娑提」的起源與變遷

「娑提」一詞原本的意思是「好女人」、「有德婦女」，而跟丈夫屍體一起被活活燒死的行為，在梵文文獻上的表述為「Sahamarana」（同歸於盡）。到英國統治時期以後，娑提才變成用來指稱上述行為、習慣的語詞。

關於娑提之習慣，目前尚且無法確定出自何時、何處，又是如何誕生❶。有古希臘史料記載西元前 317 年一位印度將軍的妻子、隨同丈夫一起火化的事蹟，但西元前二世紀至西元二世紀成書的《摩奴法典》並無相關規定。《摩奴法典》建議喪夫妻子最好的正確生活方式，便是餘生清廉度日。而提及娑提的鐫刻文字史料，最早可追溯至西元 510 年。

早期梵文文獻裡的婆羅門女性均未實行娑提，直到七至八世紀以後，才把它稱頌成一個向丈夫獻身的終極方式。推測可能是添加了宗教意涵的某部份戰士階層習俗，再納入婆羅門式的性別規範之內。

◆英國統治與娑提論戰

十八世紀下半葉是英國確立印度統治的時期，很諷刺的是，最盛行娑提的地區，竟然是英國統治據點孟加拉，尤以加爾各答附近為最（英國在孟加拉管轄區域所掌握的娑提發生次數，1815~1828 年就有超過八千件）。

娑提爭論於十九世紀初期浮上檯面。英國東印度公司職員，特別是基督教傳教士，將娑提視為異教徒的野蠻習慣，要求予以壓制。於是在 1829 年，孟加拉總督班提克（Lord William Bentinck，在任期間 1828~1833 年，1833~1835 年擔任印度總督）頒布條例禁止娑提。此一決定時常被拿來自賣自誇，當作英國統治完成「文明化使命」的代表案例，然則東印度的反應既不果斷、也不迅速。因為他們本來只是把用「宗教」教義把娑提看成一種習慣，也擔心干涉娑提會引起當地社會的反彈❷。

這時有一個人成功讓東印度公司起身行動，他就是孟加拉的婆羅門知識分子——拉姆・莫漢・羅伊（Ram Mohan Roy，1772~1833）。他從 1817 年就開始使用小手冊批判娑提了。雖然羅伊批判娑提的立論涵蓋人道主義視角，不過主要論點還是偏向印度法之釋義。這些由高種姓男性帶領的議論，論點往往會從女性的生命問題，導向何謂印度教的正確形式❸。

隨著印度民族運動氣勢高漲，有些人更加擁護娑提，認為它不同於重視物質、自我本位的西方文明，是一個可以展現印度文明深層精神的例證。（粟屋）

印度郵票上的拉姆・莫漢・羅伊

❶娑提紀念碑（sati stone）

用於紀念那些追隨戰死男性而去的女性，常用彎曲的手臂來表現意象（圖❶）。

❷「文明化使命」與娑提

有不少畫作描繪娑提的情景。此繪畫強調娑提之野蠻，右邊角落還畫了轉身望向別處的白人男性。

❸【史料】反對娑提禁令的議論

「娑提不單是教義實現，也是遠古以來就認定的習俗，印度寡婦們出於自我意志及喜悅，為了夫婿與自我的靈魂，實行喚作『娑提』的殉死犧牲。對於打從心底相信自身宗教教義的她們而言，這份犧牲不但是神聖的義務，更是莫大的特權」（出自「達摩眾會」〔Dharma Sabha〕──反對娑提禁令而組成的印度保守派團體，其遞交給班提克的請願書）。

露璞·坎瓦爾（Roop Kanwar）與娑提信仰

1987 年，北印度的拉加斯坦有一位十八歲的拉吉普特族女性「露璞·坎瓦爾」實行了娑提，該新聞事件不止在印度國內，還也流傳到全世界。坎瓦爾的娑提之舉引發廣泛的議論：女性主義者將此習慣看成壓迫女性的典型行為；部分拉吉普特族人讚賞它是拉吉普特的傳統；知識分子感嘆印度之「落後」；還有一些評論者批評知識分子不懂印度傳統宗教心態、背離民眾等等。

兩次世界大戰

13-1 概說⑬ 世界大戰的時代

日本教科書對應
凡爾賽體制下的歐美各國、亞洲的民族主義
本書相關章節
12-1、14-1、15-1

◆近代化的進展

不論評價如何，在二十世紀總體戰的戰時體制下被動員起來的歐洲女性生活，在其後的戰間期中，產生了各個層面的變化。導致變化的最大要素，是因為自三十世紀初發端的社會近代化，獲得了更進一步的進展。而戰爭促使這種變化加速躍進，其中最顯著的就是都市化與就業結構的變化，讓許多原本在傳統部門從事工作的人，轉移到近代部門。隨著讓作業工程標準化、合理化的流水線系統（Ford System）獲得採用，對非熟練勞動需求增長的工業部門，從女性比例較高的農業部門就業者與家務幫傭中，錄取了許多新的人員。同時擴大的服務業與辦公室職務，不只是讓中產階級的女孩，也讓勞動階層的女孩得以就業；從戰前就已見到的未婚女性婚前就業現象，在這個時期已經完全成為定局。家務幫傭急遽減少，主婦不得不獨立承擔家事，因此吸塵器、洗衣機、冰箱等家電製品（但因為價格高昂，所以購買人數頗為有限）也開始登場。在戰後復員期與 1929 年大恐慌期間，「女性回歸家庭」的聲音雖然一度高漲，但就算這樣，整體的趨勢仍不可逆；即便在推動回歸家庭的納粹時期，女性的就業率也仍在增加。

起源於戰前養成教育的公益活動，從以志工為主轉變成戰後職業化的社工，成為了女性專屬的職務。在現代生活百花齊放的都市中，舞廳、餐廳、咖啡館陸續出現，手上有了錢的女孩，也成為大幅成長娛樂產業的常客。在家庭生活方面，自二十世紀初期起，少生孩子、給予良好教育的傾向持續存在，一家有兩到三名孩子成為主流，即使以納粹為首，展開大規模的鼓勵生育，但出生率也沒有上升。然而，儘管有這樣的近代化，性別規範本身仍沒有動搖；在感覺自己被進展的生活與近代化拋在後面的主婦群中，有很多人仍對「女性解放」大表嫌惡。（姬岡）

◆新興國家的性別秩序摸索

在古老帝國爆發革命成立的國家中，展開了對適合新國家性別秩序的摸索。在世界第一個社會主義國度蘇聯，女性透過參加社會勞動、實現經濟自立，被認為達成了完全的男女平權。在中國，1912 年成立了中華民國；在接下來興起的新文化運動中，他們開始摸索取代儒教秩序的新性別秩序。中國國民黨和中國共產黨，在各自的革命運動中都謳歌女性解放，並認可女性參政權。鄂圖曼帝國解體後成立的土耳其共和國，一方面以世俗化近代國家之姿，推動國家建設，另一方面也尋求改善被視為「伊斯蘭落後象徵」的女性地位。在這些國家中，都展開了所謂「由上而下」的女性解放運動。當然還無法立刻達成完全的女性解放，但女性的理想形象已經產生了很大的變化。

◆殖民地的女性壓抑與民族解放運動

日本在其殖民地的臺灣與朝鮮，仿效日本民法制定了「民事令」，強化了家父長的權限。在這些地域，儘管只限於上層與

中間階層的女孩，但女性的近代教育也開始發展。就像在朝鮮三一運動中所見，受近代教育的女性在民族運動與女性運動中也相當活躍。在印度，甘地領導的非暴力抵抗運動，也是靠著激發出中上階層女性的能量才得以展開。

但另一方面，貧窮女性不只要擔負無償的家務與育兒勞動，在列強資本的紡織工廠等地，比起資本國家的男性員工，當地男性勞動者的薪水已經遠遠低落許多，但女性的薪資比那些男性勞動者還要更低。而且在殖民地，貧窮女性幾乎完全沒有受初等教育的機會。（小濱）

近代亞洲（1800~1913）

1912 年	日本在朝鮮制定民事令 中華民國成立、臨時約法制定
1914 年	第一次世界大戰爆發 德：祖國女性服務團成立
1916 年	英：普遍徵兵制
1917 年	俄：俄國革命爆發 美：徵兵制 印：女性陳情團要求參政權、印度婦女協會成立 土耳其：制定《家庭法》
1918 年	第一次世界大戰結束 德：德意志革命、引進女性參政權 英：給予三十歲以上女性參政權
1919 年	《凡爾賽和約》簽署 朝鮮：三一運動 中國：五四運動 奧地利、荷蘭、波蘭、瑞典通過女性參政權
1920 年	美國：女性參政權開放
1921 年	美國：美國計畫生育聯盟成立
1923 年	土耳其共和國成立 德國：引進母親節
1924 年	多明尼加通過女性參政權
1926 年	中國國民革命持續進展，通過《婦女運動決議案》
1927 年	烏拉圭通過女性參政權 全印度婦女會議成立 朝鮮：槿友會成立
1928 年	英國：給予二十一歲以上女性參政權
1929 年	華爾街股價暴跌 厄瓜多通過女性參政權
1931 年	葡萄牙、西班牙通過女性參政權
1932 年	泰國、巴西通過女性參政權
1933 年	德國：希特勒政權上台，進行強制納粹化，女性組織遭到解體
1934 年	土耳其、古巴通過女性參政權
1935 年	德國通過《絕育法》、猶太人公民權遭剝奪、「生命之泉」協會設立
1936 年	柏林奧運
1937 年	日中戰爭爆發
1938 年	德國：針對猶太裔居民的反猶暴動爆發、引進「母親十字勳章」獎勵生育
1939 年	第二次世界大戰爆發
1945 年	第二次世界大戰終結、聯合國成立 法國：女性參政權開放

◆總體戰體制與後方的組織化

二十世紀上半葉的兩場世界大戰與以往的戰爭型態大不相同，不只在於軍隊領域，而且在工業、農業、科學技術、媒體等攸關國民生活的所有領域，都展開動員的總體戰。在參與戰鬥人數飛越增長的同時，沒有從事軍務的人，也不分年齡性別被要求為戰爭運作提供協助；故此，支持前線的後方組織化，遂成為不可或缺。在各女性團體方面，為了跨越思想信條差異、積極扛起總體戰體制，成立了具涵蓋性的女性組織；它們一面和自治體當局進行密切合作，一面在公益服務、糧食配給、生產動員等方面展開活動❶。隨著戰爭長期化，女性的協助變得日益重要；她們在透過公益服務，踏足自治體行政機構的同時，也得以進入過往無緣涉足的國家中樞。

◆**女性勞動力的動員與復員**

在總體戰下，取代被動員加入軍隊的男性，女性被要求編入生產過程當中，這樣的行為有時候甚至是在法律強制下為之。起初負責家務責任的女性大多被排除在外，但隨著勞動力的不足日益嚴峻，這些女性也被動員起來。從事軍需產業的女性勞動力顯著增加，也有人在受過速成教育後，從事炸彈製造與車床等傳統被認為屬於「男性領域」的勞動❷❸。戰後，隨著男性從軍隊中復員，他們向舊有職場提出重新雇用的請求，因此女性或者回歸家庭，或者不得不轉移到「適合女性的職場」❹❺。在第二次世界大戰間的德國，由於納粹「女性即家庭」的政策，因此盡量避免動員女性，而是從東部占領區強制移送勞動力；但英國則是包含徵用在內，動員了女性勞動力，且戰後還締結約定，規定低工資的女性，在戰後不得奪走男性的勞動位子。

◆**女性的叛亂**

第一次世界大戰中的德國，因為明顯的糧食與燃料不足❻，屢屢爆發糧食暴動，而其核心則是女性與青年。參加示威抗議的女性蜂擁到市政府，破壞商店、掠奪商品，或者是付了適當的現金之後，在沒有麵包配給券的情況下，逕行取走麵包。糧食暴動在工廠內也引發了自然產生的罷工，戰爭末期，反戰和內政改革便成了首要議題。負責家中廚房的女性，對於得用黑市價格和非法手段弄到糧食感到強烈憤怒，她們為了終止在困窮與工廠勞動強化下導致嚴酷負擔的戰爭，開始採取直接行動。可以說，廚房的困苦，迫使她們展開激進的政治行動。（姬岡）

❶**祖國女性服務團（德國）：**

由「德意志女性團體聯合」的代表者，在第一次大戰前夕獲得普魯士內政部承認所組成。它和「紅十字會」與「愛國女性同盟」等沒有參加「聯合」的組織彼此協調，並要求立場相異的社會民主黨系女性，也來參加與協助。其重點課題包括了：1. 糧食的確保與配給；2. 出征士兵家族與失業家族的公益福利；3. 女性就業或志工方面

的仲介；4. 情報提供。不只如此，她們也擔任往戰場的包裹遞送，以及衛生方面的支援。1916 年起，她們也致力於動員女性勞動力；由於作為自治體公益活動援軍、半官方的活動已不足以應對局勢，因此受過高等教育、實務經驗豐富的女性，便開始在作為戰時局處設置的「女性部」（包含中央以及地域）中，以負責人的身分，正式就任軍隊組織的領導者地位，來執行任務。

❷職業女性的變化（德國）

年	月	女性	男性	計
1914	6	100.0	100.0	100.0
1916	12	108.1	60.5	77.3
1917	10	116.1	60.9	80.7
1918	10	116.8	60.2	80.1

出處：Bajor, Die Hälfte der Fabrik, Marburg 1979, p.119.

❸產業別女性就業者數的變化（德國）

（1917 年 10 月時；以 1914 年六月為 100）

	女性	男性	計
製鐵、金屬、機械	476.1	95.5	118.4
電機	480.5	84.0	145.1
化學	450.4	117.4	155.6
纖維	73.7	33.8	54.8
木材	117.9	51.7	61.6
食品、嗜好品	101.6	52.8	75.3
服裝	59.5	34.5	47.7
建築	279.3	56.1	62.3

出處：Oppenheimer/Radomiski, Die Probleme der Frauenarbeit in der Übergangswirtschaft, Berlin 1918, p.22.

❹第二次世界大戰中以及戰後的女性就業

（單位：萬人）

	1939 年	1943 年	1946 年
軍隊、民防		53.1	8.2
重工業、化學工業	50.6	192.8	89.5
農業、交通、公務員	58.7	134.1	115.2
輕工業、建築、運輸業	483.7	669.9	559.3

出處：奧田：300頁

❺【史料】德意志復員政策的基本方針（1918 年 11 月）

大戰中召集的所有勞動者，可以立刻要求舊有職場重新雇用。

女性勞動力，應盡可能按適合其「本性」的方法加以活用。

解雇女性的順序如下：1. 無就業必要之女性；2. 有可能轉移到其他職業（農業、家務幫傭等），或是以前從事類似職業的女性；3. 解雇後仍有就職機會、或是出外打拚，但在故鄉足以生活的女性；4. 未成年，有可能納入教育課程的女性。

【解說】1919 年三月，德國發出復員令，對大戰中初次涉足工商業界的女性進行強制解僱。

❻排隊購買麵包的女性

13-3 蘇聯的女性與家庭

日本教科書對應
第一次世界大戰與俄國革命
本書相關章節
9-4、11-4、15-5

◆革命與女性解放

在俄國革命（1917）與社會主義建設高舉的大旗中，與和平、土地社會化、勞動者專政、軍隊民主化、民族自決等並列的，就是女性從家父長式與布爾喬亞式的支配中解放、男女平等、女性參加社會勞動、達成經濟自立等課題。在革命之後到新經濟政策時期制定的一連串家庭法中，男女被視為完全平權，也推出了自由墮胎、離婚簡易化、不得歧視非登記結婚的事實婚主義等先驅性法制。之所以如此，其運作背景就像柯倫泰（Alexandra Kollontai 1872-1952）所歌頌般，認為在共產主義社會中，國家等強制機制等同於「消亡」，所以隨著家事與育兒的共同化，家庭也會隨之「消亡」，亦即一種烏托邦式的社會思想❶。姑且不論對「家庭消亡論」的評價，正面推動女性解放、並進行立法這件事，堪稱是社會主義革命帶來的戲劇性轉換。然而，在史達林時期顯著化的重視家庭與傳統回歸（如離婚困難化、禁止墮胎等）❷，與逐漸進行的現代都市化社會轉換，乃至於戰爭帶來的極端扭曲人口結構到來等相矛盾的契機下，當初家庭法規定的劃時代內容一再變調，儘管仍有男女平等與女性解放的呼聲，但革命當初的構想，並沒有一貫維持下去。

◆女性的社會地位

革命帶來的理念轉換，果真有被轉化成現實嗎？可以說有，也可以說沒有。女性的教育機會，變得凌駕於男性之上；女性就業率的顯著提高、以及在專門職務上活躍的機會擴大，也都是明顯可以確認到的事。不只是教職和或醫療事業，在技術人員、管理職務、乃至於紅軍士兵與政戰軍官等多樣分野中，都可以看到女性涉足的身影。但是，這到底是社會主義帶來的偉大成果，還是順著沙俄末期以來，女性在、就職形態方面一直走來的路徑發展，實在很難判斷。關於女性的地位，在新教地域（波羅的海各國）與伊斯蘭地域（高加索與中亞等地）間的極端差異（「專業主婦」的存在，幾乎都侷限在後者），顯示了體制論所無法解決的文化差異之存在。女性擔任的專門職務（比方說醫師）在待遇方面，整體而言極度偏低，這項事實也不可忽略。蘇聯時期共產黨政治局成員中的女性比例無限接近於零，女性被排除在克里姆林宮的權力中樞之外，是毋庸置疑的事實。

◆家庭的實際樣貌

關於在法律上被解放、獲得經濟自立基礎的女性在家庭內的樣貌，有個足以巧妙掌握它的俄式笑話。這個笑話說，資本主義社會的女性因為沒有被解放，所以只要從事家務就好，但被解放的蘇聯女性，不只在職場上要和男性同樣工作，還要一手包辦家務。事實上，家庭內的男女家務負擔不均衡、以及男性的酗酒、暴力，都讓不需要依存男性勞動的自立女性不滿日益高昂，而這也形成了再度讓離婚簡易化的1960年代以降，蘇聯極高的離婚率、非婚

率（以及和男性相比，明顯低上一截的女性再婚率）產生的要因。這種現象伴隨同時進展、對婚外性行為的容許，在人口停滯顯著化的 1970 年代，導致了對「未婚媽媽」補助社會政策的引進。在這裡我們可以確認到，在和烏托邦式的「家庭消亡論」所假設的體制論極端相異的維度上，家庭的「解體」與變貌正在持續進行。（橋本）

❶【史料】摘自亞歷山德拉・柯倫泰〈家庭與共產主義〉

「在共產主義社會中，會有家庭的存在嗎？在針對受勞動者革命的影響，呈現在我們眼前，所有生活領域的偉大進步進行思考，思慮深遠的同志跟前，這個問題漸漸且頻繁地浮現出來。」

「在共產主義社會中，夫妻之間不只沒有妻子對丈夫的物理從屬與經濟盤算，也不是因為考慮孩子而結合；既然如此，那麼強制設下夫妻關係，讓這種精神上已經走到盡頭的結合永遠持續下去，又有什麼意義呢？恐怕毫無意義吧！也正因此，就邏輯來說，我們可以得出一個結論：在共產主義下，結婚並不一定要採取持續結合的形式。」（刊載於《女性共產主義者》1920 年第 7 號（12 月），16~19 頁）

──────

【解説】柯倫泰出身於一位波蘭人將軍的家中（用波蘭語讀音念作科翁塔伊），在巴黎世留學的時候，成為社會主義者（共產主義者）。雖然她在 1921 年被共產黨除名，但在 1923 至 1945 年之間，她被任命為世界第一位女性大使，在挪威等地以外交官身分活動。

❷托伊澤（Irakli Toidze）《祖國──母親正在呼喚》

拿著紅軍士兵對國家宣誓書的母親，呼喚眾人為衛國戰爭奮起。

蘇聯「偉大衛國戰爭」的宣傳海報，1941

◆**大眾政治化與性別**

從二十世紀初到第一次世界大戰這段期間，所有社會階層都對國家與國民的動向、階級問題、性別問題等抱持關心，為了實現特定目的的協會活動也相當活躍。女性運動也不例外，女性主義系、民族主義系、宗教系的女性組織陸續誕生，會員數也不斷增加❶。包括女性主義系在內，幾乎所有女性組織都從被認為「只有女性辦得到」的課題來展開，並獲致成果❷。民族主義系與宗教系女性主義，基本上反對爭取女權，但她們活躍的活動，也推進了女性的政治化。在這個時期，甚至是拒絕女性黨員的保守系政黨，為了阻止黨員流向其他政黨，也不得不接納女性。

◆**「社會衝撞」（Backlash）**

在職業與教育機會均等這些經年累月的要求獲得實現、女性得以踏足專門職業，且女性參政權運動高漲的二十世紀初期，反女性主義派的活動也變得活躍起來。在英國，展開了以上層女性為主，反參政權的特化運動❸；在法國，天主教中間階層與共和主義者認為女性的領域應該是家庭，對女性主義表示反對，勞工運動也把女性勞動視為「壓低工資的骯髒競爭對手」，抱持敵對態度。在反動勢力最強大的德國，1912 年組成了「與女性解放鬥爭同盟」；許多民族主義者與民族至上主義者參加其中，且有受教養的市民階層作為指導。反女性主義與反猶主義結合，是德國的特徵。同盟的會員中有大約四分之一是

女性，主要以對職業女性的涉足職場，深感威脅的主婦為中心。

◆**女性參政權的引進**

繼美國的幾個州、紐西蘭以及北歐各國，1918 年的英國給予三十歲以上女性參政權，1928 年又降低標準，成為和男性相同的二十一歲。德國在第一次世界大戰後的德國革命之際，也引進了婦女參政權。在連包含左派的共和主義者在內，也強烈反對女性參政權的法國，則必須等到 1945 年。作為引進參政權的根據，主要是戰爭中女性的勞動獲得認可；不只如此，在英國有參政權運動的展開，在德國則是隨著女性的政治活動，認為「在民主主義的實現中，女性參政權理所當然該被包含在其中」的想法，也逐漸紮下了根。在引進參政權前，大家都認為對積極引進女性參政權的社會民主黨有利，但結果是，女性反而選擇宗教系與中道、右派居多。❹（姬

美國的反女性參政權協會的紀錄照片

❶德國主要的右派、民族主義系女性團體

團體名	存續期間	會員數（人）	團體名	存續期間	會員數（人）
愛國女性協會	1865～33	1870年　24.000 1909年　400.000 1914年　592.000	德意志殖民地協會女性聯盟	1907～36	1910年　7.000 1914年　17.800 1930年　24.000
德意志福音派女性同盟	1899～現在	1900年　13.600 1912年　250.000 1918年　350.000	德意志全國主婦聯盟	1915～35	1924年　280.000 1931年　130.000
德意志女性艦隊協會	1905～36	1913年　60.000 1918年　130.000 1922年　100.000	全國農民主婦聯盟	1916～34	1922年　50.000 1934年　100.000

岡）

❷德意志殖民地協會女性同盟

某些人為了守護德意志民族的血統純粹性，想要讓德意志女性移居到殖民地，作為居住殖民地德意志男性的結婚對象，但進展並不順利，於是尋求女性的支援，從而組成了這個聯盟，並獲致成果。違反了意圖將女性置於麾下的男性意圖，女性展開自律的活動；她們主張，男性征服的殖民地要由女性來重建，從而形成民族（保持德意志的血統與文化）。她們在重視男女活動領域分離的同時，也主張若是不兼具雙方，則做為支配民族的德意志優勢，與德意志文化、認同的維持和強化，都會寸步難行。

❸全國女性反參政權同盟（英國）

在女性參政權運動活潑化的 1908 年，由從事社會改善與著述業的女性、以及政治家夫人等，在沙龍中發揮政治影響力的倫敦社交界女性為中心組成。童年，以和議員相關、反對女性參政權的男性為中心，也組成了男性委員會。兩者匯流後，集結了二萬二千名會員，1914 年更超過了四萬二千人。同盟向大報進行反對投書，並召開集會；在議會引進女性參政權迫在眉睫之際，他們匯集了三十萬人的反對連署。

❹ -1 男女別議員數（1919 年德國國民議會選舉）

	獨立社會民主黨	社會民主黨	中央黨	民主黨	人民黨	國家人民黨
議員數	22	165	90	75	22	42
所含女性	3	22	6	6	1	3

出處：Deutsch, Die politische Tar der Frau, Gotha 1920, p.1

❹ - 2 男女別投票動向（以男性為 100 計算女性比率）

	獨立社會民主黨	社會民主黨	中央黨	民主黨	人民黨	國家人民黨
男　　性	100	100	100	100	100	100
女　　性	52.2	81.9	169.5	106.9	120.9	174.8

出處：Schneider, Die Deutsche Wahlerin, in: Die Gesellschaft Jg. 1927, bd.2, p.366.

◆生育控制（birth control）運動的誕生與變化

關於避免不想要的懷孕、以及保持生育的間隔，自古以來便有形形色色的民間傳承。但是，將避孕與女性權利及解放結合在一起，這樣的歷史則相當新穎。十九世紀下半葉，當新馬爾薩斯主義開始公然主張避孕之際，當時的女性主義者也以「自主母性」的名義，要求女性自身應該有決定何時、產下多少孩子的權利。但是，她們設定的手段是禁慾；她們批判說，避孕會給男人在不用顧慮懷孕的情況下，要求做愛的口實，從而會讓女性被貶為娼妓。相對於此，桑格眼見許多女性在非自主意願的情況下反覆懷孕、又因為非法墮胎而死去，所以從「獲得身體自決權，正是女性自立與解放的出發點」進行考量，在1914年於美國，透過「生育控制」這個嶄新的名稱，開始推行廣傳避孕知識的運動❶❷。她和把避孕當成「罪」或「猥褻」的教會與保守勢力勇敢對決，在大恐慌期間，逐漸在中、上流階級與醫師之間，獲得廣泛的支持。但在這樣的過程中，運動的著力點從當初的追尋女性自立，轉變成「該如何謀求家庭與社會的安定」，到了1930年代，名稱也變成了「家庭計畫」。另一方面在英國，瑪麗・斯托普斯（Marie Carmichael Stopes）在婚姻失敗後，痛感女性對性知識的必要性，從而在1918年出版暢銷書《婚後之愛情》，開設了為勞動者階級女性提供避孕手段的診所，從而成為英國生育控制運動的「門面」代表❸。

◆與優生學的接近

十九世紀末，達爾文的表弟高爾頓（Francis Galton）將進化論適用於人類，提倡應該透過「適者」的增殖與「不適者」的排除，來讓人類的品種加以改良，也就是所謂的優生學。優生學在二十世紀初到1930年代成為世界流行，特別是在身受大量移民與人種問題困擾的美國，更是盛極一時❹。桑格和斯托普斯在擴大生育控制運動支持的過程中，也積極援引優生學，主張為了抑制肉體、精神上的「劣等」人多生子嗣，必須普及避孕，甚至還主張對做不到這點的人，不得不予以強制斷種（施行絕育手術）。第二次世界大戰後，這樣的思考方式透過擔心地球規模人口爆炸的先進國家對避孕手段的輸出，和謀求抑制發展中國家人口的國際家庭計畫援助動向密切結合在一起。（荻野）

❶瑪格麗特・桑格（1879~1966）

出身貧窮的愛爾蘭移民家庭，在十一個孩子中排名第六。一開始是在紐約的貧民窟擔任訪問護士。她的活動對1920至1930年代，以及第二次世界大戰後的日本，都有相當程度的影響。

❷在桑格於 1916 年開設在紐約的診所前，排隊等待避孕諮商的女性。

❹卡里卡克家族圖

　　當同一名男性與品質優秀的女性、以及劣等的女性各自生下子嗣的時候，其子孫會形成完全不同的集團；這張圖被廣泛使用在說明遺傳決定論上。（米本昌平《遺傳管理社會》弘文堂，1989，49 頁）

❸ 1920 年代初期，開設英國第一家生育控制診所的瑪麗・斯托普斯（1880~1958）與護士們。

馬爾薩斯人口論與新馬爾薩斯主義

　　1788 年，英國經濟學者馬爾薩斯在《人口論》中主張，包括貧困在內的各種社會問題成因，來自於人口增加率與糧食增產的不平衡所導致的人口過剩，因此應該採取晚婚與禁慾等方法來抑制生育。十九世紀中葉登場的新馬爾薩斯主義者則發起運動，要採取更能實踐的方法，也就是教育貧困階層避孕的方法。避孕在當時仍然普遍被視為「不自然」、「背棄上帝意旨的罪孽」，因此新馬爾薩斯主義被看成一種危險思想。可是到了二十世紀，馬爾薩斯人口論又以地球規模的「人口爆炸」理論之姿復活，並成為美國在冷戰時期世界戰略的一環、對發展中國家進行家庭計畫援助的要因。

◆辛亥革命與共和國的誕生

中國在 1911 年，因辛亥革命使得王朝體制瓦解。革命爆發後，年輕人爭相加入革命軍，各地也誕生了女子軍。接著中華民國於次年成立，謳歌國民主權的臨時約法被制定出來，但並沒有認可女性參政權。在袁世凱的獨裁政治下，政治陷於混亂，但在皇帝支配消滅的「精神上的大解放」之中，對新社會秩序的摸索也開始啟動。

◆新文化運動與戀愛的自由

1915 年《青年雜誌》（後來改稱《新青年》）創刊，新文化運動展開，針對該用怎樣的嶄新家庭形象，來取代由雙親決定結婚對象的儒教家族制度，以及男女關係展開了討論❶。對懷有激烈救國之心的知識分子而言，被壓抑的女性形象是遭到列強凌虐的中國象徵，因此家族改革、女性解放遂變成了中國近代變革的中心課題。論爭開始之際，是以魯迅（1881~1936）和胡適（1891~1962）等男性知識分子為中心；胡適主張，女性應當超越「賢妻良母」的框架，在擁有獨立人格與自立精神的情況下，盡可能完成自己的天職與事業。不久後女性也加入其中，展開了貞操論爭、戀愛討論、新性道德論爭等討論；基於戀愛的「婚姻自主」雖然幾乎成為近代知識分子的共識，但對女性之性自由的主張，則仍然有著各種批判。這種論壇式的摸索一直持續到 1930 年代，但並沒有獲致結論，最終將性別關係的變革委託給了革命❷。

◆女學生與紡織女工

在 1919 年爆發、針對巴黎和會無視中國主權進行抗議的五四運動中，女學生也相當活躍❸。在近代學校受教育的女學生，雖然是全體成員中的極少數，但集中在北京與上海等大都市。被視為應當好好待在家裡，不與家族以外男性居處的女性，走上街頭與男學生一起進行示威，這樣的行為在當時堪稱是破天荒的事。另一方面，第一次世界大戰期間，上海由日本企業與中國民族企業開設的紡織工廠急遽增加，有大量的女性勞動者在其中工作，忍受一天十二小時的勞動。許多女工都是十來歲便開始工作，當透過自身勞動獲得現金收入後，就跑去買緞帶之類的事物，把自己打扮得稍微漂亮一點。中國的紡織女工中，也有很多人是已婚或帶著孩子的勞動者，她們在工作前後還要操持家務，甚至得帶著孩子到工廠，過著嚴酷的每一天。（小濱）

❶【史料】吳虞〈家族制度為封建主義之根據論〉（《青年雜誌》2 卷 6 號，1917）

「商君、李斯破壞封建之際，吾國本有由宗法社會轉成軍國社會之機。顧至於今日，歐洲脫離宗法社會已久，而吾國終顛頓於宗法社會之中而不能前進。推原其故，實家族制度為之梗也……其於銷弭犯上作亂之方法，惟恃孝弟以收其成功。而儒家以『孝悌』二字為二千年來專制政治、家族制度聯結之根幹，貫澈始終而不可動搖。使宗法社會奉制軍國社會，不克完全

發達，其流毒誠不減於洪水猛獸矣。」（坂元廣子編《新編原典中國近代思想史 4 世界大戰與國民形成》岩波書店，2010）

【解說】揭開中國近代家族改革序幕的文章。將具有絕對權威的家族制度，斷定為中國停滯的原因。呼籲打倒儒教式的家族制度，其語調激烈，鼓舞了許多青年。

❷兩位女醫師——張竹君（1876~1964）與楊步偉（1889~1981）

身為廣東官僚之女的張竹君，在夏葛女子醫學堂學習西洋醫學，之後募集資金，在廣州設立醫院，致力從事醫療與社會活動。1904 年，她將據點轉移到上海，在當地設立了女子中西醫學堂與上海醫院。辛亥革命之際，她組成稱為「中國紅十字會」的醫療隊，擔任革命軍的救護工作，之後也努力從事醫療與女子教育等社會活動。張竹君終身未婚，直到 1932 年的上海事變仍活躍於救護活動之中，活動時間甚長。

另一方面，留學日本、學習醫學的楊步偉，則與自美國留學歸來、著名的語言學家趙元任（1892~1982）意氣相投，進而在 1921 年結為連理。這對當時頂尖的知識情侶，採用了省略一切儀式、只拍攝兩人的照片，在報上刊登廣告的嶄新結婚方法，預告了新時代家庭的到來。但是，楊步偉雖然曾經一度開設避孕診所，但她身為醫師並不怎麼活躍，只是作為趙元任的伴侶，一起度過人生。

❸參加五四運動的女學生

隨著天津女界愛國同志會、上海女界聯合會等地組成，各地女性聯合與男女聯合大有進展，運動中的性別關係也產生了變化。成為周恩來終身伴侶的鄧穎超（1904~1992 年，本身也以中國共產黨領袖身分，在女性運動等領域活躍），就是在天津和五四運動相遇，並成為其象徵。參加運動的女學生與女學校教師，有不少人都毀棄了雙親決定的婚約，從家庭展翅高飛，企圖作為一個獨立的個體而存在。

張竹君

楊步偉與趙元任

上海女學生的示威隊列

◆女性踏入公領域

當土耳其共和國隨著鄂圖曼帝國的解體與獨立戰爭（1918~1923）的勝利，在 1923 年建國後，充滿魅力的領袖凱末爾就任為首任總統（在任期間 1923~1938）。凱末爾為了讓伊斯蘭帝國蛻變為民主的近代國家，發動接二連三的改革，並致力排除伊斯蘭要素。由於女性被視為伊斯蘭社會壓抑的象徵，因此新生土耳其為了向國際社會展現宗教與政治的分離，女性地位的改善就成了重要課題。

土耳其在 1930 年於地方議會、1934 年更走在法國與日本之前，認可女性在國家大選中的選舉與被選舉權。透過初等教育的免費畫與義務化，女性的就學率一舉提升，受過高等教育，以律師、醫師、教師身分活躍的女性也開始登場。戴面紗被認為是令人不悅的事，女性被鼓勵應該積極向周圍展現自己的美麗，也開始選出土耳其小姐。這些基本上都是「由上而下的改革」。雖然有尋求參政權的女性運動存在，但對女性追求自主改革這件事，凱末爾等

支配菁英還是抱持警戒之心❶。

◆私領域中的女性──母親、妻子、貞淑的女性

土耳其雖然高舉男女平等大旗、鼓勵女性涉足學校和職場等公領域，但認為「女性的本事就是為妻為母」這樣的想法，還是維持了下來。以瑞士民法為範本制定的土耳其民法（1926），雖然禁止一夫多妻、規定女性可以主動提出離婚、也廢止了繼承上的男女歧視，但丈夫身為家長、妻子要輔助丈夫、負擔家務，就業也需要丈夫認可，結婚後還要從夫姓。不只如此，在刑法上，對家族名譽與女性貞操的想法也保存了下來❷。（村上）

❶要求參政權與女性黨的嘗試

1923 年，土耳其女性試著結成要求參政權的女性政黨，但不被允許，於是她們把參政權問題剔除在黨綱之外，在第二年組成了土耳其女性同盟。同盟在 1927 年大選中推出候選人，並在 1931 年的地方選舉

女性主義運動與民法修訂

1980 年代以降，隨著女性運動興起，加上對凱末爾的批判不再是禁忌，開始有人批評說，女性地位改善只是為了整飭近代國家門面的「裝飾品」，在外面看不見的家庭內，女性仍然得忍受低下的地位，因此這樣的改革是有所侷限的。作為加盟歐盟的候選國，人權問題變成需要解決的課題；在這樣的助力下，1990 年代以降，土耳其遂著手進行男女平等化的改革。新民法（2001）廢止了家長條款，在與新姓氏合併使用的條件下，允許使用舊姓。另一方面，在離婚的時候，結婚期間中形成的財產視為夫婦的共有財產，應由夫婦平等分配；這項規定的意思，是把女性的家務勞動當成一種勞動，給予正面評價。不只如此，防止家暴也獲得了法制化（1998）。

慶祝獲得地方議會選舉權、展開遊行的女性。
她們手上的橫幅寫著「土耳其女性同盟」

1935 年國會大選中，進行投票的女性

中，發表「應為哺乳中的母親提供免費牛奶」的公約，但在凱末爾等人的反對下，她們只能放棄參與選舉。在這之後的 1934 年，隨著女性被賦予國政參政權，新任黨主席宣告「女性的權利已經完全獲得賦予」，並宣布同盟解散。1930 年代，對共和人民黨採取權威主義的一黨支配體制，人民不滿日益高漲。共和人民黨企圖對各種團體、與支持他們的知識分子階層加以管制，因此解散、禁止了許多團體活動，其中一個就是土耳其女性同盟。以後，女性的政治活動逐漸降溫，女性的組織化則被運用到「活用賢妻良母特性」的慈善事業等領域上。這些女性多半是受到男女平等改革恩惠的中上流階層出身，並成為讚頌凱末爾改革的發言人。

❷刑法與榮譽處決

屢屢登上土耳其報紙社會版的悲慘事件之一，就是榮譽處決。這種事件的背景，出自於將女性堅守貞操，等同於守護她的丈夫、父親、乃至於家族全體榮譽的想法。類似的想法不只在土耳其，在廣大的中東與南亞社會也屢見不鮮。榮譽在中上流階層之間，是更加情緒性、且隨個人價值觀變化的。但是，就算到現在，考慮家族全體榮譽的人還是很多。若是遵循這樣的想法，則某女性在結婚前發生性關係，以及發生婚外情，甚或只是有這樣的傳聞，她的家族都會榮譽掃地。為了恢復喪失的榮譽，家族將她和對方的男性加以殺害，就是榮譽處決。土耳其刑法規定，為了恢復家族榮譽這一理由而殺人，這種榮譽處決的量刑會比一般殺人罪來得更輕。2000 年代以降，國內的女性主義者與人權團體，對此批判的聲浪日益高漲，而作為加盟歐盟的條件，人權問題的解決也迫在眉睫；以此為背景，在新刑法（2006），榮譽處決的減刑條款終於遭廢止。

13-8 朝鮮的殖民地化——從「新女性」到「慰安婦」

◆民事令、女子教育——殖民地的性別政策

「韓國合併」後，日本制定了朝鮮民事令（1912）。這部民事令雖然是仿效舊日本民法而制定，不過在有關親族與繼承方面，還是沿習兩班階層的舊慣。也因為如此，在家父長權力較弱的地域、階層中，女性原本一直享受的各種權利也隨之喪失。它不但禁止同姓同宗結婚，還包括了在親權上只認可父親、只有妻子通姦要受罰、妻子的無能力規定等規範。不只如此，在結婚與協議離婚方面，必須要有父母的同意，也就是認可了比日本更強力的戶主權；結果就是在一夫一妻制度下，強化了家父長權。就算在教育方面，從就學率來看，朝鮮人兒童已經比日本人低了，但朝鮮女孩的就學率又要更低。在戰時總動員體制下，農村因為勞動者被徵用、徵兵而感到人力不足，於是開始活用女性勞動力，同時以皇國賢妻良母為目標，女子初等教育也獲得推廣，但就算這樣，女性就學還是只有男性的一半左右。

◆男女平等與尋求民族解放

繼傳教士建立的梨花學堂之後，到了二十世紀，近代女子教育機構也一點一滴設立起來；在這當中就學的女性，被稱為「新女性」。她們抱持著加入近代獨立國家建設的使命感，學習知識與技能。在日韓合併十周年爆發的三一獨立運動中，參加的女性大部分都是女學生與女教師❶。這種女性對獨立運動的參加，不久後在謳歌男女平等的上海大韓臨時政府憲章中開花結果。1927 年，以民族解放與女性解放為目標的「槿友會」❷成立，但 1930 年以降因為在朝鮮內部的運動日益困難，所以有些女性將活動舞台轉移到中國。以女子教育先鋒著稱的金活蘭與黃信德等人，則是在肩負皇民化政策的情況下，讓女子教育機構延續下去。

◆作為勞動力的朝鮮女性

雖然女性能夠在都市紡織與橡膠工廠工作，但因為這些工作大多要求初等教育程度的學歷，所以大部分朝鮮女性都從事農業，在整個殖民地時期，無業的情況也持續增加。不識字的女性只能擔任女侍、幫忙照顧小孩、或是酒女等工作。和文字或情報隔絕的女性，也很容易成為人身買賣的犧牲者，也有些案例是在公權力下，被當成「慰安婦」來對待❸。在總動員體制時期，也有不少女性的父親或丈夫被強制帶往庫頁島等遙遠地帶，導致一家離散。1944 年發布女子挺身隊令後，為了避免要「獻出女兒」，早婚的情況持續增加。（宋）

❶柳寬順（1902~1920）肖像畫郵票（1987年發行）

梨花學堂高等科學生柳寬順在 1919 年 3 月，因為在首爾參與獨立運動，遭到警察逮捕。之後她雖然在傳教士的求情下獲得釋放，但在四月時回到家鄉天安又參與了獨立運動。在這次起義中她失去了雙親，

自己也遭到逮捕。由於她在西大門刑務所內不斷高喊獨立，所以遭到拷問，在十八歲生日的前夕死於獄中，至今成為獨立運動的象徵。

❷權友會宣言（抄譯，1927）

「朝鮮女性的地位變得益發惡劣，在舊時代的遺物上，又加上了兩重、三重的現代苦痛。對朝鮮女性不利的事物，和讓朝鮮全體苦痛的事物是直接連結的；不只如此，它和全世界的不合理，也是密切相連的。朝鮮女性運動的真正意義，應該要透過歷史性的社會背景來掌握，而我輩的角色也不能只侷限於偏狹一隅。女性絕非弱者。女性被解放之時，世界也會跟著被解放。朝鮮的姊妹們，團結起來吧！」（《權友》創刊號）

──────────

【解説】「權友會」起初是以統一戰線新幹會的姊妹團體之姿組成，主要的核心是受山川菊榮影響的黃信德，以及有留學日本經驗的李賢卿、崔恩喜等人。這些站在民族主義、基督教、社會主義等各異立場的「新女性」們，展開了啟蒙女性解放思想的活動；在全盛時期的1929年，她們有七十多個分部、二千九百位會員，並將組織擴展到東京、京都、長春、間島。但是隨著朝鮮內部社會運動的困難，1937年權友會也跟在新幹會之後解散。在這之後，會中屬於激進活動派的許貞淑與朴次貞，將活動場所轉移到中國。

❸姜德景的畫作《被奪走的純潔》

姜德景於1929年出生在慶尚南道晉州，十六歲時在教師的勸誘下，以女子勤勞挺身隊一期生的身分，被送到富山縣的不二越飛機工廠，但因為沒有獲得充分的食物而逃亡。不久後她被憲兵捕獲，送往大部隊，在那裡擔任慰安婦。晚年，為了療癒自己的心靈，她開始發揮出繪畫的才能，用優秀的筆觸，描繪出不只純潔被奪走、靈魂也被謀殺的悲痛少女裸體。

羅蕙錫（1896~1948）的自畫像

羅蕙錫是朝鮮第一位女性西畫家。1910年代，她在東京女子美術學校留學，歸國後以外交官夫人身分，在歐美周遊了將近二年。雖然她據說畫下了四百多幅畫作，但現在幾乎都已不存。在她學習歐洲技巧描繪的自畫像中，相對於立體的容顏，平面的身體與背景、以及顏色的對比，都深刻描繪出挫折女性的不安心理。她和丈夫以外的男性談戀愛，高喊性慾平等，結果被朝鮮社會放逐，過著宛如戲劇般的人生。

13-9 革命與戰爭中的中國女性

◆中國國民黨與中國共產黨的女性政策

五四運動後誕生的革命政黨——中國國民黨與中國共產黨，都高舉承繼自新文化運動的家族改革與女性解放主張。兩黨在1924年第一次國共合作之際發表宣言，宣告要「確認男女平等原則、協助女權發展」。伴隨著國民革命進展，在各地展開的女性運動，其具體內容是以放足（解開纏足）與斷髮為中心。革命領導班子雖然高舉結婚、離婚自由等家庭改革，但考慮到推進這點會招致男性農民的反彈、對革命進展產生負面影響，因此才首先針對女性身體的改造下手。

◆國民政府與中華蘇維埃共和國

第一次國共合作瓦解後，支配中國大半、在中國國民黨蔣介石領導下的國民政府，發表了提倡男女平等結婚的民法，同時也制定了主張男女平等參政權的憲法草案，但因為日軍的加速侵略而無法實施。另一方面，中國共產黨則認為經濟基礎的確立，對女性解放是很重要的事，然而這必須透過政治體制的變革來達成，所以要積極動員女性參與革命。在共產黨支配、位於荒僻之地的中華蘇維埃共和國，推行了內容激進、反家父長制的婚姻條例，但男性的反彈相當之大❶。就像這樣，國共兩黨讓政治改革與女性解放結為同盟，並在政治掛帥、男性主導下，展開由上而下的女性解放，但在這時的政治課題中，女性自己的要求仍有從屬的傾向。

◆抗日戰爭中的中國女性

面對日軍對中國的侵略，中國雖然透過第二次國共合作，組成抗日民族統一戰線作戰，但身處其中人們的生活條件相當嚴峻。物資欠缺，在共產黨支配下的邊區，甚至有嬰幼兒死亡率超過五成的地區。另一方面，日軍在戰地頻傳強暴等性暴力，甚至徵調占領地域的女性擔任「慰安婦」。在這種日軍性暴力下被害的女性，因為失去女性貞操、被視為污辱了民族節操，所以被指責為「破鞋」（持身不正的女性），遭受多重的苦難❷。有不少熊熊燃燒抗日之志的年輕人，前往共產黨支配地區的中心——陝西省延安；然而在朝抗日與革命邁進的共產主義者之間，也是把女性負擔家務、育兒看作當然的事，因此女性在革命中，普遍被視為「落後分子」❸。（小濱）

❶【史料】關於男女平等的法令

（1）中華民國臨時約法（1912年3月公布）：

第五條：中華民國人民一律平等，無種族、階級、宗教之區別。

（2）中華民國憲法（1947年1月公布）：

第一條：中華民國基於三民主義，為民有、民治、民享之民主共和國。

第七條：中華民國人民，無分男女、宗教、種族、階級、黨派，在法律上一律平等。

（3）中華民國民法（1930年12月公布、1931年5月施行）：

第九七二條：婚約，應由男女當事人自行訂定。

第一一三八條：遺產繼承人，除配偶外，依左列順序定之：

一、直系血親卑親屬。二、父母。三、兄弟姊妹。四、祖父母。

（4）中華蘇維埃共和國婚姻條例（1931年12月公布、施行）：

第四條：男女結婚須雙方同意，不許任何一方，或第三者加以強迫。

第九條：確定離婚自由，凡男女雙方同意離婚的，即行離婚，男女一方堅決要求離婚的，即行離婚。

────────

【解說】在中華民國成立當初的暫定憲法──臨時約法（1）中，並沒有規定男女平等；憲法對這點加以明記，必須等到戰後行憲（2）。國民政府的民法（3）規定，結婚須由本人意志決定，且女兒具有財產繼承權，這些都是劃時代的內容，但就現實來說並沒有廣泛施行。至於中華蘇維埃共和國（4），則更進一步認可女性可以主動提出離婚。（中國女性史研究會編，41~42，115~117頁）

❷【史料】「敵之占領狀況」（戰地總動員委員會，1939）

「在占領地，廣泛流傳著敵軍（日軍）惡劣的淫行。在敵人統治區一帶，因為（日軍）占領初期，屢屢發生蹂躪民間女性的行為，所以居民陸續逃往山間躲藏，避免遇到敵人……於是，敵人想出了更巧妙的方哪，且到現在一直沿用下去：簡單説，他們規定每個村、或者説每個班，要不停地提供一兩名乃至三名女子……供作日軍將士淫樂之用。其中也有成為敵軍軍官之妻者；也有人偷偷逃跑，逃回鄉里。其中很多女性都承受了難以忍耐的屈辱，因此在逃亡途中，或是在家中企圖自殺者也很多。即使是都會地區，自殺的人也不在少數。」（中國女性史研究會編，161~162頁）

────────

【解說】這是一份中國説明在日軍占領的山西省下所發生性暴力狀況的報告書。隨著占領的長期化，日軍的性暴力也變成家常便飯。「有尊嚴的女性會選擇自殺」，這樣的側目則讓被害女性更加痛苦。

❸ 丁玲（1904~1986）

中國近現代作家，在上海和詩人胡也頻同居後開始創作小説。1929年以《莎菲女士的日記》一書，描繪年輕女性的性與苦惱，廣受矚目。當胡也頻因為國民黨的恐怖活動喪命後，加入中國共產黨。抗日戰爭期間奔赴共產黨根據地延安，進行文藝工作。在1942年發表的〈三八節有感〉一文中，她描繪出即使在共產主義者間，也把女性擔負家務與育兒工作視為理所當然，因此將女性看成是「革命落後分子」的狀況描繪出來。在《我在霞村的時候》中，因為描繪遭日軍性暴力的女性，而遭到共黨高層的批判。戰後雖然仍繼續為共產黨的文藝工作活躍，但在1957年的反右運動中被劃為「右派」，遭開除黨籍。之後雖然獲得平反，但直到晚年，仍持續遭到當局批判。

13-10 納粹主義與性別

日本教科書對應
世界恐慌與法西斯各國的侵略
本書相關章節
13-2、13-4、13-11

◆女性對納粹黨的支持

在納粹黨的宣傳電影與小冊子中,常會有帶著陶醉表情聆聽希特勒演說的女性、或是向黨幹部投擲花朵的少女登場。這是納粹黨訴求自己獲得女性、乃至於國民狂熱信賴的產物(參照下方照片)。納粹雖然自認是男性結社,但在奪權的過程中,也認識到女性選民的重要性,因此表現出擁護家庭與宗教的態度,好抹消女性的憂心。1930年以降,納粹黨在得票率上的男女落差慢慢拉近,女性在納粹黨獲得大眾支持的過程中,扮演了重要的角色❶。將德意志將來託付給納粹黨的,是民族至上主義者與將母性的復甦,看成對抗「威瑪女性解放」價值觀的女性。禮讚母性的納粹,給人一種正面評價「女性的世界」、並捍衛之的印象❷❸。

◆納粹的性別與家族政策

納粹的母性禮讚,只是為了增加人口的便宜行事之計,事實上他們把女性蔑視為「二等性別」,在政治決議過程與專門職務上,都把女性排除在外。另一方面,他們對生產則給予形形色色的獎勵制度,以妻子不就業為條件,給予結婚貸款,每生下一個孩子,就可以免除還款金額的四分之一❹。在稅制面上,也有優待措施與兒童補貼。對墮胎則是強化了罰則,要入手避孕器具,變得相當困難。1938年發布的家庭法中,規定夫婦中有一方在無「正當理由」的情況下拒絕懷孕、或是無法生育的情況下,得以訴請離婚。納粹把生殖徹底置於國家管理下,排除、禁止對他們而言「沒有價值的生命」。納粹在獲得政權的半年後便通過《絕育法》,有四十多萬名「具有劣等遺傳因子」者遭到絕育手術,或是強制墮胎,還有約十五萬人被安樂死。

◆女性的社會活動

在活動領域上徹底執行性別分離的納粹,將女性的領域——家庭也予以政治化,並置於國家管理之下。女性展開以母性為基礎的公益活動,在人種計畫的末端支持著它。「女性服務團」(會員四百萬人以上)與「國家社會主義婦女聯盟」(會員約二百萬人),作為「民族共同體的維持與發展」這一國家事業的一環,一方面舉辦人種學講習,另一方面也從人種觀點,指導配偶選擇與多產。即使在實施絕育政策方面,雖然在優生法庭下達絕育判決的是男性,但女性社工與護士都參與了合乎標準者的選拔,並向法庭提出委託審理的請求。故此,在納粹人種政策的執行上,女性的協助是不可或缺的。(姬岡)

為希特勒狂熱的女性(左)與少女(右)

❶ 納粹黨的得票率（%）

	1930年	1932年	1933年
男性	19.8	21.8	33.9
女性	15.5	19.2	32.9

在興登堡對希特勒獲勝的 1932 年 3 月總統大選中，女性壓倒性地投給興登堡，因此納粹認為有必要針對女性票提出對策。

出處：Breeme, Die Politische Rolle der Frau in Deutschland Gottingen 1956, p.74.

❷【史料】納粹的女性形象

「德意志女性是高雅的美酒
深愛大地，使之肥沃
德意志女性是閃耀的太陽
溫暖包容著家庭
我們要常以尊敬的目光看待她們
不容其他民族的熱情與勇氣輕侮之
我們要守護德意志民族的純血
這是元首至高的目的」（昆茲〔Claudia Koonz〕，107 頁）

❸【史料】納粹母性政策的原點

（1）納粹黨綱領（1920）：
第 21 條：保護母性是社會政策的主要目的。
（2）希特勒《我的奮鬥》（1924）：
「在我國，母親是最重要的公民。」

❹母親節

德國開始於 1923 年首次慶祝「母親節」。因為受到美國首次設立母親節並將白色康乃馨視為贈禮的啟發，於是德國的花業協會也開始大力推動普及這項傳統，並且將禮讚母親與民族復興連結起來，並在民族團體的後援下廣泛傳播。為了鼓勵多產而「禮讚母親」的納粹，設立了母親十字勳章，來表彰子嗣眾多的母親。在每年母親節，納粹都會舉辦儀式，擁有八名孩子的母親可以獲得金牌、七名可以獲得銀牌五名則可以獲得銅牌。

選舉海報「女人啊！選擇希特勒吧！」

納粹的人口政策與性傾向

　　表面上擺出擁護家庭態度的納粹，實際上為了增加人口出生，不遺餘力在瓦解家族規範。他們在德國國內以及占領地域設立「生命之泉」，保障已婚母親與單親媽媽的生產，對不情不願生下的孩子，也提供收養的服務。特別是親衛隊員，納粹更是期待他們實踐一夫多妻，好生下更多的孩子。納粹為了「守護德意志人的血統與尊嚴」，雖然禁止異人種之間的性交，但除了猶太人、辛提─羅姆人（Sinti-Roma，即吉普賽人）、黑人以外，這項規定在適用上還是頗有彈性。納粹的性政策雖然與將同性戀者送往集中營等種族政策彼此相連，但同時，他們也承認性有快樂的一面，擁護色情與裸體，在性指南裡面公然肯定女性的性慾與青年的自慰。不只如此，相對於保守派，他們一方面裝成保守的性道德擁護者，批判性解放是受到猶太人影響的產物，另一方面又試圖博取性肯定派的支持。

13-11 戰爭、占領與性暴力

◆戰爭與性暴力

戰爭往往和士兵的性暴力糾結不清，距今較近的情況，包括了第二次世界大戰時的德軍、南京大屠殺時的日軍、入侵德國時的蘇聯紅軍、越戰時的美軍與韓軍、波士尼亞紛爭時的塞爾維亞民兵等，都是顯著的例子。以德軍的狀況來說，比起西線，在被視為劣等民族的東線，這樣的情況更為顯著；儘管軍規禁止強暴、從人種觀點也禁止和異民族發生性行為，但強暴、性虐待、強迫裸體、強制性勞動等，各式各樣的性暴力還是不斷產生❶。特別是在戰勝後的幾天之中，作為征服的象徵，占領下的女性往往成為激烈暴力的犧牲品，在強暴中喪失生命的例子也很多。雖然性暴力也會遭到處罰，但軍隊領導階層對這種違規行為，多半採取默認的態度。

◆戰爭與買賣春

為了慰勞戰鬥並提高士氣，有必要滿足士兵在性方面的欲求；基於這樣的見解，再加上防止對當地女性的暴行、以及預防性病等觀點，軍隊設置了士兵用的賣春設施。在納粹治下的德國，儘管禁制賣春、並將妓女送進集中營，然而卻積極推動占領地下的賣春活動。他們不只在各戰線設立了士兵用的妓院，還為了提升勞動意願，設置了移往東部的強制勞動者用的妓院；在這當中從事性勞動的，大多是扣除猶太人、黑人、辛提─羅姆人外的當地女性，也有不少人是被強制動員的。在集中營內，也有在最高負責人希姆萊命令下設置的妓院，主要是從女性集中營拉文斯布呂克的犯人中，選出性勞動者❷。

◆大屠殺的記憶文化與性

對於德國克服過去的嘗試，一般都給予高度評價，他們為了記憶過去而設置追悼設施、並建設紀念碑，這樣的動向與經歷過戰爭的人愈來愈少成反比，一年比一年更活躍。可是，在這種城市記憶文化之中，性暴力並沒有登場。作為納粹暴力的犧牲者，繼猶太人與政治、宗教犯之後，辛提─羅姆人與同性戀也變得可視化，但性暴力受害卻被隱蔽、忘卻、沉默、否定，成為克服過去的一個真空地帶❸。甚至是在集中營博物館內，因為怕形成對犯人的「錯誤印象」，所以也沒有明白提及買賣春設施。直到最近，終於有詳細的研究登場，媒體也開始提起這個問題，但在記憶建構方面仍然只侷限於民間層級，要納入官方的記憶文化當中，將是今後的課題。（姬岡）

❶游擊隊與性暴力

為了抵抗納粹支配，在各個占領地域形成的游擊隊，其中也有女性參加，拿起武器的女性所在多有。游擊隊的抵抗，遭到了德軍以屠殺居民、施行包含性暴力在內的暴力行為等形式進行報復，但對女性的性暴力，反而增強了游擊隊的抵抗，也成為把當地人民趕到游擊隊一邊的要因。害怕游擊隊的德軍士兵，屢屢闖進居民的家中展開搜索；搜索的時候，他們會要求男

南斯拉夫的女性游擊隊員

女上半身裸體，甚至為了檢查開口處有沒有隱藏物品，還會進行包括性器在內的身體檢查，讓他們受到極大的羞辱。

❷集中營的賣春設施

性勞動者的數量，有名字記載的只有一七四名，但包含不明者在內，總數應該超過二一〇人。囚犯們被徵募到賣春設施進行勞動，納粹以「半年後就可以從集中營解放」的甜美謊言試圖欺騙她們，但應徵者少之又少，於是只能用強制方式選出人員。雖然就應徵者而言，設法活下去的戰略要素很強，但因為沒有自由決定的餘地，所以和強制之間的界線相當曖昧。

❸占領下的孩子們

在占領地域，德軍與當地女性以強制、合意、交易等各式各樣方式發生性關係，並生下了混血兒。納粹雖然重視「血統純潔」，但從出生數增加的觀點，也不否定混血兒，甚至有納粹幹部發下豪語，要讓「在東線展開的六百萬德軍，生下一百萬孩子」。挪威等北歐系當然不用說，就連斯拉夫系也因為和日耳曼人類似，所以被認為是「有價值的孩子」、納入德意志民族共同體的獲得計畫之中。「生命之泉」也在占領地域設立，並牽涉到對與外國人混血孩子的掠奪行動；他們進行將「有人種價值」的幼兒從親人身邊奪走並送往德國，在德意志人家庭的養育之下成為「德意志人」的事業。

古森集中營賣春設施的建築物

日軍性暴力的架構

日中戰爭、太平洋戰爭時期，日軍在亞太的廣大地域展開，但幾乎在所有的地域中，都發生了各式各樣的性暴力。日軍性暴力的第一種類型是「戰場型」，以南京大屠殺的時候，對當地女性大規模的強暴（而且往往在強暴之後加以殺害）之類事件而廣為人知。第二種是「慰安所型」。在日軍駐紮的城鎮設置了慰安所，將士透過那裡買春，得以稍微在戰地喘一口氣。可是進行性服務的女性，大多是被強制動員的「慰安婦」，既無法逃脫，也沒有報酬可言，從女性的角度來看，堪稱是處於性奴隸的狀態。這樣的女性，很多都是出身自朝鮮半島。第三是在沒有設置慰安所的前線駐紮地，強迫當地女性、設置「末端型」的性侵設施。軍方當局雖然為了減少戰場上的強暴行為設置了慰安所，但實際上各類型的性暴力是連鎖的，日本軍所在之地，性暴力從來沒有消失過。（參照石田米子等編《黃土農村的性暴力》創土社，2004）（小濱）

13-12 專題討論⑬「新女性」、「摩登女郎」與消費文化

日本教科書對應
大眾消費的時代
本書相關章節
11-8、11-12、13-6

◆「新女性」形象的登場

所謂「新女性」，指的是與當時守護家庭、依存男性而生的女性形象對抗，也就是靠自己的雙手，開拓自己人生的女性。在日本如平塚雷鳥等集結在青鞜社旗下的女性，以及英美的女性運動家，都被稱為「新女性」。1920 年代在德國柏林登場的「新女性」，雖然獨立心旺盛、過著不依賴男性的生活，但絕非女性主義者。她們往往是年輕單身的白領，多半從事和第一次世界大戰以前相比，大幅增加的辦公室職員、打字員、百貨公司店員等職務❶。她們剪短頭髮、擦鮮紅的口紅，穿著長度及膝的裙子，以極具挑逗性的時尚風格，在街頭颯爽地昂首闊步。靠著工作提供的經濟力，她們出沒舞廳與電影院，做運動鍛鍊身體、和自己喜歡的對象談戀愛、甚至也有人抽菸；這些女性是新時代的現代特質、以及女性重新獲得自由與自立的象徵性存在。

❶德國女性白領職業的種類比例（1930）

職業種類	組成比例（%）
店員等	46
辦公室職員	23
速記打字、文書處理人員	16
記帳員	5
倉庫管理員	3
倉庫、配送工作	2
會計	1.5
職業介紹所職員	1
公益事業機構職員	0.5
政府部門辦公人員	0.5
接線生	0.5
醫療相關單位人員	0.5
管理職（主任、股長、課長等）	0.5
合計	100.0

❷白領的等級構成比（%）：

	上級	中級	下級
男性	20.29	47.53	32.18
女性	2.52	25.44	72.04

◆作為印象的「新女性」與其實際情況

上述「解放新女性」的印象，其實大部分都是雜誌為了挑起作為大量消費中堅、廣受矚目的年輕女性讀者階層購買欲望而創造出來的。女性白領階層幾乎沒有升遷的機會❷，工作也只是單純執行上司的命令而已。正因如此，她們才要在時尚與閒暇的世界中尋求逃避場所，並為那些描述靠著外表與性感魅力，贏得上司或百貨公司顧客青睞的女性相關電影與雜誌，感到艷羨不已。對中產階級的女性而言，結婚前就業雖是理所當然之事，但和她們被賦予的印象對照起來，她們其實並不那麼渴望動搖市民家庭理想形象的生活。（姬岡）

◆東亞的「新女性」與現代女性（摩登女郎）

在 1910 至 1920 年代的中國、臺灣及朝鮮，受現代學校教育的女性被稱為「新婦女」、「新女性」。這些和受教育機會不多的女性、以及具備儒教教養的舊「才女」迥然不同的「新女性」，與男性為伍會中工作，並被期待靠著自身具備的近代教養與衛生知識，成為賢妻良母。在稍晚的日本，出現了「Moga」（現代性〔modern girl〕

在香菸廣告中登場
的新女性

1920 年代的新女性

上海女子名校學生的時尚秀
（《申報畫刊》，1930

小林清志「Moga 的隨身物品」
（《漫畫漫文》，1928

前田青邨《觀畫》，1936

的簡稱）、上海則有「摩登女郎」一語流行。透過這些被香皂或指甲油廣告中登場的摩登女郎印象所吸引的女性，亞洲都市的消費社會也跟著擴大，而廣告中女性的身體，則成為一種被視為性對象的存在。

◆新式旗袍的印象

中國「新女性」穿在身上的，是現在稱為「china dress」的新式旗袍。配合燙髮與高跟鞋，符合西洋審美眼光、具有曲線線條的新式旗袍，是在 1920 年代登場的近代衣裝。作為致力創造與西洋列強並駕齊驅的國家——新生中國的民族服裝，新式旗袍被指定為中華民國的禮服。話雖如此，占中國女性大多數的農民女性，普遍仍穿著藍染的上衣以及褲裝。在同時期的日本繪畫中，頻頻出現「穿著支那服（旗袍）的女性形象」。這是將被殖民化的中國（滿洲），透過女性形象加以可視化，以視覺方式展現出「男性日本帝國主義，意圖統治殖民地與女性」的意識，也就是對「被性別化的世界秩序」之表象。新式旗袍在中國呈現的意義，與日本眼中所見的距離，也可以說代表了當時兩國世界觀的隔閡。（小濱）

冷戰與第三世界

◆支撐起戰後混亂期的女性

在第二次世界大戰的參戰國中，面對家中的經濟支柱大多戰死、被俘，和戰時一樣必須同樣扛起一家生計的女性相當之多。特別是戰敗國，在居住場所和糧食都處於匱乏的狀況中，女性排成長龍購買物資，並用手邊僅有的物品來交換糧食用品。即使男人的戰爭結束了，女性的戰爭也沒有結束。都市遭到空襲破壞、瓦礫堆積如山，對這片殘破的收拾，成了戰後復興的出發點。1945 年夏天，同盟國因應勞動義務之需，命令德國十四至六十五歲的男性與十五至五十歲的女性進行登記；其中主要是女性，在領取微薄報酬下，進行收拾瓦礫與修理破損設施等重勞動。光是在1945 年夏天的柏林，就有四至六萬名「瓦礫場的女性」（照片）在工作。

◆作為冷戰象徵的女性與家庭

戰後，在東歐的蘇聯占領區誕生了社會主義國家，1949 年在中國也成立了共產黨政權。戰後不久，以蘇聯為中心的東方社會主義陣營，與以美國為盟主的西方資本主義陣營展開對抗，雖然沒有爆發直接戰爭，但在軍事、外交、經濟、太空科技、運動、文化等各個領域，雙方都不斷競逐優劣。女性形象與家庭生活，也成為東西對立的象徵，一邊相互非難對方，一邊誇耀自己陣營的優越。

在社會主義陣營中，男女平等在國家、社會和個人生活的各個領域，隨著國家建立而宣告實現。例如，在匈牙利和羅馬尼亞等從未實施女性參政權的國家，立即賦予了男女平等的選舉權。因為勞動力不足、工資過低，無法單靠一人養活全家之故，國家也獎勵女性就業。女性開始從事教師、醫生等當時女性還較罕見的技術職業。男女同工同酬的原則得到確立，並且到了 1970 年代，更建立同價值的勞動必須支付相同薪資的規範（實際上，女性眾多的教育職務被視為比重工業部門的熟練勞動者價值要低，因此收入也比較低）。按照馬克思主義理論，女性解放被認為是透過經濟上的獨立來達成，因此就業女性被視為社會主義優越的象徵。例如駕駛卡車的職業女性雖然數量稀少，但依然是「解放」的象徵。

相對於此，資本主義陣營則認為社會主義國家的女性要辛苦肩負工作與家務雙重負擔，是「可憐的存在」，而從事身體負擔沉重重勞動的女性，也被認為是「喪失了女性該有的特質」。在家庭方面，社會主義國家為了讓女性能夠就業，對保育體系加以整飭，但資本主義陣營則認為「得不到母親關照的孩子很可憐，在母愛包容下茁壯成長的孩子是值得驕傲的」。在前西德，保育園非常之少，「孩子直到三歲都應該由母親親手哺育」這種母性神話，直到最近都還健在，但其背景則是源於冷戰的存在。西方理想的家庭形象，是基於性別

分工以及父親權威的產物。另外，住宅政策也反映了東西對立，西方批評社會主義國家典型的高層國民住宅是毫無個性的表現，對擁有庭院的住家則是大為讚賞。「近代家庭」誕生於十九世紀的市民階層，進入二十世紀後也擴散到下層民眾，在 1950 年代迎來黃金時期。對在戰爭期間與及戰後嚴酷時代中生活的女性而言，被丈夫與孩子圍繞、能夠專心於家務上的生活，在某種意義上確實相當理想，但同時也讓封閉感益發深化。1960 年代起，婚前性行為日益廣泛，近代家庭的基礎漸漸土崩瓦解，這與 1960 年代末第二波女性主義運動興起有著密切關係。（姬岡）

戰後國際政治（1945~70）

1946 年	蘇：確立男女同工同酬 法：全領域男女平等原則、第一次印度支那戰爭爆發（~1954） 日本國憲法公布
1947 年	印度獨立 德意志民主女性聯盟成立、馬歇爾計畫（~1951）
1948 年	聯合國世界人權宣言 大韓民國、朝鮮民主主義人民共和國成立 英：劍橋大學向女性開放學位
1949 年	德：東西德建國 中華人民共和國成立 法：西蒙・波娃《第二性》刊行
1950 年	韓戰（~1953） 中：婚姻法施行 印度：憲法施行
1951 年	舊金山和約，日本恢復獨立
1952~56 年	肯亞：民族解放鬥爭（茅茅起義）
1954 年	英：教員、公務員男女同酬
1955 年	蘇：「禁止墮胎法」廢止
1956 年	蘇丹、摩洛哥、突尼西亞獨立
1957 年	歐洲經濟共同體（EEC）設立、《羅馬條約》明記男女同酬
1960 年	「非洲之年」十七國獨立
1961 年	西德：口服避孕藥解禁
1962 年	南非：曼德拉遭到逮捕
1963 年	英：口服避孕藥解禁 傅瑞丹《女性的奧秘》刊行
1964 年	美：民權法案通過、禁止性別歧視
1965 年	東德：口服避孕藥解禁 越戰開始（~1973）
1966 年	美：「全國婦女組織」成立 中：文化大革命爆發
1967 年	英：墮胎合法化
1968 年	美國、西歐、日本爆發學運

◆印度憲法制定與印度教家庭法的改革

1947 年 8 月，從英國獨立的印度，在首任總理尼赫魯的主導下，致力投入社會、經濟的發展。1950 年制訂的憲法，規定十八歲以上的成人普選，並且否定了性別歧視在各項權利中的存在❶。再者，在1954 至 1956 年期間，針對印度教家庭法加以大幅修正的法律也陸續通過，但女兒的繼承權、離婚、一夫一妻制等條款，都受到了激烈抵抗。雖然印度憲法以「制定不分宗教差異、全民適用的統一民法典」為目標（第四十四條），但始終未能實現。

◆女性運動的復興

獨立後一時停滯的女性運動，在1970 年代中期重新復甦。成為復甦契機之一的，是 1974 年發表的《邁向平等》報告。這份報告指出，在獨立後的印度，女性所處的環境並沒有決定性的改善，男女的落差反而擴大了。然而同時期發生的警官強暴事件（馬圖拉事件，1976），引發了對女性遭受暴力的廣泛抗議運動。包含因嫁妝而起的家暴與殺人，對女性暴力這個問題，直到現在仍是印度女性的一大支柱❷。

◆印度教至上主義與「宗教」對立（communalism）

1980 年代，對獨立印度高舉的政教分離主義（secularism）原則大加攻擊、高唱印度教至上主義的政治、文化潮流崛起，作為宗教少數派的穆斯林與基督徒，成了施暴的對象。女性運動對於這股將「傳統」印度教女性形象理想化的潮流深感危機，因此展開了抗議活動。就像 1985 至 1986 年「夏伊·巴諾審判」❸引發的紛爭中典型可見的，「女性」具有各宗派社群建構認同符號的機能。在「宗教」對立的場面下，對其他宗派所屬女性進行強暴的案子屢屢發生，也可說是隨著這樣的事實而浮現。

◆女性的保留議席

印度雖然出現甘地夫人（1917~1984）這樣的女性總理，但在聯邦人民院（下議院）與省議會中，女性議員的比例仍停留在 10% 前後。1992 年，隨著印度憲法的第七十二、七十三次修正，決定村落層級的議會等必須保留三成的議席給女性，並予以實施。以此為契機，女性對政治的參與一口氣擴大，但也有不少批判的聲音說，實質的權力仍掌握在丈夫與親戚手中。雖然在人民院與省議會，從 1990 年代中期起，也開始有意圖引進同樣保留制度（保障名額）的動向出現（也就是所謂女性法案），但因為牽扯到地方自治層級議席無法比擬的利益與特權糾葛，所以抵抗非常強烈，直到現在仍然處於頓挫狀態。（粟屋）

❶【史料】印度憲法（1950）

第十五條一項：國家不得因宗教、人種、種姓、性別、出生地等任何理由，對公民予以歧視。

第十五條三項：不得以本條規定禁止國家為婦女和兒童制定特別規定。

第四十四條：國家應致力於為所有公民制定一部在印度全境施行的統一民法。

❷對嫁妝暴力進行批判的海報

印度的嫁妝暴力一直以來被當成事故或自殺處理，在 1970 年代後半開始被當成殺人來認知。嫁妝的普及與費用的增加，是與經濟發展與消費文化的流行息息相關。

❸夏伊‧巴諾審判與統一民法典

1985 年，印度最高法院對離婚穆斯林女性夏伊‧巴諾的前夫下令，要他依據印度刑法第一二五條，支付給巴諾撫養費。這項判決被一部份穆斯林批評為對「宗教」介入，招致了激烈抗議。當時的總理拉吉夫甘地因為擔心失去穆斯林選票，所以通過了「穆斯林女性（離婚時的權利保護）法」。（1986）相對於此，印度教至上主義勢力，對國大黨的穆斯林「融合」政策大加抨擊，並要求成立統一的民法典。結果在這樣的過程中，從排除穆斯林立場出發的統一民法典要求，與以性別平等為基礎、由女性主義者提出的統一民法典要求，其中的界線逐漸變得曖昧不明。

印度的環保運動與女性

在印度的環保運動中，有許多領袖與運動家是女性。比方說，反對在喜馬拉雅山脈展開森林採伐、始於 1970 年代的「契普克運動」（Chipko，得名於透過抱樹來阻止採伐的方式），就以女性居民扮演重要角色而著稱。范達娜‧席娃（Vandana Shiva）是以批判「綠色革命」著稱，所謂環保女性主義的理論家之一。她在基因改造作物與智慧財產權問題、傳統種子的保存、有機農法的運用、以及公平貿易等多元領域上，都展開了運動。

社會運動家梅達‧帕特卡爾（1954~，見右圖），是針對流入阿拉伯海的訥爾默達河流域計畫興建大規模水壩，從 1980 年代中期起熱烈展開的反對運動中最有名的領袖之一。

關於印度環境運動的評價，我們必須加以注意的是當地居民的意願與利害關係，以及理論家的立場，這兩者常被批評為背道而馳。

14-3 社會主義中國的性別變革

日本教科書對應
中華人民共和國的成立、文化大革命
本書相關章節
13-3、13-6、13-9、15-3

◆婚姻法與土地改革

1949 年中華人民共和國建國後，以中國共產黨為中心的人民政府，把男女平等視為政策的重要課題之一；第二年，他們實施了規定在本人合意下、男女平等的結婚，禁止買賣婚姻，離婚自由，寡婦再婚自由的《婚姻法》。值得注目的是，相較中華民國民法（1931 年施行）幾乎沒有普及到農村地帶，人民政府展開了強力貫徹婚姻法的運動，意圖透過運作，讓它在全國的每個角落實現。結婚不需要多餘費用這件事，和同時在全國實施、將土地分配給佃農的土改相配合，讓貧窮的農民也能結婚。這些農民都說「毛主席幫窮人娶老婆」，從而堅定了對共產黨政權的支持❶。

◆女性的踏足社會與雙重負擔

認為「女性解放首先要從經濟自立做起」的人民政府，積極推動女性參與社會勞動。在都市，1950 年代中期隨著社會主義改造，主要企業都收歸國有或公有，符合勞動年齡的女性，也大多踏入職場成為勞動者。再者，以中華全國婦女聯合會為頂點，女性也被組織化❷。踏足社會、獲得經濟力，雖然讓女性在家庭與社會中的地位產生大幅提升，但女性必須負擔家事、育兒的狀況，並沒有太多改變。儘管透過設置幼兒園等方式，讓一部分的家事得以社會化，但仍不甚充分，家事的電氣化也沒有進展；在這種狀況下，女性被工作與家庭的雙重重擔壓得喘不過氣來，但也獲得了迄今為止未曾有過的地位。在農村，

當時的宣傳海報。這項法令規定必須由男女本人出面登記，婚姻才算成立

1958 年全國設立人民公社，女性也必須參與集體農業勞動。但是高齡女性因為有纏足，無法參加集體勞動，所以多半取代家庭內的媳婦，擔負起家事、育兒的任務。集體勞動帶來的收入，讓媳婦的地位提升，婆婆的權威相對低落❸。

◆布爾喬亞文化批判與「鐵姑娘」

1966 年開始文化大革命的中國，對所謂「封建」、「布爾喬亞」的文化予以嚴厲否定，因此裙裝與燙髮等西洋女性時尚文化成了批判的對象。取而代之的是，和男性一樣穿著人民裝、進行粗重勞動的女性變成模範，操縱拖拉機的「鐵姑娘」受到讚賞，被說成「女性撐起半邊天」，廣受褒揚。女性地位的提升，是因為當時的脈絡強調女性與男性同一，並致力於建立起否定女性事物、減少性別差異的社會之故。
（小濱）

❶貫徹婚姻法運動

隨著運動如火如荼推行，有很多女性解除了過去在強制下締結的婚姻，因此婚姻法也被挪揄成「離婚法」。當時在各地，發生了許多追求婚姻自主的女性，遭到保守儒教道德舊勢力殺害的案件。儘管伴隨了許多痛苦的犧牲，但二十世紀後半，中國的性別規範產生了很大的變化，結婚須由本人決定的原則在中國全境紮下根來，直到現在。

❷【史料】區夢覺「如何成為新社會的新女性」（1949）

「人民政府的施政，保證了女性贏得解放的社會條件。但是女性要實現這種權利、活用這種機會，則必須仰賴自己的努力，和舊社會的傳統思想習慣，進行持續不懈的鬥爭；必須將舊社會留給自己的弱點（狹隘、依賴、感情脆弱、怯懦、虛榮心等），持續不懈地加以改造；必須為了完成這點，盡最大的努力。至於應該要進行怎樣的努力呢？我個人有以下幾點意見：首先，我們必須樹立起革命的人生觀，站在人民大眾的立場，認真果敢地參與反對帝國主義、封建主義、官僚資本主義的革命運動。女性的壓抑與奴隸化，和帝國主義、封建主義、官僚資本主義的反動統治是不可分割的……第二，我們必須抱持勞動的觀點，積極參與生產建設。我們必須要有認識，勞動就是創造世界……女性必定要參加生產，透過生產推進社會的發展，贏得經濟的獨立，這是女性解放的關鍵……第四，就實證來說，我們必須具備不怕苦難的質樸態度……我們一方面要為人民犧牲奉獻，另一方面也必須給予家庭和孩子最好的照料。為了肩負這種雙重的任務，我們必須要對工作擁有堅強的決心，不怕

困難與辛苦，堅忍剛毅，為新社會自我奉獻。」

【解說】這是一篇刊載在中華全國婦女聯合會（簡稱全國婦聯）機關刊物《中國婦女》創刊號上的文章。區夢覺（1906~1992）是中國共產黨資深黨員，活躍於女性運動。中華人民共和國的政治體系，雖是將人們按各種集團加以組織化並動員，但全國婦聯則是將女性在職場與地域由上而下組織動員起來，並傳達女性獨自立場與要求的制度化體系。

❸宣傳海報「人民公社無限好，婦女徹底解放了」（1960）

14-4 韓國性別政策的轉變
——從軍事獨裁下的女性壓抑與兩性平等抗爭

日本教科書對應
韓戰、冷戰下的朝鮮半島

本書相關章節

13-8、14-5、15-4

◆否定男女平等法的南北分裂

朝鮮半島雖然在 1945 年八月，從日本的殖民地支配中獲得解放，但受到美蘇冷戰的影響，1948 年在南北分別成立了大韓民國（韓國）、朝鮮民主主義人民共和國（北韓），導致南北分裂。韓國雖然在憲法中保證男女平等權，但以韓戰（1950-1953）為契機❶，1954 年的大法院（最高法院）判決，認可了父母的親權歧視。在北韓，1946 年也公布了男女平等權法令，廢止了戶主制，但 1950 年又規定，不許以軍職相關人士為對象，提起離婚訴訟，實質上是否定了男女平等。

◆邁向民主化的女性奮鬥

韓國在 1960 年依循殖民地時期的舊民法，制定了戶主制度。之後，作為全體女性的共通課題，改正對女性不利家庭法的運動，遂廣泛地蔓延開來。1970 年代，以經濟成長為優先的軍事獨裁政權壓抑各種民主權利，低工資、長時間勞動的困苦勞動環境愈演愈烈。為求改善勞動環境的女性勞動者鬥爭❷，成為民主化運動的導火線，擴大到全國。就在改革的浪潮中，1980 年代，梨花女子大學研究所開設了女性學科，同年代後半，韓國女性團體聯合也創立了。然而在 1956 年爆發、富川警察對權仁淑的性拷問事件❸，不只引發了對行使性暴力的公權力之批判，更成為從根本重新質問女性人權的契機。

◆冷戰瓦解、全球化與女性

1980 年代雖是以光州事件揭開序幕，但韓國在 1987 年終於發表了民主化宣言，建立起文人政權。1990 年以降，韓國和社會主義圈建立外交關係、推動南北同時加盟聯合國；與之並行地，性歧視文化也被列入必須動刀的對象。1989 年的家庭法修正，終於廢止了戶主制度（2005）。這種社會變化，在 1991 年促成了金學順的挺身而出❹。這種衝擊在亞洲擴大，給了各地被迫沉默的日軍性暴力被害者恢復人權的勇氣。韓國政府為了推進兩性平等政策，在 2001 年創設了女性部（2005 年改編為女性家族部），2004 年又制定了性買賣特別法。至於新的課題，則包括了金融危機以降，特別是女性顯著呈現的經濟落差，以及超過二萬名結婚移居女性的問題等。另一方面，北韓在謳歌男女平等的同時，也強調母性意識型態、女性必須必須負擔工作與家事的雙重壓力，不過自 1990 年代以降的經濟困境，讓家父長式的價值觀產生動搖，非婚與離婚的狀況也增加了。（宋）

❶韓戰下的孩子

持續三年的戰爭，導致了家族離散、戰爭孤兒，以及南北雙方的獨裁政治產生。南北對峙的過重軍事負擔，成為壓迫人們日常生活的要因。

❷YH 貿易公司女性勞動者的鬥爭（1979）

「解雇後，我們要何去何從！」高舉這面橫幅的女性勞動者，聚集在反對關閉公

司的在野黨總部。警察將一名參加鬥爭者從建築物上推落致死，其他參加者也被列入黑名單，阻止她們重新就業。2012 年的現在，當時的二十四名工會成員以政府為對象，正提起損害賠償的訴訟中。

❸ 鼓起勇氣告發的權仁淑

在全斗煥政權鎮壓民主化運動到達最高峰的 1986 年，首爾大學生權仁淑因為被懷疑盜用勞動者身分、偽造戶籍記錄，遭到富川警察帶走。她在審判中做了這樣的陳述：「（在署內遭受性暴力之後），我忍不住有種想自殺的衝動……這個問題已經是超越個人羞恥心的問題，而是想展現真實勝過虛偽的意念。」

❹【史料】金學順（1924~1997）的證言

「當我前去鎮公所，拜託介紹工作的時候，偶然遇到了一位受到原子彈爆炸傷害的女性。因為我也有想對某個人清楚表白，自己抱持著對日本的恨意與不甘，

苟活下來的時候，所以便告訴了她自己曾是軍隊慰安婦的故事。作為第一位證人，到處都邀請我前去。要回想起那段記憶，老實說相當艱苦……我有一種衝動，想要對奪走我的純潔、做出這種行為的禍首進行懲罰，可是該怎麼做，才能讓這種不甘獲得昭雪呢？我已經不想再挖掘更多記憶了。不管韓國政府或是日本政府，對我這種至死方休的悲慘女性人生，付出了怎樣的關心？」（韓國挺對協研究會編《證言集Ⅰ》）

【解說】雖然從千田夏光《從軍慰安婦》（1973）等作品中，我們已經得知軍隊慰安婦的存在，但在韓國，金學順（下方照片）的首次挺身而出，還是帶給世界強烈的衝擊；之後，亞洲各地的戰時性暴力受害者，陸陸續續挺身而出。接受了被害者要求根絕性暴力的心願，自 1997 年起，日本的中學歷史教科書記載了這個事實，並納入教育，但因為否定這點的動作，到現在仍然完全沒有慰安婦的記述。2007 年美國眾議院針對這個問題做出決議，要求官方道歉，之後荷蘭、加拿大、歐盟、菲律賓也做出類似決議。韓國也在 2011 年由憲法法庭，接受了前慰安婦有關個人請求權問題的違憲審查提案，認定韓國政府推動的外交交涉「違憲」。

金学順さん ⓒ勝山泰佑

14-5 越南戰爭中的女性

◆戰鬥的女性

透過當時的越戰報導，越南女性穿著長褲的優美身姿，以及戰鬥女性的堅毅不拔，都被世界廣為得知。女性並不只是以民兵或游擊隊的身分在作戰；在北越，替代出征的男性，女性在「三個擔當運動」下被組織起來，一肩挑起生產、生活、戰鬥這三個層面。甚至長褲也成了作戰武器；南越的吳廷琰政權，因為吳廷琰沒有結婚，所以其弟吳廷瑈的妻子陳麗春（瑈夫人）在言行舉止上，遂成為實質的第一夫人。她穿著嶄新設計的長褲，在電視上接受訪談，持續做出強悍的發言❶。在巴黎和平交涉上，解放戰線的阮氏萍也以亮眼的長襖之姿登場，和季辛吉堂堂進行較量。

◆枯葉劑的悲劇

在戰火中受傷奔逃、驚慌失措的女性，失去丈夫孩子、痛哭失聲的女性❷，越戰的報導，傳達了眾多女性的痛苦與悲嘆。充滿士兵、美元、以及被戰火逼著遠離故鄉女性的南越首都西貢，變成了巨大的賣春中心。即使在戰爭結束後，損害也沒有化解。在美軍散播含有劇毒戴奧辛系化合物（TCDD）的枯葉劑地域，不只是直接接觸到的人產生健康損害，像是著名的「阮氏雙胞胎」這種連體嬰之類的異常生產，也因此而增加。雖然對遺傳因子的影響機制尚未解明（美國軍人的被害者有得到補償，但越南方面則完全沒有獲得補償），但TCDD的毒性就算跨越世代也沒有衰減，是不遜於核電廠放射線的長期威脅。

◆別離與重逢

1954年日內瓦協議後，支持民主共和國的南部居民「集結」到北部，討厭共產主義的北部人，則反過來移居到南部。1975年南部解放之際，有許多越南難民逃亡到海外。1970年代末，隨著蘇聯式社會主義的運作問題、以及對柬埔寨的入侵，從在國際間陷入孤立與貧困深淵的越南，又有更多的「經濟難民」流出。在這樣的過程中，有為數眾多的夫婦與戀人、親子與兄弟姊妹、朋友與工作夥伴，被迫硬生生地離別。革新開放政策，同時也是透過讓難民歸國、認可國民前往海外，讓撕裂的家族重生的政策❸。（桃木）

❶瑈夫人

本名陳麗春，因為丈夫吳廷瑈身為吳廷琰政權的祕密警察長官、令人恐懼，所以也被西方媒體稱為「龍夫人」（Dragon Lady）。面對佛教僧侶為抗議以天主教徒為主體的吳廷琰政權而自焚時，她的放肆言論讓甘迺地總統憤怒不已，被認為是南越軍方在1963年發動政變（推翻吳氏兄

《無人荒野》於日本上映時的海報

弟）的原因之一。

❷越南戲劇與電影中描繪的女性

在越南的傳統劇與現代劇中，或許是依循徵氏姊妹叛亂的主調吧，有很多都是描述丈夫被敵人所殺、妻子怒目而起，對敵人展開復仇的故事。例如 1980 年代在日本上演、以一對住在湄公河三角洲的游擊隊夫妻為主角的越南電影《無人荒野》（上方照片），也是屬於這種類型。在電影中有一段劇情是，丈夫因為美軍直升機的攻擊而陣亡，妻子拿起槍擊落直升機，結果從死去美軍的口袋中，掉出了留在故鄉的家人照片。與之相反地，包括描述蔑視家庭、只是一味聚斂金錢「惡妻」故事的《退役將軍》，以及揭發身為高官、卻忘記解放理想的丈夫權威主義行動的改革派記者妻子（《河之女》），這些電影也都成為話題。不仰賴男性、不管好或壞都堅強不移的妻子與母親，儘管其本身或許是男性視線下的產物，但也是包含越南在內，東南亞男女給人印象的固定模式。

❸鄭公山（1939~2001）與慶離（1945~）

身為南越作曲家、與女歌手慶離搭檔，

在國民間擁有極高人氣的鄭公山（下方照片），以「孩子無法長大了」等反戰歌曲，在日本也相當知名，但遭到南越政權禁止活動。1975 年滯留在越南的鄭公山，因為一貫否定戰爭的作品，也遭到北越政府側目；至於在混亂中留下雙親、逃往美國的慶離，則在難民社會中被捧成「反共的象徵」。兩人在 1989 年的巴黎再度相遇，慶離回到越南，則是 1997 年的事。在革新開放政策下，鄭公山的活動也被解禁；即使在日本也是代表作的《美麗往昔》，在天童好美的演唱下，成為大暢銷之作。

慶離在 1970 年大阪萬博之際來到日本；用日語發行的《美麗往昔》，在 1978 年成為改編電視劇的近藤紘一《來自西貢的妻子與女兒》（作者為產經新聞西貢特派員）主題曲，蔚為話題；但是萬博對鄭公山的邀請，因為南越政府的禁止而無法實現。他第一次來到日本，是在革新開放政策下，他的作品反而被當成南北整合象徵看待的 1996 年。

14-6 非洲獨立與性別

◆非洲社會主義

新生的非洲各國在獨立後，大多選擇了「社會主義」；而這樣的選擇，對促進女性參與政治與踏足社會，具有某種程度的效果。但是，這種作法在很大層面上，是由公共部門的組織肥大化在支撐的。以 1980年代以降的經濟低迷為導火線，隨著公共部門遭縮減、朝市場經濟轉移的進展，女性不管在政治上還是經濟上，都被放逐到邊陲地帶，也就是所謂的「貧困女性化」❶現象。女性的愛滋病（HIV）感染人口增加，更是讓這種現象雪上加霜。但在這樣的情況下，開發女性活力、使其得以發展，乃是性別間平等的重要事務，這樣的理念即使在非洲，也已成為定論。

◆習慣法

非洲各國在致力獨立之際，最重要的課題之一，就是「國民國家」的建設，而他們普遍認為「社會主義」，是最適合的政治體制。可是，聳立在他們眼前的，是殖民地時代在各式各樣操作下，變得固定化的「部族」（民族集團）。有五十個以上「部族」的國家，其實不在少數，而支撐這種「部族」認同的，則是「習慣法」。在這種習慣法中，包含了對女性而言早就失去存在意義的東西，以及導致權利喪失的東西，比方說「一夫多妻制」、「收繼婚」（參照右頁專欄）、「對父系親屬有利的遺產繼承法」等。在土地與不動產的所有權、處分權上，也大多是由父系家長所掌握。雖然他們透過憲法與民法，在摸索保障女性權利的方法，但繼承殖民地法的成文法、伊斯蘭法、習慣法等多樣民法體系的並存，卻阻礙了這種實踐。

◆女性的人權

以國際婦女年（1975）為契機，女性人權問題在非洲也浮上檯面。在北京召開的第四屆聯合國世界婦女大會（1995）中，成為議論焦點的是「女性性器切除」❷。根據聯合國兒童基金會所述，世界上遭到性器切除手術的女性，現在有一億三千萬人；據身兼人權運動家的非裔美人小說家愛麗絲·華克（Alice Walker, 1944~）所述，每年有兩百萬名少女，成為切除的對象❸。因為這不只對健康的身體造成損害，對精神的傷害也相當之大，因此針對這個問題，以 WHO 為首的各式各樣國際機構攜手合作，在非洲境內推動廢除運動。儘管在法律上禁止這種行為的國家與日俱增，但因為它作為「文化」、根深蒂固，沒有動過切除術的女性很難結婚，因此從現實上來說，要廢除相當困難。（富永）

❶「貧困女性化」

「貧困女性化」這個用語雖然可以追溯到 1970 年代以前的美國，但作為發展中國家的現象、廣泛受到關注，則是 1990 年代以降的事。這個詞指的是，女性在貧困階層的所佔比例較高這一現象。在糧食、飲水、住居、保健、教育機會等必要最低限度的生活水準方面，沒有機會獲得的絕對貧困者，大約有超過十億人左右，而其中

女性占了約七成。

❷女性性器切除（FGM）

　指切除女性性器的習俗。切除的部位與接受手術的年齡，從二至十六歲，隨地域而有各式各樣的不同。在非洲有二十八個國家、中東和印度的一部分、甚至是非洲移民眾多的法國與美國，都有這樣的行動。之所以如此，其目的大概有兩個：1.保護女孩的「處女性質」；2.作為共同體的加入儀式。前者以中東、埃及、蘇丹、索馬利亞為多，後者則是在撒哈拉以南非洲各國明顯可見。其起源被認為是來自古埃及，和伊斯蘭則無關──這樣的說法占了優勢。

❸【史料】肯亞女性國會議員的證言

　「我在八歲的時候，和同年齡的七名少女一起接受了 FGM。一起接受手術的夥伴中，有三個人因為出血過量而死亡，其中一個是我超要好的朋友。我自己運氣很好，在醫院獲得輸血，撿回了一條命……在這之後，我一直為月經困難、性交痛、難產所苦。有很多少女都因為這種手術，導致出血與感染而死亡。因為是秘密進行，所以沒有留下記錄……但這除了說是殺人以外，再無其它可言。」（WAAF Newsletter2011）

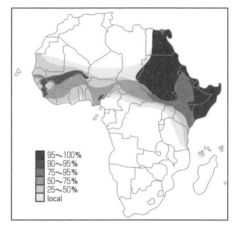

非洲實施女性性器切除的狀況

注：分布數據為推測估計

非洲的婚姻制度

　今天的非洲存在著多種婚姻制度。雖有限制最多能娶四名妻子的伊斯蘭一夫多妻婚、沒有限制妻子數量的傳統一夫多妻婚，不過隨都市化與謀生型態變化，娶複數妻子的男性愈來愈少。「收繼婚」是成為寡婦的女性，被死去丈夫的兄弟或親族繼承的制度，也是讓一度踏入婚姻的女性，繼續留在父系家族之中的制度。在蘇丹的畜牧民之間，還有為未婚死去的孩子留下子嗣的「冥婚」制度。相對於這些在世界各地都可見到的婚姻制度，非洲社會獨特的婚姻制度則是「女性婚」。在這種制度下，出於各式各樣的理由，不想和男性結婚、卻想擁有「家族」的女性，可以和年長且有財力的女性「結婚」，也有以年長女性為丈夫的情況存在。基督教會雖然禁止這種女性婚（肯亞），但在現今的西非與東非仍然可以見到這種婚姻；也有研究者把它當成是意圖脫離男性壓抑的女性選項，對之加以注目。

◆聯合國的奮鬥

聯合國朝達成性別平等邁進的努力，大致可以分為四個時期：第一期（1946~1967）致力於「法律上的平等」，推動女性權利的法制化。聯合國成立之後不久，便設立了「婦女地位委員會」（1946）；但當初在聯合國五十一個加盟國中，有20個國家還沒有女性參政權。委員會努力整飭女性的法律權利，通過了三個公約（1952年女性參政權、1957年已婚女性國籍、1962年婚姻同意）。不只如此，委員會也致力於發表對女性問題進行涵蓋性規定的文件，這種努力在消除對婦女歧視宣言（1967）中開花結果。但是，該宣言並非從性別視角出發，而是以女性的家庭角色為前提。第二時期（1967~1974）是在「經濟發展有助女性地位提升」的認識下，提倡「開發與整合」。

◆概念的創造

聯合國的努力納入性別視角，是在第三期（1975~1995）的時候。這個時期，聯合國開始正式朝性別平等著力，變成自覺性地追求「實質平等」的達成。四屆世界婦女大會的議論與行動綱領制定、《消除對婦女一切形式歧視公約》的制定❶（1979），是最為重要的成果。隨著女性主義的全球化，歐美女性與亞非女性的利害對立也表面化。性別視角在新概念的創造上，扮演了很重要的角色。家暴、性騷擾、夫婦間強姦等新概念，和性器切除、嫁妝殺人、戰時性暴力並列，被定義為「對女性的暴力」

（消除對婦女的暴力行為宣言，1993）。又，隨著「生殖健康／權利」的提倡，女性與伴侶的生殖控制，也被認可是一種人權（開羅行動計畫，1994）。

◆性別主流化

1995年的北京會議（第四屆世界婦女大會），是第三期的歸結，同時也是為第四期畫下開端的重要轉捩點。之所以如此，是因為它提倡「女性賦權（empowerment）」與「性別主流化」❶。聯合國指出了性別統計❷的重要性，並通過了關於人身買賣的公約，由各國署名締約（日本未批准）。肯定性行動（positive action）的引進，以及性指向歧視的禁止等，性別主流化的浪潮急速往前推進。2011年，聯合國促進兩性平等和婦女賦權實體（UNWomen，簡稱婦女署）成立，對這方面的著力更加強化。（三成）

❶【史料】《消除對婦女一切形式歧視公約》（1979年，日本在1985年批准）

第一條：在本公約中，「對婦女的歧視」一詞指基於性別而作的任何區別、排斥或限制，其影響或其目的均足以妨礙或否認婦女不論已婚未婚在男女平等的基礎上認識、享有或行使在政治、經濟、社會、文化、公民或任何其他方面的人權和基本自由。

第二條：締約各國譴責對婦女一切形式的歧視，協議立即用一切適當辦法，推行消除對婦女歧視的政策。為此目的，承擔：

（a）男女平等的原則如尚未列入本國憲法或其他有關法律者，應將其列入，並以法律或其他適當方法，保證實現這項原則；（b）採取適當立法和其他措施，包括在適當情況下實行制裁，以禁止對婦女的一切歧視；（c）為婦女確立與男子平等權利的法律保護，通過各國的主管法庭及其他公共機構，保證切實保護婦女不受任何歧視；（d）不採取任何歧視婦女的行為或做法，並保證政府當局和公共機構的行動都不違背這項義務；（e）採取一切適當措施，消除任何個人、組織或企業對婦女的歧視；（f）採取一切適當措施，包括制定法律，以修改或廢除構成對婦女歧視的現行法律、規章、習俗和慣例；（g）廢止本國刑法內構成對婦女歧視的一切規定。

❷性別不平等指數與性別差距（gender gap）指數

	HDI（人類發展指數）	GII（性別不平等指數）	GGI（性別落差指數）
第一名	挪威	荷蘭	冰島
第二名	澳洲	瑞典	芬蘭
第三名	美國	瑞士／丹麥	瑞典
日本排名	10 名／全 187 國	21 名／全 148 國	101 名／全 135 國

【解說】1995 年，聯合國開發計畫引進的性別指數分成「性別開發指數」與「性別賦權指數」；到 2009 年以降，開始使用整合前兩者的「GII（性別不平等指數）」。GII 主要是由保健範疇、賦權、勞動市場三個層面所構成。另一方面，2005 年以降，世界經濟論壇使用的「性別落差指數（GGI）」，則被認為是最正確反映了性別平等的達成度。GGI 是依據 1. 薪資、參與層級，以及專門職務的僱用；2. 初等教育與高等、專門教育的就學；3. 壽命的男女比；4. 對意志決定機構的參與來測定。

歐盟與亞洲的性別政策

　　歐盟具有相當進步的性別政策。從一般的女性解放，到女性賦權，冉到管理職與議會議員女性占 40% 以上的保障名額制，透過清楚提示的目標，他們對世界女性地位的提升，產生了很大的影響力。2012 年歐洲議會發行的小冊子中，明示了在歐洲議會中，各個國家女性議員數須達 40%（清楚標明各國比較表與歐盟平均數），以及各國家機構、大學、企業中，女性管理職達到 40% 的奮鬥成功案例，從而對那些落後的國家提出警告。2012 年在法國總統大選中勝出的歐蘭德總統，其任命的內閣成員達到五成，對各國政府的女性政策也產生很大的影響。即使在亞洲，緊接在印度之後，2013 年韓國也選出了第一位女性總統，高階女性的地位有了大幅躍升。日本在學術會議與外務省等政府機構，也設定了 20% 的當前目標，積極致力於女性比例的擴大。但是包含議會與企業在內，日本女性的賦權和國際水準相比，仍有很大的落後，在 G8 中屬於倒數第一。女性管理職的積極錄用與培育，乃是當務之急。（羽場）

◆第二波女性主義的誕生

1960 年代美國的中產階級女性，照理說應該是在溫暖的愛巢中，被丈夫與妻子環繞，過著幸福的日常生活，但實際上，她們卻為家庭的拘束感到焦躁不堪。在這樣的情境中，貝蒂．傅瑞丹（Betty Friedan, 1921~2006）刊行了《女性的奧秘》（1963）；她否定將女性角色限定在賢妻良母的「女性特質神話」，訴說女性應該透過教育與工作，成長為全人格的人類。這種呼籲和民權運動相互共鳴，引發了許多女性的同感。1966 年，全國婦女組織（NOW）成立❶，提倡全國規模的女性解放。女性運動熱烈展開，不斷致力於《平等權利修正案》❷的批准通過。以美國為震央的女性主義，和各地域、國家蘊含的女性問題相呼應，廣傳到世界各地。

◆ 1968 年學運與女性主義的誕生

1968 年的學運也是促使女性主義運動誕生的契機。學運儘管高唱反權威主義，卻把既存的權威主義式男女支配架構，原封不動地帶進運動之中；這些只讓女性負責輔助工作、甚至是倒茶端水的男性，引爆了女性的怒火。各地紛紛成立了只有女性的團體，拒絕將「女性特質」強加在頭上的制式婚姻，對性角色投以疑問，高喊要打倒家父長制。在歐洲，從這個時期開始，非婚同居與非婚生子的情況變得普遍化。1970 年代出現了以墮胎自由化為號召的示威抗議❸，在意識覺醒（consciousness-raising）團體中，各人透過交流彼此懷抱的問題，產生意識變革，同時也為了解決自身的問題，設立了女性中心與自助團體。高唱姊妹情誼（sisterhood），主張女人的堅強，從日常生活層級開始，女性的發言權著實在擴大。

◆從草根到制度化

當初以草根層級活動為中心的女性主義，以 1975 年的國際婦女年❹為契機，開始朝制度化的方向行動。在聯合國的主導下，世界各國政府開始正視男女平等，也投入預算。以健康、移民、面對暴力時的庇護所為首，為了支援女性而設立的自助團體獲得了贊助金，自治體也開始納入女性政策。在大學中，也開設了女性學課程。由 1980 年成立的德國「綠黨」引進、主張幹部和議員數量應當男女各半的保障名額至，之後在各個領域廣傳開來，為女性邁向領袖地位，做出了很大貢獻。伴隨著制度化的進展，作為社運的女性主義雖然失去了熱度，但致力於平等、公正、正義、自我決定的奮鬥，仍在持續當中。（姬岡）

❶全國婦女組織

1966 年由貝蒂．傅瑞丹等二十四名女性組成，是美國最大的女性主義者組織。該組織旨在為達成男女平等而活動，當初是以女性踏足社會為主要課題。包括廢除歧視與騷擾、獲得性的自主決定權、根絕對女性的各種暴力、廢除種族主義、性歧視主義及反同性戀等，其活動目的相當廣泛。在手段方面，雖然有致力於法律修正

的派別，與主張更積極訴求廢除性歧視的激進派持續對立，但終能避免分裂而持續發展。她們讓女性問題獲得普遍認知，在美國政治上也有影響力。她們也以州為單位組織了委員會，分部有五百處以上，現在的會員數約有五十萬人。

❷《平等權利修正案》（ERA）

　　期望把「基於性別做出任何法律歧視，皆屬違反憲法」的條款，引進憲法當中的修憲運動。若是實現的話，則在僱用、婚姻、徵兵、教育等所有領域上，都可以要求適用男女平等。其起草雖可追溯到 1923 年，但在女性主義活動活潑化的 1972 年，才終於獲得聯邦議會通過。法案為了批准而送往各州，到 1973 年共有三十州贊成，還差 5 州就可以生效；但在這個階段，保守派展開了猛烈的阻止運動。以 NOW 為首的女性組織雖然為了 ERA 的通過傾盡全力，但反對意見也很強，最後在 1982 年批准延長的時間截止，法案未能成立。

❸墮胎自由化──要不要生孩子由女性決定！

　　這是主張性自主決定權的第二波女性主義，象徵性的口號。1971 年在法國與德國（西德）的大報上，分別有三百五十多名女性告白自身的墮胎經驗，並要求墮胎權。

以此為導火線，在全國各地組成了行動團體，女性也走上街頭。另一方面，為了自己解決女性的困境，各地設立了女性中心，負責諮商與介紹醫生，並進行性教育。在德國，她們組織了前往墮胎比較簡單的荷蘭進行墮胎的巴士之旅，並高掛「不想生的孩子就不要生」橫幅，搭著巴士從中心前往荷蘭。

❹國際婦女年──聯合國世界婦女大會

　　以 1975 年的「國際婦女年」為契機，聯合國以「平等、開發、和平」為主題，召開匯集各國政府代表的國際會議，同時也進行 NGO 論壇。第一屆大會於 1975 年，在墨西哥城舉行；之後又陸續於 1980 年在哥本哈根、1985 年在奈洛比、1995 年在北京舉行。在會議中通過了「行動計畫」與「宣言」，對各國政府在計畫的實施上課以道義責任，讓各國的男女平等產生了大幅躍進。最初是採取白人女性的倡議，以關於平等的議論為中心，但第三世界對這種白人主導表示批判，並針對開發與和平等多樣性的主題展開議論。不過從北京大會以後，由於保守派與伊斯蘭等勢力的抗爭活動日益活躍，因此並沒有通過新的「行動計畫」。

德國（當時為西德）《亮點》雜誌 1971 年 6 月 14 日封面，公開倡言墮胎、訴求自由化的女性群像

14-9 專題討論⑭ 電影與性別

日本教科書對應
現代的世界
本書相關章節
8-3、11-12、13-12

◆好萊塢電影與性別偏見

在第二世界大戰前起成為巨型電影產業重鎮的美國好萊塢，在戰後透過對西方各國輸出大量的電影作品，讓美國文化變得益發普及。因為商業電影需要相當鉅額的資金，考慮到製作、發行都是男性在主導，因此儘管觀眾當中有很多女性，但電影的內容還是幾乎都依著男性的興趣在走。在電影中登場的女性，大多是從男性眼光來看，具有女性特質、小鳥依人的女性，或是做為性對象的性感象徵——瑪麗蓮夢露（1926~1962）❶就是這類的典型。另一方面，在逐漸崛起的電視劇中，登場的則大多是家庭主婦；女性大致上，都是以套用這兩種類型的方式被描繪。

◆「女性電影」的登場

1960 年代末興起的第二波女性主義運動浪潮，對男性中心的文化提出異議，其影響也及於電影領域。在 1970 年代的英語圈，電影研究發展起來，勞拉·穆爾維（Laura Mulvey）❷透過對電影畫面的分析，批判主流電影盡是在為男性的欲望與視覺悅樂服務。這時候，在歐洲的法、德等國，出現了由女導演製作的電影；它們重新質問女性之間的友情以及母女關係，或是描述不受結婚生子等生涯歷程所束縛的女性自由生活方式。

◆家庭觀、男女觀的變化

受這樣的趨勢影響，即使是好萊塢電影，也開始可以見到家庭內的性角色，以及男性、女性理想形象的變化。1970 年代末，出現了像《克拉瑪對克拉瑪》（1979）❸這樣，在既有的家庭形象瓦解後，摸索親子關係的電影。這部片中呈現的新男性形象，是妻子離家後為養育幼子而奮鬥、善感纖細的男性類型。不過在 1980 年代，也有以職業女性為主角的《朝九晚五》（1980）、《上班女郎》（1988）等暢銷片，描述在商業社會中，累積資歷、出人頭地的女性生活樣貌。但是不管工作或戀愛，仍沒有脫離所謂異性戀「浪漫愛情」的意識型態，在質問男性社會的價值觀上，也沒有什麼嶄新突破。女導演依舊很難出頭的好萊塢電影，保存了男性中心的異性戀主義性格；雖然 1990 年代以降出現了以老人為題材的電影等例外，但基本上在性角色與家庭方面，還是相當保守。（香川）

❶瑪麗蓮夢露

美國女演員，本名諾瑪·珍·莫滕森（Norma Jane Matenson）。她最初以美軍官方刊物的海報女郎身分出道，1947 年登上大銀幕。在 1953 年的《飛瀑怒潮》中，她主演一名和出軌對象共謀殺害丈夫的惡

女，以扭腰走路的「夢露步態」贏得注目。接下去，她又以《紳士愛美人》、《願嫁金龜婿》、《七年之癢》等大暢銷作品，一躍成為頂級巨星。1962 年八月，因為服用大量安眠藥，被發現陳屍於自家臥室之中。

❷勞拉·穆爾維（1941~）〈視覺快感與敘事電影〉（1975）

「傳統上扮演顯示性角色的女性，在被看見的同時也被呈現出來……作為性對象被呈現的女性，是性愛把戲中主導動機的存在……男性支配了電影的幻想，並且更進一步推波助瀾，箇中意味其實是作為權力的表象而出現。簡單說，在這裡，男性成為觀眾視線的推手，這種視線被轉錄到畫面背後，讓作為性愛把戲（奇觀／spectale）的女性，得以回到與故事虛構世界外部性的中和狀態。」（齊藤譯，月刊《Imago》青土社，vol.3-12, 1992:40-53 頁）

穆爾維的這篇論文，試著從理論角度探索電影、精神分析、女性主義三個領域的接點。但是，因為她把電影觀眾預設成男性，所以不免讓人萌生疑問：「女性觀眾的心理是否存在？」

❸嶄新的家庭與男女形象

達斯汀霍夫曼（1937~）在《克拉瑪對克拉瑪》中飾演一名養育孩子的父親，但電影的主軸，對尋求自立、離開家中的母親則是一面倒的非難。同樣由達斯汀霍夫曼演出、以霍夫曼扮演女裝而成為話題的《窈窕淑男》（1982）、以及同樣由男星穿女裝演出的《窈窕奶爸》，都清楚展現了好萊塢只能坦率描繪「男性有女性一面的喜劇」這一事實。

1970 年代的女性電影

比利時出身、旅居巴黎的女導演安妮·華達（Agnès Varda，1928~2019），在 1977 年發表的電影《一個唱，一個不唱》（法、比合作）中，描繪了尋求自立而活的兩位女性友情，贏得了許多女性的共鳴。同一年，在美國也有由女劇作家麗蓮·海爾曼（Lillian Hellman，1905~1984）自傳小說改編的電影《茱莉亞》首映。執筆處女作中的年輕海爾曼由珍芳達（Jane Fonda，1937~）飾演、她的青梅竹馬、從事反納粹抵抗運動的茱莉亞，則是由凡妮莎·蕾格烈芙飾演，兩人的演出都相當優異。在這些片子中，女性的友情成為貫串故事的紅線，給人一種「女性電影時代將要到來」的印象。

現代世界

◆作為轉換期的 1970 年代

1970 年代，是世界史上重大的轉換期。支撐「近代」的三大支柱——近代國民國家、近代市民社會、近代家庭——都遭到嚴重動搖，「西洋近代模式」開始被重新省視。這也意味著對 1770 至 1780 年代以降登場、建構起歐美社會基礎的公私二元性別秩序，從根本提出異議。近代的人類形象，開始暴露出其中蘊含的形形色色偏見。伴隨著以白人女性為中心的婦女解放運動高漲，「第二波女性主義」也嶄露頭角。她們要求被基督教規範與近代家族規範壓抑的「性與生殖的自由」，確立身為女性的權利。再者，隨著黑人男性領軍的民權運動展開、批判異性戀主義的同志解放運動進展，「人＝男性、白人、異性戀者」的歧視體系，漸漸被攤在陽光之下。不只如此，在 1970 至 1990 年代，和歐美女性主義明顯有別的亞非女性主義也有所進展。黑人男性的解放，並沒有解決對黑人女性的家父長制支配，堪稱性少數派的女同志遭到邊緣化這點，也被清楚認知。在歷史學中，作為「新史學」的「社會史」登場，開始將目光投向日常生活、家族與女性。

◆消除對婦女一切歧視公約（1979）及其後發展

1970 年代以降，聯合國開始正式投入性別平等事業：國際婦女年（1975）、「聯合國婦女十年」（1976~1985）、舉辦四屆的世界婦女大會（1975、1980、1985、

1995）；比起這些更重要的是，「消除對婦女一切歧視公約」（1979）的通過。這項公約是為了性歧視廢止、性別平等達成地的最基本條約（2009 年的現在，共有 187 國締約）。這項條約否定男女的固定角色、明記撤廢個人、社會慣習導致的性歧視、並認可為糾正歧視而採取的措施（積極行動）。依據這項條約設置的消除婦女歧視委員會（CEDAW），會定期針對締約國的狀況進行報告審議，並整合所見、提出各式各樣的勸告。另一方面，「對女性的暴力」，在奈洛比前瞻策略（1985）中，首次被具體化。1993 年，聯合國大會通過「消除對婦女的暴力行為宣言」。這項宣言不只展現出廢止冷戰終結後的內戰中所產生性暴力的決心，也確認暴力會在家庭等親密關係與職場中產生（家暴、性騷擾、強暴、性器切除、嫁妝殺人等）。

◆ 1990 年代的變化

冷戰的終結（1989）催生了新的國際性經濟與政治秩序。「全球化」（globalization）促使以經濟發展為終極目標的價值觀日益增強，但國家間、地域間、階層間的經濟落差也益發擴大。在舊社會主義國家，市場經濟的引入對女性產生了嚴重的影響。在亞非的發展中國家，「貧困女性化」變成嚴峻問題。作為廉價看護勞動力的女性勞動力，從亞洲往全球移動。性剝削也全球化，跨越國境的人口交易激增。國際社會的劇變，讓跨越性與種族、宗教、國家，國際進行協調的必要性，變

得愈來愈重要。

◆二十一世紀──邁向性別主流化

「性別主流化」，是聯合國展望二十一世紀國際社會的方針。這可說是以「性別平等」為職志、建構起新性別秩序的歷史運作一環。確實，1970 年代以降的第二波女性主義，將眾多女性從僵化的性別角色分工中解放出來；可是，在此同時，女性間的落差也擴大了。不只如此，世界上仍留有許多的性別偏見，女性在政治、經濟上蒙受不力的狀況，並未獲得根本解決。為了達成真正意義的性別平等，我們從歷史中能學到什麼，作為歷史主體，又該採取怎樣的行動？凡此種種，都是我們肩負的重大責任。（三成）

戰後國際政治（1945~70）

1973 年	石油危機 美國通過「羅訴韋德案」（懷孕初期墮胎自由化） 越戰終結
1974 年	德國通過墮胎罪修正案違憲判決
1975 年	聯合國「國際婦女年」、第一屆世界婦女大會召開（墨西哥城）
1976 年	「聯合國婦女十年：平等、開發、和平」宣言
1978 年	英國誕生首位試管嬰兒
1979 年	《消除對婦女一切歧視公約》通過 中國開始一胎化政策 英國柴契爾首相上台（~1990） 伊朗革命（伊朗伊斯蘭共和國成立）
1980 年	兩伊戰爭爆發（~1988） 第二屆世界婦女大會（哥本哈根）
1985 年	第三屆世界婦女大會（奈洛比）
1986 年	蘇聯發生車諾比核災 菲律賓：柯拉蓉・艾奎諾就任總統（~1992）
1987 年	韓國：民主化宣言 臺灣解嚴
1989 年	中國：天安門事件 賴比瑞亞第一次內戰爆發（~1996）美蘇領袖宣布冷戰終結東歐革命（共產黨政權廢止）
1990 年	兩德統一 盧安達內戰爆發（~1993）
1991 年	蘇聯瓦解 波斯灣戰爭 南斯拉夫內戰爆發（~2000）
1992 年	《馬斯垂克條約》簽署
1994 年	歐洲聯盟成立
1995 年	第四屆世界婦女大會（北京）、「北京行動綱領」通過
1998 年	國際刑事法院（ICC）通過「羅馬規約」
1999 年	賴比瑞亞第二次內戰爆發（～ 2003）
2000 年	聯合國召開世界婦女大會特別會議
2001 年	美國爆發同時大規模恐怖攻擊（九一一事件） 印尼：梅娃嘉蒂就任總統（~2004）
2004 年	旺加里・馬塔伊獲頒諾貝爾和平獎
2005 年	德國：梅克爾就任總理
2008 年	雷曼兄弟風暴
2011 年	雷嫚・葛波薇獲頒諾貝爾和平獎 日本：福島核電廠核災

◆性規範與婚姻的變貌

從 1960 至 1970 年代以降，隨著以先進各國為中心展開的「性革命」，圍繞性與家庭的狀況產生了很大的變化。性行為的年輕化、對「處女性質」的拘泥減少、不以結婚為前提性關係的容許、同居增加、結婚率低落、乃至於出生率降低、離婚增加等，都是共通的特徵。這種變化的背景是，以反戰運動、學運、搖滾樂等為象徵的青年文化崛起、口服避孕藥的登場、女性主義的擴散、以教會為代表的宗教權威衰弱等。婚姻制度本身雖然沒有消失，但近代社會中認為愛、性、結婚、生殖密不可分，特別是對女性的性嚴密管理，這種堅不可破的性規範與結婚觀，已經產生了大幅的變貌。其中之一的現象，就是在歐美各國出生的非婚生子女，所占比例愈來愈高，瑞典和法國等國，甚至已經超過了50% ❶（不過在日本和韓國等亞洲先進國家，這個比例依然很低）。

◆墮胎與生殖權（Reproductive Rights）

就性的變化而言，和口服避孕藥同等重要的是墮胎合法化。和日本及舊共產圈相異，歐美各國到 1960 至 1970 為止，對墮胎都有嚴格的限制，因此獲得墮胎權，就成為第二波女性主義最重要的課題之一。然而在 1973 年「羅訴韋德案」（Roe v. Wade）後實質上允許墮胎的美國，墮胎支持者與反對者的對立仍在持續❷。因此，「生殖權利」（Reproductive Rights）這個語彙，在先進國大多意味著避孕與墮胎的自由，但在人口政策問題明顯可見的發展中國家，則被當作更廣泛、指「不應透過國家和宗教強制干預性與生殖、由女性自行決定之權利」的意義來使用。

◆家庭樣貌的變化

性規範與婚姻的變化，讓非婚、離婚的單親家庭，以及帶著小孩再婚的複合家庭增加等現象，讓家庭的型態變得多樣化起來。近年來特別廣受議論的，是同性婚姻，與應用生殖輔助技術的生育。承認男女同志等同性伴侶與異性伴侶具有同等婚姻權的國家，雖然以歐洲為中心日益增加❸，但認為結婚應該只限於男女結合、大表反對的人依然很多。然而試管嬰兒（體外受精）等生殖技術的發達，為無法懷孕者提供了由第三者供應精子、卵子、受精卵進行懷孕，以及代理生產等新的選項；但另一方面，這樣的做法也產生了親子關係混亂、以及商業性代理孕母之類讓生殖本身市場化的新問題。（荻野）

❶世界各國的非婚生子女比例

非婚生子女，指的是在母親沒有結婚（未婚，或是離婚、喪偶後沒有再婚）的情況下生下的孩子。在歐美，非婚生子女的出生很多，因此和是否有婚姻無關、給予同樣法律保護及權利，被認為是相當重要的事。

❷羅訴韋德案與墮胎論爭

美國聯邦最高法院在 1973 年羅訴韋德

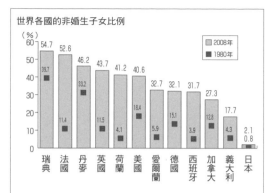

世界各國的非婚生子女比例

（%）

■ 2008年
■ 1980年

國家	2008年	1980年
瑞典	54.7	39.7
法國	52.6	33.2
丹麥	46.2	11.5
英國	43.7	11.4
荷蘭	41.2	4.1
美國	40.6	18.4
愛爾蘭	32.7	5.9
德國	32.1	15.1
西班牙	31.7	3.9
加拿大	27.3	12.8
義大利	17.7	4.3
日本	2.1	0.8

注：此數字為未婚媽媽等沒有結婚母親的出生數，占全體出生數的比例。
德國的 1980 年，為 1991 年的資料。2008 年部分，英國、愛爾蘭為 2006 年、加拿大、義大利為 2007 年的資料。
出處：美國商務部 Statistical Abstract of the United States 2011.
日本厚生勞働省「人口動態統計」

案的判決中，判定女性在與醫師商量後，在懷孕初期有選擇墮胎的權利，這是受憲法保障的「隱私權」。這是追求墮胎權的女性主義運動一大勝利，但同時也引發了認為墮胎是「罪」、殺害胎兒等於「殺人」的人們激烈反彈。之後，美國就分成「支持墮胎選擇權」（pro-choice）與「反墮胎」（pro-life）兩派，持續展開對立與論爭。不只如此，墮胎的是非也成了總統選舉的爭論點，反對派殺害墮胎醫師等暴力行為也不斷出現。右圖是探討這種圍繞著墮胎爭議、而產生嚴重對立的研究專書之一。

❸同性婚姻

從法律認可同性之間婚姻的國家，以比利時、荷蘭、瑞典、丹麥、西班牙、法國、英國等歐洲各國為首，包括加拿大和美國部分的州、中南美各國、南非、紐西蘭、越南等，數量正急速增加之中。另外也有國家或地域，認可同性婚姻為準婚姻等級的「民事結合」（civil union）或是「伴侶

權」（partnership）。在日本，同性戀者的存在近年來逐漸變得可視化，但社會的歧視情緒依然很強，而關於同性婚姻的正式討論也尚未起步。

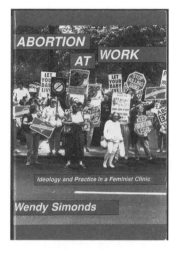

在診所前進行示威抗議的反墮胎派與支持派兩方人馬（Wendy Simonds, Abortion at Work, Rutgers Univ. Press, 1996, 封面）

在紐西蘭羅托路亞博物館舉行結婚儀式的兩對同婚伴侶（2013 年 8 月 19 日攝影）©AFP= 時事

◆改革開放政策與「婦女回家」

中國自 1978 年起脫離社會主義革命路線，開始改革開放政策，尋求在市場經濟下的近代化與經濟發展。他們裁撤了僱傭許多剩餘勞動力、生產效率低落的國營企業，育有孩子女性遭解雇的情況也陸續發生。在這種狀況下，以日本M型就業為模範，讓女性進行「階段性就業」，以及讓女性回歸家中的「婦女回家」都被提出來議論，但在婦女聯合會等組織反對下被迫撤回，並制定了守護女性權利「婦女權益保障法」（1992）。在勞動市場趨向自由化的過程中，整體工資雖然上升，但職業、性別、正規與非正規雇用（農村出身者基本上屬於後者）等造成的落差，卻益發擴大。女性企業家光鮮亮麗的活躍雖然轟傳一時，但從事低薪不安定工作的女性也很多❶。

◆「一胎化政策」的展開

自 1950 年代中期起，以計畫生育為首，中國開始謀求生育控制的普及；1960 年代大致維持一家六胎的特殊出生率，在 1970 年代開始劇降，到了 1979 年成為二點七五人。但是 1980 年代，因為戰後嬰兒潮世代進入生殖年齡，所以自 1979 年起，開始進行以「一對夫婦只能生一個孩子」為原則的強力生產管制❷。這項「一胎化政策」在實行之初，特別是在農村地帶引起了強烈的反彈，並導致虐待女嬰、出生性別不均衡等嚴峻問題；為此，在很多情況下，此政策會獲得「農村如果第一胎生下女兒，則

可以生第二胎」之類的修正。另一方面，在社會變得富裕之前，就已經邁入少子高齡化，老人撫養的問題愈來愈大，因此第二胎全面解禁等緩和政策也被提出來檢討，但在中國，女性生殖能力由國家來控制這點，仍為定局。

◆中國女性學的創設與女性的性摸索

度過性別差距極小化的文化大革命時代，1980 年代，李小江等人提倡創設「中國獨有的女性學」。她們和一直以來的馬克思主義女性解放論保持距離，試圖探索文革時期被否定的「女性的性」，並高唱「女性主義」（feminism）❸。另一方面，在市場經濟與商業主義的展開中，性傾向的商品化也著實在進展。社會主義時代中國看不見的化妝復活了、時尚產業也蓬勃發展。1950 年代禁絕的賣春行業也死灰復燃，腐敗的高官被情婦圍繞，這樣的現象屢屢遭到揭發。（小濱）

❶支撐著「世界工廠」、出外打拚的女性勞動者

作為二十一世紀的「世界工廠」，中國的經濟持續發展，但是在沿海地帶工廠從事低薪勞力工作的，大多是從內陸地帶農村出外打拚賺錢的勞動者。其中有很多是不被期望繼承家業的農家女兒，中學畢業後就前往遠方的工廠掙錢。另一方面，也有不少農村女性是住在都市中產階級家中，以家務勞動者身分進行勞動，支撐著都市女性的就業。這樣的「打工妹（出外

掙錢的女性勞動者）」，因為兼具農村出身與女性雙重理由，所以被定位為二流的勞動力，必須進行低薪且長時間的勞動。但是離鄉背井、視野開闊的她們，靠著手機上網等方式，堅強開拓出一片嶄新的世界。近年在中國工廠頻傳要求勞動者權利的罷工，也可說是她們覺醒的結果之一。

❷計畫生產宣傳的隨時代變化

　　本頁左上圖是社會主義時代的宣傳海報「為革命實行計畫生育」（1974）。右上圖是改革開放時代的漫畫，用來陳訴「一胎讓生活水準提升，多胎則使之低落」的道理（《計畫生育漫畫選》1987）。

❸【史料】《夏娃的探索》（李小江，1988）

　　「從今日來看，成為女性研究枷鎖的『禁忌』至少有三項：

　　第一是性的禁忌。性的禁忌，主要是『女性』的禁忌。除了做為社會上人們共通思考的『性的禁忌』以外，在女性研究中，還有另一個障礙；簡單說，那就是在強調女性社會屬性的同時，意圖瓦解生物—

生理上性別所具備的意義，對考察作為人類最初自然分工基礎的性差生成與變化，抱持反對的態度。即使進行了考察，結果還是意圖透過男女兩性的『共通社會屬性』，來對基於自然的兩性差異進行人為淘汰。這樣的做法被看成是『男女平等』，但實際上是透過『女性解放』的形式，強化了女性生理—心理的負擔；在這當中不只不存在女性的健康發展，對緩和現代女性角色的緊張，也毫無用處。

　　第二是『階級』的禁忌。『階級』的禁忌，直到如今仍是馬克思主義女性研究難以突破的壁壘之一……

　　第三是女性主義的禁忌。歷史上，女性主義是西方資本主義社會的特產，也是布爾喬亞革命的一部分。可是，當今的歷史已經前進超過一世紀，東西雙方的社會生活也產生了很大的變化。在新的歷史條件下，不去考察現在嶄新的女性主義運動之原因、發展、規模與性格，仍舊把它貼上只發生在西方社會的『布爾喬亞』標籤，明顯是不科學也不公正的。」（秋山等編譯）

◆漢人的移居

十七世紀初期的臺灣，南部為荷蘭、北部為西班牙所占據。之後荷蘭人逐走西班牙人，但這時島嶼的住民，主要是屬於南島語族的複數民族。鄭成功（1624~1662）在 1662 年趕走荷蘭人，將臺灣置為據點，從此漢人開始移居；1683 年清朝消滅鄭氏政權、將臺灣納入版圖後，福建的閩南人與廣東的客家移民與日俱增。一開始清朝禁止攜家帶眷渡海，但十八世紀末漢人女性的移居也獲得解禁；不久後，漢民族的性別分工觀念與纏足、早婚等風俗，也被帶進了臺灣。

◆從日本殖民地到國民黨政府

1895 年，在日清戰爭後的下關條約（馬關條約）中，臺灣島與澎湖島被割讓給日本。作為殖民地政府的臺灣總督府在同化政策下，強制禁止閩南人女性纏足，同時也推進女性的學校教育❶。1945 年隨著日本的敗戰，臺灣回歸中華民國，然而在中國大陸爆發了國共內戰。在 1949 年，中華人民共和國成立，敗給共產黨的蔣介石（1887~1975）及國民黨政府搬遷到臺灣，同時許多中國人也隨著國民黨與軍隊一同渡海遷往臺灣。在這之後，從以前就居住在臺灣的閩南人和客家人自稱「本省人」，戰後從中國各省遷徙而來的人則被稱為「外省人」。國民黨政權打著「反攻大陸」的口號，在臺灣實施戒嚴令，並且一方面優待外省人，另一方面則嚴格取締以本省人為中心的反體制運動，因此女性主義運動也被視為危險。

◆民主化與性別主流化

在歷經被所謂「臺灣奇蹟」的急遽經濟成長，臺灣在邁入 1980 年代後，伴隨著民主化運動，女性主義運動也蓬勃發展，許多女性團體也相應而生。在 1987 年解嚴以後，透過立法保障女性權利的動向開始活躍，包括民法親屬篇「夫權父權優先條款」的修正（1996~）、「性暴力防止法」（1997）、「家暴防止法」（1998）、作為男女平等勞動法規的「兩性平等工作法」（2001，之後改稱「性別平等工作法」）、以及「性別平等教育法」（2004）、「性騷擾防治法」（2005）等，陸續被制定出來。根據「一個中國」原則，臺灣在 1971 年被

移民社會與臺灣認同

在臺灣，一般可分成原住民族（這是憲法上的正式稱呼，官方認定共有十四族）、閩南人、客家、外省人這四大族群。但是，實際上隨著通婚等狀況，要把個人歸屬於單一族群，其實相當困難。戰後來台的外省人，已在臺灣生活超過六十年，至今邁入第二、第三代，因此也往往具備了身為臺灣人的認同。另一方面，近年從中國大陸和東南亞各國隨婚姻來到臺灣的女性與日俱增，身處邊陲的她們被稱為「新移民女性」、對她們提供支援的活動也日益廣泛。

排除在聯合國之外。然而，在民主化之後，臺灣開始積極推動性別主流化來作為國家戰略。女性的就業率也很高，也有很多女性成為活躍的政治家與經濟界中樞；其成果也反映在性別不平等指數（GII）與性別落差指數（GGI）的高排名上❷。（野村）

❶日本統治下的女子教育

臺灣的正式女子教育制度，是以1897年國語學校第一附屬學校設立女子分教場為先聲，第二年，作為臺灣籍學童初等教育機關的公學校設立。一開始，因為受到漢民族的「男女七歲不得同席」觀念以及纏足的影響，有很多父母不願讓女兒就學；但自1920年代起，女孩的就學漸漸普及，直到終戰為止，初等教育的女子就學率已經達到60%。升學熱潮也日益高漲，在殖民地下的臺灣，共設有二十二所高等女學校、以及三十九所為女性而設的實業補習學校（家政學校）。雖然學生大半是日本人，但部分中上階層的臺灣女性也能入學，接受賢妻良母的教育。同時也出現了前往日本留學、接受專業教育的女性，臺灣第一位女醫師蔡阿信與臺灣第一位女市長許世賢、臺灣第一位入選帝展的女性畫家陳進，都是代表人物。

❷從國際比較來看臺灣的性別

聯合國的「性別不平等指數」（GII）排名雖然未納入非會員國的臺灣，但臺灣行政院主計處依照算式計算後表示，在2012年的最新資料中，臺灣是僅次於荷蘭、全球共一百四十九國中落差第二少的國家。在「性別落差指數」（CGI）排名方面，臺灣也是一百三十六國中的三十九位（日本是一百〇一位）。現在臺灣立法委員的比例代表席次中，規定當選者的半數以上必須是女性（保障名額制）；2012年的立委選舉中，朝野政黨的女性國會議員比例高達33.9%，和日本眾議院（7.9%）與韓國國會（15.7%）有著極大差距。

從女性運動家到政治犯、再到副總統──呂秀蓮

臺灣女性主義的先驅者中，呂秀蓮（1944~）相當有名。她在1970年代保守的臺灣社會中，高舉「新女性主義」旗幟颯爽登場，主張女性在公領域的平等和參與。但是，她的著作《新女性主義》（1974）因為宣傳自由性愛而遭到當局查禁。在不久後的1979年12月10日，投身民主化運動的呂秀蓮在因為擔任副總編輯的《美麗島》雜誌舉辦世界人權日示威，自己也參與演說之故，遭到國民黨政權以叛亂罪起訴，被判有期徒刑十二年（美麗島事件）。服完五年刑期後，呂秀蓮以保外就醫為由獲釋，之後全力投身政治活動；1992年，她當選為立法委員，1997年成為桃園縣縣長。之後在2000年臺灣第一個民進黨政權誕生之際，她在「兩性共治」的口號下，成為臺灣史上第一位女性副總統。她的言論啟蒙了許多女性，為之後臺灣女性運動的發展奠下了基礎。

◆社會主義體制改革的努力與性別

在東歐社會主義體制下，尋求自立與獨自社會主義的改革運動反覆興起；包括1956年的匈牙利、1968年捷克斯洛伐克的布拉格之春、1980年的波蘭團結工聯運動等，而這些都與1989年的社會主義體制瓦解密切相連❶。作為女性的解放，在社會主義體制下整飭了跟男性同等的勞動環境，但隨著社會主義體制瓦解，女性的立場也跟著惡化。

◆社會主義體制瓦解後的女性狀況

在1985年的開放政策、1989年的東歐革命、1991年的蘇聯瓦解等體制與價值觀的激烈轉換中，與男性同等工作、獲取工資的一般女性地位，比起社會主義時代低落許多❷。女性有相當一部分失去工作。因為企業內幼兒園的廢止導致保母解雇、社會主義時代必須的俄語教育廢止、以及因國有企業與農會解體等遭解雇的女性，在「回歸家庭」的社會風潮中，很難成為新的正職員工獲得聘用。即使如此，在前蘇聯與烏克蘭，整體雇用者中的40%還是女性。這不只是在社會主義體制下，透過勞動自我實現的女性意識已經深入人心，還是夫妻兩人勞動才能養得起家庭的工資生活體系，以及隨著西方商品流入，物價雖然顯著上升，但工資卻趕不上物價的上升幅度，於是在社會主義時代的低工資不易改善的情況下，出現只靠男性一人工資不足以養家情況的獨特「體制轉換後」現象所致。另一方面，在宗教與民族相異人們混居的前南斯拉夫則爆發了內戰，而這也對性別產生了深刻影響❸。

◆「破產國家」與性別

特別是在被稱為「破產國家」的白俄羅斯、摩爾多瓦等地居住的許多女性，包含欠薪在內，被逼到完全無法靠工資維持生活的境地，因此她們紛紛越過國境出外掙錢，不得不靠賣春維生，甚至還落入人口販賣的陷阱當中；這種遭到悲慘狀況逼迫的女性日益增加。即使進入二十一世紀，烏克蘭與中亞的經濟不穩仍然持續。另一方面，中、東歐各國的女性，在加盟歐盟前後開始邁向相對的安定，隨著議會與國家機構引進女性保障名額，雖然比西方略遲，但女性仍能達成對政治與社會的踏足。（羽場）

❶從匈牙利動亂、布拉格之春、團結工聯運動，到社會主義體制的瓦解

以1953年東德的暴動為開端，1956年波蘭的波茲南暴動、匈牙利動亂、1968年的「布拉格之春」、1980年的團結工聯運動等，都是在社會主義體制下，由「獨自的社會主義」、「具有人性面孔的社會主義」、「勞動者的自主管理」等對自立的強烈渴望，激起民眾走上街頭所致。

之所以會有這種狀況，是因為十九世紀末時，已經體驗過民族解放「人民之春」的中歐地域，在蘇聯從史達林到布里茲涅夫的體制下，遭到強迫性的軍事支配之故。

在女性方面也是如此，俄羅斯的「大地

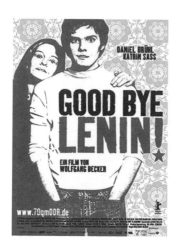

電影《再見列寧》宣傳海報

母親」、「支撐多子多孫家庭的母親」形象，不只不適合以小家庭為基礎的中、東歐，在家庭與女性認識方面，也讓他們深以和蘇聯的隔閡為苦。

中、東歐擁有十九世紀以來的社會民主主義與基督教保守主義傳統，這也引發了他們和蘇聯、南斯拉夫的激進共產主義與「大家族制」之間的齟齬。

但是，當社會主義體制瓦解後，一方面因為西歐傳來的物價高漲越過國境，導致家庭生計陷入危機、企業內的幼兒園也跟著關閉；另一方面，急遽的自由化、性解放與商品化，導致女性被迫在回歸家庭、作為移民出外掙錢、還是透過服務業支撐家計之間做出選擇，結果在中流、底層當中，女性的人權比起社會主義時代，反而更糟。在這種狀況下，賣春與人口販賣的增加，也成為重大社會問題。

❷社會主義與性別

社會主義體制雖是僵硬的政治體制，同時也因為監聽等行為，讓人喘不過氣，但

另一方面，它也有物價便宜、女性的勞動、社會解放，以及施行免費醫療、教育等，讓個人與社會團結支持的家長主義一面在。遭到宛若走馬燈般變幻的價值、體制、愛國心所玩弄，關於認同方面的苦惱，透過《灰燼與鑽石》、《再見列寧》、《竊聽風暴》、《陽光情人》等各式各樣電影被表現出來。政治抑鬱與社會弱者保障，這種矛盾心理下的壓抑／依存關係，也成了社會主義體制的性別秩序之定規。社會主義體制瓦解後，產生了大量失業者，女性勞動變得益發困難；在這種情況下，1990 年代的中東歐各國，開始掀起了一種回歸社會主義的鄉愁。有許多女性與靠年金生活的人投票給左派政黨，這也反映了在體制轉換後的自由主義體制下，生活的困難。即使到現在，俄羅斯、東歐的少子高齡化與看護負擔，很多仍是由全職勞動的女性來擔任。

❸南斯拉夫內戰與性別

南斯拉夫內戰中「種族清洗」的強暴，在二十世紀末到二十一世紀的國際社會中，讓戰爭與性別問題的嚴峻，攤在光天化日之下。內戰下展開的種族清洗強暴，與在集中營中任由孩子生產、不予墮胎的禁閉戰略，引起了國際廣泛非難。電影《旅行之歌》就描述了女性養育遭輪暴後生下的孩子，那種創傷與愛情之間的相互矛盾。在戰爭中，男性士兵對女性的強暴、戰時「慰安婦」等對當地女性的蹂躪，象徵了戰爭的男性化、以及女性的庇護性所導致的「正義戰爭的正當化」。因此可以說透過徵募女兵，也促進了戰爭的去男性化。

15-6 德國統一的光與影

日本教科書對應
蘇聯、東歐社會主義圈的解體與亞洲社會主義的轉換
本書相關章節
13-10、14-8、15-5

◆柏林圍牆倒塌與女性主義的誕生

1989 年 11 月 9 日，前東德的柏林圍牆隨著民主化運動的高漲倒塌了。在新的國家建設中，反映了女性的視角，過往革命所不曾出現的目標登場，女性組織也樹立起來❶。東德的人們沒有選擇邁向獨自的社會變革之路，而是選了德國統一。1990 年 10 月 3 日，東德被納入西德版圖。在這樣的過程中，女性問題退居幕後。儘管如此，在各自治體中都設置了男女平等負責人，也誕生了女性中心；凡此種種，都讓女性主義者取得了活動據點。從社會主義時代就已存在、透過人與人聯繫產生的女性網絡日益擴展，但變成了一種在節節進逼下，守護舊東德時代女性既有權利的活動。

獨立女性同盟的海報
「女性都是堅強、勇敢、美麗的！」

◆對女性嚴酷的市場經濟

前東德女性有 90% 以上的就業率，很容易兼顧事業與家庭，即使離婚，也有足以讓她們獨力養育孩子的育兒體系和財政支援。但是隨著貨幣整合、經濟遭受毀滅性打擊，出現了東德時代前所未有的失業激增，而且女性的比率遠高於男性。重視效率的市場經濟並不喜歡風險高的勞動力，因此生育後的女性要重新就職的難度相當之高，而女性占失業人口的比率也年年提升❷。因為把德西的家庭政策適用於德東，所以家庭與職業兼顧的條件顯著惡化。兩德統一的結果比起男性，對女性更是嚴酷。即使如此，在專業主婦成為可行選項的統一後，德東的女性就業意願依然相當高；她們延遲生育、對離婚變得慎重，同時也積極接受職業進修，尋求就職的機會。

◆統一十年後的性別

統一十周年的紀念儀式，給人一種歷史性起點的印象；1990 年代頻繁成為話題的社會問題嚴峻化與「東西的心靈障壁」獲得抹消，「成功的記憶」被推到了幕前。事實上，在 2000 年，有三分之二的德國人對統一抱持肯定態度；但在這當中，早婚、早期生育、兼顧「職業與家庭」的德東女性生活型態瓦解，被迫變得更接近德西型態。問題仍然堆積如山，女性失業率超過 20%，是德西的兩倍以上；就連已經把女性涵蓋進去的議題，也因為問題必須統一解決，變得無法順利復原。必須仰賴德國全體動向來決定的部分，日益增強。就業與晉升的機會，混雜了性別範疇的規定與個人層級的評價，女性間的階層差也日益擴大。（姬岡）

❶獨立女性同盟

柏林圍牆倒塌不到一個月的 12 月 3 日，旨在政策決定與社會建設上反映女性的視角與體驗、從根本改善女性現狀的「獨立女性同盟」成立了。作為德東第一個自律且自發的女性運動，她們參與了針對東德重建進行提案的「圓桌會議」。1990 年 3 月選舉中，她們和綠黨並肩作戰，但只獲得了一席。相對於德西女性主義質問男女的權力關係，德東則是重視「勞動母親」，對女性進行支援。

摧毀柏林圍牆的人們（1989 年 12 月）

兩德統一（1990 年 10 月 3 日）

❷女性的就業率

1. 舊東德的失業者比率：

（%）

	1990	1991	1992	1993	1994	1995
女性	8.2	14.7	18.6	21.5	19.6	18.7
男性	6.5	9.0	8.5	11.0	8.8	10.1

出處：Sozialreport 1995, Berlin 1995, p.129

2. 舊東德出生、婚姻、離婚的變化：

	出生率 （每千人）	結婚率 （每千人）	離婚率 （每萬人）
1990	11.1	6.3	19.8
1991	6.8	3.3	5.6
1992	5.6	3.0	6.6
1993	5.1	3.1	11.8

出處：Sozialreport 1994, Berlin 1994, p.63

兩德統一與墮胎

關於墮胎的法律在西德與東德之間存在著差異。相較於東德認可懷孕三個月內的墮胎，西德則規定「在沒有特定醫學、社會、心理原因的情況下，不許進行墮胎」。隨著兩德統一，西德的墮胎法自動適用於德國全境，但在女性激烈抗議下，結果在德東，還是暫時依照原本的規定，認可三個月以內的墮胎。1992 年制訂的新墮胎法規定，在事前諮詢的義務下，十二週以內的墮胎是合法的。這是東德法律影響西德、幾乎唯一的案例。

【史料】德國刑法的墮胎條款（1995）第 219 條（1）：「諮詢」是保護未出生生命的服務措施。「諮詢」是致力於給打算繼續懷孕下去的女性勇氣、打開女性和孩子共同生活的展望，所進行的必要指導。「諮詢」是要讓女性做出負責且誠實的決斷，並給予她們援助。這時候，女性應意識到未出生的生命在懷孕的任何一個階段，都有相對於其獨自生存的權利，因此，根據法律秩序，只有在超出可以預期的犧牲限度且對女性造成重大和異常負擔的例外情況下，才能考慮進行懷孕中的墮胎。「諮詢」應透過提供建議和援助，來克服與懷孕相關的矛盾和消除困窮狀態。具體細節由《懷孕衝突法》（*Act on Pregnancies in Conflict Situations*）來規定。

15-7 促進非洲和平的活躍女性

日本教科書對應
非洲的地域紛爭
本書相關章節
14-6、14-7、15-9

◆對和平的展望與性別架構

在歷史上留下記錄的戰爭，幾乎全都是由男性點燃導火線，而犧牲的民眾則多半是女性與孩童。這正是歷史上建構起來的女性文化，比起男性更加非暴力，且女性對和平的傾向相當強烈的理由之一。從這點來看，讓女性加入政治意志決定機構，可以說是改變男性優越的性別結構、並開拓對和平社會秩序的展望，不可或缺的要素。但是，參與解放鬥爭的前女性鬥士，有很多都不得不再次回到家庭領域當中。這種狀況在非洲各國跨越了飢餓與內戰的1980年代，開始在聯合國主導下，將政治民主化與女性地位提升排上日程的1990年代以降，終於開始呈現了變化的徵兆。

◆女性的參與政治與促進和平

聯合國在西元2000年的時候，設定了千禧年發展目標，其中就包含了推進性別平等，以及作為女性地位提升指標的「國會中女性議員比例」。在引進婦女保障名額制度等努力的結果下，下院中女性議員比例占三成以上的非洲國家，已經超過十國（2013年，瑞士組織「各國議會同盟」數據）。順道一提，在一百九十個國家中，超過三成的有三十三國，第一名是盧安達，日本則只有一百六十一名。非洲聯盟（AU）的「性別政策」（2009），一方面尋求在2015年前，讓半數議員成為女性，另一方面也強烈要求在經濟領域、和平、治安問題，勞動、愛滋病、IT領域等方面，達成男女平等參與。

◆草根的性別平等與和平建構

在非洲，菁英女性與一般草根女性之間，有著很大的鴻溝。相對於共享國際基準「人權思想」的菁英女性，一般女性、特別是農村地帶的女性，大多無法獲得遺產繼承權與土地所有權的保障，必須生活在對男性有利的習慣法下。大多數的非洲國家，都認可在近代法中加入伊斯蘭家庭法的習慣法，從而阻撓了這種狀況的變革。另一方面，這其實也隱含了持續支持男性主導政治、好為殖民時代利益代言的舊宗主國盤算；而在近年，又有中國、日本資本，為了非洲的資源開始介入其中。為了不讓這樣的介入，為非洲帶來新紛爭的火種，實現草根女性地位的提升與性別間的平等，乃是當務之急。（富永）

雷嫚‧葛波薇

◆內戰中的女性

雷嫚‧葛波薇於 1972 年，出生於賴比瑞亞的一個基督教家庭；雙親是原住民族，是五個姊妹當中的四女。雖然是在貧困家庭中長大，但父親被美裔賴比瑞亞人政權聘用為公務員，因此得保生活安定，並讓雷嫚在首都蒙羅維亞度過自由自在的高中生活。但是，就在雷嫚進入大學、踏上一帆風順的人生旅程之際，內戰爆發了。不只如此，還有更雪上加霜的現實等著她，那就是在內戰混亂中相遇、走在一起的丈夫，對她施行的家暴。即使如此，她還是生下了兩個孩子。之後有一段時間，生活總算安定下來，但擔任公務員的丈夫不久後又因為貪污而被撤職，雷嫚不得已，只好過著每天做麵包和蛋糕來賺錢的日子。就在這種絕望的境地中，雷嫚遇到了從同樣因內戰而混亂的鄰國獅子山，逃來的難民女性。她們是在遭遇到乳房被叛軍切下等在肉體和精神上難以用言語形容的傷害後，逃亡到賴比瑞亞避難。透過這些女性，雷嫚具體學到了「這種慘狀的根源，是男性主導的暴力，而這樣的暴力，讓國家演變成暴力國家」這一事實。

◆女性的決斷

早上滿載著少年、投入戰鬥的卡車，到了傍晚空空如也地回來；就在這種持續不斷的狀況中，響應雷嫚呼籲的女性開始站起來。這是 2001 年初期的事。女性穿著象徵和平的白襯衫，每天不停在路旁靜坐，要求總統應該進行和平談判。無法忽視這種陳情的總統，將雷嫚召喚到官邸。就這樣，在鄰國迦納，政府軍與反政府和平交涉終於展開。

◆和平交涉

2003 年，在迦納展開、關於終結內戰的和平交涉，一如雷嫚等婦女的擔心，陷入了空轉之中。即使經過一個半月，狀況仍然沒有改變。男人們關心的，只是和平之後，該由誰來當老大……雷嫚等人再也等不下去，於是走訪官員們的下榻處，反覆進行遊說。就在這種情勢當中，傳來賴比瑞亞的美國大使館遭到飛彈襲擊，在其中避難的婦女孩童有很多人犧牲的消息。──已經不能遲疑了。雷嫚等人封鎖了會議場所；直到和平協定締結為止，誰也不許走出門外，我們下定決心，要行使這樣的實力。也藉這個機會，雷嫚等人發表了以下的聲明：「我們都已疲憊不堪，也都厭倦了互相殺戮。若是必要，不管幾次，我們都會封鎖會議場。下次來的就不只千人而已；在迦納的難民營裡有二萬五千人、光是在這座阿格拉城，就有一萬名以上的賴比瑞亞女性。」雷嫚等人的聲明，讓和平會議的氛圍為之一變，終於確認了包括「放逐總統」、「讓聯合國維和部隊進駐蒙羅維亞」、「在臨時政府下實施民主選舉」等讓內戰邁向終結的政治決定，並正式簽署成文（2003）。順道一提，在大選中選出了非洲第一位女性總統，同時也是和雷嫚一起獲得 2011 年諾貝爾和平獎的埃倫‧瑟利夫（2006）；在她登場的背後，有著雷嫚領軍的女性支持。

【解說】位於西非的賴比瑞亞是個擁有四百萬人口、國土約為日本三分之一的小型共和國。它是 1820 年代，由原為美國解放奴隸的殖民者所建立的國家；正因如此，這塊土地在某種意義上，其實是被擁有美國文化的少數殖民者加以「殖民地化」，而賴比瑞亞的十六個原住民族，則受到稱為「美裔賴比瑞亞人」的殖民者集團所支配。這樣的統治持續了一百三十年。顛覆這種現象的，是 1980 年爆發、由一名原住民士官所引發的政變。諷刺的是，這場政變反而打開了原住民族裔之間權力對立與抗爭的道路。就這樣自 1989 年起，悲慘的內戰此起彼落、接連不斷。將這場內戰導向終結的賴比瑞亞女性，其團結與行動力，讓我們可以重新思考，對於女性也能成為軍人、開拓道路的美國和日本狀況，究竟該如何以性別的視角來加以看待？

15-8 現代伊斯蘭社會與性別

◆家庭法與性別平等

十九世紀左右,眾多穆斯林(伊斯蘭教徒)居住的各地域,紛紛因為受到「西洋的衝擊」,開始推進近代的立法改革,但在家庭法範疇上,伊斯蘭法的傳統仍然以某種程度存續下來。到了二十世紀中葉,隨著伊斯蘭各國的獨立,以埃及、敘利亞、伊拉克為首,許多國家雖留有伊斯蘭的影響,仍以近代法為模範,制定了法制化的家庭法。但是,包括一夫多妻制與男性單方面離婚等,女性地位提升與尊重伊斯蘭規範之間的矛盾,屢屢成為議論話題。除了和伊斯蘭法毅然訣別、採用近代民法的土耳其外,突尼西亞也在對伊斯蘭教義的重新解釋下,禁止了一夫多妻制。近年埃及則改訂了法律,讓女性主動離婚變得比較容易,以期調和伊斯蘭規範與性別平等。

◆世俗化與伊斯蘭復興

二十世紀初期,和伊斯蘭改革主義的立場並行,世俗主義獲得提倡;女性面紗被視為落後的象徵、遭到排除,不論男女,都開始走向西洋服裝化。在教育❶方面也是如此,不從傳統的伊斯蘭學校、而是傳授西洋學問學校出身的人們占據了菁英階層,伊斯蘭教育從而受到輕視。在獨立後的伊斯蘭各國中,宗教勢力被置於國家管理下。然而到了 1970 年代以降,以經濟不振、政治不安為背景,反體制運動開始興盛;以埃及為首,在中東、非洲、亞洲各國,伊斯蘭復興運動都發展起來,1979 年的伊朗伊斯蘭革命,也刺激了這樣的潮流。不只如此,以網路為首的新媒體發達,促進了伊斯蘭的全球化,從而讓伊斯蘭教育的再評價、以及女性面紗的復活❷等動向益發加速。

◆女性地位的提升與伊斯蘭

由於面紗與女性隔離的習慣、容許一夫多妻制等,外界一直有種強烈的傾向,將伊斯蘭視為女性壓抑的典範。特別是九一一事件以降,實施極端女性歧視的塔利班等團體,更成為歐美批判的對象。即

埃及雜誌《希賈布時尚》

現代世界的穆斯林人口分布（2011 年推估）

在全球約七十億人口中,據估計穆斯林約有十五億人。在伊斯蘭合作組織當中,穆斯林人口最多的十個國家分別如下:1.印尼(二億人)、2.巴基斯坦(一點七億人)、3.印度(一點五億人)、4.孟加拉(一點四億人)、5.奈及利亞(八千二百萬人)、6.伊朗(七千四百萬人)、7.土耳其(七千二百萬人)、8.埃及(七千萬人)、9.阿爾及利亞(三千六百萬人)、10.摩洛哥(三千二百萬人)。

使在伊斯蘭社會內部，也有對僵化保守的伊斯蘭抱持否定態度的女性團體在活動。另一方面，在 2011 年突尼西亞、埃及等政變後，支持伊斯蘭主義的女性姿態在各地顯性化，一方面遵守伊斯蘭教誨、同時致力於對社會做出貢獻的女性也增加了。（小野）

❶伊斯蘭與女子教育

成為獨立國家的伊斯蘭各國，莫不致力於引進公共教育，好讓男女獲得平等的教育機會。但是在此同時，對保守的人們而言，男女共學這件事，也成了拒絕女子教育的理由。在這種狀況下，女子學校的增加，就成了促進女子教育機會的方式。比方說在伊朗，自 1979 年的伊朗革命以降，女性隔離的規範變得益發嚴格，女性的自由也受到大幅限制；但另一方面，隨著女子學校的增加，促進了女性的高學歷化，在專業植物方面的就業機會也增加了。

❷面紗復活──希賈布的流行與波卡禁止法

在沙烏地阿拉伯與伊朗等一部分國家，成人女性在公開場合戴面紗是義務；但是在許多國家，邁入二十世紀後，不戴面紗的女性與日俱增。然而 1970 年代以降，在以埃及為首的伊斯蘭諸國，頭戴阿拉伯語稱為「希賈布」（Hijab）、覆蓋頭部的面紗，身穿寬鬆伊斯蘭長袍的女性激增，變成一種流行。在部分年輕人中，也出現了頭戴遮住整張臉的「尼卡布」（Niqab）、包覆全身的「波卡」（Burqa）的類型，結果這點反而引發了「這樣究竟是不是遵守伊斯蘭教」的爭論。在法國和比利時等地，都實施了波卡禁止法，但尋求戴面紗自由的穆斯林女性，對此則掀起了反對聲浪。

戴著尼卡布的女性
（後藤繪美攝影）

著名的穆斯林女性

在女性踏足社會成為爭議的伊斯蘭世界，意外地有許多著名女性登場。除了巴基斯坦前總理布托、印尼前總統梅娃嘉蒂等國家元首之外，2011 年獲頒諾貝爾和平獎的塔瓦庫・卡曼（Tawakkol Karman），其活躍也廣為人知。卡曼以葉門的政治家兼新聞工作者身分，展開追求「言論自由」與「女性權利」的非暴力活動。2005 年，她在葉門首都沙那組織了「不受束縛的女性新聞工作者」人權團體。即使在 2011 年的反政府抗議運動中，她仍然作為領袖，引領著年輕人。

15-9 全球化與性別

日本教科書對應
第三世界的多元化與地域紛爭

本書相關章節
1-8、14-7、15-5

◆貧困、落差與性別

隨著冷戰終結、從二十世紀初到二十一世紀，在跨越國境的性別問題上，有好幾項重大的變化產生。1995 年在北京召開的第四屆世界婦女大會，以及在它之前開辦、聚集五萬名女性的 NGO 會議，預示了二十一世紀的全球化中，繁雜多端的問題。在全球女性主義的問題、克服西洋中心主義與多元性的理解、女性的人權與自我決定權之確立、賦權、乃至於女性對政策決定、法律制定過程的參加等方面，南北女性都呈現出要求上的差異。其中特別重要的課題是「貧困女性化」❶。世界上有超過十億人處於絕對貧困狀態，而其中女性又占了七成。貧困化是從自然經濟轉換到貨幣經濟，這種經濟近代化下的產物，其結果是讓現金收入為男性所獨占，並將母子家庭與不具備經濟所有權的女性，逼入貧困的境地當中。故此，女性的權利、人權的擁護、保障名額的採用、以及為了讓這些事務產生實效性，而採取的監視體系與制裁措施之引進，都是一體不可或缺的迫切要務。

◆移民的女性化、國際的勞動力流動與異文化結婚

2010 年，移民的數量達到二億一千四百萬人，其中約半數的一億人為女性；也就是說，「移民女性化」乃是一種現在進行式的現象。就實際狀態來看，這種現象的背景是，從不熟練勞動者到服務業勞動者，乃至伴隨少子高齡化的看護、家事勞動者，

這樣的國際流動不斷進行，而其中大多數的供給來源，又都是亞洲女性。這種流動不時伴隨著個人乃至集團的人權侵害與暴力、導致騷擾、因此自治體、NGO 的關注，以及人權擁護與監視體系的整飭，都不可或缺。另一方面，異文化結婚（國際結婚）也增加了；它不只是異質的共存，也是個人乃至共同體層級，「跨越界線」多樣嘗試的運作。

◆國際地下犯罪與性別

現在有一個重要的問題，就是人口買賣（人口交易）❷。冷戰體制終結後，伴隨著國境開放，聯合國明白指出的三大犯罪──「槍械、毒品交易、人口買賣」急遽增加。在二十世紀中葉有所收斂的人口買賣制度，在改頭換面後，於世紀轉換期重新復甦，其目的是利用無中生有的方式，獲取莫大的利益。不只是看護、假結婚，還有性勞動、摘取器官等，先進國家的公然人權侵害，在需要者存在這一前提下，在地下管道中秘密展開。人權保護的法律與制度整飭，將是 NGO 與自治體攜手合作的急迫任務❸。（羽場）

❶每日收入不滿一點二五美元的生活者

根據世界銀行的報告，在 2008 年，每日收入不滿一點二五美元的貧困階層，推定占了發展中國家人口的 22%，也就是相當於十二億九千萬人，其中又有七成是女性。貧困地域的分布以南亞為最多，其次是撒哈拉以南非洲、東亞太平洋各國，亞

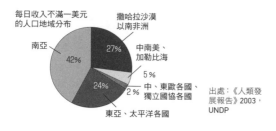

每日收入不滿一美元
的人口地域分布

南亞 42%
撒哈拉沙漠
以南非洲 27%
中南美、
加勒比海 5%
中、東歐各國、
獨立國協各國 2%
東亞、太平洋各國 24%

出處：《人類發展報告》2003，UNDP

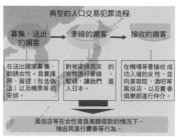

典型的人口交易犯罪流程

募集、送出
的掮客 → 牽線的掮客 → 接收的掮客

在送出國家募集、
勸誘女性，負責護
照、簽證（包含偽
造）以及機票等的
安排。

對被安排而來的
女性進行牽線、
監視，讓她們進
入日本。

在機場等著接收成
功入境的女性，並
向美容院、酒吧等
風俗店，以及賣春
俱樂部進行仲介。

風俗店等在女性背負高額借款的情況下，
強迫其進行賣春等行為。

出處：依據《警察白皮書平成 22 年度版》繪成

洲整體占了 66%。貧困是移民與犯罪的溫床，特別是從貧困與性別的觀點來看，保護、教育、援助、賦權，都成了重要課題。

❷人口買賣的路徑

人口買賣的路徑在 1980 年代，是從亞洲、拉丁美洲和非洲通往先進國家，但在冷戰終結後，瓦解的社會主義國家、特別是被稱為「破產國家」的前蘇聯貧困地域以及周邊各國，也加入了這個行列。從烏克蘭、摩爾多瓦、白俄羅斯等地，白人未成年女性透過合法、非合法的管道被運往國外，一時之間有超過一百萬女性，被送到德國、美國、日本、韓國等地。邁入二十一世紀後，歐盟和美國在應對這種情勢上，有了一定的進展。透過各國 NGO 與地方自治體，以及有識之士的攜手合作，世紀轉換期廣泛爆發的人口買賣，開始銷聲匿跡。可是導致人口買賣產生的原因──經濟落差、看護人力不足、移民的非法流入、性剝削與地下管道獲取暴利等問題，並未獲得解決。對當事者的違法勞動進行處罰以及強制遣返，並非解決問題之道；因此在歐美各國，紛紛採取了禁止兒童勞動、保護人口買賣被害者、在職業訓練與自立生活方面進行援助等政策。人口販賣的管道非常複雜，包括合法勸誘的出外掙錢、非法的誘拐與詐欺、透過偽造簽證入境，並經由地下管道販賣等。在國際條約方面，通過了包括《兒童權利公約》、《任擇議定書》、《打擊人口販運議定書》、《禁

止和立即行動消除最惡劣形式的童工勞動公約》等規範；讓日本也批准這些條約、並使之生效，乃是當務之急。

❸【史料】《打擊人口販運議定書》（2000年，日本於 2002 年簽署，2005 年獲國會承認但未批准）

第 2 條（宗旨）：

（a）預防和打擊販運人口，特別是販運婦女和兒童。

（b）在充分尊重其人權的情況下保護和幫助此種販運活動的被害人。

第 3 條（術語的使用）：

（a）「人口販運」係指為剝削目的而通過暴力威脅或使用暴力手段，或通過其他形式的脅迫，通過誘拐、欺詐、欺騙、濫用權力或濫用脆弱境況，或通過授受酬金或利益取得對另一人有控制權的某人的同意等手段招募、運送、轉移、窩藏或接收人員。剝削應至少包括利用他人賣淫進行剝削或其他形式的性剝削、強迫勞動或服務、奴役或類似奴役的做法、勞役或切除器官。

【解説】冷戰結束後，隨著國界的開放，犯罪也變得國際化；在這樣的過程中，槍械、毒品以及人的買賣，特別是女性與孩童的人口買賣急遽增加。有鑑於此，2000 年，作為《打擊跨國有組織犯罪公約》的補充議定書，聯合國大會，通過了《打擊人口販運議定書》，並在 2003 年生效。日本雖然在 2005 年獲得國會承認，但因為批准需要國內法化，所以至今尚未施行。

◆科學的必要

2011 年時，地球的人口達到 70 億，且仍在持續增加。不只是支撐增長人口的糧食與能源不足，地球暖化、沙漠化等環境問題，也變得益發嚴峻。面對這樣的狀況，科學的力量是絕對必要的，但是隨著先進國邁向少子高齡化，研究者的大幅不足，也成了確切的問題。邁入二十一世紀，不管美國、歐盟、還是亞洲，做為新的戰力，都認真研議起讓女性研究者增加的策略。

◆環境問題

現代的我們所面臨的問題之一，雖是地球暖化與臭氧層破壞等不限地域的地球環境問題，但在事態惡化到這種地步之前，環境問題都是以化學物質導致的水和大氣污染為中心。這種環境問題的原點，咸認是始於討論大量使用農藥、導致自然破壞的瑞秋‧卡森（Rachel Carson）《寂靜的春天》（1962）❶。1970 年，尼克森總統首次向議會提出《環境白皮書》，對於無視環境問題、獨自前行的科學技術，開始呈現出疑問。同年，基於對地球有限性的共通認知，民間組織羅馬俱樂部成立了；他們在 1972 年，以電腦資料解析為核心，模擬地球將來的樣貌所寫成的《成長的極限》（*Silent Spring*），在美國一週就賣掉二萬本，產生了很大的衝擊❷。只是，這本書中提到未來能源枯竭的問題，隨著全面引進核能而被跨越，因此還是有時代的侷限。然而在經歷 1979 年三哩島核電廠的爐心熔毀事故、1986 年的車諾比核電廠

爆炸事故，乃至於 2011 年的福島核電廠爆炸事故，人類應該致力於建構非核社會這點，已經相當明確。海倫‧寇蒂卡（Helen Caldicott）的《核文明的恐怖——核電與核武》（*Nuclear Madness*），就暴露了「核電並非和平利用核能」的事實❸。

◆增加女性研究者的策略

透過觀察歷史中女性所處的境遇，我們可以發現，即使擁有卓越的才能，如果沒有培養和激勵的環境，天才也無法嶄露頭角。直到 1979 年聯合國大會通過《消除對婦女的一切形式歧視公約》，相關議題才開始受到重視。如今，男女共同參與成為二十一世紀最重要的課題之一，為了實現科學技術領域的革新，推動女性進入這一受限領域並擴大相關支持措施的運動正在蓬勃發展❹。此外，人們也開始認識到從性別角度重新審視科學歷史的重要性，逐漸形成共識。（小川）

❶瑞秋‧卡森（1907~1964）

在約翰霍普金斯大學研究所專攻動物學後，進入美國漁業局任職，並專注於文筆之上。一面與癌症抗爭一面完成的《寂靜的春天》，被評價為「讓二十世紀為之震撼的一本書」。但是進入二十一世紀後，指出她主張有誤的強力論戰開始浮現。卡森將有機氯系的殺蟲劑 DDT 當

成箭靶，結果導致禁止 DDT 的非洲，有數以百萬計的人因為霍亂而犧牲。但是，認為這是沒有科學根據的議論、想為卡森平反的行動，至今仍在持續。

❷《成長的極限》（Limits to Growth, 1972）

《成長的極限》出版時正好是聯合國召開「人類環境會議」，「不可替代的地球」廣泛獲得認知的同一年。在這之前的 1969 年，在日本出版了描繪水俁病慘狀的石牟禮道子《苦海淨土》，對許多人造成了衝擊，在這之後也陸續出現了公害審判。

❸海倫‧寇蒂卡（1938~）

海倫（右方照片）1938 年生於澳洲，是

位小兒科醫師，也被視為是「國際醫生防止核戰聯盟」的催生之母。她從年輕時代開始，就以徹底的反核運動家而著稱。福島核電廠事故之後不久，她造訪日本，以小兒科醫師的立場展開調查，深深感受到事態的嚴峻，並提出警告。

❹增加女性研究者的策略──美國、歐盟、日本的應對方針

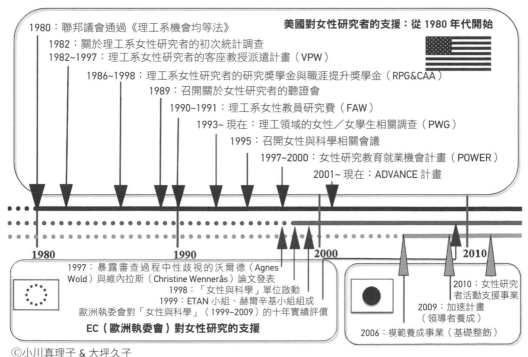

美國對女性研究者的支援：從 1980 年代開始

1980：聯邦議會通過《理工系機會均等法》
1982：關於理工系女性研究者的初次統計調查
1982~1997：理工系女性研究者的客座教授派遣計畫（VPW）
1986~1998：理工系女性研究者的研究獎學金與職涯提升獎學金（RPG&CAA）
1989：召開關於女性研究者的聽證會
1990~1991：理工系女性教員研究費（FAW）
1993~ 現在：理工領域的女性／女學生相關調查（PWG）
1995：召開女性與科學相關會議
1997~2000：女性研究教育就業機會計畫（POWER）
2001~ 現在：ADVANCE 計畫

1980　　1990　　2000　　2010

1997：暴露審查過程中性歧視的沃爾德（Agnes Wold）與維內拉斯（Christine Wennerås）論文發表
1998：「女性與科學」單位啟動
1999：ETAN 小組、赫爾辛基小組組成
歐洲執委會對「女性與科學」（1999~2009）的十年實績評價
EC（歐洲執委會）對女性研究的支援

2010：女性研究者活動支援事業
2009：加速計畫（領導者養成）
2006：模範養成事業（基礎整飭）

©小川真理子 & 大坪久子

各章參考文獻

序論
山下泰子、植野妙實編著《女性主義國際法學的建構》（中央大學出版部，2004）

第 1 章｜總論：歷史與性別
1-1　概說①如何從歷史觀點看性別研究？
瓊‧瓦拉赫‧史考特《性別與歷史學》（荻野美穗譯，平凡社，1992）／荻野美穗〈女性作為一種思想：「女性」史、「性別」史，還是什麼？〉，收錄於《岩波講座世界歷史 28：普遍與多元》（岩波書店，2000）／上野千鶴子〈歷史學與女性主義：跨越「女性史」〉，收錄於《岩波講座日本通史別卷 1：歷史意識之現在》（岩波書店，1995）

1-2　論點①家父長制與性別
凱特‧米列《性政治》（藤枝澪子等譯，多梅斯出版，1975）／舒拉米思‧費爾史東《性的辯證法：女性主義革命的案例》（林弘子譯，評論社，1975）／瓊‧瓦拉赫‧史考特《性別與歷史學》（荻野美穗譯，平凡社，1992）／上野千鶴子《家父長制與資本制：馬克思主義女性主義的新領域》（岩波書店，1990）

1-3　論點②亞洲的家父長制
馬克斯‧韋伯《支配的各種類型（經濟與社會）》（世良晃志郎譯，創文社，1970）／滋賀秀三《中國家庭法的原理》（創文社，1967）／瀨地山角《東亞家父長制：性別比較社會學》（勁草書房，1996）

1-4　論點③人口變動與歷史
速水融編《歷史人口學與家族史》（藤原書店，2003）／河野稠果《世界的人口第 2 版》（東京大學出版會，2000）／姬岡壽子《歐洲家族史》（山川出版社，2008）

1-5　論點④如何理解「身體」概念？
雅克‧勒高夫《中世的身體》（池田健二、菅沼潤譯，藤原書店，2006）／馬歇爾‧牟斯《社會學與人類學Ⅰ、Ⅱ》（有地亨等譯，弘文堂，1973、1976）／安珂‧貝爾瑙《處女的文化史》（夏目幸子譯，新潮社，2008）

1-6　論點⑤「男性氣質」的歷史
瑞文‧康奈爾《性別與權力：性的社會學》（森重雄等譯，三交社，1993）／瑞文‧康奈爾《性別學最前線》（多賀太監譯，世界思想社，2008）／湯瑪斯‧庫納《男性的歷史：公民社會與「男子氣概」神話》（星乃治彥譯，柏書房，1997）／伊芙‧可索夫斯基‧賽菊寇《男同志關係：英國文學與同性社交欲望》（上原早苗、龜澤美由紀譯，名古屋大學出版會，2001）／多賀太《男子氣概社會學：搖擺不定的男性人生歷程》（世界思想社，2006）

1-7　論點⑥從性別觀點來看科學史

倫達‧史賓格《消失在科學史上的女性們：學院下的知識與創造性》（小川真里子等譯，工作舍，1992）／川島慶子《瑪里‧居禮的挑戰：科學、性別、戰爭》（跨視野，2010）／小川真里子〈10 位女性諾貝爾獎得主〉，收錄於《令人羨慕的人》（文藝春秋，2006）

1-8　專題討論①國際社會的二十一世紀課題
長有紀枝《人類安全保障入門：從恐怖與匱乏當中追求自由》（中央公論新社，2012）／辻村美代子《積極行動：「法律平等」的技法》（岩波新書，2011）／中山順子《世界女性勞動：創造性別平衡社會》（密涅瓦書房，2005）

第 2 章｜近東與地中海世界
2-1　概說②古代地中海世界與性別
歷史學研究會編《世界史史料 1》（岩波書店，2012）／喬治‧杜比、蜜雪兒‧沛洛（G. Duby, M. Perrot）監修《女性的歷史 I ①②》（Histoire des femmes，杉村和子等譯，藤原書店，2000、2001）

2-2　古代近東社會的性別秩序
大貫良夫等《世界的歷史 1：人類起源與古代近東》（中央公論社，2011，1998 年初版）／小林登志子《5000 年前的日常：蘇美人的故事》（新潮社，2007）／歷史學研究會編《世界史史料 1》（岩波書店，2012）

2-3　城邦社會的「同性友愛」
櫻井萬里子《古希臘的婦女：雅典的現實與夢幻》（中央公論社，2010，1992 年初版）

2-4　城邦社會與「家」——雅典與斯巴達
色諾芬〈拉刻戴蒙人的國家體制〉，收錄於《色諾芬小品集》（松本仁助譯，京都大學學術出版會，2000）

2-5　西方古代所認知的「東方世界」
森谷公俊《亞歷山大大帝與奧林匹亞絲：大帝之母，光輝與動盪的生涯》（筑摩書房，2012，1998 年初版）／瑪麗‧漢默《埃及豔后克麗奧佩脫拉之符碼：歷史、政治、表象》（正岡和惠、橋本惠譯，阿立那書房，2003）

2-6　古羅馬的共和政體與家父長制
本村凌二《羅馬人的愛與性》（講談社，1999）／長谷川岳男、樋脇博敏《解讀古羅馬事典》（東京堂出版，2004）／歷史學研究會編。《世界史史料 1》（岩波書店，2012）

2-7　羅馬公民的生活與「家」
本村凌二《風靡帝國的劍鬥士：血汗羅馬社會史》（山川出版社，2011）

2-8　專題討論②女性主義視角下的史前時代
瑪格麗特‧艾倫伯格《史前時代的女性：性別考古學之始》（河合信和譯，河出書房新社，1997）／倫達‧史賓格《性別能改變科學嗎！？從醫學、靈長類到物理學、數學》（小川真里子等譯，

工作舍，2002）

第 3 章｜亞洲、非洲與美洲的古代文明

3-1 概說③古代文明與性別
川田順造編《新版世界各國史 10：非洲史》（山川出版社，2009）／峯陽一等編《向非洲學習》（有斐閣，2010）／關西中國女性史研究會編《中國女性史研究入門（增補改訂版）：婦女的昔與今》（人文書院，2014）／田中雅一編《女神：神聖與性的人類學》（平凡社，1998）／桃木至朗等編《新版東南亞知識事典》（平凡社，2008）

3-2 印度教社會與種姓秩序
渡瀨信之譯《摩奴法典》（平凡社，2013）／井狩彌介、渡瀨信之譯《耶若婆伕法典》（平凡社，2002）／小倉泰、橫地優子譯《印度教經典二篇：牧童贊歌、女神頌》（平凡社，2000）／田中雅一《女神》（平凡社，1998）

3-3 古代中國——父系社會的形成
查理・梅爾《中國女性的歷史》（辻由美譯，白水社，1995）／關西中國女性史研究會編《中國女性史研究入門（增補改訂版）：婦女的昔與今》（人文書院，2014）／小南一郎《西王母與七夕傳承》（平凡社，1991）／鷲尾祐子《中國古代專制國家與民間社會：家族、風俗、公私》（立命館東洋史學會，2009）

3-4 東南亞社會性別秩序的多樣性
桃木至朗《好懂的歷史・有趣的歷史・有用的歷史》（大阪大學出版會，2009）／桃木至朗等編《新版東南亞知識事典》（平凡社，2008）

3-5 南北美洲——從古代到近代的中美洲文明
理安・艾斯勒（Riane Eisler）《聖杯與劍：我們的歷史、我們的未來》（法政大學出版局，1991）／印加・加西拉索・德拉維加《印加王室述評》（牛島信明譯，岩波文庫，2006）／有賀夏紀、小檜山瑠衣編《美國性別研究入門》（青木書店，2010）

3-6 專題討論③佛教中的女性
綜合女性史研究會編《日本女性史論集 5：女性與宗教》（吉川弘文館，1998）／鶴岡瑛《重新認識通論：女性與佛教》（朝日新聞社，2003）／石井米雄編《講座：佛教的接受與變遷 2》（佼成出版社，1991）

第 4 章｜東亞世界的形成與發展

4-1 概說④東亞世界的性別秩序
高世瑜《大唐帝國的婦女》（小林一美、任明譯，岩波書店，1999）／藤野月子《從王昭君到文成公主：中國古代的國際婚姻》（九州大學出版会，2012）／久留島典子等編《歷史新讀：從性別看日本史》（大月書店，2015）

4-2 中國貴族制社會女性的活躍
氣賀澤保規《則天武后》（白帝社，1995）／李貞德《挑戰中國儒家社會的女性》（大原良通譯，大修館書店，2009）／大澤正昭《唐宋時代的家族、婚姻、女性》（明石書店，2005）

4-3 三國至高麗時代的朝鮮半島——農耕社會的強勢母權
全浩天《世界遺產高句麗壁畫古墳之旅》（角川書店，2005）／武田幸男編《日本與朝鮮：古代考察》（吉川弘文館，2005）／歷史教育者協議會、全國歷史教師編《日本與韓國、朝鮮歷史面對面：前近代篇（上、下）》（青木書店，2005）

4-4 宋代社會——儒教性別規範的濫觴
柳田節子《宋代庶民婦女》（汲古書院，2003）／大澤正昭《「愚民」有所主張：傳統中國之糾紛與解決方法》（角川書店，1996）／高津孝編《中國學透視：科舉、出版史、性別》（勉誠出版，2010）

4-5 專題討論④外戚與宦官
三田村泰助《宦官：親信政治結構》（中央公論社，1963）／井上浩一《拜占庭文明的繼承與變遷》（京都大學學術出版會，2007）

第 5 章｜伊斯蘭世界的形成與發展

5-1 概說⑤中世紀伊斯蘭社會的性別秩序
蕾拉・艾哈邁德《伊斯蘭的女性與性別：近代爭論的歷史根源》（林正雄等譯，法政大學出版局，2000）／小杉泰《穆罕默德：探尋伊斯蘭源流》（山川出版社，2002）／小杉泰、江川光《伊斯蘭：社會生活、思想、歷史》（新曜社，2006）

5-2 中世紀伊斯蘭社會與家父長制
潔曼・緹昂《近親共和國：地中海社會的親族關係與女性壓抑》（宮治美江子譯，美篶書房，2012）／絲芭・米荷心《伊斯蘭與性別：當代伊朗宗教之爭》（山岸智子監譯，明石書店，2004）／柳橋博之《伊斯蘭家庭法：婚姻、親子、親族》（創文社，2001）

5-3 「伊斯蘭化」的多元現象——非洲與東南亞
艾莉絲・柏格、E.法蘭西絲・懷特《非洲史再考：從女性、性別的觀點》（富永智津子譯，未來社，2004）／原弘子編《比較文化研究：從性別觀點》（放送大學教育振興會，2002）／綾部恒雄編《女性民族誌 1：亞洲篇》（弘文堂，1997）／安東尼・瑞德《大航海時代的東南亞》1、2（平野秀秋・田中優子譯，法政大學出版局，1997、

5-4 專題討論⑤伊斯蘭教與伊斯蘭文化
竹下政孝《瞭解伊斯蘭的四道門扉》（靈氣舍，2013）／深見奈緒子編《伊斯蘭建築真有趣！》（彰國社，2010）／佐藤次高《解讀伊斯蘭 1：伊斯蘭教》（山川出版社，2009）／林佳世子《興亡世界史 10 鄂圖曼帝國五百年的和平》（講談社，2008）／前嶋信次《一千零一夜與中東文化》（平凡社，2000）

第 6 章｜歐洲世界的形成與發展

6-1 概說⑥基督教歐洲社會的成立與性別
伊狄絲・恩能《西方中世紀的女性》（阿部謹也、泉真樹子譯者，人文書院，1992）／安德莉雅・霍普金斯《生活在中世紀的婦女：從貞德到艾莉諾王后》（森本英夫監修，原書房，2002）／漢斯・庫特・舒爾茨《西歐中世紀歷史事典：國家制度與社會組織》（千葉德夫等譯，密涅瓦書房，1997）

6-2 從日耳曼部落到法蘭克王國
伊狄絲・恩能《西方中世紀的女性》（阿部謹也、泉

真樹子譯者，人文書院，1992）／漢斯‧庫特‧舒爾茨《西歐中世紀歷史事典：國家制度與社會組織》（千葉德夫等譯，密涅瓦書房，1997）／《薩利克法》（久保正幡譯，1977）

6-3　拜占庭帝國與性別
井上浩一、栗生澤猛夫《世界的歷史11》（中央公論社，1998）／茉蒂絲‧赫林《拜占庭：令人驚訝的中世紀帝國》（井上浩一等譯，白水社，2010）

6-4　天主教教會與教會婚姻法
池上俊一《歐洲中世紀宗教運動》（名古屋大學出版會，2007）／朝倉文市《在修道院看到的歐洲心》（山川出版社，1996）／伊狄絲‧恩能《西方中世紀的女性》（阿部謹也、泉真樹子譯者，人文書院，1992）／喬治‧杜比等《愛、婚姻、性的歷史》（福井憲彥、松本雅弘譯，新曜社，1993）

6-5　封建制度與貴族社會
喬治‧杜比《十二世紀的婦女》（新倉俊一、松村剛譯，白水社，2003）／喬治‧杜比《中世紀的結婚：騎士、女性、神父》（篠田勝英譯，新評論，1984）／喬治‧杜比等《愛、婚姻、性的歷史（增補）》（福井憲彥、松本雅弘譯，新曜社，1993）／高山博《中世紀的西西里王國》（講談社，1999）／山邊規子《諾曼騎士地中海興亡史》（白水社，2009）

6-6　中世紀歐洲的農村與城市
艾莉卡‧尤茲《中世紀城市的婦女》（高津春久譯，講談社，1993）／彼得‧布瑞克《1525年的革命：德意志農民戰爭的社會構造史研究》（前間良爾、田中真造譯，刀水書房，1988）／林毅《德國中世自治城市的諸般問題》（敬文堂，1997）／彼得‧布瑞克《德意志臣民：平民‧共同體‧國家1300~1800年》（服部良久訳，密涅瓦書房，1990）

6-7　英法百年戰爭與聖女貞德
高山一彥編譯《貞德處刑審判》（白水社，1984）／雷吉娜‧佩爾努《貞德的實際形象》（高山一彥譯，白水社，1995）／雷吉娜‧佩爾努《奇蹟少女貞德》（塚本哲也監修，遠藤由佳理譯，創元社，2002）／竹下節子《貞德：超異端聖女》（講談社，1997）／赤阪俊一、柳谷慶子編《生活與福祉》（明石書店，2010）

6-8　中世紀歐洲的知識女性與大學
安德莉雅‧霍普金斯《生活在中世紀的婦女：從貞德到艾莉諾王后》（森本英夫監修，原書房，2002）／瑪麗亞泰瑞莎‧弗瑞加里‧貝奧尼歐‧布羅基耶里《哀綠綺思與阿伯拉：寄予言語》（白崎容子等譯，法政大學出版局，2004）／瑪麗亞‧朱塞佩娜‧穆札雷利《法國宮廷的義大利女性：「文化人士」克莉絲汀‧德‧皮桑》（伊藤亞紀譯，知泉書館，2010）

6-9　中世紀歐洲的醫事學校與修道院
H. J. 莫贊斯《科學史上的女性》（山下愛子譯，柏書房，1986）／瑪格麗特‧艾克《女扮男裝的科學家們》（上平初穗等訳，北海道大學出版會，1999）／珍妮‧阿特伯格《女性治療史：醫療上的女性復權》（長井英子譯，春秋社，1994）／海因利希‧施波格斯《賓根的聖賀德佳：中世女

性神秘學家的生涯與思想》（熊田陽一郎、戶口日出夫譯，教文館，2002）

6-10　東西交流網絡的形成
亨利‧皮朗《歐洲世界的誕生：穆罕默德與查理曼》（增田四郎監修，中村宏、佐佐木克巳譯，創文社，1980）／大月康弘〈皮朗命題與拜占庭帝國──以君士坦丁堡、羅馬、法蘭克關係變化為中心〉，收錄於《岩波講座世界歷史7 歐洲歷史誕生：4-10世紀》（岩波書店，1998）／邸勇進《示巴女王：傳說演變與歷史的交錯》（山川出版社，2006）／凱倫‧雷伊‧金恩《抹大拉馬利亞的福音書：耶穌與首席女性使徒》（山形孝夫、新免貢譯，河出書房新社，2006）／櫻井由躬雄等編《岩波講座東南亞史1：原史東南亞世界》（岩波書店，2001）

6-11　專題討論⑥基督教與「性」
凱倫‧阿姆斯壯《基督教與性戰爭：西方女性觀念架構》（高尾利數譯，柏書房，1996）／桑德‧L‧吉爾曼《「性」的表象》（大瀧啓裕譯，青土社，1997）／克勞斯‧史瑞納《瑪莉亞：處女、母親、女主人》（內藤道雄譯，法政大學出版局，2000）／三成美保編《性別史叢書1：權力與身體》（明石書店，2011）／雅克‧勒高夫《中世的身體》（池田健二、菅沼潤譯，藤原書店，2006）

第7章｜亞洲諸文明的成熟期

7-1　概說⑦亞洲諸文明的性別秩序
亞洲女性史國際研討會實行委員會編《亞洲女性史》（明石書店，1997）／渡邊浩《日本政治思想史：十七至十九世紀》（東京大學出版會，2010）

7-2　蒙古帝國的皇后與成吉思汗家族的婚姻戰略
柏朗嘉賓、魯不魯乞《中亞、蒙古東遊記》（護雅夫譯，光風社，1989）／小澤重男譯《元朝密史（下）》（岩波書店，1998）／馬可‧波羅《東方見聞錄1》（愛宕松男譯注，平凡社，1970）／歷史學研究會編《世界史史料4：東亞、亞洲內陸、東南亞II 10──十八世紀》（岩波書店，2010）

7-3　明清中國的性別秩序
夫馬進《中國善會善堂史研究》（同朋舍出版，1997）／石岡浩等《史料所見之中國法律史》（法律文化社，2012）

7-4　帝制後期中國的文化
山崎純一《教育所見中國女性史資料之研究：女四書、新婦譜三部書》（明治書院，1986）／合山究《明清時代的女性與文學》（汲古書院，2006）／仙石知子《明清小說中的女性形象研究：以族譜分析為中心》（汲古書院，2011）

7-5　朝鮮王朝時代的文化──朱子學與男女有別
尹貞蘭《王妃們的朝鮮王朝》（金容權譯，日本評論社，2010）／岸本美緒、宮嶋博史《世界歷史12：明清與李朝的時代》（中央公論社，1998）／仲村修編《韓國古典文學的樂趣》（白水社，2010）

7-6　鄂圖曼帝國的性別秩序
林佳世子《興亡世界史10鄂圖曼帝國五百年的和平》（講談社，2008）／愛德華‧薩依德《東方主

義》（板垣雄三、杉田英明監修，今沢紀子譯，平凡社，1986）

7-7　中世紀及近代早期的印度社會
橋本泰元等《印度教事典》（東京堂出版，2005）／哈札里‧普拉薩德‧德威維迪《印度‧大地的讚歌：中世紀民眾文化與印度文學》（坂田貞二等譯，春秋社，1992）

7-8　專題討論⑦纏足與辮髮
高彥頤《纏足之鞋：小腳的文化史》（小野和子、小野啓子譯，平凡社，2005）／坂元弘子《中國民族主義神話：人種、身體、性別》（岩波書店，2004）／夏曉虹《解開纏足的婦女》（藤井監譯，朝日新聞社，1998）／孔復禮《中國近代早期的靈魂盜賊》（谷井俊仁、谷井陽子譯，平凡社，1996）

第8章｜近代歐洲的成立

8-1　概說⑧歐洲的擴張、危機與性別
喬治‧杜比、蜜雪兒‧沛洛監修《女性的歷史III①②》（杉村和子、志賀亮一監譯，藤原書店，1995）／理查‧凡‧杜勒蒙《近代早期的文化與日常生活》全三卷（佐藤正樹譯，鳥影社，1993）／二宮宏之等編《家的歷史社會學（新版）》（藤原書店，2010）／彼得‧拉斯里特《我們失去的世界：近代英國社會史》）（川北稔等譯，三嶺書房，1986）

8-2　大航海時代──橫渡海洋的男性與女性
包樂史《野丫頭柯妮利雅的奮鬥：十七世紀巴達維亞日荷混血女性的一生》（栗原福也譯，平凡社，1988）／安東尼‧瑞德《大航海時代的東南亞（2）》（平野秀秋‧田中優子譯，法政大學出版局，2002）／碧吉特‧亞當《君王、文豪皆為之所苦的性病世界史》（瀨野文教譯，草思社，2003）

8-3　文藝復興藝術與女性──繪畫中的女性形象與女畫家
鈴木杜幾子等編著《藝術與性別：非對稱的視線》（橋社，1997）／松本典昭《贊助者們的文藝復興：佛羅倫斯藝術舞台幕後》（日本傳播出版協會，2007）／若桑綠《女性畫家列傳》（岩波書店，1985）／浦一章等《維納斯‧蛻變》（三元社，2010）

8-4　宗教改革與「性」管理的強化
三成美保《性別法史學：近代德國家族與性》（勁草書房，2005）／齊格菲‧柏克納《一位殺子婦女的紀錄：十八世紀德國審判紀錄》（佐藤正樹譯，人文書院，1990）／平野隆文《女巫的法廷：文藝復興、惡魔學的誘惑》（岩波書店，2004）

8-5　迫害女巫與女巫審判
英格麗‧阿倫德‧舒爾特《那些被當成女巫的婦女：近代早期的德國女巫審判》（野口芳子、小山真理子訳，勁草書房，2003）／傑福瑞‧史卡瑞、約翰‧克洛《女巫狩獵》（小泉徹譯，岩波書店，2004）／米歇爾‧昆策《通往火刑臺之路》（鍋谷由有子譯，白水社，1993）／森島恒雄《女巫狩獵》（岩波書店，1970）／黑川正剛《圖說女巫狩獵》（河出書房新社，2011）

8-6　伊莉莎白女王的神話
水井萬里子《圖說都鐸王朝歷史》（河出書房新社，2011）／石井美樹子《伊莉莎白：華麗與孤獨》（中央公論新社，2009）／青木道彥『伊莉莎白一世』（講談社，2000）

8-7　絕對君主制的時代──宮廷社會與民眾文化
理查‧凡‧杜勒蒙《近代早期的文化與日常生活》全三卷（佐藤正樹譯，鳥影社，1993）／石井美樹子《圖說歐洲宮廷的情婦》（河出書房新社，2010）／二宮素子《宮廷文化與民眾文化》（山川出版社，1999）／法蘭茲‧施密特《一個劊子手的日記》（藤代幸一譯，白水社，1987）／二宮宏之等編《女巫與鬧婚（新版）》（藤原書店，2010）

8-8　專題討論⑧男女「身體」如何言說？──對性別差異的解釋
湯瑪斯‧拉克爾《性的發明：性別差異觀念史與解剖學的困境》（高井宏子等譯，工作舍，1998）／荻野美穗《性別化的身體》（勁草書房，2002）

第9章｜歐洲主權國家體制的展開

9-1　概說⑨「啟蒙的時代」與公私二元社會模型的形成
弓削尚子《啟蒙的世紀與文明觀》（山川出版社，2004）／烏利希‧伊姆‧霍夫《啟蒙歐洲》（成瀨治譯，平凡社，1998）／恩格哈德‧懷格爾《啟蒙都市周遊》（三島憲一、宮田敦子譯，岩波書店，1997）／三成美保《性別法史學：近代德國家族與性》（勁草書房，2005）／羅伊‧波特《啟蒙運動》（見市雅俊譯，岩波書店，2004）

9-2　開明專制與啟蒙民眾
三成美保《性別法史學：近代德國家族與性》（勁草書房，2005）／林‧亨特《色情的發明：猥褻與近代的起源，從1500年至1800年》（正岡和惠等譯，阿立那書房，2002）／伊琳娜‧哈達赫‧平克、格德‧哈達赫編《德國／兒童社會史：引證1700-1900年的自傳》（木村育世等譯，勁草書房，1992）／菅利惠《德國市民悲劇與性別：啟蒙時代的「自我形塑」》（彩流社，2009）／富蘭克林‧弗里茲‧孟德爾斯、布朗‧魯道夫等著《西歐近代與農村工業》（篠塚信義等譯，北海道大學出版會，1991）

9-3　啟蒙思想與公共輿論的形成──性別規範的成立
三成美保《性別法史學：近代德國家族與性》（勁草書房，2005）／齊格菲‧柏克納《一位殺子婦女的紀錄：十八世紀德國審判紀錄》（佐藤正樹譯，人文書院，1990）／二宮宏之、阿河雄二郎《法國舊制度的國家與社會：探究權力社會史》（山川出版社，2003）／藤田苑子《法蘭索瓦與瑪格麗特：十八世紀法國的未婚媽媽與孩子》（同文館出版，1994）／長谷川真由帆《女人、男人、孩子的近代》（山川出版社，2007）

9-4　凱薩琳大帝的統治時代──十八世紀的俄國
土肥恒之《興亡世界史14搖擺於歐亞間的沙皇們》（講談社，2007）／橋本伸也《凱薩琳之夢、蘇菲亞之旅：俄羅斯帝制時期女子教育社會史》（密涅瓦書房，2004）

9-5　食物與藥物的傳播及影響──從美洲到歐洲

倫達・史賓格《植物與帝國：被抹煞的墮胎藥及性別》（小川真里子、弓削尚子譯，工作舍，2007）／金・陶德《瑪麗亞・西碧拉・梅里安：為追求昆蟲航向新大陸的十七世紀博物學家》（屋代通子譯，水篶書房，2008）／中野京子《熱情女流「昆蟲畫家」：梅里安高潮迭起的人生》（講談社，2002）

9-6　大西洋奴隸貿易中的性別
吉恩・梅耶《奴隸與奴隸商人》（國領苑子譯，創元社，1992）／艾瑞克・威廉斯《資本主義與奴隸制：從經濟史所見黑人奴隸制的發生與崩毀》（山本伸監譯，明石書店，2004）

9-7　專題討論⑨科學革命與性別
萊恩・伊斯利《獵巫對上新哲學：自然與女性形象之轉換》（市場泰男譯，平凡社，1986）／恩斯特・卡西勒《笛卡兒、高乃伊、瑞典女王克莉絲汀娜：十七世紀的英雄精神與追求至善》（朝倉剛、羽賀賢二譯，工作舍，2000）／川島慶子《埃蜜莉・杜・夏特萊與瑪麗・拉瓦節：十八世紀法國的性別與科學》（東京大學出版會，2005）／下村寅太郎《文藝復興與巴洛克之人物形象》（水篶書房，1993）

第 10 章｜近代歐美公民社會的形成

10-1　概說⑩公民的時代與性別秩序
河村貞枝、今井敬編《英國近現代女性史研究入門》（青木書店，2006）／姬岡壽子、川越修編《德國近現代性別史入門》（青木書店，2009）／喬治・拉赫曼・摩斯《民族主義與性：公民道德與納粹主義》（柏書房，1996）

10-2　美國獨立革命與性別
艾倫・卡蘿・杜波伊斯、林・杜梅尼爾《女性眼中的美國史》（石井紀子等譯，明石書店，2009）／芭芭拉・查斯・里布《莎莉・海明斯：禁忌的愛情記憶》（石田依子譯，大阪教育圖書，2006）

10-3　法國人權宣言與「女權宣言」
辻村美代《性別與人權》（日本評論社，2008）／奧利維耶・布朗《歐蘭普・德古菊：法國大革命與女性權利宣言》（辻村美代子監譯，信山社，2010）／林・亨特《創造人權》（松浦義弘譯，岩波書店，2011）

10-4　近代民法的性別偏見
石井三記等編《近代法之再定位》（創文社，2001）／三成美保編《性別比較法史學》（大阪大學出版會，2006）／中村義孝《拿破崙刑事法典史料集成》（法律文化社，2006）／三成美保《性別法史學：近代德國家庭與性》（勁草書房，2005）

10-5　慈善與福利活動
金澤周作《慈善事業與英國近代》（京都大學學術出版會，2008）／高田實、中野智世編著《近代歐洲探究 15：福利》（密涅瓦書房，2012）／姬岡壽子《近代德國的母性主義婦女運動》（勁草書房，1993）

10-6　1848 年革命與性別
姬岡壽子、川越修編《德國近現代性別史入門》（青木書店，2009）／烏特・佛瑞維特《德國女性社會史：走過二百年》（若尾祐司等譯，晃光洋書房，1990）／勞爾・阿德萊《女性主義的破曉時

分：法國女性記者（1830~1850）》（加藤節子、杉村和子譯，人文書院，1981）

10-7　工業化與勞動的性別化
姬岡壽子《性別化的社會》（岩波書店，2004）／長野博子、松本悠子編《性別史叢書 6：經濟與消費社會》（明石書店，2009）／吉田惠子等《女性與勞動：雇用、技術、家庭之英德日比較史研究》（日本經濟評論社，2004）

10-8　階級與性別——勞工大眾的生活與家族
荻野美穗、姬岡壽子等《「女人」作為一種制度：性、生產、家庭的比較社會史》（平凡社，1990）／姬岡壽子《性別化的社會》（岩波書店，2004）／長野博子、松本悠子編《性別史叢書 6：經濟與消費社會》（明石書店，2009）／姬岡壽子《歐洲家族史》（山川出版社，2008）

10-9　社會主義及共產主義思想與女性解放
水田珠枝《女性解放思想史》（筑摩書房，1979）／勞爾・阿德萊《女性主義的破曉時分：法國女性記者（1830~1850）》（加藤節子、杉村和子譯，人文書院，1981）／伊藤節《克拉拉・澤特金的婦女解放論》（有斐閣，1984）

10-10　「性」與近代
荻野美穗、姬岡壽子等《「女人」作為一種制度：性、生產、家庭的比較社會史》（平凡社，1990）／韋恩・布洛、邦妮・布洛《賣淫社會史：從古代中近東至現代》（香川檀等譯，筑摩書房，1996）／阿蘭・柯爾本《娼妓》（杉村和子監譯，藤原書店，1991）

10-11　專題討論⑩近代家庭的形成
菲利浦・阿利葉《「兒童」的誕生：舊式政治社會下的兒童與家庭生活》（杉山光信、杉山惠美子譯，美篶書房，1980）／姬岡壽子《歐洲家族史》（山川出版社，2008）／川越修、姬岡壽子等編著《生在近代的婦女們：閱讀十九世紀德國社會史》（未來社，1990）／松田裕子《成為家庭主婦的巴黎資產階級女性：解讀 100 年前的新聞雜誌》（大阪大學出版會，2009）

第 11 章｜近代歐美民族國家的發展

11-1　概說⑪近代民族國家與性別
姬岡壽子、川越修編《德國近現代性別史入門》（青木書店，2009）／喬治・拉赫曼・摩斯《民族主義與性：公民道德、納粹主義》（佐藤卓己、佐藤八壽子譯，柏書房，1996）

11-2　軍隊與性別
湯瑪斯・庫納《男性的歷史：公民社會與「男子氣概」神話》（星乃治彥譯，柏書房，1997）／姬岡壽子、川越修編《德國近現代性別史入門》（青木書店，2009）／阪口修平、丸畠宏太編著『近代歐洲探究 12：軍隊』（密涅瓦書房，2009）／姬岡壽子、砂山充子等『近代歐洲探究 11：性別』（密涅瓦書房，2008）

11-3　教育制度與性別
川越修、姬岡壽子等編著《生在近代的婦女們：閱讀十九世紀德國社會史》（未來社，1990）／香川節子、河村貞枝編《女性與高等教育：機會擴張、社會上的相剋》

11-4　改革與反動的時代——十九世紀的俄國

尼古拉・涅克拉索夫《十二月黨人的妻子：俄國的婦女》（谷耕平譯，岩波文庫，1950）

11-5　美國——邊疆的擴張
海倫・杭特・傑克森《不光榮的世紀》，收錄於《美國古典文庫14：美國、印地安》（平野孝譯，研究社，1977）／喬安娜・L.史崔頓《拓荒之女：女人的西部開拓史》（井尾祥子・當麻英子譯，講談社，2003）

11-6　美國南北戰爭與解放奴隸——對黑人女性的雙重歧視
海莉葉・雅各《黑奴少女生活記事》（堀越由紀子譯，大和書房，2013）／艾達・貝爾・威爾斯《紐奧良的暴徒支配》，收錄於《美國古典文庫19：黑人論集》（古賀邦子等譯，研究社，1975）

11-7　維多利亞女王的時代
卡蘿莉・艾瑞克森《英國攝政時代肖像：喬治四世與那些動盪的日子》（古賀秀男譯，密涅瓦書房，2013）／君塚直隆《維多利亞：大英帝國的「戰鬥女王」》（中央公論新社，2007）／網野善彥等編《天皇與王權之思辨7：性別和歧視》（岩波書店，2002）

11-8　走進社會的職業女性
伊藤航多等編《貪婪的女人們：近現代英國女性史論史集》（彩流社，2013）／望田幸男・田村榮子編《身體與醫療的教育社會史》（昭和堂，2003）／阿蘭・柯爾本《娼婦》（杉村和子監譯，藤原書店，1991）

11-9　第一波女性主義
今井敬《英國婦女運動史》（日本經濟評論社，1992）／姬岡壽子《近代德國的母性女性主義》（勁草書房，1993）／河村貞枝《英國近代女性主義運動歷史樣貌》（明石書店，2001）／有賀夏紀、小檜山瑠衣編《美國性別史研究入門》（青木書店，2010）

11-10　女性參政權運動的時代
勞爾・阿德萊《女性主義的破曉時分：法國女性記者（1830-1850）》（加藤節子、杉村和子譯，人文書院，1981）／河村貞枝《英國近代女性主義運動歷史樣貌》（明石書店，2001）／有賀夏紀、小檜山瑠衣編《美國性別史研究入門》（青木書店，2010）

11-11　挑戰科學上的男性優勢——女醫師的誕生
小川真里子《女性主義與科學／技術》（岩波書店，2001）／瑞秋・貝克《世界第一位女性醫師：伊莉莎白・布萊克威爾的一生》（大原武夫、大原一枝譯，社團法人日本女醫會，2002）

11-12　專題討論⑪時尚與性別
深井晃子監修《世界服飾史（彩色增補新裝版）》（美術出版社，2010）／布蘭希・佩恩《時尚的歷史：從西方中世紀至十九世紀》（古賀敬子譯，八坂書房，2006）／村上憲司《西方服裝史（第3版）》（創元社，1983）／喬安・恩特威斯爾《時尚與身體》（鈴木信雄監譯，日本經濟評論社，2005）

第12章｜帝國主義與亞洲、非洲的民族運動

12-1　概說⑫亞洲及非洲的社會變動與女性地位
亞洲女性史國際研討實行委員會編《亞洲婦女史》（明石書店，1997）／東田雅博《發現纏足：一位英國女性與清末中國》（大修館書店，2004）

12-2　近代印度的社會改革與民族運動
蓋雅翠・史碧瓦克《底層可以說話嗎？》（上村忠男譯，美篶書房，1998）／蘇米特・薩卡爾《新印度近代史：從下而上的歷史嘗試I・II》（長崎暢子譯，研文出版，1993）／巴巴・帕德曼吉、潘迪塔・拉馬拜《印度社會與婦女解放》（小谷汪之、押川文子譯，明石書店，1996）

12-3　鄂圖曼帝國的女性地位改革
莉拉・阿布・盧格霍德編著《所謂「改造女性」之思想：中東女性主義與近代性》（後藤繪美等譯，明石書店，2009）／新井政美《土耳其現代史：從伊斯蘭國家到民族國家》（美篶書房，2001）／新井政美編著《伊斯蘭與近代化：共和國土耳其的苦戰》（講談社，2013）

12-4　清末社會的變化與女性解放思想的出現
小野和子《中國女性史：從太平天國到現代》（平凡社，1978）／中國女性史研究會編《中國女性一百年：從史料所見的腳步》（青木書店：2004）／村田雄二郎編《新編原典中國近代思想史3：民族與國家》（岩波書店，2010）

12-5　東南亞民族運動與性別
山崎朋子《山打根八號娼館》（文春文庫，2008）／土屋健治《卡蒂尼風景》（湄公，1991）／桃木至朗等編《新版東南亞知識事典》（平凡社，2008）

12-6　對抗殖民的非洲抵抗運動
汪比・瓦亞基・奧蒂諾《茅茅之女：一位肯亞女性的回憶》（富永智津子譯，未來社，2007）／蔻拉・安・普里斯萊《非洲女性史：肯亞獨立抗戰與基庫尤社會》（富永智津子譯，未來社，1999）／小倉充夫編《現代非洲社會與國際關係：國際社會的地平線》（有信堂，2012）／富永智津子、永原陽子編《探求新非洲歷史樣貌：女性、性別、女性主義》（御茶水書房，2006）／麥納・瓦・奇涅提《茅茅起義的真相：埋沒的肯亞獨立前史》（楠瀨佳子等譯者，第三書館，1992）

12-7　生在帝國主義時代的女性們
井野瀨久美惠《女人們的大英帝國》（講談社，1998）／伊莎貝拉・博兒《伊莎貝拉・博兒的日本遊記》（時岡敬子譯，講談社，1998）／珍娜・華勒《沙漠女王：伊拉克建國之母葛楚德・貝爾的一生》（內田優香譯，索尼雜誌，2006）

12-8　專題討論⑫作為傳統文化的「娑提」（寡婦殉死）
粟屋利江《英國統治與印度社會》（山川出版社，1998）／馬拉・森《印度的女性問題與性別：娑提（寡婦殉死）、聘金問題、女孩問題》（鳥居千代香譯，明石書店，2004）

第13章｜兩次世界大戰

13-1　概說⑬世界大戰的時代
烏特・佛瑞維特《德國女性社會史：走過二百年》（若尾祐司等譯，晃光洋書房，1990）／齋藤哲《消費生活與女性》（日本經濟評論社，2007）／有賀夏紀、小檜山瑠衣編《美國性別史研究入門》（青木書店，2010）／早川紀代、江上幸子等編

《東亞的民族國家形成與性別》（青木書店，2007）

13-2　總體戰與性別
河村貞枝、今井敬編《英國近現代女性史研究入門》（青木書店，2006）／姬岡壽子《近代德國的母性女性主義》（勁草書房，1993）／有賀夏紀、小檜山瑠衣編《美國性別史研究入門》（青木書店，2010）／村田敏子《戰鬥與不能戰鬥的女人：第一次世界大戰中的性別與性》（人文書院，2013）

13-3　蘇聯的女性與家庭
塩川伸明〈舊蘇聯的家族與社會〉，石川晃弘等編《講座斯拉夫的世界4：斯拉夫人的社會》（弘文堂，1994）／廣岡直子〈性別與家族〉，俄羅斯史研究會編《俄羅斯研究指南》（彩流社，2012）／河本和子《蘇聯的民主主義與家族》（有信堂高文社，2012）

13-4　大眾政治化、「社會衝撞」與參政權的獲得
今井敬《英國婦女運動史》（日本經濟評論社，1992）／姬岡壽子、川越修編《德國近現代性別史入門》（青木書店，2009）／河村貞枝《英國近代女性主義運動歷史樣貌》（明石書店，2001）／有賀夏紀、小檜山瑠衣編《美國性別史研究入門》（青木書店，2010）

13-5　節育運動的展開與優生學
荻野美穗《生殖的政治學》（山川出版社，1994）／桑德拉‧沃特懷茲（Sandra Whitworth）《國際性別關係——走向批判理論的政治經濟學》（武者小路等譯，藤原書店，2000）

13-6　中國新文化運動與新社會秩序的探索
陳姃湲《東亞的賢妻良母論》（勁草書房，2006）／早川紀代、江上幸子等編《東亞的民族國家形成與性別》（青木書店，2007）／中國女性史研究會編《中國女性的一百年》（青木書店，2004）／村田雄二郎〈《婦女雜誌》所見的近代中國女性》（研文出版，2005）

13-7　土耳其近代化改革與女性解放
新井政美《土耳其現代史：從伊斯蘭國家到民族國家》（美篶書房，2001）

13-8　朝鮮的殖民地化——從「新女性」到「慰安婦」
宋連玉〈植民地期朝鮮的女性〉，《岩波講座東亞近現代通史5新秩序的探索：1930年代》（岩波書店，2011）／羅英均《日帝時代的我們家》（岩波書店，2003）／金富子《殖民地時期朝鮮的教育與性別》（世織書房，2005）／井上和枝《殖民地時期朝鮮的新女性》（明石書店，2013）

13-9　革命與戰爭中的中國女性
末次玲子《二十世紀中國女性史》（青木書店，2009）／中華全國婦女聯合會編著《中國女性運動史1919-49》（中國女性史研究會編譯，論創社，1995）／石田米子、內田知行編《黃土農村的性暴力》（創土社，2004）／中國女性史研究會編《中國女性的一百年》（青木書店，2004）

13-10　納粹主義與性別
克勞蒂亞‧昆茲（Claudia Koonz）《祖國的母親們》（姬岡監譯，時事通信社，1990）／卡翠娜‧克萊（Catrine Clay）、邁克爾‧利普曼（Michael Leapman）《納粹德國的統治民族創造計畫》（柴崎譯，現代書館，1997）／達格瑪‧赫爾佐格（Dagmar Herzog）《性與納粹主義的記憶》（田野等，譯岩波書店，2012）

13-11　戰爭、占領與性暴力
赫克‧桑德爾（Helke Sander）、芭芭拉‧喬爾（Barbara Johr）編《解放柏林的真相——戰爭、強暴與兒童》（寺崎、伊藤譯，現代書房，1996）／克莉絲塔‧保羅（Christa Paul）《納粹主義與強制賣淫》（Yemin等譯，明石書店，1996）／卡翠娜‧克萊（Catrine Clay）、邁克爾‧利普曼（Michael Leapman）《納粹德國的統治民族創造計畫》（柴崎譯，現代書館，1997）／蕾吉娜‧米爾豪澤（Regina Mühlhäuser）《戰爭的性——德蘇戰爭中的德國士兵與女性》（姬岡監譯，岩波書店，2015）

13-12　專題討論⑬「新女性」、「摩登女郎」與消費文化
田丸理砂、香川檀編《柏林的現代女性》（三修社，2004）／姬岡壽子《近代德國的母性女性主義》勁草書房，1993／伊藤琉璃等編《現代女性與近代殖民地》（岩波書店，2010）

第14章｜冷戰與第三世界

14-1　概說⑭冷戰體制與性別
烏特‧佛瑞維特《德國女性社會史：走過二百年》（若尾祐司等譯，晃光洋書房，1990）／姬岡淑子《統一德意志的女人們》（時事通信社，1992）／達格瑪‧赫爾佐格（Dagmar Herzog）《性與納粹主義的記憶》（田野等譯，岩波書店，2012）

14-2　印度獨立與女性
孝忠延夫、淺野宜之《印度憲法——二十一世紀「民族國家」的未來想像》（關西大學出版部，2006）／拉納吉特‧古哈（Ranajit Guha）《印度現代史：1947-2007（上、下）》（佐藤譯，明石書店，2012）／吉田敦彥、松村一男編著《亞洲女神大全》（青土社，2011）

14-3　社會主義中國的性別變革
茱蒂絲‧斯泰西（Judith Stacey）《女性主義視野下的中國》（秋山譯，勁草書房，1990）／小野和子《中國女性史》（平凡社，1978）／中國女性史研究會編《中國女性的一百年》（青木書店，2004）／林紅《中國的反賣淫政策》（明石書店，2007）

14-4　韓國性別政策的轉變——從軍事獨裁下的女性壓抑與兩性平等抗爭
日韓「女性」共同歷史教材編纂委員會編《性別視野下的日韓近代史》（梨木舍，2005）／韓國女性熱線同盟編《韓國女性人權運動史》（山下譯，明石書店，2004）／北朝鮮研究學會編《現代北韓》（岩波書店，2007）

14-5　越南戰爭中的女性
吉田元夫《成為歷史的越南戰爭》（大月書店，1991）／Le Thi Nham Tuyet《越南女性史》（片山編譯，明石書店，2010）／越南戰爭紀錄編輯委員會編《越南戰爭紀錄》（大月書店，1988）

14-6　非洲獨立與性別
伊莉絲‧貝佳（Iris Berger e）、E‧法蘭西斯‧懷特（E‧Frances White）《重溫非洲歷史》（富永

譯，未來社，2004）

14-7　聯合國的性別平等訴求
J‧安‧提克納（J. Ann Tickner）《國際關係與性別》
　　（岩波書店，2005）／川島典子、西尾亞希子編
　　著《亞洲的性別》（進藤等譯，密涅瓦書房，
　　2012）／聯合國經濟社會局女性地位發展部：
　　Human Rights Now 編譯《針對婦女暴力立法手
　　冊》（handbook for legislation on violence against
　　women）（信山社，2011）

14-8　第二波女性主義
貝蒂‧佛利登（Betty Friedan）《創造新女性》（三浦
　　譯，大和書房，1970）／有賀夏紀《美國女性主
　　義的社會史》（勁草書房，2001）／有賀夏紀、
　　小檜山瑠衣編《美國性別史研究入門》（青木書
　　店，2010）

14-9　專題討論⑭電影與性別
E‧安‧卡普蘭（E.Ann Kaplan）《女性主義電影》
　　（水田譯，田畑書店，1985）／瑪莉‧安‧多恩
　　（Mary Ann Doane）《從欲望到欲望》（松田譯，
　　勁草書房，1994）／井上輝子等《錄像與女性研
　　究》（有斐閣，1999）／H.M.Benshoff 等《性別
　　與美國電影：電影中的女性和男性──美國電影
　　中的性別表現》（Gender and American Film）中
　　級英語讀本（苅部等譯，英寶社，2005）

第 15 章 | 現代世界

15-1　概說⑮邁向性別主流化之路
三成美保等《性別法學入門》（法律文化社，2011）
　　／國際女性地位協會《國際女性》1（1988）／
　　長野博子、姬岡淑子編《歷史教育與性別》（青
　　弓社，2011）

15-2　性自由與家庭的多樣化
荻野美穗《墮胎爭議與美國社會》（岩波書店，2012
　　〔初版為 2001〕）／谷口真由美《生殖權利與生
　　產健康》（信山社，2007）／喬治‧強西（George
　　Chauncey）《同性婚姻》（上杉、村上譯，明石
　　書店，2006）

15-3　改革開放政策下的中國
秋山洋子等編譯《中國的女性研究》（勁草書房，
　　1998）／張彤禾（Leslie T. Chang）《現代中國
　　女工哀史》（栗原泉譯，白水社，2010）／若林
　　敬子《中國的人口問題與社會現實》（密涅瓦書
　　房，2005）／大橋史惠《當代中國的農民工：城
　　鄉關係的性別政治與康復勞動》（御茶水書房，
　　2012）

15-4　臺灣社會的性別秩序變遷
臺灣女性史編纂委員會編《臺灣女性史入門》（人文
　　書院，2008）／野村鮎子、成田靜香《臺灣女
　　性研究的挑戰》（人文書院，2010）／洪郁如
　　《近代臺灣女性史》（勁草書房 2001）／何春蕤
　　《「性／別」攪亂──臺灣的性政治》（大橋、
　　張譯，御茶水書房，2013）

15-5　蘇聯及東歐的社會主義體制的瓦解與性別
若桑綠《戰爭與性別》（大月書店，2005）／土佐弘
　　之《全球化／性別政治》（世界思想社，2000）
　　／塩川伸明等編《歐亞世界 4》（東京大學出版
　　會，2012）／山內進編《歐洲的邊界》（國際書
　　院，2007）／羽場久美子等編《歐洲的東進政

策》（岩波書店，2006）

15-6　德國統一的光與影
姬岡淑子《統一德意志的女人們》（時事通信社，
　　1992）／上野千鶴子等《德國統一的隱形之牆》
　　（岩波新書，1993）／仲正昌樹編《歐洲、性別
　　研究的現在》（御茶水書房，2001）

15-7　促進非洲和平的活躍女性
戶田真紀子《非洲、政治衝突、貧窮國家和性別（改
　　訂版）》（御茶水書房，2013）／雷嫚‧葛波
　　薇（Leymah Gbowee）、卡蘿‧米瑟絲（Carol
　　Mithers）《我們不是弱者：雷嫚‧葛波薇自傳》
　　（東方譯，英治出版，2012）

15-8　現代伊斯蘭社會與性別
川上泰德《伊斯蘭的生活》（岩波書店，2012）／瓊‧
　　沃拉赫‧斯科特（Joan Wallach Scott）《面紗的
　　政治學》（李譯，美篶書房，2012）／大塚和夫
　　《近代與伊斯蘭的人類學》（東京大學出版會，
　　2000）／松本真澄《伊斯蘭的回歸》（山川出版
　　社，2010）

15-9　全球化與性別
池內靖子等《二十一世紀性別論》（晃洋書房，1999）
　　／久場嬉子《照護、家事勞動者的國際移動》
　　（日本評論社，2007）／馬橋憲男《全球化問
　　題下的非政府組織與公民社會》（明石書店，
　　2007）／大久保史郎編《人類安全與人口販運》
　　（日本評論社，2007）

15-10　專題討論⑮現代科學與性別
瑞秋‧卡森（Rachel Carson）《寂靜的春天》（青樹
　　譯，新潮文庫，1974）／海爾加‧魯布薩門─沙
　　伊夫（Helga Rubsamen-Waigmann）《科技與性
　　別》（小川等譯，明石書店，2004）／娜歐米‧
　　奧雷斯克斯（Naomi Oreskes）和埃里克‧M‧康
　　威（Erik M. Conway）《不斷欺騙世界的科學家》
　　（福岡譯，樂工社，2011）

全書參考文獻

史料集、事典、叢書、講座、入門書等

久保正幡先生還暦記念『西洋法制史料選』全 3 巻，創文社，1978-81

国際女性法研究会編『国際女性条約・資料集』東信堂，1994

『西洋史料集成』平凡社，1990

中村義孝編訳『ナポレオン刑事法典史料集成』法律文化社，2006

中村義孝編訳『フランス憲法史集成』法律文化社，2003

ヨーロッパ中世史研究会編『西洋中世史料集』東京大学出版会，2000

歴史学研究会編『世界史史料』全 12 巻，岩波書店，2006-12

グリーンスパン，K.（進藤・谷中訳）『世界女性史年表』明石書店，2003

アンダマール，S.，ロヴェル，T.，ウォルコウィッツ，C.（奥田監訳）『現代フェミニズム思想辞典』明石書店，2000

池端雪浦・桃木至朗ほか編『東南アジアを知る事典（新版）』平凡社，2008

イーディー，J.（金城訳）『セクシュアリティ基本用語事典』明石書店，2006

井上輝子ほか編『岩波女性学事典』岩波書店，2002

『岩波世界人名大辞典』岩波書店，2013

シュルツェ，H.K.（千葉ほか訳）『西欧中世史事典』ミネルヴァ書房，1997

タトル，L.（渡辺監訳）『フェミニズム事典（新版）』明石書店，1998

タン，L,G. 編（金城監修）『同性愛嫌悪（ホモフォビア）を知る辞典』明石書店，2013

橋本泰元・宮本義久・山下博司『ヒンドゥー教の事典』東京堂出版，2005

長谷川岳男・樋脇博敏『古代ローマを知る事典』東京堂出版，2004

ハム，M.（木本・高橋監訳）『フェミニズム理論事典』明石書店，1999

ヒラータ，H. ほか編（志賀・杉村監訳）『読む事典：女性学』藤原書店，2002

ボールズ，J.K.，ホーヴェラー，D.L.（水田・安川監訳）『フェミニズム歴史事典』明石書店，2000

『ジェンダー史叢書』全 8 巻，明石書店，2009-11

1・服藤早苗・三成美保編『権力と身体』，2・石川照子・高橋裕子編『家族と教育』，3・竹村和子・義江明子編『思想と文化』，4・池田忍・小林緑編『視覚表象と音楽』，5・加藤千香子・細谷実編『暴力と戦争』，6・長野ひろ子・松本悠子編『経済と消費社会』，7・粟屋利江・松本悠子編『人の移動と文化の交差』，8・赤阪俊一・柳谷慶子編『生活と福祉』

『岩波講座：世界歴史』全 28 巻，岩波書店，1997-2000

『岩波講座：天皇と王権を考える』全 10 巻，岩波書店，2002-03

『岩波講座：東南アジア史』全 9 巻，岩波書店，2001-02

『岩波講座：東アジア近現代通史』全 10 巻，岩波書店，2010-11

ジェンダー法学会編『講座：ジェンダーと法』全 4 巻，日本加除出版，2012

阿部恒久・天野正子・大日方純夫編『男性史』全 3 巻，日本経済評論社，2006

天野正子ほか編『新編日本のフェミニズム』全 12 巻，岩波書店，2009，2011

池上俊一・河原温編『ヨーロッパの中世』全 8 巻，岩波書店，2008-10

上村忠男ほか編『シリーズ歴史を問う』全 6 巻，岩波書店，2001-04

辻村みよ子・大沢真理編『ジェンダー社会科学の可能性』全 4 巻，岩波書店，2011

デュビィ，G.，ペロー，M. 監修（杉村・志賀監訳）『女の歴史』全 5 巻 10 分冊，藤原書店，1994-2001

野村浩一ほか編『新編原典中国近代思想史』全 7 巻，岩波書店，2010-12

『塙浩著作集：西洋法史研究』全 11 巻，信山社，1992-95

網野善彦ほか『歴史のなかのジェンダー』藤原書店，2001

有賀夏紀・小檜山ルイ編『アメリカ・ジェンダー史研究入門』青木書店，2010

石岡浩ほか『史料からみる中国法史』法律文化社，2012

井上洋子ほか『ジェンダーの西洋史』法律文化社，1998

岩村等・三成賢次・三成美保『法制史入門』ナカニシヤ出版，1996

大阪大学歴史教育研究会編『市民のための世界史』大阪大学出版会，2014

河村貞枝・今井けい編『イギリス近現代女性史研究入門』青木書店，2006

関西中国女性史研究会編『ジェンダーからみた中国の家と女』東方書店，2004

関西中国女性史研究会編『中国女性史入門—女たちの今と昔（増補改訂版）』人文書院，2014

シーガー，J.（原・木村訳）『地図で見る世界の女性』明石書店，2005

台湾女性史入門編纂委員会編『台湾女性史入門』人文書院，2008

長野ひろ子・姫岡とし子編『歴史教育とジェンダー—教科書からサブカルチャーまで』青弓社，2011

310

姫岡とし子・川越修編『ドイツ近現代ジェンダー史入門』青木書店，2009

ベイカー，J.H.（深尾訳）『イギリス法史入門』関西学院大学出版会，2014

ミッタイス，H.，リーベリッヒ H.（世良訳）『ドイツ法制史概説（改訂版）』創文社，1971

三成美保ほか『ジェンダー法学入門』法律文化社，2011

桃木至朗『わかる歴史・面白い歴史・役に立つ歴史—歴史学と歴史教育の再生をめざして』大阪大学出版会，2009

『ヨーロッパ史入門』全 10 冊，岩波書店，2004-06

『ヨーロッパ史入門（第 II 期）』全 7 冊，岩波書店，2008-09

ロシア史研究会編『ロシア史研究案内』彩流社，2012

啓蒙書、研究専論

アイスラー，R.（野島訳）『聖杯と剣—われらの歴史，われらの未来』法政大学出版会，1991

青木道彦『エリザベス一世—大英帝国の幕開け』講談社現代新書，2000

赤司道和『19 世紀パリ社会史—労働・家族・文化』北海道大学図書刊行会，2004

アクターバーク，J.（長井訳）『癒しの女性史—医療における女性の復権』春秋社，1994

秋山洋子ほか編訳『中国の女性学—平等幻想に挑む』勁草書房，1998

アジア女性史国際シンポジウム実行委員会編『アジア女性史—比較史の試み』明石書店，1997

アダム，B.（瀬野訳）『王様も文豪もみな苦しんだ：性病の世界史』草思社，2003

アドレール，L.（加藤・杉村訳）『黎明期のフェミニスム—フランスの女性ジャーナリスト（1830-1850）』人文書院，1981

アハメド，L.（林ほか訳）『イスラームにおける女性とジェンダー—近代論争の歴史的根源』法政大学出版局，2000

アブー＝ルゴド，L.編著（後藤ほか訳）『「女性をつくりかえる」という思想—中東におけるフェミニズムと近代性』明石書店，2009

阿部謹也『西洋中世の男と女— 聖性の呪縛の下で』筑摩書房，1991

アームストロング，K.（高尾訳）『キリスト教とセックス戦争—西洋における女性観念の構造』柏書房，1996

綾部恒雄編『女の民族誌 1 アジア編』弘文堂，1997

新井政美『トルコ近現代史—イスラム国家から国民国家へ』みすず書房，2001

新井政美編著『イスラムと近代化—共和国トルコの苦闘』講談社，2013

アリエス，P.（杉山・杉山訳）『〈子供〉の誕生—アンシャン・レジーム期の子供と家族生活』みすず書房，1980

アーリク，M.（上平ほか訳）『男装の科学者たち—ヒュパティアからマリー・キュリーへ』北海道大学図書刊行会，1999

有賀夏紀『アメリカ・フェミニズムの社会史』勁草

アーレント＝シュルテ，I.（野口・小山訳）『魔女にされた女性たち—近世初期ドイツにおける魔女裁判』勁草書房，2003

石井美樹子『イギリス中世の女たち』大修館書店，1997

石井美樹子『エリザベス—華麗なる孤独』中央公論新社，2009

石井美樹子『図説ヨーロッパ宮廷の愛人たち』河出書房新社，1991

石井米雄編『講座仏教の受容と変容 2 東南編』佼成出版社，1991

石川晃弘ほか編『講座スラブの世界 4 スラブの社会』弘文堂，1994

石田米子ほか編『黄土の村の性暴力—大ダーニャン娘たちの戦争は終わらない』創土社，2004

イーズリー，B.（市場訳）『魔女狩り対新哲学—自然と女性像の転換をめぐって』平凡社，1986

伊藤航多・佐藤繭子・菅靖子編著『欲張りな女たち—近現代イギリス女性史論集』彩流社，2013

伊藤セツ『クララ・ツェトキンの婦人解放論』有斐閣，1984

伊藤セツ『クラーラ・ツェトキーン—ジェンダー平等と反戦の生涯』御茶の水書房，2014

伊藤るり・坂元ひろ子・バーロウ，タン・E. 編『モダンガールと植民地的近代—東アジアにおける帝国・資本・ジェンダー』岩波書店，2010

井上浩一・栗生沢猛夫『世界の歴史 11 ビザンツとスラヴ』中央公論社，1998

井上輝子ほか『ビデオで女性学—映画のなかの女性を読む』有斐閣ブックス，1999

井上泰男ほか『中世ヨーロッパ女性誌—婚姻・家族・信仰をめぐって』平凡社，1986

井野瀬久美恵『女たちの大英帝国』講談社，1998

井野瀬久美恵『植民地経験のゆくえ—アリス・グリーンのサロンと世紀転換期の大英帝国』人文書院，2004

今井けい『イギリス女性運動史—フェミニズムと女性労働運動の結合』日本経済評論社，1992

イム・ホーフ，U.（成瀬訳）『啓蒙のヨーロッパ』平凡社，1998

インカ・ガルシラーソ・デ・ラ・ベーガ（牛島訳）『インカ皇統記』岩波文庫，2006

ヴァイグル，E.（三島・宮田訳）『啓蒙の都市周遊』岩波書店，1997

ウイツ，E.（高津訳）『中世都市の女性たち』講談社，1993

上野千鶴子『家父長制と資本制—マルクス主義フェミニズムの地平』岩波書店，1990

上野千鶴子・田中美由紀・前みち子『統一ドイツの見えない壁—女が問い直す統一』岩波新書，1993

浦一章ほか『ヴィーナス・メタモルフォーシス—国立西洋美術館『ウルビーノのヴィーナス展』講演録』三元社，2010

エヴァンズ，S.M.（小檜山ほか訳）『アメリカの女性の歴史—自由のために生まれて』明石書店，1997

エリクソン・C.（古賀訳）『イギリス摂政時代の肖像―ジョージ四世と激動の日々』ミネルヴァ書房，2013

エーレンバーグ，M.（河合訳）『先史時代の女性―ジェンダー考古学事始め』河出書房新社，1997

エントウィスル，J.（鈴木訳）『ファッションと身体』日本経済評論社，2005

エンネン，E.（阿部・泉眞訳）『西洋中世の女たち』人文書院，1992

大澤正昭『主張する愚民たち―伝統中国の紛争と解決法』角川書店，1996

大澤正昭『唐宋時代の家族・婚姻・女性―婦つまは強く』明石書店，2005

小川眞里子『フェミニズムと科学／技術』岩波書店，2001

荻野美穂『生殖の政治学―フェミニズムとバース・コントロール』山川出版社，1994

荻野美穂『中絶論争とアメリカ社会―身体をめぐる論争』岩波書店，2001

荻野美穂『ジェンダー化される身体』勁草書房，2002

荻野美穂『女のからだ―フェミニズム以後』岩波新書，2014

荻野美穂・姫岡とし子ほか『制度としての〈女〉―性・産・家族の比較社会史』平凡社，1990

小倉充夫編『現代アフリカ社会と国際関係―国際社会学の地平』有信堂，2012

小澤重男訳『元朝秘史（下）』岩波書店，1997

押川文子編『南アジアの社会変容と女性』アジア経済研究所，1997

オティエノ，W.W.（富永訳）『マウマウの娘―あるケニア人女性の回想』未來社，2007

小野和子『中国女性史―太平天国から現代まで』平凡社，1978

オールドリッチ，R.（田中・田口訳）『同性愛の歴史』東洋書林，2009

オレスケス，N.・コンウェイ，E.M.（福岡訳）『世界を騙しつづける科学者たち（上・下）』楽工社，2011

夏暁虹（藤井監修，清水・星野訳）『纏足をほどいた女たち』朝日新聞社，1998

香川せつ子・河村貞枝編『女性と高等教育―機会拡張と社会的相克』昭和堂，2008

カッシーラー，E.（朝倉ほか訳）『デカルト，コルネーユ，スウェーデン女王クリスティーナ』工作舎，2000

金澤周作『チャリティとイギリス近代』京都大学学術出版会，2008

金山直樹『法典という近代―装置としての法』勁草書房，2011

カプラン，E.A（水田訳）『フェミニスト映画―性幻想と映像表現』田畑書店，1985

カルピニ，ルブルク（護訳）『中央アジア・蒙古旅行記』光風社，1989

川上泰徳『イスラムを生きる人びと―伝統と「革命」のあいだで』岩波書店，2012

川北稔・藤川隆男編『空間のイギリス史』山川出版社，2005

川越修『社会国家の生成―20世紀社会とナチズム』岩波書店，2004

川越修・姫岡とし子ほか編者『近代を生きる女たち―一九世紀ドイツ社会史を読む』未來社，1990

川島慶子『エミリー・デュ・シャトレとマリー・ラヴワジエ』東京大学出版会，2005

川島慶子『マリー・キュリーの挑戦』トランスビュー，2010

川島典子・西尾亜希子編著『アジアのなかのジェンダー―多様な現実をとらえ考える』ミネルヴァ書房，2012

河村貞枝『イギリス近代フェミニズム運動の歴史像』明石書店，2001

河本和子『ソ連の民主主義と家族―連邦家族基本法制定過程 1948-1968』有信堂高文社，2012

韓国女性ホットライン連合編（山下訳）『韓国女性人権運動史』明石書店，2004

氣賀澤保規『則天武后』白帝社，1995

木谷勤・望田幸男編著『ドイツ近代史―18世紀から現代まで』ミネルヴァ書房，1992

君塚直隆『ヴィクトリア女王―大英帝国の“闘う女王”』中公新書，2007

キューネ，T.（星乃訳）『男の歴史―市民生活の〈男らしさ〉の神話』柏書房，1997

ギルマン，S.L.（大瀧説）『「性」の表象』青土社，1997

金富子『植民地朝鮮の教育とジェンダー―就学・不就学をめぐる権力関係』世織書房，2005

キング，K.L.（山形・新免訳）『マグダラのマリアによる福音書―イエスと最高の女性使徒』河出書房新社，2006

クマラスワミ，R.（VAWW-NET ジャパン翻訳グループ訳）『女性に対する暴力をめぐる 10 年―国連人権委員会特別報告者クマラスワミ最終報告書』明石書店，2003

グレシンジャー，C.（元木・青野訳）『女を描く―ヨーロッパ中世末期からルネサンスの美術に見る女のイメージ』三元社，2004

黒川正剛『図説魔女狩り』河出書房新社，2011

クーンズ，C.（姫岡監訳）『父の国の母たち―女を軸にナチズムを読む（上・下）』時事通信社，1990

クンツエ，M.（鍋谷訳）『火刑台への道』白水社，1993

洪郁如『近代台湾女性史―日本の植民統治と「新女性」の誕生』勁草書房，2001

高世瑜（小林・任説）『大唐帝国の女性たち』岩波書店，1999

コウ，D.（小野・小野訳）『纏足の靴―小さな足の文化史』岩波書店，2005

小杉泰・江川ひかり編『イスラーム―社会生活・思想・歴史』新曜社，2006

ゴットフリート修道士ほか著（久保ほか訳）『聖女ヒルデガルトの生涯』荒地出版，1998

小浜正子・松岡悦子編『アジアの出産と家族計画―「産む・産まない・産めない」身体をめぐる政治』勉誠出版，2014

小林登志子『五〇〇〇年前の日常―シュメル人たちの物語』新潮選書，2007

コルバン，A.（杉村監訳）『娼婦』藤原書店，1991

コンネル，R.W.（森ほか訳）『ジェンダーと権力―セクシュアリティの社会学』三交社，1993

コンネル，R.W.（多賀訳）『ジェンダー学の最前線』世界思想社，2008

サイード，E.（板垣・杉田監修，今沢訳）『オリエンタリズム』平凡社，1986

斎藤哲『消費生活と女性―ドイツ社会史（1920-70年）の一側面』日本経済評論社，2007

阪口修平・丸畠宏太編著『軍隊』ミネルヴァ書房，2009

坂本辰朗『アメリカ大学史とジェンダー』東信堂，2002

坂元ひろ子『中国民族主義の神話―人種・身体・ジェンダー』岩波書店，2004

桜井万里子『古代ギリシアの女たち―アテナイの現実と夢』中公文庫，2011（初版は1992）

桜井万里子『古代ギリシア社会史研究―宗教・女性・他者』岩波書店，1996

指昭博編『王はいかに受け入れられたか―政治文化のイギリス史』刀水書房，2007

佐藤次高『イスラームを知る1 イスラーム―知の営み』山川出版社，2009

サルカール，S.（長崎ほか訳）『新しいインド近代史―下からの歴史の試み（I・II）』研文出版，1993

ザンダー，H., ヨール，B. 編（寺崎・伊藤訳）『ベルリン・解放の真実―戦争・強姦・子ども』現代書館，1996

ジェイコブズ，H.（小林編訳）『ハリエット・ジェイコブズ自伝―女・奴隷制・アメリカ』明石書店，2001

塩川伸明ほか編『ユーラシア世界4』東京大学出版会，2012

滋賀秀三『中国家族法の原理』創文社，1967

蔀勇造『シェバの女王―伝説の変容と歴史との交錯』山川出版社，2006

シービンガー，L.（小川ほか訳）『科学史から消された女性たち―アカデミー下の知と創造性』工作舎，1992

シービンガー，L.（小川ほか訳）『ジェンダーは科学を変える！？―医学・霊長類学から物理学・数学まで』工作舎，2002

シービンガー，L.（小川・弓削訳）『植物と帝国―抹殺された中絶薬とジェンダー』工作舎，2007

シュミット，F.（藤代訳）『ある首斬り役人の日記』白水社，1987

シュライナー，C.（内藤訳）『マリア―処女・母親・女主人』法政大学出版局，2000

末次玲子『二〇世紀中国女性史』青木書店，2009

菅village利恵『ドイツ市民悲劇とジェンダー―啓蒙時代の「自己形成」』彩流社，2009

スカール，J.，カロウ，J.（小泉訳）『魔女狩り』岩波書店，2004

スコット，J.W.（荻野訳）『ジェンダーと歴史学』平凡社，1992（改訂版は2004）

スコット，J.W.（李訳）『ヴェールの政治学』みすず書房，2012

鈴木杜幾子ほか編著『美術とジェンダー―非対称の視線』ブリュッケ，1997

ステイシー，J.（秋山訳）『フェミニズムは中国をどう見るか』勁草書房，1990

ストラットン，J.（井尾・当麻訳）『パイオニア・ウーマン―女たちの西部開拓史』講談社学術文庫，2003

スピヴァク，G.（上村訳）『サバルタンは語ることができるか』みすず書房，1998

セジウィック，Y.K.（外岡訳）『クローゼットの認識論―セクシュアリティの20世紀』青土社，1999

セジウィック，Y.K.（上原・亀澤訳）『男同士の絆―イギリス文学とホモソーシャルな欲望』名古屋大学出版会，2001

多賀太『男らしさの社会学―揺らぐ男のライフコース』世界思想社，2006

高田実・中野智世編著『福祉』ミネルヴァ書房，2012

高津孝編『中国学のパースペクティブ―科挙・出版史・ジェンダー』勉誠出版，2010

高橋友子『捨児たちのルネサンス―15世紀イタリアの捨児養育院と都市・農村』名古屋大学出版会，2000

高山一彦編訳『ジャンヌ・ダルク処刑裁判』白水社，1984

高山博『ヨーロッパとイスラーム世界』山川出版社，2007

竹下節子『ジャンヌ・ダルク―超異端の聖女』講談社現代新書，1997

竹下政孝『イスラームを知る四つの扉』ぷねうま舎，2013

田中雅一編『女神―聖と性の人類学』平凡社，1998

田端泰子・上野千鶴子・服藤早苗編『ジェンダーと女性』早稲田大学出版部，1997

田丸理砂・香川檀編『ベルリンのモダンガール―一九二〇年代を駆け抜けた女たち』三修社，2004

田村雲供『近代ドイツ女性史―市民社会・女性・ナショナリズム』阿吽社，1998

チェイス＝リボウ，B.（石田訳）『サリー・ヘミングス―禁じられた愛の記憶』大阪教育図書，2006

チャン，L.T.（栗原訳）『現代中国女工哀史』白水社，2010

中華全国婦女連合会編著（中国女性史研究会編訳）『中国女性運動史1919-49』論創社，1995

中国女性史研究会編『中国女性の100年―史料に見る歩み』青木書店，2004

チョーンシー，G.（上杉・村上訳）『同性婚―ゲイの権利をめぐるアメリカ現代史』明石書店，2006

陳姃湲『東アジアの良妻賢母論―創られた伝統』勁草書房，2006

辻村みよ子『人権の普遍性と歴史性―フランス人権宣言と現代憲法』創文社，1992

辻村みよ子『ジェンダーと人権―歴史と理論から学ぶ』日本評論社，2007

辻村みよ子・金城清子『女性の権利の歴史』岩波書店，1992

土屋健治『カルティニの風景』めこん，1991

鶴岡瑛『通説を見なおす：女性と仏教』朝日新聞社，2003

ティックナー J.A.（進藤・進藤訳）『国際関係論とジェンダー——安全保障のフェミニズムの見方』岩波書店，2005

ティヨン，G（宮治訳）『イトコたちの共和国—地中海社会の親族関係と女性の抑圧』みすず書房，2012

デュビー，G.（篠田訳）『中世の結婚——騎士・女性・司祭』新評論，1984

デュビー，G.（福井・松本訳）『愛と結婚とセクシュアリテの歴史（増補）』新評論，1993

デュビー，G.（新倉・松村訳）『十二世紀の女性たち』白水社，2003

デュビィ，G. 編（杉村・志賀訳）『女のイマージュ—図像が語る女の歴史』藤原書店，1994

デュビィ，G.，ペロー.M. 編（小倉訳）『「女の歴史」を批判する』藤原書店，1996

デュボイス，E.C.，デュメニル，L.（石井ほか訳）『女性の目からみたアメリカ史』明石書店，2009

デュルメン，R.v.（佐藤訳）『近世の文化と日常生活』全 3 巻，鳥影社，1993

ドゥーデン，B.（井上訳）『女の皮膚の下—十八世紀のある医師とその患者たち』藤原書店，1994

土佐弘之『グローバル／ジェンダー・ポリティクス—国際関係論とフェミニズム』世界思想社，2000

トッド，K.（屋代訳）『マリア・シビラ・メーリアン— 17 世紀，昆虫を求めて新大陸へ渡ったナチュラリスト』みすず書房，2008

土肥恒之『興亡の世界史 14 ロシア・ロマノフ王朝の大地』講談社，2007

ドーン，M.A.（松田訳）『欲望への欲望— 1940 年代の女性映画』勁草書房，1994

トンプソン，D.（古賀・小関訳）『階級・ジェンダー・ネイション—チャーティズムとアウトサイダー』ミネルヴァ書房，2001

羅英均『日帝時代，我が家は』岩波書店，2003

中野京子『情熱の女流「昆虫画家」—メーリアン波乱万丈の生涯』講談社，2002

仲正昌樹編『ヨーロッパ・ジェンダー研究の現在—ドイツ統一後のパラダイム転換』御茶の水書房，2001

日韓「女性」共同歴史教材編纂委員会編『ジェンダーの視点からみる—日韓近現代史』梨の木舎，2005

二宮宏之・阿河雄二郎編『アンシアン・レジームの国家と社会—権力の社会史へ』山川出版社，2003

二宮宏之・樺山紘一・福井憲一編『家の歴史社会学（新版）』藤原書店，2010

二宮素子『宮廷文化と民衆文化』山川出版社，1999

野村鮎子・成田靜香編『台湾女性研究の挑戦』人文書院，2010

ネクラーソフ（谷訳）『デカブリストの妻（ロシヤの婦人）』岩波文庫，1950

パウル，C.（イエミンほか訳）『ナチズムと強制売春—強制収容所特別棟の女性たち』明石書店，1996

バーガー，A.，フランシス，E.F.（富永訳）『アフリカ史再考—女性・ジェンダーの視点から』未來社，2004

バーク，P. 編（谷川ほか訳）『ニュー・ヒストリーの現在—歴史叙述の新しい展望』人文書院，1996

橋本伸也『エカテリーナの夢ソフィアの旅—帝政期ロシア女子教育の社会史』ミネルヴァ書房，2004

長谷川まゆ帆『女と男と子どもの近代』山川出版社，2007

パトマンジー .B.，ラマーバーイー，P.（小谷・押川訳）『ヒンドゥー社会と女性解放—ヤムナーの旅・高位カーストのヒンドゥー婦人』明石書店，1996

羽場久美子・小森田秋夫・田中素香編『ヨーロッパの東方拡大』岩波書店，2006

浜本隆志ほか『ヨーロッパ・ジェンダー文化論—女神信仰・社会風俗・結婚観の軌跡』明石書店，2011

早川紀代・江上幸子ほか編『東アジアの国民国家形成とジェンダー—女性像をめぐって』青木書店，2007

林佳世子『興亡の世界史 10 オスマン帝国 500 年の平和』講談社，2008

速水融編『歴史人口学と家族史』藤原書店，2003

速水融・鬼頭宏・友部謙一編『歴史人口学のフロンティア』東洋経済新報社，2001

ハルダッハ＝ピンケ，I.，ハルダッハ，G. 編（木村ほか訳）『ドイツ／子どもの社会史— 1700-1900 年の自伝による証言』勁草書房，1992

ハント，L.（西川ほか訳）『フランス革命と家族ロマンス』平凡社，1999

ハント，L.（正岡・吉原訳）『ポルノグラフィーの発明—猥褻と近代の起源，1500 年から 1800 年へ』ありな書房，2002

ハント，L.（松浦訳）『人権を創造する』岩波書店，2011

東田雅博『纏足の発見—ある英国女性と清末の中国』大修館書店，2004

姫岡とし子『統一ドイツと女たち—家族・労働・ネットワーク』時事通信社，1992

姫岡とし子『近代ドイツの母性主義フェミニズム』勁草書房，1993

姫岡とし子『ジェンダー化する社会—労働とアイデンティティの日独比較史』岩波書店，2004

姫岡とし子『ヨーロッパの家族史』山川出版社，2008

姫岡とし子・河村貞枝ほか『ジェンダー』ミネルヴァ書房，2008

姫岡とし子ほか編『労働のジェンダー化—ゆらぐ労

働とアイデンティティ』平凡社，2005

平野隆文『魔女の法廷──ルネサンス・デモノロジーへの誘い』岩波書店，2004

ビルクナー，S.（佐藤訳）『ある子殺しの女の記録──18 世紀ドイツの裁判記録から』人文書院，1990

ファイアストーン，S.（林訳）『性の弁証法──女性解放革命の場合』評論社，1975

夫馬進『中国善会善堂史研究』同朋舎出版，1997

フェダマン，L.（富岡・原訳）『レズビアンの歴史』筑摩書房，1996

深井晃子監修『世界服飾史（カラー版増補新装）』美術出版社，2010

フーコー，M.（渡辺・田村訳）『性の歴史（Ⅰ～Ⅲ）』新潮社，1986-87

藤田苑子『フランソワとマルグリット──18 世紀フランスの未婚の母と子どもたち』同文舘出版，1994

ブラン，O.（辻村監訳）『オランプ・ドゥ・グージュ──フランス革命と女性の権利宣言』信山社，2010

フランドラン，J.-L.（宮原訳）『性の歴史』藤原書店，1992（＝『性と歴史』新評論，1987）

フリーダン，B.（三浦訳）『新しい女性の創造』大和書房，1970

ブリュッセイ，L.（栗原訳）『おてんばコルネリアの闘い──17 世紀バタヴィアの日蘭混血女性の生涯』平凡社，1988

プレスリー，C.A.（富永訳）『アフリカの女性史──ケニア独立闘争とキクユ社会』未来社，1999

フレーフェルト，U.（若尾ほか訳）『ドイツ女性の社会史──200 年の歩み』晃洋書房，1990

ブーロー，V.，ブーロー，B.（香川ほか訳）『売春の社会史──古代オリエントから現代まで』筑摩書房，1990

ブロッキエーリ .M.F.B.（白崎ほか訳）『エロイーズとアベラール──ものではなく言葉を』法政大学出版局，2004

ベイカー，L.（大原ほか訳）『世界最初の女性医師──エリザベス・ブラックウェルの一生』日本女医会，2002

ヘイマー，M.（正岡・橋本訳）『クレオパトラという記号──歴史，ポリティクス，表象』ありな書房，2003

ペイン，B.（古賀訳）『ファッションの歴史──西洋中世から 19 世紀まで』八坂書房，2006

ベトナム戦争の記録編集委員会編『ベトナム戦争の記録』大月書店，1988

ヘリン，J.（井上ほか訳）『ビザンツ：驚くべき中世帝国』白水社，2010

ヘルツォーク，D.（田野ほか訳）『セックスとナチズムの記憶──20 世紀ドイツにおける性の政治化』岩波書店，2012

ベルナウ，A.（夏目訳）『処女の文化史』新潮社，2008

ペルヌー，R.（高山訳）『ジャンヌ・ダルクの実像』白水社，1995

ペルヌー，R.（塚本監修，遠藤訳）『奇跡の少女ジャンヌ・ダルク』創元社，2002

ペロー，M.（持田訳）『歴史の沈黙──語られなかった女たちの記録』藤原書店，2003

ペロー，M.編（杉村・志賀監訳）『女性史は可能か（新版）』藤原書店，2001

星乃治彦『男たちの帝国──ヴィルヘルム 2 世からナチスへ』岩波書店，2006

ポーター，R.（見市訳）『啓蒙主義』岩波書店，2004

ホプキンズ，A.（森本監修，浅香ほか訳）『中世を生きる女性たち──ジャンヌ・ダルクから王妃エレアノールまで』原書房，2002

堀越宏一・甚野尚志編『15 のテーマで学ぶ中世ヨーロッパ史』ミネルヴァ書房，2013

前嶋信次『千夜一夜物語と中東文化』平凡社，2000

松本典昭『パトロンたちのルネサンス──フィレンツェ美術の舞台裏』NHKブックス，2007

松本ますみ『イスラームへの回帰──中国のムスリマたち』山川出版社，2010.

馬橋憲男『グローバル問題と NGO・市民社会』明石書店，2007

水井万里子『テューダー朝の歴史』河出書房新社，2011

水田珠枝『女性解放思想の歩み』岩波新書，1973

水田珠枝『女性解放思想史』筑摩書房，1976

三田村泰助『宦官──側近政治の構造』中央公論社，1963

ミッテラウアー，M.（若尾ほか訳）『歴史人類学の家族研究──ヨーロッパ比較家族史の課題と方法』新曜社，1994

三成美保『ジェンダーの法史学──近代ドイツの家族とセクシュアリティ』勁草書房，2005

三成美保編『ジェンダーの比較法史学──近代法秩序の再定位』大阪大学出版会，2006

峯陽一・武内進一・笹岡雄一編『アフリカから学ぶ』有斐閣，2010

ミール＝ホセイニー，Z.（山岸監訳）『イスラームとジェンダー──現代イランの宗教論争』明石書店，2004

ミレット，K.（藤枝ほか訳）『性の政治学』ドメス出版，1975

ムッツァレッリ，M.G.（伊藤訳）『フランス宮廷のイタリア女性──「文化人」クリスティーヌ・ド・ピザン』知泉書館，2010

村上憲司『西洋服装史（第 3 版）』創元社，1983

メイエール，C.（辻訳）『中国女性の歴史』白水社，1995

メンデルス，F.，ブラウン，R.（篠塚ほか訳）『西欧近代と農村工業』北大図書刊行会，1991

モザンス，H.J.（山下訳）『科学史における女性』柏書房，1986

望田幸男・田村栄子編『身体と医療の教育社会史』昭和堂，2003

モッセ，J.（佐藤・佐藤訳）『ナショナリズムとセクシュアリティ──市民道徳とナチズム』柏書房，1996

本村凌二『ローマ人の愛と性』講談社現代新書，1999

本村凌二『帝国を魅せる剣闘士―血と汗のローマ社会史』山川出版社，2011

森島恒雄『魔女狩り』岩波新書，1970

森谷公俊『アレクサンドロスとオリュンピアス―大王の母，光輝と波乱の生涯』ちくま学芸文庫，2012（初版は1998）

モンタナーリ，M.（山辺・城戸訳）『ヨーロッパの食文化』平凡社，1999

柳田節子『宋代庶民の女たち』汲古書院，2003

柳橋博之『イスラーム家族法―婚姻・親子・親族』創文社，2001

山内進編『フロンティアのヨーロッパ』国際書院，2007

山崎純一『教育からみた中国女性史資料の研究―『女四書』と『新婦譜』三部書』汲古書院，1986

弓削尚子『啓蒙の世紀と文明観』山川出版社，2004

尹貞蘭『王妃たちの朝鮮王朝』日本評論社，2010

吉田恵子・東城由紀彦・岡山礼子『女性と労働―雇用・技術・家庭の英独日比較史研究』日本経済評論社，2004

ラカー，T.（高井ほか訳）『セックスの発明―性差の観念史と解剖学のアポリア』工作舎，1998

ラスレット，P.（川北ほか訳）『われら失いし世界―近代イギリス社会史』三嶺書房，1986

李貞徳（大原訳）『中国儒教社会に挑んだ女性たち』大修館書店，2009

リード，A.（平野・田中訳）『大航海時代の東南アジア―1450-1680年（1・2）』法政大学出版局，1997，2002

劉向（中島訳注）『列女伝（1-3）』平凡社（東洋文庫），2001

リュープザーメン＝ヴァイクマン，H.（小川ほか訳）『科学技術とジェンダー―EU女性科学技術者政策』明石書店，2004

ル＝ゴフ，J.（池田・菅沼訳）『中世の身体』藤原書店，2006

歴史学研究会編『性と権力関係の歴史』青木書店，2004

レ・ティ・ニャム・トゥエット（片山編訳）『ベトナム女性史―フランス植民地時代からベトナム戦争まで』明石書店，2010

若尾祐司『近代ドイツの結婚と家族』名古屋大学出版会，1996

若尾祐司・栖原彌生・垂水節子編『革命と性文化』山川出版社，2005

若桑みどり『女性画家列伝』岩波新書，1985

若桑みどり『象徴としての女性像―ジェンダー史から見た家父長制社会における女性表象』筑摩書房，2000

若桑みどり『戦争とジェンダー―戦争を起こす男性同盟と平和を創るジェンダー理論』大月書店，2005

若林敬子『中国の人口問題と社会的現実』ミネルヴァ書房，2005

執筆者簡介

粟屋利江（あわやとしえ）

生於 1957 年

東京外國語大學大學院綜合國際學研究院教授

主要著作：『イギリス支配とインド社会』（山川出版社，1998 年），『ジェンダー史叢書7人の移動と文化の交差』（共編，明石書店，2011 年）

井野久美惠（いのせくみえ）

生於 1958 年

甲南大學文學部教授

主要著作：『興亡の世界史16 大英帝国という経験』（講談社，2007 年），『植民地経験のゆくえ——アリス・グリーンのサロンと世紀転換期の大英帝国』（人文書院，2004 年）

宇野伸浩（うののぶひろ）

生於 1958 年

廣島修道大學人間環境學部教授

主要著作：『世界史史料4 東アジア・内陸アジア・東南アジア II—10-18 世紀』（共著，岩波書店，2010 年），『モンゴル史研究——現状と展望』（共著，明石書店，2011 年）

小川里子（おがわまりこ）

生於 1948 年

三重大學名譽教授、公益財團法人東海性別研究所常任理事

主要著作：『フェミニズムと科学／技術』（岩波書店，2001 年），『病原菌と国家——ヴィクトリア時代の衛生・科学・政治』（名古屋大学出版会，2016 年）

荻野美穂（おぎのみほ）

生於 1945 年

前同志社大學大學院全球研究（Global Studies）科教授

主要著作：『「家族計画」への道——近代日本の生殖をめぐる政治』（岩波書店，2008 年），『中絶論争とアメリカ社会——身体をめぐる戦争』（岩波書店，2012 年）

小野仁美（おのひとみ）

生於 1965 年

神奈川大學外國語學部非常勤講師

主要著作：『チュニジアを知るための60 章』（共著，明石書店，2010 年），「『法学者間の学説相違の書』——イスラーム法の規範と柔軟性」（柳橋博之編『イスラーム——知の遺産』東京大学出版会，2014 年）

香川檀（かがわまゆみ）

生於 1954 年

武蔵大學人文學部教授

主要著作：『ダダの性と身体——エルンスト・グロス・ヘーヒ』（ブリュッケ，1998 年），『想起のかたち——記憶アートの歴史意識』（水声社，2012 年）五

味知子（ごみともこ）

生於 1980 年

聖心女子大學現代教養學部專任講師

主要著作：「近代中国の夫殺し冤罪事件とメディア——楊乃武と小白菜」（山本英史編『近代中国の地域像』山川出版社，2011 年），「「誣姦」の意味するもの——明清時代の判牘・官箴書の記述から」（『東洋史研究』70 巻 4 号，2012 年）

櫻井萬里子（さくらいまりこ）

生於 1943 年

東京大學名譽教授

主要著作：『古代ギリシア社会史研究——宗教・女性・他者』（岩波書店，1996），『古代ギリシアの女たち——アテナイの現実と夢』（中公文庫，2010：初版は 1992 年）

宋連玉（ソンヨノク）

生於 1947 年

青山學院大學名譽教授

主要著作：『脱帝国のフェミニズムを求めて——朝鮮女性と植民地主義』（有志舎，2009 年），「羅蕙錫——壊れゆく朝鮮「新女性」の自我」（『講座東アジアの知識人 3「社会」の発見と変容』有志舎，2013 年）

富永智津子（とみながちづこ）

生於 1942 年

宮城學院女子大學附屬基督教文化研究所客座研究員

主要著作：『ザンジバルの笛——東アフリカ・スワヒリ社会の歴史と文化』（未來社，2001 年），『スワヒリ都市の盛衰』（山川出版社，2008 年）

野村鮎子（のむらあゆこ）

生於 1959 年

奈良女子大學人文科學系教授

主要著作：『台湾女性研究の挑戦』（共編，人文書院，2010 年），『中国女性史入門——女たちの今と昔（増補改訂版）』（共編著，人文書院，2014 年）

橋本伸也（はしもとのぶや）

生於 1959 年

關西學院大學文學部教授

主要著作：『エカテリーナの夢ソフィアの旅——帝制期ロシア女子教育の社会史』（ミネルヴァ書房，2004 年），『帝国・身分・学校——帝制期ロシアにおける教育の社会文化史』（名古屋大学出版会，2010 年）

羽場久美子（はばくみこ）

生於 1952 年

青山學院大學國際政治經濟學部教授

主要著作：『グローバル時代のアジア地域統合——日米中関係と TPP のゆくえ』（岩波書店，2012 年），『拡大ヨーロッパの挑戦——グローバルパワーとしての EU（増補版）』（中央公論社，2014 年）

村上薰（むらかみかおる）
生於 1967 年
日本貿易振興機構亞洲經濟研究所
主要著作：「トルコの都市貧困女性と結婚・扶養・愛情——ナームス（性的名誉）再考の手がかりとして」（『アジア経済』54 巻 3 号，2013 年），「愛情とお金のあいだ——トルコの都市における経済的貧困と女性の孤独」（椎野若菜編『シングルのつなぐ縁』人文書院，2014 年）

桃木至朗（ももきしろう）
生於 1955 年
大阪大學文學研究科教授
主要著作：『わかる歴史・面白い歴史・役に立つ歴史——歴史学と歴史教育の再生を目ざして』（大阪大学出版会，2009年），『市民のための世界史』（共著，大阪大学出版会，2014 年）

森谷公俊（もりたにきみとし）
生於 1956 年
帝京大學文學部教授
主要著作：『アレクサンドロスの征服と神話』（講談社，2007 年），『図説アレクサンドロス大王』（河出書房新社，2013 年）

本書主編：

三成美保（みつなりみほ）
生於 1956 年
追手門學院大學法學教授
主要著作：『ジェンダーの法史学——近代ドイツの家族とセクシュアリティ』（勁草書房，2005 年），『ジェンダーの比較法史学——近代法秩序の再検討』（編著，大阪大学出版会，2006 年），『ジェンダー史叢書 1 権力と身体』（共編著，明石書店，2011 年）部教授

姫岡壽子（ひめおかとしこ）
生於 1950 年
東京大學名譽教授
主要著作：『ジェンダー化する社会——労働とアイデンティティの日独比較史』（岩波書店，2004 年），『家族のための総合政策——日独比較の視点から』（共著，信山社 2007 年），『ヨーロッパの家族史』（山川出版社，2008 年）

小濱正子（こはままさこ）
生於 1958 年
日本大學文理學部教授
主要著作：『近代上海の公共性と国家』（研文出版，2000 年），『歴史教育とジェンダー——教科書からサブカルチャーまで』（共著，青弓社，2011 年），『アジアの出産と家族計画——「産む・産まない・産めない」身体をめぐる政治』（共編，勉誠出版，2014 年）

女性的世界史

理解性別意識與歷史變遷，開啟性別史的新視野

歷史を読み替える―ジェンダーから見た世界史

作者｜三成美保、姬岡壽子、小濱正子
譯者｜李瑋茹
校譯｜鄭天恩

主編｜洪源鴻
責任編輯｜涂育誠
行銷企劃總監｜蔡慧華
行銷企劃專員｜張意婷
封面設計｜虎稿・薛偉成
內頁排版｜虎稿・薛偉成

出版發行｜八旗文化／遠足文化事業股份有限公司
地址｜新北市新店區民權路 108-2 號 9 樓
電話｜02-22181417
傳真｜02-22188057
客服專線｜0800-221029
信箱｜gusa0601@gmail.com
Facebook｜facebook.com/gusapublishing
Blog｜gusapublishing.blogspot.com
法律顧問｜華洋法律事務所／蘇文生律師
印刷｜成陽印刷股份有限公司

出版｜2023 年 6 月 初版一刷
定價｜500 元

ISBN｜9786267234419（平裝）　9786267234402（EPUB）　9786267234396（PDF）

國家圖書館出版品 ｜ 女性的世界史：理解性別意識與歷史變遷，開啟性別史的新視野
預行編目 (CIP) 資料 ｜ 三成美保、姬岡壽子、小濱正子著／李瑋茹譯／初版／新北市／八旗文化出版
　　　　　　　　　　 遠足文化發行／ 2023.06 譯自：歷史を読み替える―ジェンダーから見た世界史
　　　　　　　　　　 ISBN 978-626-7234-41-9（平裝）　一、女性　二、世界史　三、性別研究
　　　　　　　　　　 544.5　　　　112007383